Calene Peterson
537-78-2029

S0-BZE-276

OCÉANO ATLÁNTICO

○La Habana

CUBA

Santiago●

REPÚBLICA
DOMINICANA

San Juan
○
● Ponce

HAITÍ

PUERTO RICO

Santo Domingo
○

JAMAICA

MAR CARIBE

RAS
igalpa

Caracas
●

Río Orinoco

NICARAGUA

Lago de
Nicaragua
gua

VENEZUELA

COSTA RICA

San José
●

Canal de Panamá

Panamá
○

PANAMÁ

ZONA DEL CANAL

Río Magdalena

Bogotá
○

COLOMBIA

BRASIL

¡Adelánte! Second Edition

A CULTURAL APPROACH TO INTERMEDIATE SPANISH

¡Adelante!

A CULTURAL APPROACH TO INTERMEDIATE SPANISH

Second Edition

Eduardo Neale-Silva and Robert L. Nicholas
University of Wisconsin, Madison

Scott, Foresman and Company   Glenview, Illinois
Dallas, Tex.   Oakland, N.J.   Palo Alto, Cal.   Tucker, Ga.   London, England

Library of Congress Cataloging in Publication Data
Neale-Silva, Eduardo.
   ¡Adelante!: A cultural approach to intermediate Spanish.
   English or Spanish.
   Includes index.
   1. Spanish language—Grammar—1950–
I. Nicholas, Robert L., joint author.   II. Title.
PC4112.N38   1981   468.2'421   80-21015
ISBN 0-673-15412-2

The following Acknowledgment and Picture Credit pages are to be
considered an extension of the copyright page

Copyright © 1981, 1977 Scott, Foresman and Company.
All Rights Reserved.
Printed in the United States of America.

123456-RRC-85 84 83 82 81 80

ACKNOWLEDGMENTS

Page 20: "El hombre en la selva," adapted from D. Ortega Ricaurte, *La hoya del Amazonas*, Tomo I, Segunda Edición (Bogotá: Editorial Centro S.A., 1940) pp. 337–38.

Page 58: "Un mexicano en los Estados Unidos," adapted from José Vasconcelos, *Ulises criollo*, Sexta Edición (México: Ediciones Botas, 1936), pp. 28–29, 35–36.

Page 100: "El culto de las apariencias," adapted from Fernando Díaz-Plaja, *El español y los siete pecados capitales* (Madrid: Alianza Editorial, S.A., 1972), pp. 99–101. © Fernando Díaz-Plaja. Reprinted by permission of the author

Page 121: "El indio ante la vida," adapted from Luis E. Valcárcel, *De la vida incaica* (Lima, Perú: Editorial Garcilaso, 1925), pp. 78, 80–82. Reprinted by permission.

Page 147: "Hispanoamérica frente al «Coloso del Norte»," adapted from Leopoldo Zea, *América en la conciencia de Europa* (México: Los Presentes, 1955), pp. 21–24. Copyright by Los Presentes. Reprinted by permission of the author.

Page 168: "En un hospital norteamericano," adapted from Fernando Díaz-Plaja, *Los siete pecados capitales en Estado Unidos* (Madrid: Alianza Editorial, S.A. 1969), pp. 117–18. © Fernando Díaz-Plaja, 1969. Reprinted by permission of the author.

Page 187: "Una aventura de Salvador Dalí," adapted from Manuel de Arco, *Dalí al desnudo* (Barcelona: José Janés, Editor, 1952), pp. 122–24. Reprinted by permission of Plaza & Janés, S.A.

Page 209: "Afluencia y miseria en Potosí," based on an account by Bernard Moses, "Flush Times at Potosí," in University of California *Chronicle*, XI. Published in 1909 by The Regents of the University of California; reprinted by permission of the University of California Press.

Page 278: "La lucecita roja," adapted from Azorín, "Castilla," *Obras completas*, Tomo XIII (Madrid: Rafael Caro Raggio, Editor, 1920), pp. 175–82. Reprinted by permission of Julio Rajal.

Page 299: "Blup," adapted from Herbert Müller, *Perceval y otros cuentos* (Santiago de Chile, 1954), pp. 31–35. Copyright Herbert Müller, inscription 16525. Reprinted by permission of the author.

Page 337: "México lindo," by Chucho Monge. Copyright 1945 by Promotora Hispano Americana de Música, S.A. Copyright Renewed. Sole Selling Agent Peer International Corporation. Used by permission. All Rights Reserved.

Page 363: "Alegrías y tristezas de Pablo Casals," adapted from *Blanco y negro*, Madrid, 6 de enero, 1973. Copyright © 1970 by Albert E. Kahn. Translated from the English as it appeared in *Joys and Sorrows: Reflections by Pablo Casals as told to Albert E. Kahn*. Reprinted by permission of the author and Simon & Schuster, Inc.

Page 381: Juan Ramón Jiménez, "El viaje definitivo," *Corazón en el viento*, 1910–1911; in *Antología de la poesía española e hispanoamericana*, edited by Federico de Onís (New York: Las Américas Publishing Company, 1961), pp. 596–97.

Page 381: "Pablo Neruda recuerda....," adapted from Pablo Neruda, *Obras completas* (Buenos Aires: Editorial Losada, S.A., 1957), pp. 29–30. © Editorial Losada, S.A., Buenos Aires, 1957. Reprinted by permission of Carmen Balcells/Agencia Literaria.

Page 383: Pablo Neruda, "Sensación de olor," *Crepusculario* (Santiago de Chile, 1923). Reprinted by permission of Carmen Balcells/Agencia Literaria.

Page 384: Manuel Gutiérrez Nájera, "Para entonces," as it appeared in *An Anthology of the Modernista Movement in Latin America*, Alfred Coester, editor. New York: Ginn and Company, 1924, p. 16.

PICTURE CREDITS

Cover: *Flower Bearers* by Alfredo Ramos
Martínez, fresco mural, Margaret Fowler
Garden, Scripps College, Claremont, CA.
Photo by Steven and Barbara Schenck

Color Section

Plate 1:   Ernst A. Jahn
Plate 2:   top, Peter Beck/Alpha/FPG; bottom,
           Juergen Schmitt/The Image Bank
Plate 3:   top, William Kennedy/The Image
           Bank; bottom, Archie Lieberman
Plate 4:   top, Scott, Foresman Staff; bottom,
           Stera C. Balzat/Alpha/FPG
Plate 5:   top left, top right, Robert Frerck;
           bottom, Archie Lieberman
Plate 6:   top left, Ernst A. Jahn; top right,
           Archie Lieberman; bottom, Paul
           Slaughter/The Image Bank
Plate 7:   top, Ernst A. Jahn; bottom, Milton
           Mann
Plate 8:   top left, Archie Lieberman; top
           right, Robert Royal; bottom, Dorka
           Raynor
Plate 9:   top left, Pastner/Alpha/FPG; bottom
           left, Robert Frerck; bottom right,
           Dorka Raynor
Plate 10: both, Archie Lieberman
Plate 11: top left, Luis Villota/The Image
           Bank; top right, Archie Lieberman;
           bottom, Archie Lieberman
Plate 12: top left, Archie Lieberman; top
           right, Robert Frerck; bottom, Scott,
           Foresman Staff
Plate 13: top, Archie Lieberman; bottom,
           Robert Frerck
Plate 14: top, Archie Lieberman; bottom
           left, Nancy Breslow; bottom right,
           Archie Lieberman; Kirkland/The
           Image Bank
Plate 15: top left, Robert Frerck; bottom, ©
           Carl Frank/Photo Researchers
Plate 16: Robert Frerck

Black and White

p.   6   Allyn Baum/Monkmeyer
p. 13   Willis & Mary Helfrich
p. 20   Allyn Baum/Monkmeyer
p. 28   Helen Kolda/Monkmeyer
p. 35   DeSazo/Rapho/Photo Researchers
p. 39   Archie Lieberman
p. 46, 51, 52   Scott, Foresman Staff
p. 58   Owen Franken/Stock Boston
p. 68   José López
p. 75   Oscar Buitrago
p. 80   Paul Almasy
p. 88   Archie Lieberman
p. 92   drawing by Hoff © The New Yorker
         Inc.
p. 100   Rene Burri/Magnum
p. 106   Photolab/Jeroboam
p. 109   Victor Englebert
p. 113, 114, 115   Lee Boltin
p. 122   J. P. Laffont/Sygma
p. 132   Robert Frerck
p. 135   drawing by Garrett Price, 1953 © The
         New York Times
p. 140   (left) *Entering the Mine,* (right) *In the
         Sugar Mill* murals by Diego Rivera at
         the Secretaría de Educación Pública,
         Mexico
p. 141   (left) *Modern Civilization* mural by
         José Clemente Orozco, by courtesy of
         The Trustees of Dartmouth College;
         (right) *The Trench* by José Clemente
         Orozco, detail of a mural at the
         Escuela Preparatoria No. 1, Mexico
         City
p. 142   (left) *The Sob,* 1939, by David Alfaro
         Siqueiros, duco on composition
         board, 48½ × 24¾, Collection The
         Museum of Modern Art, New York;
         (right) *Proletarian Mother* by David
         Alfaro Siqueiros, Collection of Inés
         Amor; photograph by Archie
         Lieberman
p. 154, 164   Archie Lieberman

p. 174 *Still Life with Guitar* by Juan Gris; by courtesy of the Rijkmuseum Kröller—Müller Otterlo © Holland

p. 181 *Guernica* (1937, May–early June) by Pablo Picasso, oil on canvas, 11 ft 5¹/₂ in. × 25 ft. 5³/₄ in.; On loan to The Museum of Modern Art, New York, from the artist

p. 187 *The Persistence of Memory*, 1931, by Salvador Dalí, Collection, The Museum of Modern Art, New York

p. 196 © Carl Frank/Photo Researchers

p. 201 Archie Lieberman

p. 209 Einar Graff

p. 216 J. P. Laffont/Sygma

p. 223 Dorka Raynor

p. 230 Scott Foresman Staff

p. 236 Peter Menzel/Stock Boston

p. 255 Peter Menzel/Stock Boston

p. 262 Sybil Shelton/Monkmeyer

p. 268 Archie Lieberman

p. 270 Peter Menzel/Stock Boston

p. 282 Archie Lieberman

p. 289 Dorka Raynor

p. 304 Archie Lieberman

p. 310 Jerald R. Green

p. 316 Peter Menzel/Stock Boston

p. 326 Victor Englebert

p. 332 © Carl Frank/Photo Researchers

p. 341 Dorka Raynor

p. 346 Mimi Forsyth/Monkmeyer

p. 355 Peter Menzel/Stock Boston

p. 362 Pictorial Parade

p. 368 Courtesy of the Hispanic Society of America

p. 377 © Carl Frank/Photo Researchers

p. 380 Wide World Photos

Preface

¡Adelante!, Second Edition, is an intermediate textbook for students of Spanish at the college level. It reviews the fundamentals covered during the first year, provides for a systematic acquisition of new vocabulary, and introduces students to more advanced constructions. It also promotes creativity in the foreign language and enlarges students' knowledge of Hispanic cultures. A complete second-year course in itself, *¡Adelante!* continues the cultural emphasis and adheres to the pedagogical philosophy developed in Neale-Silva and Nicholas, *¡En camino!*, Second Edition (Scott, Foresman and Company, 1981).

This revised edition contains a number of innovations and changes based on and incorporating many valuable suggestions from a poll of nearly 300 teachers from across the country who used the first edition.

1. Reduction of the book to eighteen lessons to consolidate grammatical explanations and conform more conveniently to the college semester;

2. Reorganization of the first half of the book to include all lessons dealing with the subjunctive in the first semester;

3. Additional reading selections and modification or replacement of several readings in accordance with teachers' suggestions;

4. More varied creative exercises following the reading selections and grammar discussions;

5. *Comentario y traducción* exercises that give the students the opportunity to express themselves on the basis of illustrations, photographs, and realia, as well as the texts;

6. Eighteen short sections on word building, each followed by an exercise;

7. A new organization of the *Workbook,* so that its exercises agree sequentially with the grammatical discussions in the text;

8. A completely new set of audio tapes;

9. A larger number of enrichment and reinforcement materials and the complete laboratory tape script for the *Instructor's Handbook.*

¡Adelante! balances the four sections of each lesson carefully. Two main bodies of basic materials are preceded by a review section and followed by optional reinforcement exercises in each lesson. This first part of the lesson is a quick review of basic forms and elementary constructions, accompanied by self-testing exercises with answers found in Appendix I. The second part begins with *Escena de vida* and *Vocabulario útil* sections that expand vocabulary in specific areas (food, geography, clothing, etc.). A *Boceto cultural,* an informative cultural section with graphics (murals, songs, recipes), starts the third part. Intended to expand and reinforce the vocabulary and grammatical points introduced earlier, the *Boceto cultural* is followed by more grammar points and additional creative exercises. A *Word Discrimination* section that makes the student aware of subtle differences in meaning closes the third part of the lesson. The fourth part begins with a *Lectura* and its related exercise, followed by the *Comentario y traducción* exercises for self-expression and translation. An active vocabulary list at the end of each lesson helps the student determine which words he or she is responsible for knowing.

Self-tests appear after every third lesson so that students can assess their progress. Answers to the *Self-tests* are provided in Appendix II. Appendix III gives a complete set of tenses and verbal forms; Appendix IV contains several sets of useful words; and Appendix V covers the rules of punctuation, capitalization, and syllabication. Spanish-English and English-Spanish glossaries are provided, as well as indices to the grammatical points and words in the Word Discrimination sections.

Supplementary Materials

¡Adelante! is designed to be flexible enough to fit into the program of any college or university. The *Instructor's Handbook* has been prepared in order to help instructors plan their work according to individual needs. It contains lesson plans, discussions of difficult points, comments on possible pitfalls, a large number of auxiliary exercises that are directly related to specific sections in the text, and a complete laboratory tape script. The *Instructor's Handbook* also contains answers to the text's more difficult exercises.

The *Workbook and Laboratory Manual* contains eighteen units that correspond to the text and tapes. Designed for independent study, the *Workbook* provides additional exercises on the grammar and vocabulary introduced in the text. Students may check their answers against those given in the back of the *Workbook* to assess their progress, thus relieving instructors from constant individual assistance. Supplementary enrichment exercises offer more challenging activities on related grammar points.

¡*Adelante!* is accompanied by a new tape program that is available from Scott, Foresman. The tapes provide abundant drills to assist students in their aural-oral practice, either as first exposure or review. Besides reinforcing the patterns studied in each *Comentario gramatical*, the tapes provide auditory comprehension exercises keyed to the *Workbook and Laboratory Manual*. A variety of voices has been used in producing these tapes to give students maximum practice in imitating native speakers.

The authors would like to express their gratitude to the instructors whose criticism and advice contributed to the preparation of this revised edition. Special thanks are due to Clayton Baker, Ernesto Guzmán, Yolanda Solé, and Silvia Teodorescu for their reviews of the first edition. Manuscript reviewers Donna J. Gustafson, Nancy G. Havera, and Stephanie Merrim also provided valuable suggestions. Finally, the authors wish to thank Paul Revenko-Jones, Linda Peterson, Douglas Floyd, and Andrea Berg, all members of the editorial staff at Scott, Foresman and Company, for their assistance and careful examination of the manuscript.

To the student

You have already studied the fundamentals of Spanish grammar and are now ready to speculate and speak your mind in Spanish about concrete topics, as well as more abstract or intangible concepts. ¡*Adelante!* will afford you countless opportunities for a gradual immersion into personal commentaries, dramatizations, arguments, debates, and a host of other creative activities. And all the while you will be absorbing new grammatical concepts and expanding your ability to read, write, speak, and understand Spanish.

Studying a foreign language is a cumulative experience. Your performance in successive lessons depends on your becoming proficient as you go along. Therefore, this text provides you with several auxiliary tools that are designed to be useful in checking your own progress. They are:

1. The review exercises, which precede each lesson. These exercises are designed to help you brush up on some of the materials studied in the first-year course. Do them before you start each lesson, and then check your answers against those given in Appendix I.

2. The self-tests, which appear after every third lesson. These exercises serve as a review of the essentials studied in class. Compare your answers with the correct ones given in Appendix II. If your performance is subpar in any section of the test, you should review the pertinent grammatical point and vocabulary in the previous lessons before going on.

3. The *Workbook and Laboratory Manual*, which accompanies the program. It will provide you with ample opportunity for written review of the material covered in the text. Since the correct answers to all exercises are given in the back of the Workbook, you will be able to assess your own progress.

4. The laboratory tapes. These taped exercises are reviews of the materials in the text, and give you an opportunity to check on your pronunciation. Remember that the tapes will help you only if you are an active listener.

Contents

Mercado al aire libre en Písac, Perú.

1. Playa tropical de Costa Rica.

2. Prado en la región oriental de España.

3. Isla de Lanzarote, del grupo canario, España.

El mundo hispánico tiene climas muy diferentes y muy variados aspectos geológicos.

4. El paisaje de Oaxaca, México.

5. Pirámide azteca, San Juan
Teotihuacán, México.

Los monumentos y la
arquitectura del pasado
revelan la historia de los
países hispánicos.

6. Monumentos precolombinos de Copán, Honduras.

7. Detalle de la Gran Mezquita, Córdoba, España.

8. Acueducto romano, Segovia, España.

9. La Plaza de las Tres Culturas, Ciudad de México.

10. «Gaucho» típico del Uruguay.

11. Estudiante típica, Ciudad de México.

12. Participantes del Carnaval en San Juan, Puerto Rico.

13. Traje tradicional indio, Tambomachay, Perú.

Los pueblos hispánicos
tienen muy variadas
culturas, a pesar de su
lengua común.

14. Jóvenes venezolanos jugando al ajedrez en Caracas.

16. Una familia pasea por Las Ramblas de Barcelona, España.

15. Muchachos jugando al fútbol en una calle de la Ciudad de México.

17. Las calles de Quito, Ecuador, están llenas de gente que va de compras.

La vida social es intensa
en las calles de una
ciudad hispánica.

18. Una mujer de Lima, Perú,
churrasquea raciones de carne
en una parrilla.

20. Catalanes bailando la sardana en Barcelona, España.

19. La gente se detiene para charlar y tomar un refresco en una
cafetería de Guadalajara, México.

21. Utensilios de cobre y de estaño en un taller del mercado de la Ciudadela, Ciudad de México.

22. Flores y verduras en un mercado de Oaxaca, México.

23. Las telas de diseño tradicional siguen siendo muy populares en Chichi, Guatemala.

24. Las flores dan un toque brillante a los mercados mexicanos.

El mercado al aire libre florece todavía en gran parte del mundo hispánico actual.

25. Tejidos en un taller de San Ángel, México.

27. Bancos de Antonio Gaudí en el Parque Güell, Barcelona.

26. Murales decoran muchos edificios de la Ciudad de México.

28. Los murales son muy comunes en los barrios latinos de los Estados Unidos.

29. Jóvenes mexicanos divirtiéndose con una escultura.

El arte hispánico del siglo veinte ha sido en gran parte un arte público y también un arte popular en más de un sentido.

30. Muchos murales mexicanos, como éste que recuerda la Revolución mexicana, manifiestan una preocupación social.

31. Grupo de peregrinos en camino al santuario de la Virgen de Guadalupe, santa patrona de México.

32. Las «calaveras» en el escaparate de una dulcería mexicana son parte de la celebración del día de los Muertos.

33. Celebrando las Navidades en la Ciudad de México.

Hoy, como en el pasado,
la religión juega un papel
importante en la vida
de los países hispánicos.
Sus ritos y ceremonias
se ven en todas partes.

34. Fiesta de los Tres Reyes Magos
(Epifanía) en Tizimín, Yucatán.

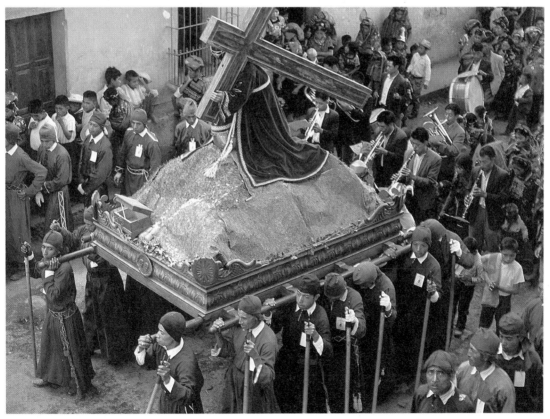

35. Penitentes que celebran las Pascuas en Santa María de Jesús, Guatemala.

Las calles de la Ciudad de México, como las de cualquier ciudad moderna, están congestionadas con tantos coches.

Lección preliminar

A. Read the dialogue aloud in breath groups (separated by the slashes), joining words as indicated.

José es un estudiante nuevo. Habla con su amigo, Fernando.

JOSÉ   ¿Dónde hay un restaurante / bueno y barato? //

FERNANDO   En la calle principal / hay uno que es bueno, / pero no barato; / también hay varios / que son baratos, / pero no buenos. //

JOSÉ   ¿Dónde tomas tú / el desayuno? //

FERNANDO   En la cafetería. //

JOSÉ   ¿Y el almuerzo? //

FERNANDO   Yo preparo dos sandwiches en casa. // Sólo compro una taza de café / y a veces, frutas. //

JOSÉ   ¿Y eso es suficiente? //

FERNANDO   Sí, casi; / pero la cena / es mi comida «seria». //

JOSÉ   ¿Dónde comes tú / por la tarde? //

FERNANDO   En una cooperativa. // Es la única manera / de comer bien / a precio razonable. //

Práctica   **I.**   Conteste Ud.

1. ¿Quiénes hablan?
2. ¿Qué pregunta José?
3. ¿Dónde hay un restaurante bueno?
4. ¿Qué explica Fernando?
5. ¿Dónde toma Fernando el desayuno?
6. ¿Qué prepara Fernando para su almuerzo?
7. ¿Qué compra Fernando a veces?
8. ¿Dónde come Fernando por la tarde? ¿Por qué?

II.   Preguntas personales.

1. ¿Prepara Ud. sus comidas?
2. ¿Dónde toma Ud. el desayuno?
3. ¿Qué toma Ud. para el desayuno?
4. ¿Qué come Ud. para el almuerzo?
5. ¿Hay restaurantes buenos y baratos en esta ciudad? ¿Dónde?
6. ¿Dónde cena Ud.?
7. ¿Va Ud., a veces, a una cafetería? ¿Por qué?
8. ¿Dónde es posible comer bien a precio razonable?

B.   Read the following passage and be ready to identify yourself. You may deviate from the pattern given, but do not attempt to go beyond your present vocabulary range.

1. Me llamo . . .	*My name is . . .*
2. Tengo . . . años.	*I am . . . years old.*
3. Vivo (¿con mi familia? ¿solo (-a)? ¿con un(a) compañero (-a) de cuarto? ¿en un apartamento? ¿en una pensión? ¿en una residencia?)	*I live (with my family? alone? with a roommate? in an apartment? in a boarding house? in a dormitory?)*
4. Mi familia vive en . . .	*My family lives in . . .*
5. Voy a estudiar (¿ciencias? ¿matemáticas? ¿una lengua extranjera? ¿sociología? ¿inglés?)	*I am going to study (sciences? mathematics? a foreign language? sociology? English?)*
6. Me gusta (No me gusta) jugar (¿al béisbol? ¿al fútbol? ¿al póker? ¿al tenis?)	*I like (I do not like) to play (baseball? football? poker? tennis?)*
7. Me gusta comer en un buen restaurante. Prefiero . . . (See the accompanying menu.)	*I like to eat in a good restaurant. I prefer . . .*

CASA CHINCHÓN

	Menú	Precio
1er grupo	Jugo de tomate *(Tomato juice)*	20 ptas.
	Ensalada de lechuga *(Lettuce salad)*	30
	Jamón *(Ham)*	90
	Sopa de arroz *(Rice soup)*	60
2° grupo	Espárragos con mayonesa *(Asparagus with mayonnaise)*	95
	Judías con mantequilla *(Green beans with butter)*	80
	Verduras cocidas *(Boiled mixed vegetables)*	70
3° grupo	Carne de vaca asada *(Roast beef)*	175
	Chuletas de cerdo *(Pork chops)*	150
	Merluza al horno *(Baked hake)*	200
	Paella valenciana *(Valencian paella)*	190
4° grupo	Fruta del tiempo *(Fruit in season)*	25
	Tarta de chocolate *(Chocolate cake)*	30
	Flan *(Custard)*	20
5° grupo	Té, café o chocolate *(Tea, coffee, or chocolate)*	10
	Cognac Chinchón *(Chinchón cognac)*	20
	Vino—(jarra) *(Wine—one carafe)*	50
	Cerveza—(botella) *(Beer—one bottle)*	14

C. How well do you remember basic vocabulary?

1. ¿Numerales? 2. ¿Estaciones? 3. ¿Meses? 4. ¿Días de la semana?
5. ¿Qué hora es?

If you are not sure, study and memorize the contents of Appendix IV.

LESSON ONE / Review Exercises

Common irregular verbs in the present tense

decir:	digo, dices, dice, decimos, decís, dicen
estar[1]:	estoy, estás, está, estamos, estáis, están
ir:	voy, vas, va, vamos, vais, van
ser:	soy, eres, es, somos, sois, son
tener:	tengo, tienes, tiene, tenemos, tenéis, tienen
venir:	vengo, vienes, viene, venimos, venís, vienen

Some verbs with irregular first-person singular forms

dar:	doy, das, . . .
hacer:	hago, haces, . . .
poner:	pongo, pones, . . .
salir:	salgo, sales, . . .
traer:	traigo, traes, . . .
conocer:	conozco, conoces, . . .
saber:	sé, sabes, . . .
ver:	veo, ves, . . .

Práctica   Dé Ud. las formas indicadas.

tener
   1. yo
   2. Uds.

estar
   3. nosotros
   4. yo

ser
   5. vosotros
   6. tú

venir
   7. nosotras
   8. él

ir
   9. yo
  10. ellas

hacer
  11. ella
  12. yo

ver
  13. nosotros
  14. Uds.

---

[1]**Estar** is irregular in the first person singular only. Observe, however, that four of its present tense forms bear an accent.

Polite commands

Since your instructor will use several classroom commands from the very beginning of the semester, a brief review of polite commands is presented here. A more complete treatment will come later.

A. Regular verbs

> llevar: (no) lleve Ud.; (no) lleven Uds.
> vender: (no) venda Ud.; (no) vendan Uds.
> subir: (no) suba Ud.; (no) suban Uds.

B. Irregular verbs
The commands of most irregular verbs keep the irregularity of the first person singular of the present.

> hacer (hago): (no) haga Ud.; (no) hagan Uds.
> poner (pongo): (no) ponga Ud.; (no) pongan Uds.
> traducir (traduzco): (no) traduzca Ud.; (no) traduzcan Uds.

Práctica   Dé Ud. los mandatos de los siguientes verbos.

	con Ud.	con Uds.
1. abrir	_____	_____
2. contestar	_____	_____
3. escribir	_____	_____
4. hacer	_____	_____
5. leer	_____	_____
6. pasar	_____	_____
7. poner	_____	_____
8. traducir	_____	_____

To the student: Always do the Review Exercises before you begin to study each new lesson. Check your answers by referring to the lists of correct answers in Appendix I.

Lección Uno

Una familia hace un viaje por piragua en el Amazonas.

ESCENA DE VIDA

Viaje al Perú

MIGUEL	*Tengo ganas de* hacer un viaje por el Amazonas, pero no sé si debo salir de Lima, o de otro *lugar*.	I am eager to place
CARLOS	Puedes ir de Lima a Iquitos. Ahí comienza una excursión muy bien organizada que te lleva por el río; *más abajo* llegas a un pueblo de indios muy pintorescos. Después de comer en el patio de un pequeño hotel, *debajo de* grandes árboles tropicales, puedes caminar un poco, pero sin ir muy *lejos*.	farther down under far
MIGUEL	¿Por qué?	
CARLOS	Porque en algunos lugares hay cocodrilos y pirañas.	
MIGUEL	¿Y llevan a los turistas a ver eso?	
CARLOS	Sí, es parte del programa. Lo que uno no *espera* son las *tempestades* de *viento* y las lluvias torrenciales. Para ir a la *selva hay que* tener un buen *impermeable* y también botas.	expect storms, wind jungle, it is necessary raincoat
MIGUEL	*¿Tanto llueve?*	Does it rain so much?
CARLOS	Sí. *A veces* hace muy mal tiempo. Hay días en que hace buen tiempo, pero, *de repente,* el cielo *se pone* negro y cae un tremendo *aguacero.* El problema es volver, porque entonces uno no ve nada. En mi primer viaje al Amazonas sólo llevaba *gabardina.* Cuando volví al hotel tenía frío y estaba *hecho una sopa...* y también mi dinero. ¿Qué hacer? *Quitarme* la ropa y *secar* los billetes en el *piso.* ¡Qué ridículo! ¡Yo, en *calzoncillos,* haciendo esto!	At times suddenly becomes, downpour trench coat drenched To take off, to dry floor shorts
MIGUEL	Con todo eso que me cuentas, *mejor* es no viajar.	better
CARLOS	¡Hombre, no! Las aventuras *inesperadas* son las más *divertidas.*	unexpected amusing

Práctica   **I.**   Preguntas personales.

1. ¿Qué lugares le gusta visitar en verano? ¿En invierno? ¿Por qué?
2. ¿De qué ciudad sale Ud. para visitar . . . (un lugar mencionado en el punto N° 1)?
3. ¿Qué animales puede Ud. ver en esa región?
4. ¿Qué ropa lleva Ud.? ¿Por qué?
5. ¿Cuánto cuesta hacer el viaje en avión? ¿En tren? ¿En automóvil?
6. ¿Le gustan las aventuras inesperadas? ¿Por qué?

II.   Dé Ud. las palabras de B que corresponden a las palabras de A.

A	B
1. turista	(a) viaje
2. excursión	(b) zapato
3. pueblo	(c) caminar
4. bota	(d) lluvias torrenciales
5. dólares	(e) ciudad
6. andar	(f) viajero
7. aguacero	(g) mejor
8. decir	(h) dinero
	(i) lejos
	(j) contar

III.   Temas para discutir (en forma oral o escrita).
¿Puede Ud. reconstruir partes del diálogo en A, y adaptarlas a una escena similar de su vida en B?

A	B
1. Viaje al Perú	1. Mi viaje a . . .
(a) ir de Lima a Iquitos . . .	(a) ir de . . .
(b) una excursión muy bien organizada . . .	(b) una excursión o visita a . . .
(c) más abajo llegas a un pueblo . . .	(c) más abajo (tarde) . . .
(d) después de comer en el patio de . . . debajo de . . .	(d) después de comer . . .
(e) puedes caminar un poco, pero . . .	(e) puedes caminar (nadar, jugar) . . .
2. En un aguacero del Amazonas	2. En un aguacero (o tempestad) . . .
(a) De repente el cielo . . .	(a) De repente . . .
(b) En mi primer viaje al Amazonas . . .	(b) Al principio (La primera vez) . . .
(c) Cuando volví al hotel . . .	(c) Cuando volví . . .
(d) ¿Qué hacer? . . .	(d) ¿Qué hacer? . . .
(e) ¡Qué ridículo! ¡Yo . . . !	(e) ¡Qué ridículo! ¡Yo . . . !

VOCABULARIO ÚTIL

Expresiones de tiempo con **hacer:**

> Hoy hace mucho frío (calor, viento). *esta nublado*
> *Today it's very cold (hot, windy).*
> Allá hacía buen (mal) tiempo todo el año.
> *The weather there was nice (bad) the year round.*
> En la Ciudad de México siempre hace fresco aún *(even)* cuando hace mucho sol.
> *In Mexico City it is always cool even when there's a lot of sunshine.*

Expresiones de tiempo con **haber** (to refer to visible phenomena only):

> Hay luna esta noche.   *There's moonlight tonight.*
> Hay sol todos los días.   *It is sunny every day.*

Expresiones con **tener:**

(a) to refer to states of the body:

> tener . . . años   *to be . . . years old*
> tener calor   *to be warm*
> tener frío   *to be cold*
> tener hambre   *to be hungry*
> tener sed   *to be thirsty*
> tener sueño   *to be sleepy*

(b) to refer to states of the mind, achievements, or feelings:

> tener éxito   *to be successful*
> tener ganas de   *to feel like, to be eager*
> tener miedo   *to be afraid*
> tener prisa   *to be in a hurry*
> tener razón   *to be right*

To intensify these idioms, Spanish requires the use of **mucho:**

> Tengo muchas ganas de ir.   *I am very eager to go.*
> Él siempre tiene mucha prisa.   *He is always in a great hurry.*

Práctica I. Complete Ud. con una expresión de tiempo, usando **haber** o **hacer.**

1. En Alaska _____ en el invierno.
2. En la Ciudad de México _____.
3. Durante un huracán _____.
4. Me gusta caminar de noche cuando _____.
5. No necesitas impermeable porque _____.
6. No todos los días del invierno son tristes. A veces _____.
7. Aquí, en verano _____.
8. Yo prefiero la primavera porque _____.

II. Use Ud. un modismo *(idiom)* con **tener.**

1. ¿Por qué corre Ud.? Corro porque _____ .
2. Estoy sin desayuno. Por eso, _____ .
3. Él no sabe lo que dice. Creo que él no _____ .
4. Dormí mal anoche y, por esta razón, _____ .
5. ¿Por qué lleva Ud. tantas ropas? Porque _____ .
6. Decidimos beber cerveza porque _____ .
7. No están bien preparados y, por esto, _____ .
8. Necesito aire fresco porque _____ .
9. No quiero hacerlo; en efecto, no _____ hacer nada.
10. Si quiero saber la edad *(age)* de una persona, pregunto: ¿_____?

COMENTARIO GRAMATICAL

1. Gender of nouns

Aside from those nouns that clearly refer to masculine and feminine beings (i.e., most nouns ending in **-o** and **-a**), the following nouns should be reviewed.

biological

grammatical

MASCULINE NOUNS

A. Names of the days of the week: el

el lunes	*Monday*	el jueves	*Thursday*
el martes	*Tuesday*	el viernes	*Friday*

B. Names of oceans, rivers, mountains, and mountain ranges:

el Amazonas	*the Amazon (River)*	el Pacífico	*the Pacific (Ocean)*
los Andes	*the Andes*	el Sena	*the Seine (River)*

C. Nouns of Greek origin ending in **-ma, -ta,** and **-pa:**

el drama	*the drama*	el problema	*the problem*
el mapa	*the map*	el programa	*the program*
el poeta	*the poet*	el telegrama	*the telegram*

FEMININE NOUNS

A. Nouns ending in **-dad, -tad,** and **-tud:**

la ciudad	*the city*	la libertad	*liberty*
la actividad	*the activity*	la multitud	*the multitude*

B. Nouns ending in **-ción, -sión,** and **-gión:**

la educación	*education*	la ocasión	*the occasion*
la invitación	*the invitation*	la región	*the region*

C. Nouns beginning with stressed **a** or **ha.** They are used, however, with the article **el** in the singular:

el agua	*water*	el hambre	*hunger*
el ala	*wing*	el arte	*art*
el alma	*soul*	el ave	*bird*

But: las artes, las aves, etc.

Práctica   ¿El o la?

1. universidad 2. disposición 3. rancho 4. aptitud 5. tradición
6. programa 7. miércoles 8. sala 9. planeta 10. juventud
11. biblioteca 12. drama 13. excursión 14. Navidad 15. Misisipí
16. agua 17. mapa 18. tempestad 19. religión 20. hambre

2. Gender of nouns: Special cases

A. Nouns that end in **-ista** may be either masculine or feminine:

el (la) artista	*the artist*	el (la) turista	*the tourist*
el (la) electricista	*the electrician*	el (la) novelista	*the novelist*

B. Nouns ending in **-e** or a consonant must be learned individually. They are either masculine or feminine:

MASCULINE		FEMININE	
el accidente	*the accident*	la clase	*the class*
el baile	*the dance*	la frente	*the forehead*
el billete	*the ticket, bill*	la luz	*the light*
el confite	*candy*	la muerte	*the death*
el deporte	*the sport*	la parte	*the part*
el lugar	*the place*	la razón	*the reason*
el papel	*the paper*	la sangre	*the blood*
el pie	*the foot*	la suerte	*the luck*
el paisaje	*the landscape*		

C. Nouns that have been shortened retain the gender of their original form:

el cine (el cinematógrafo) *the movies*
la foto (la fotografía) *the photograph*
la moto (la motocicleta) *the motorcycle*
la tele (la televisión) *the television*

D. New feminine nouns have appeared since the opening of trades, professions, and occupations to women:

el arquitecto, la arquitecta *the architect*
el gobernante, la gobernanta *the governor, (supervisor)*
el ingeniero, la ingeniera *the engineer*
el político, la política *the politician*

E. Some compound nouns have a plural ending but require a masculine singular article:

el paraguas *the umbrella*

el portamonedas *the coin purse*

el rompecabezas *the (crossword) puzzle*

el salvavidas *the life preserver*

Práctica **I.** **¿El, la, los o las?**

1. pies 2. muerte 3. paraguas 4. lugar 5. luz 6. fotos
7. portamonedas 8. deportes 9. accidentes 10. rompecabezas
11. partes 12. tele 13. médica 14. artes 15. papel

II. Preguntas personales.

1. ¿Qué programas ves en la tele?
2. ¿Hay alguna gobernanta en los Estados Unidos? ¿Sabes cómo se llama?
3. Diga Ud. algo a la clase sobre una foto favorita.
4. ¿Qué parques nacionales hay en tu estado o provincia?
5. ¿Cuándo necesitas un paraguas?
6. ¿Para qué usas un portamonedas?
7. ¿Quiénes son los (las) novelistas (artistas) más famosos (-as) de hoy?
8. ¿Cuándo va a tener nuestro país una presidenta? Dé Ud. una opinión a la clase.
9. ¿Quién es un actor muy divertido?
10. ¿Qué hace Ud. cuando cae un aguacero y Ud. no tiene impermeable?

En la región amazónica, es necesario construir casas de este tipo como protección contra las inundaciones del río.

BOCETO CULTURAL
El río Amazonas

El Amazonas es el río más grande del mundo. Tiene más de diez enormes tributarios y una *hoya* de casi dos millones de millas *cuadradas*. Esto explica por qué las lluvias en el norte y en el sur de la región amazónica no comienzan en la misma época. En los meses de invierno las aguas del río pueden subir hasta 50 pies, *inundando* vastas extensiones de *tierra* y creando grandes canales que después desaparecen.

La selva del Amazonas es un inmenso y *oscuro* laberinto verde, que tiene una delicada ecología. En él *encontramos* una increíble variedad de árboles, plantas, *pájaros* e insectos, que sólo van a *sobrevivir bajo* la protección del hombre.

basin
square

flooding
land

dark

we find
birds, survive, under

Práctica   Estudie Ud. el mapa (página 15) y conteste Ud. las siguientes preguntas.

1. ¿Cuáles son las tres ciudades importantes de la región amazónica?
2. Según la escala que aparece más abajo, ¿cuántas millas de ancho (in width) tiene la boca del Amazonas?
3. ¿Qué ríos unen (a) al Ecuador con el Amazonas y el Atlántico?; (b) ¿al Perú con el Atlántico?; (c) ¿al Orinoco con el Amazonas?
4. ¿Qué distancia hay, aproximadamente, entre Iquitos y el Atlántico?
5. Hay partes de seis países que están en la hoya del Amazonas. ¿Qué países son?
6. ¿Es posible subir por el Orinoco y entrar en el Amazonas? Explique.

COMENTARIO GRAMATICAL

3. **Idiomatic uses of the present tense[2]**

   A. To refer to an immediate and/or predictable future:

   Mañana lo traigo.   *Tomorrow I'll bring it.*
   El mes que viene hay dinero para todos.   *Next month there will be money for everybody.*

   B. To make a request in the form of a question. In this case English uses *will*:

   ¿Me das tu pan?   *Will you give me your bread?*
   ¿Me acompañas?   *Will you accompany me?*

   C. To pose a question seeking a yes or no response. The English equivalent of this construction employs *shall*:

   ¿Lo compramos?   *Shall we buy it?*
   ¿Entramos o no entramos?   *Shall we enter or not?*

Práctica   **I.**   Conteste Ud. en presente, según el modelo.

   Modelo: ¿Cuándo vas a partir? (el domingo)
           Parto el domingo.

1. ¿Cuándo vas a traer el dinero? (la semana próxima)
2. ¿Cuándo va a terminar María? (pasado mañana)
3. ¿Cuándo vas a pagarle? (la semana que viene)
4. ¿A qué hora van a comer Uds.? (a las ocho)
5. ¿Cuándo vas a comprarlo? (esta tarde)
6. ¿Vas a contestar hoy? (mañana)

---

[2]Remember that the present tense in Spanish may have three English translations: **como** = *I eat, I do eat, I am eating.*

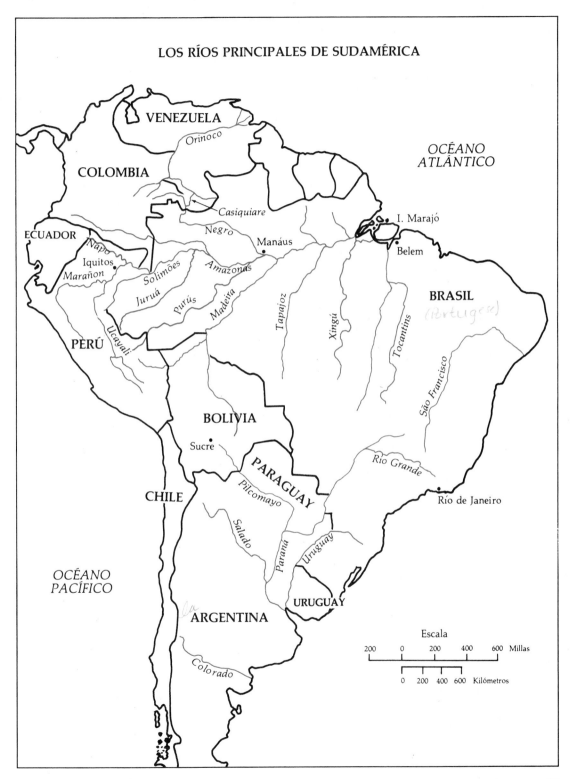

LOS RÍOS PRINCIPALES DE SUDAMÉRICA

VENEZUELA

Orinoco

COLOMBIA

OCÉANO ATLÁNTICO

Casiquiare

Negro

ECUADOR

Napo

Iquitos

Marañon

Solimões

Amazonas

Manáus

I. Marajó

Belem

Juruá

Purús

Madeira

Tapajoz

Xingú

Tocantins

BRASIL

(Portugese)

São Francisco

PERÚ

Ucayali

BOLIVIA

Sucre

Río Grande

PARAGUAY

Pilcomayo

Río de Janeiro

CHILE

Salado

Paraná

Uruguay

URUGUAY

OCÉANO PACÍFICO

ARGENTINA

Colorado

Escala

200   0   200   400   600 Millas

0   200 400 600   Kilómetros

II. Use Ud. el presente para hacer una petición en (a), y para pedir una decisión en (b). [Remember that *shall* and *will* do not always call for the future tense in Spanish.]

(a) 1. Will you open the door?
    2. Will you explain now?
    3. Will you invite me?
    4. Will you put your umbrella here?

(b) 1. Shall we go to Iquitos?
    2. Shall we eat at the hotel or not?
    3. Shall we walk a little?
    4. Shall we continue or not?

COMENTARIO GRAMATICAL

4. Stem-changing verbs

A. Some verbs change the stem vowel **e** into **ie** and **o** into **ue** if these vowels appear in a stressed syllable:

querer (to want)	**contar** (to count, tell)
qu**ie**ro	c**ue**nto
qu**ie**res	c**ue**ntas
qu**ie**re	c**ue**nta
queremos	contamos
queréis	contáis
qu**ie**ren	c**ue**ntan

Some other verbs of this type are:

e > ie		**o > ue**	
cerrar	*to close*	costar	*to cost*
comenzar	*to begin*	encontrar	*to find, encounter*
entender	*to understand*	morir	*to die*
pensar	*to think*	mostrar	*to show*
perder	*to lose*	poder	*to be able*
preferir	*to prefer*	volver	*to return;* devolver *to return (a thing)*

NOTE: **Llover (ue)** and **nevar (ie)** are used only in the third person singular:

Aquí nieva mucho.   *It snows a lot here.*
No llueve ahora.   *It is not raining now.*

Práctica **I.** Cambie Ud. del singular al plural en (a), y del plural al singular en (b).

(a) 1. comienzo
2. cierro
3. cuesta
4. piensa
5. muestras

(b) 1. perdemos
2. encuentran
3. volvéis
4. entendemos
5. podéis

II. Conteste Ud.

1. ¿Qué quiere Ud. hacer esta noche?
2. ¿Cuánto cuesta ahora ir al cine?
3. ¿Qué lleva Ud. cuando llueve mucho?
4. ¿A qué hora comienza nuestra clase?
5. ¿A qué hora cierran las tiendas en esta ciudad?
6. ¿Puede Ud. escribir cartas en español?
7. ¿Entiende Ud. a sus padres?
8. ¿Qué encuentra Ud. en la biblioteca?

B. Certain verbs of the third conjugation change **e** to **i** in the present tense:

pedir (to ask for)	**servir** (to serve)
pido	sirvo
pides	sirves
pide	sirve
pedimos	servimos
pedís	servís
piden	sirven

Other verbs of this type are **reír** (to laugh), **repetir** (to repeat), and **seguir** (to follow).

Práctica   **I.**   Complete Ud. con la forma correcta de los verbos indicados.

    (a)   servir:

        1. La señora Julia siempre nos _____ una excelente cena.

        2. Éste es mi camarero favorito. Vas a ver que él _____ la comida con elegancia.

        3. Yo no _____ a quienes no me aprecian.

    (b)   pedir:

        1. Cuando no tengo dinero, le _____ algunos pesos a mi padre.

        2. Cuando compramos algo, siempre _____ un recibo.

        3. Los niños tienen hambre y, por eso, _____ pan.

    (c)   seguir:

        1. ¿Por qué no _____ ellos nuestro ejemplo?

        2. Como es un buen muchacho, Luis siempre _____ mis consejos.

        3. Si Uds. _____ así, habrá varias dificultades.

    (d)   reír:

        1. ¿Por qué _____ tanto hoy tu padre?

        2. Cuando ve ese cuadro, ella siempre _____ mucho.

        3. Nosotros siempre _____ mucho durante la cena.

Una madre y su hija en la selva del Chocó, Colombia, en el valle del Amazonas.

II. Preguntas personales.

1. ¿Quién sirve las comidas en su casa?
2. ¿Con qué películas ríe Ud. mucho?
3. Cuando Ud. va a un restaurante caro, ¿qué pide Ud.?
4. ¿Entiende Ud. todas las películas inglesas? ¿Por qué (no)?
5. ¿Cuántas horas duerme Ud. todas las noches?
6. ¿Qué prefiere Ud. hacer cuando desea divertirse?
7. ¿Encuentra Ud. difícil hablar en la clase? ¿Por qué (no)?
8. ¿Qué hace Ud. cuando no puede dormir?
9. Cuando Ud. va a una fiesta de «las buenas», ¿a qué hora vuelve Ud. a casa?
10. ¿Qué siente Ud. cuando no ha comido?

WORD DISCRIMINATION

Abajo, bajo, debajo de

Abajo is an adverb that implies distance; its English equivalent is *down* or *down below*:

Ponga su chaqueta aquí abajo.   *Put your jacket down here.*
Abajo unos hombres nos gritaban.   *Down below some men were shouting at us.*

Bajo is a preposition that means *under* or *underneath* and refers to an inferior position; it may imply a certain dependence, obligation, or protection:

Vive bajo la autoridad de su tío.   *He lives under his uncle's authority.*
Los truenos resuenan bajo la concavidad del cielo.
The thunderclaps resound under the dome of the sky.

Debajo de is restricted in meaning to *under* in the sense of *underneath*; it refers to something that is either close to or touching something else.

El hombre está debajo del árbol.   *The man is underneath the tree.*
—¿Dónde está el sobre? —Debajo de tus libros.
Where is the envelope? Underneath your books.

Práctica

Complete Ud. con **abajo, bajo** o **debajo de.**

1. Luis es mecánico. Está _____ un coche en este momento.
2. —¿Dónde están los niños? —Allí, _____, cerca del río.
3. No te preocupes. No hay problema, si estás _____ mi protección.
4. Los ricos viven allá arriba; los pobres viven _____.
5. Ese imbécil no tiene nada _____ su sombrero.
6. Tus libros están _____ la silla.
7. El bar «Amazonas» no está aquí; está más _____.
8. Los niños vuelven a casa _____ la vigilancia de sus padres.

Una familia india en la
selva del Amazonas.

LECTURA Y DISCUSION[3]

El hombre en la selva

La siguiente selección describe una tempestad en el valle
del Amazonas, enorme escenario en que el hombre es una
figura insignificante *frente a* la magnitud de las fuerzas
naturales.

facing

---

[3]The *Lectura y discusión* of each lesson contains many of the new words
and grammatical points presented in the two previous reading selections.
This is your opportunity to apply what you have learned. The new
words here, whether glossed or not, are intended as passive vocabulary,
that is, for recognition only, and are not included in the *Vocabulario
activo.*

* * * * *

Hace calor. Las *nubes* avanzan de uno y otro *lado*,   clouds, side
unas blancas, otras negras. Hay sólo un pequeño
fragmento de cielo iluminado por una luz brillante. En
unos momentos comienza un terrible drama.

El *choque* es violento: los *rayos*, como rápidas   clash, bolts (of lightning)
serpientes, infligen profundas *heridas* a las nubes furiosas.   wounds
Inmensas cortinas de luz brillan por un momento y
mueren inmediatamente. Los *truenos* resuenan como   thunderbolts
grandes *cataratas*, y el eco repite su clamor bajo la negra   waterfalls
concavidad del cielo.   dome

El huracán entra violentamente en la selva,
destruyendo árboles gigantescos, uno *tras* otro; abajo, las   after
aguas del río parecen tener miedo y corren en varias
direcciones, agitadas por furiosas corrientes de aire.

Por unos momentos, densas nubes de vapor cubren el
panorama, y luego cae una lluvia torrencial. Finalmente,
un hermoso *arco iris* anuncia el fin de la convulsión. Todo   rainbow
cambia rápidamente y vuelve a la normalidad. Así
terminan también muchas tempestades del *alma, entre*   soul, amidst,
lágrimas, sollozos y *suspiros*.   tears, sobs, sighs

Práctica   I.   Complete Ud. con las palabras más apropiadas.

1. Las _____ avanzan de uno y otro lado, unas blancas, otras negras.
2. Hay sólo un pequeño fragmento de _____ iluminado por una luz brillante.
3. El _____ es violento.
4. Los _____ son como rápidas serpientes.
5. Los _____ resuenan como grandes cataratas.
6. El huracán entra violentamente en la selva, destruyendo _____ gigantescos.
7. Las aguas del río parecen tener _____.
8. Por unos momentos, densas nubes de _____ cubren el panorama.
9. Luego cae una _____ torrencial.
10. Un hermoso _____ anuncia el fin de la convulsión.

II. Explique Ud.

1. ¿Qué es el hombre frente a las fuerzas naturales?
2. ¿Qué vemos en el cielo durante una tempestad?
3. ¿Qué destruye el huracán?
4. ¿Cómo termina la tempestad?
5. El autor menciona otras tempestades. ¿Cómo terminan éstas?

COMENTARIO Y TRADUCCIÓN

I. Prepare Ud. un párrafo de cuatro o cinco oraciones usando algunas de estas palabras.

1. tener ganas de/viaje/Amazonas
2. selva/visitar/botas
3. patio/almorzar/árboles
4. mal tiempo/caer/lluvias torrenciales
5. aventuras/inesperadas/divertidas

II. Exprese Ud. en español.

1. We are very thirsty.
2. It does not rain a lot in the Andes.
3. Will you bring me the raincoat on Monday?
4. The Amazon River begins near the Pacific Ocean.
5. He is very eager to take a trip.
6. I take off my (las) boots.
7. I am not asking for money.
8. We are not serving coffee today.

APRENDIENDO PALABRAS NUEVAS

You can acquire new vocabulary more easily if you learn to recognize forms that are related. For example, **viaje–viajero–viajar** and **agua–aguacero** appear in this lesson. The following nouns all have corresponding verbal forms. Can you give the infinitives related to each one?

1. el camino
2. la comida
3. el comienzo
4. la creación
5. el cuento
6. el encuentro
7. la explicación
8. la lluvia
9. la muerte
10. la organización

VOCABULARIO ACTIVO[4]

ADJETIVOS

divertido, -a / *amusing*
increíble / *incredible, unbelievable*
inesperado, -a / *unexpected*
pintoresco, -a / *picturesque*

ADVERBIOS

lejos / *far*
tanto / *so much*
a veces / *at times*

MODISMOS

hay que / *it is necessary, one must*
tener ganas de + inf. / *to feel like + verb;
  to be eager + verb*

SUSTANTIVOS (ΛΙΟΥΧΙ)

el **árbol** / *tree*
el **impermeable** / *raincoat*
el **lugar** / *place*
  lluvia / *rain*
  milla / *mile*

el **norte** / *north*
el **programa** / *program*
  río / *river*
  selva / *jungle*
el **sur** / *south*
la **tempestad** / *storm*
  tiempo / *weather*
  tierra / *land, earth*
el (la) **turista** / *tourist*
  el **viaje** / *trip*
  viento / *wind*

VERBOS

caer / *to fall*
caminar / *to walk*
explicar / *to explain*
llegar / *to arrive*
llevar / *to take, wear, carry*
llover (ue)[5] / *to rain*
ponerse / *to become; to put on*
subir / *to go up, rise*
viajar / *to travel*

---

[4]Check your progress constantly by referring to the *Vocabulario activo* list that follows each lesson. These are the words that are most likely to appear in your examinations.

[5]All stem-changing verbs will be identified in this manner from now on.

LESSON TWO / Review Exercises

For a review of the imperfect and preterite endings of regular verbs, see Appendix III.

Irregular imperfects

Only three verbs are irregular in the imperfect tense: **ir, ser, ver.**

ir: iba, ibas, iba, íbamos, ibais, iban
ser: era, eras, era, éramos, erais, eran
ver: veía, veías, veía, veíamos, veíais, veían

Irregular preterites: *dar, ir, ser*

dar: di, diste, dio, dimos, disteis, dieron
ir: fui, fuiste, fue, fuimos, fuisteis, fueron
ser: fui, fuiste, fue, fuimos, fuisteis, fueron

Other irregular preterites

andar: anduve, anduviste, anduvo, anduvimos, anduvisteis,
    anduvieron

estar: estuve, estuviste, estuvo, . . .   hacer: hice, . . .

tener: tuve, . . .   querer: quise, . . .

poder: pude, . . .   venir: vine, . . .

poner: puse, . . .   decir: dije, . . .

saber: supe, . . .   traer: traje, . . .

Notice that the first- and third-person singular forms do not end with an accented syllable.

Práctica

Exprese Ud. en español.

1. He brought bread. *(preterite)*

2. We used to go. *(imperfect)*

3. Did he come? *(preterite)*
4. I was *(estar)* here yesterday. *(preterite)*
5. He put the raincoat here. *(preterite)*

6. He used to see better. *(imperfect)*
7. They went to Chicago. *(preterite)*
8. Did she say that? *(preterite)*
9. They used to be *(ser)* rich. *(imperfect)*
10. Who gave the money? *(preterite)*

Preterite and gerund of stem-changing verbs

Stem-changing verbs of the third conjugation change **e > i** and **o > u** in both the third person singular and plural of the preterite tense and the gerund.

dormir: **du**rmió, **du**rmieron, . . . **du**rmiendo
morir: **mu**rió, **mu**rieron, . . . **mu**riendo
pedir: **pi**dió, **pi**dieron, . . . **pi**diendo
preferir: **prefi**rió, **prefi**rieron, . . . **prefi**riendo
sentir: **si**ntió, **si**ntieron, . . . **si**ntiendo
servir: **si**rvió, **si**rvieron, . . . **si**rviendo

Práctica **I.** Cambie Ud. los verbos al pretérito.

1. Siente un gran dolor.
2. Morimos un poco cada instante.
3. Prefieres comer solo.
4. ¿Nunca duermen la siesta?
5. ¿Cuánto pide Ud.?

II. Dé Ud. el gerundio de los siguientes verbos. [¡Ojo! Not all these verbs require a stem change.]

1. pedir
2. morir
3. sentir
4. subir

5. servir
6. dormir
7. preferir
8. contar

Unaccented *i* > *y*

An unaccented **i** between two vowels becomes **y** in both the preterite (third persons only) and the gerund.

caer: cayó, cayeron, . . . cayendo
construir: construyó, construyeron, . . . construyendo
creer: creyó, creyeron, . . . creyendo
leer: leyó, leyeron, . . . leyendo
oír: oyó, oyeron, . . . oyendo

NOTE: The gerunds for **ir** and **traer** are **yendo** and **trayendo**.

¡¡¡Alto ahí!!!
¿SABIA VD. QUB CON UN SOLO DEDO PUEDE ARREGLAR SU TELEVISOR?
No tiene mas que marcar el 459 40 46 y asunto resuelto; nuestro servicio técnico en menos de 4 horas hará lo demás.

MUY IMPORTANTE

En caso de retirar su televisor a nuestros talleres, antes de que éste salga de su casa, nosotros le prestaremos otro TOTALMEN-TE GRATIS.
Garantizamos todas las reparaciones

FERPER

ELECTRONICA FERPER
Asistencia técnica TV
Av. Dr. Federico Rubio y Galí, 177
Teléfono 459 40 46
MADRID - 35

TELEVISION EN COLOR
SERVICIO DE ANTENAS

Apunte este teléf. en su agenda 459 40 46
No me tire, le seré útil.

VALE.- Por un descuento del 10% en todas sus reparaciones.

Práctica   Dé Ud. el gerundio y el pretérito (3ª persona singular) de los siguientes verbos.

1. destruir   4. oír
2. creer   5. caer
3. construir   6. leer

Spelling changes in the preterite

Verbs with infinitive stems ending in **-c, -g,** and **-z** undergo a spelling change in the first-person singular preterite.

INFINITIVE	FIRST-PERSON SINGULAR PRETERITE
practi**c**ar	(yo) practi**qué**
lle**g**ar	(yo) lle**gué**
comen**z**ar	(yo) comen**cé**

The remaining persons in the preterite undergo no such change.

Práctica   Dé Ud. el pretérito (1ª persona singular) de los siguientes verbos.

1. empezar   4. jugar
2. buscar   5. explicar
3. pagar   6. comenzar

Lección Dos

La propietaria de una
carnicería española con
su asistente.

ESCENA DE VIDA

Superrealismo

A la hora de la siesta, el *dueño* de la *pescadería estaba dormitando* en su silla; las *langostas, camarones, truchas* y sardinas descansaban *a sus anchas* en la *vitrina. De pronto,* entró en la tienda un gato que caminaba suavemente en dos *patas.* El pescadero *se quedó estupefacto.*

—Una *merluza,* no muy grande.
—Aquí tiene Ud.
—¿Cuánto pide Ud.?— preguntó el gato.
—Por ser usted, sólo ochenta y cinco pesetas.

El gato, que no parecía ser muy rico, pensó en una posible *rebaja,* pero sólo dijo:

—El *bacalao,* ¿cuánto cuesta hoy?
—Más que la merluza.
—Bueno, ahí tiene Ud. las ochenta y cinco pesetas.
(*Mete* la merluza en su *bolsa.*)

El dueño no pudo resistir la curiosidad:

—Una pregunta, señor.
—¿Qué quiere Ud. saber?
—Ésta es la primera vez que un gato viene a comprar pescado . . .

—Y va a ser la última. *No pienso* volver, ¡ni soñarlo! ¡Con estos precios!

Glosses (right margin):
- owner, fish market, was dozing
- lobsters, shrimp, trout
- to their heart's content, display case, Suddenly
- legs, was, dumbfounded
- hake
- discount (reduced price)
- cod
- He puts, shopping bag
- I do not intend, I wouldn't even dream of it!

Práctica   I.   Conteste Ud.

1. ¿Qué hacía el dueño?
2. ¿Quién entró en la tienda?
3. ¿Cómo caminaba?
4. ¿Qué pide el gato?
5. ¿Cuánto cuesta?
6. ¿En qué pensó el gato? ¿Por qué?
7. ¿Qué pregunta entonces el gato?
8. ¿Cuánto paga el gato finalmente?
9. ¿Por qué desea preguntar algo el pescadero?
10. ¿Qué dice el gato al final?

II. Invente Ud. un diálogo con un(a) compañero (-a) para presentar en clase. Use Ud. algunas de las siguientes expresiones.

<table>
<tr><td>GATO</td><td>DUEÑO</td></tr>
<tr><td>1. merluza . . .</td><td>1. Sí, señor . . .</td></tr>
<tr><td>2. precio . . .</td><td>2. ochenta y cinco . . .</td></tr>
<tr><td>3. ¿el bacalao? . . .</td><td>3. más que . . .</td></tr>
<tr><td>4. Bueno, ahí tiene Ud. . . .</td><td>4. Una pregunta . . .</td></tr>
<tr><td>5. ¿Qué quiere? . . .</td><td>5. Es la primera vez . . .</td></tr>
<tr><td>6. No pienso . . .</td><td>6. . . . (?)</td></tr>
</table>

VOCABULARIO ÚTIL

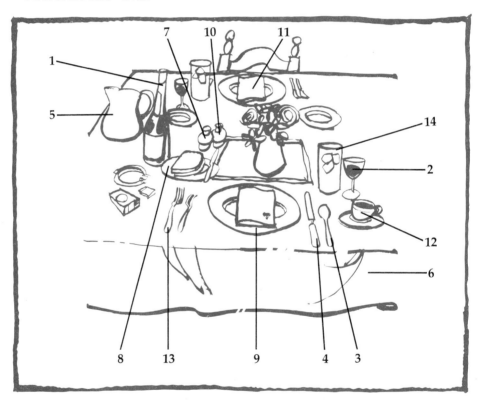

1. botella de vino	6. el mantel	11. servilleta
2. copa	7. pimentero	12. taza
3. cuchara	8. platillo	13. el tenedor
4. cuchillo	9. plato	14. vaso
5. jarro	10. salero	

Práctica   **I.** Cubra Ud. la lista de palabras y diga el nombre de los objetos que aparecen en el dibujo.

II. Conteste Ud.

1. ¿Qué usamos para beber vino?
2. ¿Dónde pone Ud. su biftec?
3. ¿Dónde pone Ud. el agua?
4. ¿Qué necesitamos para tomar café?
5. ¿Con qué cubrimos la mesa?
6. ¿Qué utensilios son necesarios para comer?
7. ¿Qué ponemos, generalmente, en el jarro?
8. ¿Qué hay en la botella?
9. ¿Dónde está la servilleta?
10. ¿Para qué usamos el cuchillo?

COMENTARIO GRAMATICAL

5. Preterite and imperfect tenses compared

The preterite tense is used to express the beginning or the end of an action in the past. It often refers to a specific moment or period of time and it may be accompanied, therefore, by time expressions such as **entonces, en ese momento, después, ayer, el año pasado,** etc.:

> En ese momento **entró** en la sala.   *At that instant she entered the room.*
> ¿Quién **vino** esta tarde?   *Who came this afternoon?*

The imperfect tense, on the other hand, expresses either a habitual action or the continuation of an action which has an indefinite beginning or end. It may be accompanied by expressions implying continuation or repetition, such as **muchas veces, todos los días, siempre,** etc.:

> **Iban** a comer mariscos todos los domingos.   *They would go (used to go) to eat shellfish every Sunday.*
> Yo **pensaba** que él **era** más fuerte.   *I thought that he was stronger.*

While the presence of a time expression is a fairly reliable hint, the decisive factor always is what the speaker *intends* to say. One can well imply a beginning and an end with **siempre** and use a preterite: **Siempre vino a visitarnos el verano pasado.** Here the summer is viewed as one season. The same adverb could imply continuation: **Siempre venía a visitarnos durante el verano.** *He came (repeatedly) to visit us during the summer.* This shows that the choice between the preterite and the imperfect is, to a large extent, a subjective question.

Both the preterite and the imperfect can be present in the same sentence:

> Leía un libro cuando ella entró.   *I was reading a book when she entered.*

The interrupted action (**leía**) calls for the imperfect; the interrupting action (**entró**) takes the preterite. Sometimes, however, this type of "when" sentence joins two preterites or two imperfects:

> Saludé a la secretaria cuando entró.   *I greeted the secretary when she came in.*
>
> Yo estudiaba cuando él leía.   *I studied when he read (i.e., I studied while he read).*

Contrast the use of the preterite and imperfect in this diagram:

> El avión **cayó.** *(definite end)*   El avión **caía.** *(continued action)*

The two tenses can also be compared graphically with horizontal arrows (imperfect = continuation) and vertical arrows (preterite = definite beginning or end):

> Cuando caminaba cerca del río, recordé las palabras de Elena cuando
> $\longrightarrow$ $\uparrow$
> partía. —¡No te vayas! ¡No te vayas!— ¿Qué quería decirme con eso? En ese
> $\longrightarrow$ $\longrightarrow$
> momento perdí el equilibrio. Caí al agua. En esos momentos pasaba un
> $\uparrow$ $\uparrow$ $\longrightarrow$
> barco, y dos marineros oyeron mis gritos. Ya en el barco, pensé otra vez en
> $\uparrow$ $\uparrow$
> Elena. Sus últimas palabras seguían sonando en mis oídos.
> $\longrightarrow$

Práctica   **I.**   ¿Pretérito o imperfecto? [NOTE: Do not translate this paragraph. Simply tell whether the italicized verbs would be in the preterite or imperfect.]

I (1) *was walking* down Fifth Avenue when a taxi (2) *hit* the curb barely ten feet ahead of me, (3) *skidded* across the sidewalk, and (4) *slammed* into the wall. I (5) *took* three more steps and (6) *opened* the front door. The driver (7) *was slumped* over the steering wheel and (8) *seemed* to be unconscious. I then (9) *realized* that I had to do something. I (10) *went* to a telephone booth and (11) *called* the police, but the number (12) *was* busy.

Check your answers against the following correct answers (I = imperfect; P = preterite):

1. I no definite beginning or end
2. P ⎤
3. P ⎥
4. P ⎬ past actions with a definite beginning and end
5. P ⎥
6. P ⎦
7. I continuous past action
8. I continuous mental action
9. P ⎤
10. P ⎬ past actions with a definite beginning
11. P ⎦
12. I a continuous state

II. ¿Pretérito o imperfecto? Después de escoger el verbo de cada oración, traduzca Ud. al inglés.

1. Yo (abrí / abría) un paquete cuando tú (viniste / venías).
2. Cuando (fui / era) joven, (no me gustó) / no me gustaba) comer pescado.
3. —¿Por qué (metiste / metías) la cuchara y el tenedor en su bolsa?
   —Yo (no hice / no hacía) eso.
4. —¿Qué (hiciste / hacías) cuando te (llamé / llamaba)?
5. —Ellos (fueron / iban) allí todas las semanas. —Yo (comí / comía) allí una vez.
6. —¿Para qué (usaste / usabas) tú el cuchillo?—Para limpiar los camarones. ¿Qué otra cosa (pude / podía) yo hacer con él?
7. —Aquí tiene Ud. la merluza y el jugo de limón— me (dijo / decía). Y yo le (contesté / contestaba): —Muchas gracias.
8. (Nos sentamos / Nos sentábamos) a la mesa a las doce, y (comenzamos / comenzábamos) a comer.

III. Conteste Ud. rápidamente.

1. ¿Qué comió Ud. anoche?   2. ¿A qué hora salió Ud. de su casa ayer?
3. ¿Qué tomó Ud. hoy para el desayuno?   4. Cuando Ud. era niño, ¿adónde iba con frecuencia?   5. ¿A quién escribió Ud. la semana pasada?
6. ¿Adónde fue Ud. anoche?   7. ¿Qué hacía Ud. cuando yo entré en la clase?
8. ¿Vino Ud. a la universidad en coche?   9. ¿Tenía Ud. más dinero el año pasado?   10. ¿Viste tú algo interesante en la calle esta mañana?

6. **Special meanings of the preterite**

A few common verbs take on a different meaning when used in the preterite.

A. conocer

In the preterite **conocer** means *met;* in the imperfect, *knew:*

Conocí a su padre en agosto.   *I met his father in August.*
Conocía a su hermana muy bien y, por eso, hablamos toda la mañana.
    I knew his sister very well and for that reason we talked all morning.

B. poder

As a preterite **poder** means *to manage* or *succeed* in doing something:

Pudieron terminar a tiempo.   *They managed to finish on time.*
No pudo creerlo.   *He could not (bring himself to) believe it.*

C. querer

As an affirmative preterite **querer** means *tried;* as a negative preterite it means *refused.* When used in the imperfect, whether affirmative or negative, it retains its basic meaning, *to want:*

Ernesto quiso hacer todo el trabajo, pero no tenía fuerzas.
    Ernest tried to do the entire job, but he was not strong enough.
No quiso descansar.   *He refused to rest.*
Quería comprar servilletas.   *He wanted to buy napkins.*
No querían volver.   *They did not want to come back.*

D. saber

In the preterite **saber** can be translated as *learned* or *found out;* in the imperfect as *knew:*

Sólo supe anoche que había muerto.   *I just learned (found out) last night that she had died.*
Todos sabían que yo quería ser médico.   *Everyone knew that I wanted to be a doctor.*

Práctica   Exprese Ud. en español.

1. (I met) a su familia ayer.
2. Invitamos a su hermano, pero (he refused) venir.
3. (I managed) llegar a tiempo.
4. (She did not want) descansar.
5. Sólo ayer (we found out) que pensaba ir a Costa Rica.
6. ¿(Did you know) este restaurante? Es muy limpio.
7. Dijo que (he did not want) ver el programa.
8. Todas nosotras (knew) que ellos eran muy ricos.
9. Tú (met) a Félix en mi casa, ¿no?
10. (He refused) ir a la tienda.
11. Cuando era niño (he could not) cantar.
12. (I tried) partir a las nueve.

En los mercados de la Costa Blanca en España, hay pescado fresco todos los días.

BOCETO CULTURAL

Sopa de *mariscos*   shellfish

Ponga Ud. 1/4 de taza de *aceite* en una cacerola: *eche*   olive oil, put in
Ud. después, todo cortado en *pedazos* pequeños: pieces
   1 taza de *cebolla,*   onion
   1 *cucharada* de *ajo* y   tablespoonful, garlic
   2 pequeños *pimientos dulces* (rojos o verdes) peppers, sweet

Mezcle Ud. todos los ingredientes con un tenedor,   Stir
poniendo la cacerola, durante unos cinco minutos, sobre
un *fuego* no *demasiado* fuerte. Ahora añada: heat, too (excessively)
   2 cucharadas de jamón (en pedacitos)

Después de dos minutos, eche Ud. también:
   6 tomates, no muy grandes, *pelados* y en pedazos   peeled
   pequeños,
   1 *cucharadita* de sal y   teaspoonful
   1/2 cucharadita de pimienta negra

Todo esto debe *hervir* rápidamente por cinco minutos.   boil
Ponga Ud. después:
   3 tazas de agua,
 1/2 taza de vino blanco (seco) y
   1 cucharada de jugo de limón

Después de hervir otra vez, eche Ud.:
   12 *almejas*   clams

Ponga la cacerola *a fuego lento* por diez minutos.   on simmer
Después, eche Ud.:
    12 camarones (¡ya limpios!) y
     1 langosta (1 1/2 libras), hervida ya, y cortada en
       pedazos

Deje todo a fuego lento unos cinco minutos más.
Suficiente para seis personas. Con este plato
recomendamos servir vino blanco.

Práctica   Invente Ud. una oración completa sobre cada una de las ilustraciones.

COMENTARIO GRAMATICAL

7. Progressive forms

A progressive form has two elements: the appropriate form of the verb **estar** and the gerund of the main verb.[1] There are as many progressive forms as there are simple tenses. Observe:

	SIMPLE TENSES	PROGRESSIVE FORMS
Present	Ella trabaja.	Ella está trabajando. *She is working.*
Imperfect	Ella aprendía.	Ella estaba aprendiendo. *She was learning.*
Preterite	Ella vivió.	Ella estuvo viviendo. *She was living.*
Future	Ella descansará.	Ella estará descansando. *She will be resting.*
Conditional	Ella comería.	Ella estaría comiendo. *She would be eating.*

Subjuntivo
presente
Imperfecto

The progressive forms are used in the present to tell that an action is going on right now; in the imperfect a progressive form tells about an action unfolding in the past. The preterite progressive is seldom used in spoken Spanish:

Oye, niño, ¿qué estás haciendo ahora?   *Hey, kid, what are you doing now?*

Estaba descansando cuando llegaste.   *He was resting when you arrived.* making reference

Toda su familia está pensando en Ud.   *All your family is thinking about you.* (right now)

NOTE: **Ir** and **venir** are not used with **estar**: Voy (Vengo) más tarde. *I am going (coming) later.* (Impossible: estoy yendo; estoy viniendo.)

Práctica   Exprese Ud. en español.

1. Todos (are studying) en casa de María.
2. Ahora ellos (are making) un gran esfuerzo.
3. Dicen que él siempre (is sleeping) a esta hora.
4. Señorita, ¿qué (are you preparing)?
5. Durante ese mes (I was working) en la biblioteca.
6. Yo sé que ellas (were living) en casa de sus tíos.
7. Durante esos días (I was visiting) a mis abuelos.
8. Cuando llegué (they were eating breakfast).

8. Other uses of the gerund

In addition to their function as parts of the progressive forms, gerunds have a number of other uses in Spanish.

A. The gerund used without **estar** translates the English expression *by* + present participle:

> Aprenderá fácilmente repitiendo las palabras varias veces.
> *You will learn easily by repeating the words several times.*
> Ud. va a dormir mejor no comiendo demasiado.
> *You will sleep better by not eating too much.*

B. A gerund may follow a noun in Spanish if it is not a modifier of the noun but a complement of a preceding verb:

> Escribió una carta ayer dando las instrucciones necesarias.
> *He wrote a letter yesterday giving the necessary instructions.*
> Salió de la habitación diciendo que no se sentía bien.
> *He left the room saying that he was not feeling well.*

In these sentences, the elements that are related are **escribió dando** and **salió diciendo.**

NOTE: Do not allow yourself to be influenced by English usage. For example, a gerund in Spanish cannot become a noun as in English. Compare:

> No sé nada sobre el modo (el arte) de manejar un coche.
> *I know nothing about driving a car.*

Neither can a gerund in Spanish modify a noun as in English. Compare:

> Tengo un libro que describe esa región.   *I have a book describing that*
> *region.*

Práctica   **I.** Exprese Ud. en español.

1. Ayudaron a la familia (by paying) todas sus cuentas.
2. Ud. puede resolver el problema (by sending) dinero.
3. Quiere practicar la lengua (by repeating) los ejercicios varias veces.
4. Invitó a la clase (by writing) una notita en latín.
5. Ud. va a tener mejores resultados (by speaking) lentamente.
6. No van a ofender a ese señor (by doing) todo el trabajo.
7. Ud. va a ganar más dinero (by working) los sábados.
8. Llegó más temprano (by going) en coche.

Los mariscos son una comida muy popular en México, como vemos por la
gran variedad en este mercado.

II. Conteste Ud. (Las frases entre paréntesis pueden sugerirle algunas ideas.)

1. ¿Cómo podemos ir rápidamente a Iquitos? (viajar en avión)
2. ¿Cómo podemos estar más cómodos? (llevar ropas deportivas)
3. ¿Cómo aprende Ud. nuevas palabras? (buscar en el diccionario)
4. ¿Es posible gastar menos dinero? (preparar las comidas en casa)
5. ¿Cómo muestra Ud. su amistad a sus amigos? (enviar cartas)
6. ¿Cómo puede Ud. sacar buenas notas en sus clases? (estudiar mucho)
7. ¿Es posible aprender el español rápidamente? (vivir en un país
   hispánico)
8. ¿Cómo puede Ud. pagar sus deudas rápidamente? (escribir cheques)

---

[1]For practical purposes, the terms *present participle* and *gerund* may both be used to describe
the *-ing* form of the verb (eating, living, etc.). Strictly speaking, however, this form is a gerund
in Spanish.

WORD DISCRIMINATION

1. **Pedir, preguntar**

   Pedir means *to ask a favor* or *request something;* **preguntar** means *to ask a question.* Both verbs usually take an indirect object pronoun since we ask for something *from* someone or we pose a question *to* somebody. Contrast these examples:

   > ¿Pedimos pescado?   *Shall we ask for fish?*
   > Voy a preguntar si puedes venir.   *I am going to ask if you can come.*

2. **Ya**

   Ya can have several meanings. Observe the various translations given:

   > Ya terminó.   *He finished already.*
   > Tú ya eres mayor de edad.   *You are now an adult.*
   > Ya no vivimos ahí.   *We no longer live there.*
   > ¡Ya vengo!   *I'll come! (I am coming!)*

3. **Echar, meter, poner**

   Echar means *to drop something into* an open receptable, such as a drawer, a kettle, a wastepaper basket, etc., or *to throw* something *out* or *down;* it often implies force or distance. **Meter** means *to put into* or *to insert* because it implies an enclosure. **Poner** means *to place* or *put* in a more general sense:

   > Eche (Ponga) ahora la cebolla en la cacerola.   *Now drop (put) the onion in the pot.*
   > Echó las flores por la ventana.   *He threw the flowers out of the window.*
   > Metió la mano en el cajón.   *He put his hand in the drawer.*
   > Ponga Ud. su paraguas allí.   *Put your umbrella over there.*

Práctica **I.** Complete Ud. el diálogo empleando la forma correcta de **pedir** o **preguntar.**

1. ¿A quién _____ Ud. ostras?
2. Ayer _____ cómo estaba su padre.
3. Llame Ud. por teléfono y _____ si hay aceite.
4. Voy a _____ un favor al dueño.
5. El cliente _____ ayer una rebaja.
6. Debes _____ si les gustan la cebolla y el ajo.
7. ¿Dónde estabas? _____ la mamá.
8. Yo nunca _____ dinero a mi familia.

Exprese Ud. en español.

1. He no longer works here.
2. What? You know that it is so.
3. He put his (la) hand in the water.
4. You are now a physician.
5. Did you buy a hat already?
6. Put your name here.
7. They put (forced) Peter into the car.
8. Put your coat here.

LECTURA Y DISCUSIÓN
El arca de Noé

Cuando Noé construyó el arca no tuvo tiempo, *por desgracia*, para hacer «apartamentos», a fin de separar las especies.

unfortunately

Con aire de *señorones*, entraron las jirafas. Junto a ellas pasaron el león y la leona *dando rugidos*. —¿Invitar a *éstos*?— dijo la jirafa *macho*. —¡Eso, nunca, porque tienen halitosis!

big shots
roaring
these guys, male

Llegaron después los hipopótamos. —Esos *gordos* no saben *ponerse a régimen*— dijo un sinuoso leopardo. —¡Qué *calamidades!*

fat guys
to diet
slobs

Los elefantes entraron lentamente, rompiendo algunas *tablas* del piso. —¡Qué gente tan *pesada!*— murmuró la *zorra*. Peores eran los rinocerontes, porque eran *cortos de vista*. Entraron destruyendo mesas y sillas.

boards, big (boring) galoots
fox, near-sighted

Los animales menos agradables, especialmente los *zorrillos*, ocupaban *lugar aparte*. Muy pronto los perros *ladraron* y los gatos maullaron *en son de* protesta. —¡Esos incivilizados no han descubierto todavía los desodorantes!

skunks, separate quarters
barked, voicing a

Vino después una enorme cantidad de *aves* e insectos: cóndores y *águilas* de fuertes *alas*, y aves acuáticas de *piernas delgadas* y cortísima *minifalda* de plumas. Los *loros charlaban* incesantemente diciendo *cantinfladas*. —Yo prefiero los canarios— dijo la pensativa *lechuza*, mirando a otro lado.

birds
eagles, wings
legs, slender, miniskirt, parrots
chatted, nonsense
owl

Los atunes, salmones y demás peces enviaron una notita pidiendo excusas. Después de todo un día de trabajo, Noé se acostó, pero no pudo dormir porque los *grillos* y los mosquitos *se pusieron a* cantar.

crickets, began to

Cuando pasó el *diluvio*, todos los órdenes volvieron a la tierra—mamíferos, reptiles, anfibios, aves e insectos. Nadie dio las gracias. —¡*Animales!* — exclamó Noé. *Se echó* en su cama, y empezó a *roncar*.

flood (deluge)

Blockheads!
He stretched out, to snore

Práctica   **I.**   Conteste Ud.

   1. ¿Por qué no construyó Noé apartamentos en su arca?
   2. ¿Por qué no desean invitar las jirafas a los leones?
   3. ¿Por qué son muy gordos los hipopótamos?
   4. ¿Cómo sabemos que son pesados los elefantes?
   5. ¿Por qué destruyen mesas y sillas los rinocerontes?
   6. ¿Por qué ocupan lugar aparte los zorrillos?
   7. ¿Por qué son un poco ridículas las aves acuáticas?
   8. ¿Por qué no quiere la lechuza estar con los loros?
   9. ¿Por qué no pudo dormir Noé?
  10. ¿Por qué salieron del arca los animales?
  11. ¿Por qué estaba disgustado Noé?
  12. ¿Por qué exclamó Noé «¡animales!»?

II.   Construya Ud. una oración refiriéndose a las siguientes ideas.

   1. ponerse a régimen
   2. ser pesado
   3. ser corto de vista
   4. llevar minifaldas cortísimas
   5. mandar una notita
   6. ponerse a cantar
   7. dar las gracias
   8. echarse en la cama

COMENTARIO Y TRADUCCIÓN

I.   Examine Ud. las fotos de las páginas 28 y 35. Describa Ud. lo que ve en esas fotos. ¿Quiénes están ahí? ¿Dónde están? ¿Qué hacen? etc.

II.   Exprese Ud. en español.

   1. When did you meet her cousin?
   2. Where are the knives and forks?
   3. What time did you have breakfast this morning?
   4. She was resting when I entered.
   5. I refused to offer discounts.
   6. He learns vocabulary by repeating all new words many times.
   7. They don't know anything about driving.
   8. We found out last night that he was dying.

APRENDIENDO PALABRAS NUEVAS

The suffix **-ero** added to the stem of a noun indicates the person involved with the use of the noun, usually in a trade or occupation. By changing the final **-o** of the new word to **-ía,** you indicate the place of business. If you know the nouns at the left, you should be able to guess the related words at the right. The first one is translated as a model; figure out the others.

1. barba / *beard*   barbero / *barber*   barbería / *barber shop*
2. confite   confitero   confitería
3. joya   joyero   joyería
4. leche   lechero   lechería
5. libro   librero   librería
6. pastel   pastelero   pastelería
7. pescado   pescadero   pescadería
8. reloj   relojero   relojería
9. sombrero   sombrerero   sombrerería
10. zapato   zapatero   zapatería

NOTE: Two nouns that undergo a stem change when forming these derivations are **carne (carnicero, carnicería)** and **pan (panadero, panadería).**

VOCABULARIO ACTIVO

ADJETIVOS

dulce / *sweet*
fuerte / *strong*
limpio, -a / *clean*

ADVERBIOS

demasiado / *too, excessively*

MODISMOS

aquí tiene Ud. / *here it is*
de pronto / *suddenly*

SUSTANTIVOS

el **aceite** / *olive oil*
ajo / *garlic*
bolsa / *shopping bag*
cacerola / *pot*
cebolla / *onion*
cucharada / *tablespoonful*
cucharadita / *teaspoonful*
dueño, -a / *owner*
fuego / *heat, fire*

el **jamón** / *ham*
jugo de limón / *lemon juice*
mariscos / *shellfish*
pedazo / *piece*
pescado / *fish*
pimienta (negra) / *(black) pepper*
pimiento (dulce) / *(sweet) pepper*
precio / *price*
rebaja / *discount, reduced price*
la **sal** / *salt*
sopa / *soup*
taza / *cup*
tienda / *shop, store*

VERBOS

añadir / *to add*
cortar / *to cut*
descansar / *to rest*
hervir (ie) / *to boil*
mezclar / *to mix*
parecer / *to seem, appear*
pensar (ie) + inf. / *to intend to do something*

LESSON THREE / Review Exercises

The present, imperfect, and preterite of *ser*

PRESENT	IMPERFECT	PRETERITE
soy	era	fui
eres	eras	fuiste
es	era	fue
somos	eramos	fuimos
sois	erais	fuisteis
son	eran	fueron

Práctica **I.** Dé Ud. las formas indicadas de **ser.**

1. *preterite:*
   nosotros / Ud. / yo
2. *present:*
   yo / Uds. / nosotros
3. *imperfect:*
   tú / nosotros / vosotros

II. Conteste Ud. usando oraciones completas.

1. ¿Es usted también estudiante de francés?
2. ¿Fue Ud. un buen alumno (una buena alumna) en su clase de matemáticas?
3. ¿Quién era el presidente de los Estados Unidos durante la Segunda Guerra Mundial (World War II)?
4. ¿Son ustedes—los estudiantes—demócratas o republicanos?
5. ¿Fuiste tú la persona más popular en tu escuela secundaria?
6. ¿Quién fue Walt Whitman?

The present, imperfect, and preterite of *estar*

PRESENT	IMPERFECT	PRETERITE
estoy	estaba	estuve
estás	estabas	estuviste
está	estaba	estuvo
estamos	estábamos	estuvimos
estáis	estabais	estuvisteis
están	estaban	estuvieron

Práctica I. Dé Ud. las formas indicadas de **estar.**

1. *present:*
   tú / vosotros / yo
2. *imperfect:*
   nosotros / tú / él
3. *preterite:*
   yo / tú / ellas

II. Conteste Ud. según el modelo.

Modelo: ¿Cómo estás? (bien)
Estoy bien.

1. ¿Dónde está Juan? (en casa)
2. ¿Dónde están Uds. ahora? (en la sala)
3. ¿Cómo está Ud.? (contento, -a)
4. ¿Con quién estabas hablando? (el profesor)
5. Entre las siete y las nueve, ¿dónde estuvo Ud.? (en un cine)
6. ¿Dónde estaban Uds. este verano? (en México)
7. ¿Dónde estuvo Ud. ayer? (en la fábrica)
8. ¿Estuviste enfermo ayer? (No, . . . muy cansado, -a)

Lección Tres

Los residentes de East Los están orgullosos de las casas decoradas con murales.

ESCENA DE VIDA

«East Los»

El barrio chicano de Los Ángeles está en la parte este de la ciudad. Por eso, algunos chicanos que son de ahí lo llaman «East Los». Sus habitantes son, por lo común, gente de pocos *medios*. «East Los» era antes un barrio de casas pequeñas, de pobre aspecto y sin flores.   means

Ahora los chicanos están más *orgullosos* de su barrio   proud porque, en los últimos años, muchos jóvenes tienen la preocupación de *embellecer,* con pinturas murales, cientos   to decorate de *fábricas* y otros edificios feos y uniformemente *grises*.   factories, gray Allí vemos hoy día *dibujos* abstractos, escenas realistas de   drawings la vida del barrio, *retratos* estilizados de santos, guerreros   portraits aztecas y héroes campesinos. El colorido de las pinturas es casi siempre brillante y *atrevido*.   daring

Como resultado de este proyecto, jóvenes y viejos *cuidan* ahora *de* sus casas, calles y escuelas con un nuevo   take care of *sentido* de comunidad. Por eso hoy día hay menos   sense delincuencia y vandalismo.

Práctica   **I.**   Haga Ud. asociaciones con las siguientes palabras.

        1. barrio   2. habitantes   3. fábricas   4. orgullo   5. colorido

    II.   Explique Ud.

        1. ¿Qué es East Los?
        2. ¿Cómo eran las casas del barrio antes?
        3. ¿Qué contienen las pinturas murales?
        4. ¿Cómo sabemos que hay, entre los chicanos, un nuevo sentido de comunidad?
        5. ¿Qué es un chicano?

VOCABULARIO ÚTIL

Aprenda Ud. las siguientes asociaciones.

PAÍS	PERSONA	CAPITAL
1. Alemania	alemán, -mana	Berlín
2. la Argentina	argentino, -a	Buenos Aires
3. el Brasil	brasileño, -a	Brasilia
4. el Canadá	canadiense	Ottawa
5. Cuba	cubano, -a	La Habana
6. el Ecuador	ecuatoriano, -a	Quito
7. España	español, -a	Madrid
8. los Estados Unidos	norteamericano, -a	Washington
9. Francia	francés, -a	París
10. Inglaterra	inglés, -a	Londres
11. Italia	italiano, -a	Roma
12. México	mexicano, -a	Ciudad de México
13. el Perú	peruano, -a	Lima
14. Portugal	portugués, -a	Lisboa
15. Puerto Rico	puertorriqueño, -a	San Juan

Práctica   I.   Complete Ud.

1. La capital de México es _____.
2. Un habitante de Portugal se llama _____.
3. Llamamos a los habitantes del Brasil _____.
4. Un inglés dice que su país se llama _____.
5. Lima está en _____.
6. Buenos Aires es la capital de _____.
7. La persona que viene de Puerto Rico se llama _____.
8. El Volkswagen es un automóvil _alemán_
9. La capital de Cuba es _____.
10. La capital del Brasil se llama _____.

II.   Conteste Ud.

1. ¿Quiénes viven en una isla?
2. ¿Qué actriz italiana conoce Ud.?
3. ¿Qué actores ingleses conoce Ud.?
4. ¿Qué lengua hablan los brasileños?
5. ¿Cuál es la ciudad más importante de Puerto Rico?
6. ¿Dónde está Berlín?
7. ¿Cuál es la capital de Inglaterra?
8. ¿Qué diferentes lenguas hablamos en los Estados Unidos?

COMENTARIO GRAMATICAL

9. **Uses of *ser***

   A. To express origin:

   Somos de Caracas.   *We are from Caracas.*

   B. To indicate the substance or material of which something is made:

   Este cuchillo es de acero inoxidable.   *This knife is (made of) stainless steel.*

   C. To show ownership or possession:

   Los tres sombreros son de Violeta.   *The three hats are Violet's.*

   Observe that the word **de** is used in all the above cases.

   D. To express identity between nouns or pronouns:

   José es médico.   *Joe is a doctor.*
   Éste es el mío.   *This is mine.*

   E. To express the time of day:

   Son las siete.   *It is seven o'clock.*
   Eran las dos y media.   *It was two thirty.*

   F. As the equivalent of *to take place:*

   La boda es mañana.   *The wedding is (will take place) tomorrow.*

   G. In impersonal expressions:

   Es una lástima.   *It is a pity.*
   Es necesario hacerlo.   *It is necessary to do it.*
   Era imposible (difícil) terminarlo.   *It was impossible (difficult) to finish it.*

   H. To ask what someone or something is like:

   ¿Cómo es su padre?   *What is your father like?*

Práctica   **I.**   Conteste Ud.

1. ¿De dónde eres? Y tu mejor amigo (amiga), ¿de dónde es?
2. ¿Qué persona famosa es de Alemania? ¿de Francia? ¿de España? ¿de México?
3. ¿De dónde eran sus abuelos? ¿sus padres?
4. ¿De quién es la casa donde viven Ud. y su familia?
5. ¿Qué hora es en este momento?
6. ¿Cómo es su clase de español?
7. ¿Es su madre profesora?
8. ¿Quién es el rey (la reina) de Inglaterra ahora?

II. Escoja Ud. la expresión en B que mejor explica las situaciones en A.

A	B
1. ¿Crees que vas a salir bien en esta clase?	(a) Es demasiado tarde.
2. ¿Cuándo es la fiesta?	(b) Es (una) lástima.
3. ¿Podemos llegar a las nueve?	(c) ¡Claro! ¡Es de Colombia!
4. ¿Perdió Ud. su dinero?	(d) Es muy bueno.
5. ¿Para quién es la carta?	(e) Es la medianoche.
6. ¿Es caro este reloj?	(f) Sí, porque son de Caracas.
7. ¿Son venezolanos?	(g) Sí, porque es de oro.
8. ¿Cómo es el café?	(h) Es muy probable.
9. ¿Qué hora es?	(i) Es el miércoles.
10. ¿Es ella latinoamericana?	(j) Es para mi hermana.
	(k) Estoy más que seguro.
	(l) Creo que no (sí).

10. Uses of *estar*

A. To denote location:

Ellos están en Quito ahora. *They are in Quito now.*
¿Dónde está Quito? *Where is Quito?*

B. In expressions referring to the weather:

Estaba oscuro cuando abrí las cortinas. *It was dark when I opened the curtains.*

Está claro. *It is (a) clear (day).*
Está muy nublado. *It is very cloudy.*

C. As an auxiliary before a gerund, to form the progressive forms:

¿Qué estabas haciendo ahí? *What were you doing there?*
Estoy haciendo un dibujo. *I am making a drawing.*

D. In idiomatic expressions:

¿A cuántos estamos? *What is the date?*
Estamos a 1° de febrero. *It is the first of February.*
¿A cuánto está el pan? *What is the price of bread?*
El pan está ahora a 40¢ la libra. Subió 5¢. *Bread is now 40¢ a pound. It went up 5¢.*
No va a venir porque está de viaje. *He will not come because he is on a trip.*
Está de vacaciones en Palma de Mallorca. *She is vacationing in Palma de Mallorca.*

Práctica   **I.**   Conteste Ud.

1. ¿Dónde está su padre ahora?
2. ¿A qué distancia de aquí está su casa?
3. ¿Qué estás haciendo aquí y por qué?
4. ¿A cuántos (del mes) estamos hoy? *estamos (a) sept.*
5. ¿Dónde está Quito?
6. ¿Cómo está el cielo ahora?
7. Mencione Ud. tres ciudades o países, y pregunte a otro alumno (otra alumna) si sabe dónde están.
8. ¿A cuánto está ahora la leche (el azúcar, el café)?

II.   Exprese Ud. en español.

1. What is the date?
2. I don't work when I am on a trip.
3. She is vacationing in Puerto Vallarta.
4. The sky is clear.
5. It is the first of January.

Esta pintura celebra la historia del pueblo mexicano.

BOCETO CULTURAL

Carta a mi prima

Apreciada Mariquita:

Visitar a México es entrar en otro *mundo*. Vivo en una pensión y *me encuentro* un poco *perdido*, porque, *a decir verdad*, no estoy muy fuerte en español.

world
I am, lost, to tell the truth

Ya sé cómo son las comidas mexicanas. Casi todas son deliciosas y aromáticas . . . y también *picantes*. Hay *raras* combinaciones, pero ninguna *resulta* tan inesperada como el «mole», esto es, *pavo* . . . ¡con salsa de chocolate! Después de *probarlo*, puedo decirte que es *riquísimo*.

hot, strange
turns out to be
turkey
tasting it, very tasty

Mi descubrimiento más importante aquí es la presencia de la historia. *Todos los días me hallo* frente a *restos* de viejas culturas, o hermosas construcciones coloniales, a veces muy cerca de *rascacielos*, un *metro* excelente y edificios con murales o trabajos en mosaico.

Every day, I am
remains
skyscrapers, subway

Estoy muy *impresionado* con la *artesanía* mexicana. Pronto voy a volver a casa con cerámica de varias clases, objetos de ónix, ópalos, un chal de Manila, sarapes, *blankets* *joyas* de plata, trabajos en pluma, *bordados* y también . . . dos *pulgas* vestidas.

impressed, popular arts

jewelry, embroidery
fleas

Si estás *aburrida* o *cansada*, ¿por qué no vienes tú también a ver todo esto?

bored, tired

Tu primo,

Félix.

Práctica **I.** Conteste Ud.

1. ¿A quién escribe Félix?
2. ¿Por qué está un poco perdido Félix?
3. ¿Cómo son las comidas mexicanas?
4. ¿Qué combinación resulta muy inesperada?
5. ¿Cómo es el «mole»?
6. ¿Qué edificios ve Félix en México?
7. ¿Qué otros edificios hay?
8. ¿Con qué cosas va a volver Félix?

II. Complete Ud.

1. Visitar a México es . . .
2. Vivo en . . .
3. Mi descubrimiento más importante es . . .
4. Entre las construcciones modernas de México están . . .
5. He comprado joyas . . .
6. ¿Por qué no vienes tú, si estás . . .

COMENTARIO GRAMATICAL

11. *Ser* and *estar* used with adjectives

A. Ser, when used with adjectives, expresses what the speaker believes to be a usual characteristic of the subject:

Su niño es precioso.   *Their child is lovely (pretty).*
Los limones son agrios.   *Lemons are sour.*

In these examples, **ser** relates **precioso** to **niño** and **limones** to **agrios** because, in the speaker's mind, the two concepts in each sentence normally belong together.

B. Estar, followed by an adjective, tells that the speaker considers the quality as a departure from the usual or expected:

La leche está agria.   *The milk is sour.*
Este café está frío (caliente).   *This coffee is cold (hot).*

In the first example, the quality **agria** is understood as something out of the ordinary. In the second example, the qualities **frío** and **caliente** are unexpected.

For the reason just mentioned, **estar** is also used to express unexpected personal impressions:

¡Qué hermosa está la noche!   *How beautiful the night is!*
¡El jamón está riquísimo!   *The ham is very tasty!*

C. Some adjectives have different meanings, depending on whether they are used with **ser** or **estar**:

	WITH SER	WITH ESTAR
aburrido	boring	bored
alegre	of happy disposition	(to feel) good, "high"
alto	tall, high	in a high location, (surprisingly) tall
bajo	short, low	in a low location
cansado	tiresome	tired
enfermo	sickly	sick
fuerte	strong	well prepared
listo	smart, clever	ready
loco	silly	crazy
malo	bad, evil	sick
muerto	lifeless, apathetic	dead
verde	green (in color)	green (unripe)

Felipe es aburrido.   *Philip is boring.*
Felipe está aburrido.   *Philip is bored.*
María es lista.   *Mary is clever.*
María está lista.   *Mary is ready.*
¡Qué loco eres!   *How silly (funny) you are!*
El pobre está loco.   *The poor man is mad (crazy).*

Práctica   **I.**   **¿Ser o estar?**

1. Señorita: Ud. _____ hoy elegantísima.
2. ¿Por qué venden Uds. esta fruta que todavía _____ verde?
3. No pudo contestar bien y _____ furioso.
4. Los jóvenes _____ leyendo.
5. Los hijos del Sr. Albornoz _____ corteses.
6. ¡Qué bien _____ el primer actor en la representación de anoche!
7. ¡Hace años que no te veo! ¡qué alto _____!
8. Las bananas _____ buenas cuando están maduras.
9. Tuvo mala suerte en el póker; ¡qué pobre _____ ahora!
10. El niño _____ durmiendo ahora.

II. Haga Ud. un breve comentario de cada oración empleando las palabras entre paréntesis.

Modelo: (alegre) Hoy viene su novia.
Está muy alegre.

1. (aburrido) ¡Qué hombre! No es capaz de interesar a nadie con sus anécdotas y cuentos.
2. (enfermo, -a) Comió demasiado y ahora no se siente bien.
3. (rico, -a) Era pobre, pero ahora gana mucho dinero.
4. (listo, -a) Juanita sólo tiene veinte años, y ya es profesora de matemáticas. Es una joven excepcional.
5. (guapo, -a) Le vi hace un momento. No es un Robert Redford, pero esta mañana, ¡vaya, vaya! *(Oh boy!)*
6. (pobre) Con esta crisis económica, don Juan ya no tiene su fortuna.
7. (frío, -a) Tú hablas demasiado y no tomas la sopa. Ahora no te va a gustar.
8. (malo, -a) ¿Él, hombre simpático y bueno? No lo creas. Habla mal de todos.
9. (alto, -a) Era un(a) muchacho (-a) muy bajo (-a). Pero, ¡cómo ha cambiado!
10. (cansado, -a) Siempre trabajo diez horas en la fábrica.

12. Substitutes for *ser* and *estar*

The verb *to be* often has subtle meanings which Spanish expresses through various verbs:

A. andar (ir, venir), to express a continuous state:

Anda muy distraído.   *He is very absent-minded.*
Va pensando siempre en su desgracia.   *He is always thinking about his misfortune.*

B. encontrarse (hallarse), to show that a subject realizes where he or she is, or to refer to a particular state of body or mind:

Se encontraban (Se hallaban) frente a una taberna.
They (realized that they) were in front of a tavern.
—¿Cómo está su padre? —No se encuentra muy bien.
How is your father? He is not very well.

C. llevar, to indicate passage of time:

Lleva treinta y dos años en la misma oficina.
He has been in the same office for thirty-two years.
¿Cuánto tiempo llevas aquí?   *How long have you been here?*

Note the use of the present perfect in English.

D. quedar(se), to indicate location or to express a reaction, often with marked emotional force (surprise, determination, etc.):

¿Dónde queda la tienda?   *Where is the store (located)?*
Va a quedar muy impresionado con tu casa.
   He is going to be very much impressed with your house.
Se quedó muy sorprendido.   *He was (stood there) very surprised.*

E. resultar, to point to a result or outcome, *to turn out to be:*

España les resulta diferente.   *Spain is (turns out to be) different for*
                                    them.
Me resultó absolutamente imposible.   *It was absolutely impossible*
                                          for me.

Práctica   I.   Conteste Ud.

1. ¿Cuánto tiempo lleva Ud. en este barrio?
2. ¿Cómo se encuentra Ud. hoy?
3. ¿Quedó Ud. satisfecho (satisfecha) con el último examen? ¿Por qué (no)?
4. ¿Qué asignatura te resulta más difícil? ¿Por qué?
5. ¿Es verdad que algunas personas andan siempre distraídas? ¿Quiénes?
6. ¿Tiene Ud. un retrato de un actor (una actriz) en su casa?

II.   Exprese Ud. las palabras en inglés sin usar **ser** o **estar.**

1. El viaje a Acapulco fue agradable, pero (it was = it turned out to be) muy caro.
2. Ese hombre (is = is going around) hablando mal de Ud.
3. La pobre señora (was = remained) sorprendida.
4. ¡Increíble! ¡Yo también (was = found myself) sin dinero!
5. ¿Puede Ud. decirnos dónde (is = is located) el edificio?
6. Cuando vi La Alhambra (I was = I remained) sin palabras.
7. Todos los días (she was = she came along) llorando.
8. Esa tarde (we were = we found ourselves) al pie del monumento.

WORD DISCRIMINATION

1.   **Faltar, faltarle a uno algo (hacerle a uno falta algo), necesitar**

Faltar means *to be missing, to be absent:*

Aquí falta una joya.   *A jewel is missing here.*
¿Quién falta hoy?   *Who is absent today?*

The verbs **faltarle a uno algo** and **hacerle a uno falta algo** mean *to need* in the sense of *to be lacking* or *wanting something*:

> Me falta un capítulo para terminar el libro.
> *I am short (I am lacking, I need) one chapter to finish the book.*
> Me hace falta salir de vacaciones.   *I need to go on vacation.*

Necesitar means *to need* in a general sense:

> Necesito una camisa nueva.   *I need a new shirt.*

2. Idioma, lengua, lenguaje

Idioma refers to the language of a nation or province; **lengua** has a more general meaning (*dead language, classical language, popular language*, etc.); **lenguaje** specifies a type of language (technical, artistic, etc.):

> El idioma de gran parte del sur de Tejas es el español.
> *The language of a great part of South Texas is Spanish.*
> Su lengua materna era el ruso.   *Her mother tongue was Russian.*
> El lenguaje periodístico no debe confundirse con el lenguaje literario.
> *Journalistic language must not be confused with literary language.*

Práctica   I.   Exprese en español.

1. ¿Cuántos alumnos (are absent) hoy?
2. En ese libro (are missing) tres páginas.
3. (You don't need) mi ayuda.
4. (He lacks) el tiempo para hacerlo.
5. En ese libro (are missing) las ilustraciones.

II.   Conteste Ud.

1. ¿Cuánto le falta a Ud. para terminar sus estudios?
2. ¿Cuántas veces faltó Ud. a clase este año?
3. ¿Cuándo nos hacen falta las vacaciones, generalmente?
4. ¿Qué hace Ud. cuando le falta dinero para comprar algo indispensable?
5. ¿Cuántos días (semanas, meses) faltan para las próximas vacaciones?

III.   Exprese Ud. en español.

1. El francés, el español y el italiano son (languages) romances.
2. (The language) español se usa en gran parte de la América del Sur.
3. ¿Qué (language) hablan los puertorriqueños?
4. ¿Cuál es (the language) oficial de Haití?
5. Ellos insisten en que hay (a language) de las flores.

Muchas escuelas norteamericanas ofrecen programas bilingües para niños de los primeros grados.

LECTURA Y DISCUSIÓN

Un mexicano en los Estados Unidos

Mi primera experiencia en la escuela de Eagle Pass fue muy desagradable. Vi niños norteamericanos y mexicanos sentados frente a una maestra, *cuyo* idioma yo no comprendía. Muy pronto un muchacho tejano bilingüe me dijo en voz baja: —Oye, tú, ¿puedes *pegarle a ése?* — Como no entendí, me repitió: —¿Y a ése también?— Por fin, irritado por su insistencia, contesté *que sí.*

Cuando salimos a la calle, después de clases, los muchachos formaron un círculo; unos tomaron mis libros, otros *me animaron.* Luego marcaron en el *suelo* una línea: el primero en poner el pie en ella era el más hombre. Inmediatamente comenzó el combate. *Nos dimos golpes* furiosamente, *volvimos a mirarnos,* y otra vez a la *lucha.* Por fin nos separaron, y mi nuevo amigo tejano me dijo: —Bueno, ahora eres el número siete. —

whose

beat that guy up

yes

urged me on, ground

We hit each other
we looked at each other again, struggle

Los mexicanos de la clase no éramos muchos, <u>pero</u> *sí*   indeed
valientes. Constantemente alguien *recordaba* El Álamo.   remembered
Un día, cuando un muchacho afirmó en clase que cien
yanquis podían *vencer* a mil mexicanos, yo dije con *rabia:*   beat, anger
—¡Eso no es *cierto!* — En otra ocasión dijo un alumno: true
—Mexicans are semi-civilized people. — Yo me levanté
para decir: —Tuvimos *imprenta* antes que ustedes. — La   printing press
maestra intervino diciendo: —But look at Joe; he is a
Mexican. Isn't he civilized?—

Mis nuevos compañeros decían que los yanquis eran
corbardes y no tenían cultura. Pensé un momento . . .   cowards
¿Que[1] no tenían cultura? . . . Podía ser, pero, ¿que[1]
eran cobardes? ¡Eso, no!

Práctica   **I.**   Diga Ud. **sí** o **no,** sin consultar el texto de la lectura.

     1. El autor estudiaba en una escuela norteamericana.   sí
     2. Al principio el autor no comprendía a la maestra.   sí
     3. Al salir a la calle, tuvo que luchar con un chico norteamericano, porque
        éste le insultó.   sí
     4. Antes de comenzar la lucha, marcaron una línea en el suelo.   sí
     5. El primero en poner el pie en ella era el más hombre.   sí
     6. José y su «enemigo» lucharon hasta que los otros los separaron.   no
     7. Los mexicanos del curso eran muchos, pero tímidos.   no
     8. El autor afirma al fin que los yanquis no eran cobardes.   sí

   II.   Desarrolle Ud. *(Develop)* las siguientes ideas, pensando que Ud. es el autor.
      [NOTE: Add pertinent details from the *Lectura.*]

     1. No me sentía bien frente a la maestra.
     2. Un muchacho tejano me habló en voz baja.
     3. Cuando salimos a la calle ocurrieron varias cosas.
     4. Los otros muchachos marcaron una línea en el suelo.
     5. Comenzamos a luchar.
     6. Un día un muchacho afirmó en clase que cien yanquis podían vencer a mil
        mexicanos.
     7. En otra ocasión un alumno afirmó que los mexicanos no eran gentes
        civilizadas.
     8. Yo pensé un momento.

---

[1]Do not translate this **que.**

COMENTARIO Y TRADUCCIÓN

I. Exprese Ud. las siguientes ideas en español.

1. State that José is very absent-minded.
2. Tell someone that the letter turned out (to be) too long.
3. State that you used to walk every day when you were in Madrid.
4. State that you found out today that Felicia is in Mexico.
5. Tell the class that you are eager to taste (the) Spanish ham.

II. Exprese Ud. en español.

1. Were you in Canada this summer?
2. I played soccer when I was in college (universidad).
3. Mary, we can leave now; are you ready?
4. The gray raincoat is Albert's.
5. I am going to make the trip by selling the house.
6. Who wants to talk to Ernesto? He is crazy!
7. I asked Patricia where she bought the fish and the (olive) oil.
8. At times we take care of the children.

APRENDIENDO PALABRAS NUEVAS

Some verbs can be changed to nouns by adding **-amiento** or **-amento** (for **-ar** verbs) or **-imiento** or **-imento** (for **-er** and **-ir** verbs) to their stems. What do the following words mean?

1. conocimiento
2. descubrimiento
3. engrandecimiento
4. establecimiento
5. movimiento
6. nacimiento
7. ofrecimiento
8. pensamiento
9. renacimiento
10. sufrimiento

VOCABULARIO ACTIVO

ADJETIVOS

distraído, -a / *absent-minded*
feo, -a / *ugly*
gris / *gray*
orgulloso, -a / *proud*
último, -a / *last, recent*

ADVERBIOS

casi / *almost, nearly*
hoy día / *at present, nowadays*

MODISMOS

a decir verdad / *to tell the truth*
¿cómo es (son)? / *what is it (are they) like?*
todos los días / *every day*

SUSTANTIVOS

barrio / *district*
la **calle** / *street*
descubrimiento / *discovery*
dibujo / *drawing*

edificio / *building*
escena / *scene*
el **este** / *east*
fábrica / *factory*
habitante / *inhabitant*
joya / *jewel*
metro / *subway*
la **pensión** / *boarding house*
pintura / *painting*
rascacielo / *skyscraper*
resultado / *result*
retrato / *portrait*
sentido / *sense*
vida / *life*

VERBOS

cuidar de / *to take care of*
encontrarse (ue) con / *to meet, find*
probar (ue) / *to taste; to prove*
resultar / *to turn out (to be)*

Self-test I

1. Dé Ud. la forma correcta de **ser** o **estar.**

   1. ¿Por qué cree Ud. que García _____ un agente secreto?
   2. ¡Hombre! ¡Qué buena _____ la sopa! Normalmente no me gusta.
   3. Pero, ¿por qué no _____ de acero inoxidable (*stainless steel*) los cuchillos?
   4. No hay sol porque el cielo _____ muy nublado.
   5. ¿A qué hora llegó? Ya _____ las tres cuando, por fin, llegó.
   6. Tengo tanto sueño. ¡Qué aburrido _____!
   7. La leche _____ caliente. No me gusta así.
   8. Trabajaron toda la noche y por eso _____ cansados ahora.
   9. La capital _____ más lejos de lo que pensaba.
   10. ¿Cuándo _____ el programa? No quiero perderlo.

2. Exprese Ud. en español.

   1. ¿Fácil? No, el examen me (turned out to be) muy difícil.
   2. Una limonada, por favor. (I am very thirsty.)
   3. Mi madre (is not coming) mañana.
   4. ¿Quién (is bringing) tus botas?
   5. (I don't know) nada del Amazonas.

3. Dé Ud. la forma correcta de estos verbos en el presente.

   1. (ir) Bueno, pues _____ todos nosotros, si es necesario.
   2. (volver) ¿Cuándo _____ vosotros a Sevilla?
   3. (decir) Yo nunca _____ eso.
   4. (servir) ¿Quiénes _____ la cena?
   5. (seguir) Ellos nunca _____ mis consejos.

4. ¿El, la, los, o las?

    1. virtud   2. problema   3. novelistas   4. foto   5. Misisipí

5. Exprese Ud. en el pretérito.

    1. (dormir) Ella no _____ nada anoche.
    2. (sentir) Los dos _____ el mismo dolor.
    3. (preferir) ¿Por qué _____ Ud. quedarse en casa?
    4. (construir) ¿Quiénes _____ este edificio?

6. Dé Ud. la forma correcta del pretérito o imperfecto de los verbos indicados.

    Yo (1. entrar) rápidamente en mi alcoba y (2. poner) mis libros en la mesa. Algo me (3. decir) entonces que no (4. estar) solo. ¿Cómo lo (5. saber)? Por la pistola que en ese momento me tocaba la oreja.

7. Dé Ud. el gerundio de estos verbos.

    1. caer
    2. venir
    3. ir

8. Complete Ud.

    1. **(¿abajo, bajo o debajo de?)** Los niños están _____ la mesa.
    2. **(¿idioma, lengua o lenguaje?)** Yo no comprendo su _____ técnico.
    3. **(¿faltar o hacer falta?)** Aquí _____ tres páginas.
    4. **(¿abajo, bajo o debajo de?)** No me gusta vivir arriba, en el último piso; prefiero estar más _____, en el primero, o el segundo.
    5. **(¿pedir o preguntar?)** Puedes _____ mariscos ahí. Sé que los venden.

9. Llene Ud. los espacios en blanco con la palabra más apropiada.

    1. Si va al Amazonas, Ud. debe llevar un buen _____.
    2. En el Amazonas hay _____ torrenciales.
    3. Los habitantes de Puerto Rico se llaman _____.
    4. Cuando llueve uso mi _____.
    5. El precio era muy alto; por eso, le pedí al dueño una _____.
    6. Allí vemos hoy muchas _____ abstractas.
    7. En el supermercado pongo lo que compro en una _____.
    8. La merluza y la trucha son dos _____ populares en todas partes.

LESSON FOUR / Review Exercises

Object pronouns

INDIRECT		DIRECT	
me	*to me*	me	*me*
te	*to you*	te	*you*
le	*to him, it* *to her, it* *to you*	le[1] la lo[1]	*him, you* *her, it (f.), you* *him, it (m. and neuter), you*
nos	*to us*	nos	*us*
os	*to you*	os	*you*
les	*to them* *to you*	los las	*them, you (m.)* *them, you (f.)*

The direct object of a verb is recognized by asking *who is (are)* or *what is (are)* with the past participle: *I see the mailman (him).* Who (What) is seen? *The mailman* and *him* are direct objects.

---

[1]The direct object pronoun for *him* and *you* is usually **lo** in Spanish America and **le** in Spain.

The indirect object is often preceded by the preposition *to* or *for* in English: *She wrote a letter to her uncle. Her uncle* is the indirect object. Sometimes *to* or *for* is understood: *He sent (to) her ten dollars.* In this sentence, *her* is the indirect object.

Práctica   Dé Ud. el pronombre indicado.

1. (to her) Yo _____ escribo.
2. (them, *m.*) Ellas _____ buscan.
3. (to you, *polite, sing.*) Yo _____ llamo.
4. (us) Ellas _____ invitan.
5. (him) Ellos _____ ven.
6. (you, *familiar sing.*) Ella _____ espera.
7. (them, *f.*) No _____ compra.
8. (her) Él _____ preguntó eso.
9. (it) Uds. no _____ creen.
10. (him) Nosotros _____ contestamos.
11. (her) No _____ veo.
12. (us) Ellos _____ dan órdenes.

Clarifying and emphasizing object pronouns

The indirect object pronoun often needs to be clarified through a prepositional phrase when it is third person singular or plural:

$$
\text{le} \begin{cases} \text{a él} \\ \text{a ella} \\ \text{a Ud.} \end{cases} \qquad \text{les} \begin{cases} \text{a ellos} \\ \text{a ellas} \\ \text{a Uds.} \end{cases}
$$

Él **le** dio las flores **a Ud.**   *He gave the flowers to you.*
¿Por qué no **se** lo explicas **a ella?**   *Why don't you explain it to her?*

The prepositional clarifications can also precede the verb. This is usually done when the speaker wishes to emphasize the object pronoun:

A ellas no **se** lo da nunca.   *He never gives it to them.*
A Ud. puedo hablar**le** con franqueza.   *I can speak to you frankly.*

First and second person pronouns may be emphasized as follows:

me = a mí   nos = a nosotros, -as
te = a ti   os = a vosotros, -as

¿**Me** viste **a mí?**   *Did you see me?*
A nosotros nos piden demasiado dinero.   *They are asking us for too much money.*

Práctica   Cambie Ud. según el modelo.

> Modelo: Les vendí la pintura. (to them)
> Les vendí la pintura a ellos.

1. Le di el reloj. (to him)
2. Nunca me trae regalos. (to me)
3. Le di este dinero. (to you)
4. No nos digas eso. (to us)
5. No les explicaron la noticia. (to them)
6. Ella se lo mandó. (to him)
7. Él te lo envió. (to you)
8. Señorita, quiero hablarle ahora. (to you)

The verb *gustar*

The English verb *to like* is rendered in Spanish by the verb **gustar,** which means *to be pleasing.* **Gustar** is used in the third person singular when we refer to one single thing, person, or event, and in the third person plural when we speak of several referents:

	SPEAKING OF ONE REFERENT	SEVERAL REFERENTS
SINGULAR	me gusta la pintura te gusta la pintura le gusta la pintura	me gustan las pinturas te gustan las pinturas le gustan las pinturas
PLURAL	nos gusta la pintura os gusta la pintura les gusta la pintura	nos gustan las pinturas os gustan las pinturas les gustan las pinturas

Observe that the subjects **yo, tú, él,** etc., do not appear anywhere. Spanish does not say "*I* like the painting" but "To me the painting is pleasing." For this reason, the indirect object pronoun is always used with **gustar.** Memorize both columns exactly as they are given. They will serve you as patterns for many other verbs of the same type.

If what is liked is expressed through an infinitive phrase or a dependent clause, **gustar** appears in the third person singular:

> (A mí) me gusta viajar en el extranjero.   *I like to travel abroad. (Traveling abroad is pleasing to me.)*
> (A nosotros) nos gusta que Ud. practique el español.   *We like your practicing Spanish. (Your practicing Spanish pleases us.)*

Práctica Use Ud. el verbo **gustar** en presente, pensando que el verbo implica la persona indicada entre paréntesis.

Modelos: (ellas) _____ el cine. (nosotros) _____ los viajes.
Les gusta el cine. Nos gustan los viajes.

1. (tú) _____ las botas.
2. (ella) _____ los bailes.
3. (nosotros) _____ el vino blanco.
4. (yo) _____ el aceite español.
5. (Ud.) _____ los edificios nuevos.
6. (vosotros) _____ las flores.
7. (ustedes) _____ el comedor.
8. (tú) _____ la sopa caliente.
9. (Ud.) _____ mi apartamento.
10. (yo) _____ la cebolla.
11. (él) _____ las películas para adultos.
12. (Uds.) _____ los niños.

Lección Cuatro

El monasterio de El Escorial, España.

ESCENA DE VIDA

Viaje a Salamanca

La semana pasada fui a Salamanca porque me interesaba visitar su antigua universidad. Compré un *boleto* de *ida y vuelta* para viajar en un *tren de lujo*.

Cuando entré en la estación, el empleado, *todavía* medio dormido, me miró con indiferencia y me dijo: —Ése es el tren a Salamanca.

Me sorprendió el *aspecto* anticuado y *sucio* del *vagón*. ¿Tren de lujo? ¡Imposible! Consulté a varios pasajeros, pero nadie pudo darme una contestación satisfactoria.

De pronto partimos. El tren *se arrastraba* lentamente. Con cada minuto de viaje estaba más *incómodo*. Por fin entró el *revisor* y me pidió mi boleto. Se lo di con disgusto. El revisor lo examinó y, *dejando caer* el brazo, exclamó: —¡Éste no es su tren! El tren de lujo sale a las 8:10. Ese *tonto* que está en la puerta de entrada *no se da el trabajo* de examinar los boletos.

Yo estaba furioso. El revisor me miró con *lástima* y, ofreciéndome un cigarrillo, *intentó* consolarme. —*Oiga* Ud., señor, en El Escorial[2] voy a compensarle dándole, no cinco minutos, *sino* quince. Así puede Ud. tomar el desayuno con calma . . . Y si le gusta a Ud. el coñac, pida «Mono Azul». Se lo recomiendo.

Entonces comprendí que para muchos españoles es más importante ser *amable* y humano . . . que llegar a tiempo.

Glosses (right margin):
- ticket, roundtrip
- luxury train
- still
- look (appearance), dirty, coach
- crept
- uncomfortable
- conductor
- dropping
- idiot, does not take the trouble
- pity
- he tried, Listen to me
- but
- friendly

---

[2]El Escorial es un pueblo situado al noroeste de Madrid, famoso por su monasterio.

Práctica　　**I.**　¿Qué palabra o frase necesitamos para completar las siguientes oraciones?

1. El revisor era un hombre (agresivo, simpático).
2. El tren viajaba (rápidamente, lentamente).
3. El empleado que estaba en la puerta me miró (con calma, con indiferencia).
4. El revisor me ofreció (un coñac, un cigarrillo).
5. El tren estaba (limpio, sucio).
6. Consulté a (los empleados, los pasajeros).
7. Entré en (la estación, la oficina).
8. Compré (cigarrillos, boletos).
9. Es más importante ser (anticuado, amable).
10. Yo estaba (contento, disgustado).

II.　Conteste Ud.

1. ¿Qué deseaba visitar yo?
2. ¿Qué compré?
3. ¿Quién me miró con indiferencia al entrar?
4. ¿Cómo era el vagón?
5. ¿Quién entró en el vagón?
6. ¿Qué hizo?
7. ¿Qué dijo?
8. ¿Qué me ofreció el revisor?
9. ¿Cuántos minutos me dio el revisor para el desayuno?
10. ¿Qué comprendí yo?

VOCABULARIO ÚTIL

el andén　*platform*
el coche-cama　*sleeping car*
el coche-comedor　*dining car*
el billete[3] (sencillo)　*(one-way) ticket*
el billete de ida y vuelta　*round-trip ticket*
el cargador　*porter*
la consigna　*checkroom* ✓
el equipaje　*baggage*

el ferrocarril　*railroad*
el horario　*schedule*
la maleta　*bag*
el pasajero　*passenger*
el revisor　*conductor*
el tren de lujo　*luxury train*
el vagón　*coach*
la ventanilla · *(coach) window*

---

[3]In Spanish America, **boleto** is more common.

Práctica **I.** Complete Ud.

1. Yo dejo mis maletas en la _consigna_
2. Es más barato comprar un billete _sencillo_ que un billete de ida y vuelta.
3. Si quiero dormir durante el viaje, reservo un lugar en el _coche-cama_
4. Cuando viajo en tren me gusta comer en el _coche-comedor_
5. Si las maletas son muy grandes, llamo a un _cargador_
6. Para saber qué trenes hay, consulto el _horario_
7. Voy a la estación, y espero el tren en el _____.
8. Algunos países tienen un excelente servicio de _____.

II. Describa Ud. esta escena.

COMENTARIO GRAMATICAL

13. Object pronouns before the verb

Object pronouns regularly precede conjugated verbs and negative commands:

Ellos nos hablan.   *They speak to us.*
Ud. los recibió el año pasado.   *You received them last year.*
No las tome Ud.   *Don't take them.*

When there are two object pronouns, the indirect precedes the direct:

Me lo dio mi marido.   *My husband gave it to me.*
Nos lo recomendaron ayer.   *They recommended it to us yesterday.*
No me las mande Ud. mañana.   *Don't send them to me tomorrow.*

If both object pronouns are in the third person, the indirect object pronoun becomes **se**:

Yo le di el regalo.   *I gave him the gift.*
Yo **se lo** di.   *I gave it to him.*
Le ofrecimos los libros.   *We offered her the books.*
Se los ofrecimos.   *We offered them to her.*

Práctica   **I.**   Cambie Ud. según los modelos.

(a) Modelo: Lee *la carta.*
   La lee.

1. Cantan *las canciones.*
2. ¿Por qué llevas *ese sucio impermeable?*
3. Recibimos *la noticia.*
4. Vendía *lápices* en la calle.
5. Prefiero *una casa antigua.*
6. ¿Compró Ud. *la carne?*
7. ¿Cerraron Uds. *las ventanas?*

(b) Modelo: Mandó *una carta a su familia.*
   Se la mandó.

1. Explicamos *el problema a sus padres.*
2. Di *el boleto al revisor.*
3. Envié *las flores a Julia.*
4. Pedí *veinte dólares a mis tíos.*
5. Lleva *una joya a mis abuelos.*
6. Escribe *cartas a su familia.*
7. Intenté vender *mi auto a los señores García.*

II. Conteste Ud. según el modelo.

> Modelo: ¿Dónde compras *tus ropas?*
> **Las** compro en una tienda.

1. ¿Dónde toma Ud. *el almuerzo?*
2. ¿Cuándo visitó Ud. *el rascacielos del Banco Central?*
3. ¿Cuándo miras *la televisión?*
4. ¿Dónde compraste *los boletos?*
5. ¿A qué hora cierran *las tiendas* en esta ciudad?
6. ¿Por qué no me trajo Ud. *los cigarrillos?*
7. ¿Cuándo usas *tu paraguas?* lo uso
8. ¿Dónde compras tú *frutas?*
9. ¿Cuántas veces tomaba Ud. *café* en el Brasil?
10. ¿Quién te recomendó *esta universidad?*

Ella me la recomendó

14. Object pronouns after the verb

Object pronouns follow and are attached to (1) <u>infinitive</u>s, (b) <u>gerund</u>s, and (c) <u>affirmative command</u>s. Nothing can be inserted between the object pronoun and the verb:

(a) Ella me los explica.	Ella quiere **explicármelos.**
Tú no me comprendes.	No puedes **comprenderme.**
(b) Lo digo en español.	Estoy **diciéndolo** en espanõl.
Ella la repite.	Ella está **repitiéndola.**
(c) Yo se la traigo.	**Tráigasela** Ud.
Uds. lo estudian.	**Estúdienlo** Uds.

In sentences containing infinitives and gerunds, as in (a) and (b) above, it is also possible to place the object pronoun before the conjugated verb:

¿No me puedes comprender?	*Can't you understand me?*
Lo estoy diciendo en español.	*I am saying it in Spanish.*

NOTE: A written accent may be required if the syllables added at the end of infinitives, gerunds, and affirmative commands would alter their original stress pattern.

Práctica I. Diga Ud. dónde debemos poner el pronombre.

1. (lo) No quiero saber.
2. (las) Están estudiando.
3. (lo) Explíqueme en español.
4. (los) Vendemos aquí.
5. (te) No puedo ofrecerlo.
6. (me) No traiga Ud. problemas.
7. (la) ¿Están construyendo?
8. (me) No los mezcle Ud.
9. (os) Yo llevo la comida.
10. (le) Quiero recomendarlas.

II. Conteste Ud. según el modelo. Lo importante es usar el pronombre en la contestación.

> Modelo: ¿Quiere Ud. terminar su trabajo?
> Sí, señor (señorita), quiero terminar**lo**.

1. ¿Estaba Ud. leyendo el artículo?
2. ¿Quiere ver Ud. el drama?
3. ¿Van a tomar Uds. café hoy?
4. ¿Piensa Ud. vender su coche?
5. ¿Prefiere Ud. tomar café hoy?
6. ¿Está Ud. comprando un paraguas?

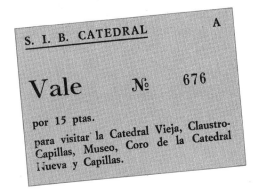

BOCETO CULTURAL

En Salamanca

La fama de Salamanca—una ciudad-museo—*se debe* a sus hermosos edificios de *piedras doradas*, y a sus numerosas *torres* que se levantan majestuosamente en el claro y transparente aire de la ciudad. Si va a Salamanca, visite Ud. la universidad. Sé que le va a gustar. *(is due; stones, golden; towers)*

En el centro del patio principal se levanta la estatua de Fray Luis de León, famoso poeta y profesor del siglo XVI. A muchos estudiantes les gusta *detenerse* para mirarla, porque les recuerda una escena inolvidable: falsamente acusado por sus enemigos, Fray Luis pasó cinco años en una oscura prisión. Por fin, volvió a la universidad, donde comenzó su primera clase diciéndoles a sus alumnos:—Como decíamos ayer . . . *(to stop)*

Para los estudiantes de hoy, es una experiencia singular pasear por viejísimas salas y antiguos corredores, donde, siglos *atrás*, otros jóvenes también *lucharon* con profesores, libros y *tareas*. *(previously; struggled, assignments)*

Estatua de Fray Luis de
León, Universidad de
Salamanca

Práctica **I.** Conteste Ud. en español.

1. ¿Por qué es Salamanca una ciudad-museo?
2. ¿Qué se levantan majestuosamente en el aire?
3. ¿Cómo es el aire de la ciudad?
4. ¿Quién era Fray Luis de León?
5. ¿Por qué pasó cinco años en la prisión?
6. Después de volver de la prisión, ¿cómo comenzó su primera clase?
7. ¿Qué es una experiencia singular para los estudiantes de hoy?
8. ¿Con qué lucharon aquí otros jóvenes, siglos atrás?

II. Preguntas personales.

1. ¿Tiene fama la ciudad en que Ud. vive? Explique.
2. ¿Puede Ud. describir su arquitectura?
3. ¿Es muy antigua su ciudad?
4. ¿Qué estatuas hay en la ciudad?
5. ¿Nacieron aquí algunos poetas famosos? ¿Otros individuos famosos?
6. ¿Cuándo se fundó la universidad en que Ud. estudia?
7. ¿Cuáles son sus edificios más antiguos?
8. ¿A Ud. le gustan las cosas viejas? ¿Por qué?

III. Haga Ud. un comentario sobre cada una de las fotografías. [NOTE: Cover the captions.]

COMENTARIO GRAMATICAL

15. **Special uses of indirect object pronouns**

A. In Spanish it is normal to use the indirect object pronoun even when an indirect object noun appears in the sentence. For a Hispanic speaker, therefore, it is perfectly correct to say:

Yo les hablo a las muchachas.   *I speak (to them) to the girls.*

This usage is particularly common with verbs of communication such as **hablar, decir, contar (ue), comunicar, expresar, escribir, telefonear,** etc.:

¿Por qué no **le** telefoneas a tu tío?   *Why don't you telephone your uncle?*

¿Quién **les** contó eso a tus padres?   *Who told that to your parents?*

B. The indirect object pronoun is also used to express the manner in which something affects a person. This type of indirect object pronoun (which in English is rendered through the preposition *for*) is called the *indirect object of interest:*

Le voy a comprar varios vestidos nuevos.   *I am going to buy several new dresses for her.*

Él **les** abrió la puerta.   *He opened the door for them.*

C. The indirect object pronoun is also employed to state that something is obtained *from* someone. This is the *indirect object of separation:*

No **le** robes el pan.   *Don't steal his bread (from him).*

Les quitó el pan.   *He grabbed (took away) their bread (from them).*

Práctica   I.   Exprese Ud. en español y ponga en el lugar apropiado.

1. (for her) _____ trae _____ un _____ libro.
2. (for you) _____ voy _____ a _____ cantar _____ esta _____ canción.
3. (for me) _____ va _____ a _____ preparar _____ el _____ desayuno.
4. (from him) _____ no _____ robes _____ el _____ boleto.
5. (for them) _____ voy _____ a _____ lavar _____ su _____ coche.
6. (from him) _____ no _____ quite _____ los _____ regalos.
7. (for you) _____ cerró _____ la _____ ventana.
8. (from me) _____ siempre _____ compran _____ carne _____ y _____ pan.

II. Construya Ud. oraciones originales según el modelo.

Modelo: Di / a mis hijos.
Les di dos dólares a mis hijos.

1. Vendieron / a los estudiantes.
2. Escribo / a una amiga.
3. Yo pedí / a mis compañeros.
4. Digo / al profesor.
5. Envié / a mis padres.
6. Esperamos / a Juan.
7. Explicaron / a Ud.
8. Contó / a la clase.
9. Llevaban / a mi familia.
10. Comunicó / a mi padre.

16. **Other verbs of the *gustar* pattern**

There are several other verbs in Spanish that, like **gustar,** cast the speaker as an indirect object and not as the subject of the verb:

aburrir   *to be boring*
Me aburren las conferencias largas.   *Long lectures bore me.*

doler (ue)   *to be painful*
Me duele el pie derecho.   *My right foot hurts.*

encantar   *to be delightful*
Nos encantan sus ocurrencias.   *His eccentricities delight us.*

extrañar   *to be surprising, find strange*
No nos extraña lo que nos dice.   *What you are telling us is not surprising.*

importar   *to matter*
No me importan tus problemas.   *Your problems do not concern me.*

interesar   *to be interested*
¿Les interesan a Uds. sus conferencias?   *Are you interested in his lectures?*

molestar   *to be bothersome*
¿No te molestan los ruidos de la calle?   *Don't the street noises bother you?*

parecer   *to seem*
¿Le parece bien el precio?   *Does the price seem all right to you?*

quedar   *to have left, remaining*
Me quedan dos tartas.   *I have two cakes left.*

sorprender   *to be surprising*
Le sorprendió mucho el aspecto del tren.
The train's appearance surprised her a lot.

Práctica   Exprese Ud. una opinión personal según el modelo. (Después, traduzca Ud. las oraciones al inglés.)

> Modelo: A los jóvenes / interesar
> A los jóvenes les interesan los ejercicios atléticos.
> *(Athletic exercises interest young people.)*

1. A nosotros / sorprender
2. A mí / extrañar
3. A él / quedar
4. A Uds. / aburrir
5. Al empleado / interesar
6. A ese muchacho / doler
7. A Pedro y a Emilio / parecer
8. A ti / encantar
9. A nosotros / importar
10. Al pasajero / molestar

WORD DISCRIMINATION

1. Conductor, revisor

A **conductor** is anyone who drives a vehicle, particularly streetcars and buses; a **revisor** is the official on a train, bus, or streetcar who checks the passengers' tickets:

Favor de no hablar al conductor.	*Please refrain from speaking to the driver.*
El revisor no examinó mi boleto.	*The (train) conductor did not check my ticket.*

NOTE: In Spanish America, the word **conductor** is now frequently used to refer to both employees.

2. Coche, carro, vagón

Coche now means *automobile* in Spain, but in large sections of Spanish America it retains its original meaning of *carriage* or *coach;* **carro** in Spain means *cart,* but in Central America and the Caribbean it has come to mean *car (automobile)* because of the influence of English. In South America the principal words for *car* are **auto** or **automóvil; vagón** refers to a *railroad car* in both Spain and Spanish America:

Voy a salir en mi coche.   *I am going out in my car (Spain).*
Acabo de comprar un carro nuevo.   *I just bought a new car (Mexico).*
Como soy muy pobre, viajo en vagón de tercera.
    Since I am a very poor man, I travel in a third-class coach.

3. Todavía, aún, aun

Todavía and **aún** mean *still* or, with a negative, *not yet:*

Todavía (Aún) está aquí.   *He is still here.*
No han llegado todavía (aún).   *They have not arrived yet.*

Aun without an accent is the equivalent of **aunque**:

> Aun teniendo dinero, nunca gasta un centavo.
> *Although (Even though) he has money, he never spends a cent.*

Aun may also mean *even*:

Aun en verano lleva abrigo.   *He wears a coat even in summer.*

Práctica   ¿Qué definiciones en B corresponden a las palabras en A?

A

1. coche
2. aún
3. carro
4. conductor
5. aun
6. revisor

B

(a) persona que dirige una orquesta
(b) persona que conduce un coche
(c) un empleado que examina los boletos en el tren
(d) costoso
(e) aunque
(f) todavía
(g) vehículo pequeño para transportar cargas
(h) automóvil, según los mexicanos
(i) persona que da consejos *(advice)*
(j) automóvil, según los españoles

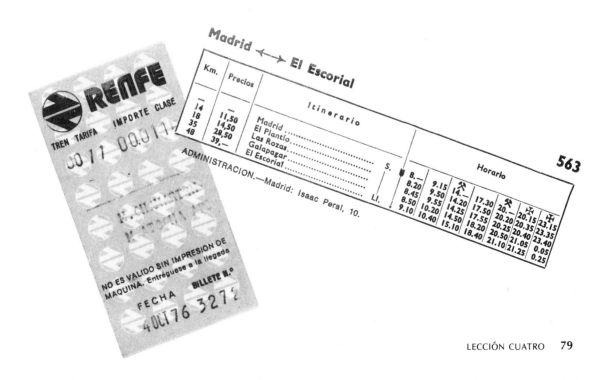

Palacio de Anaya,
Universidad de
Salamanca.

LECTURA Y DISCUSIÓN
El *comienzo* del fin

beginning

Entre las actividades más pintorescas de la antigua Universidad de Salamanca, fundada en 1252, estaba la ceremonia de graduación.

El día anterior a la graduación, los profesores y el *Rector* iban a las casas de los *aprobados*. El objeto era organizar el *paseo* que consistía en ir a caballo por las calles principales acompañados de la tradicional música universitaria. Desde las ventanas, *debidamente* decoradas con *tapices* y flores, hombres, mujeres y los jóvenes que aún no se habían graduado felicitaban a los graduandos, diciéndoles: [8] ¡*Bravo!* ¡Bravo!

President of the University,
   successful candidates
parade

duly (properly)
tapestries

Hurrah!

Esa misma noche había un banquete en casa de uno de los graduandos, o de varios. La cena consistía en dos ensaladas, un par de huevos, un plato de carne, una *ave* por persona (pero no pavo o *gallina*), una *libra* de *ternera*, media libra de salmón, pescado de río, *pasteles*, o una *tarta*, dos postres y vino blanco y tinto. El objeto de estas especificaciones era evitar excesos. Sólo tres autoridades superiores tenían *derecho* a cena doble.

bird
hen, pound, veal
pastries
cake

right

La mañana siguiente había gran tumulto en las calles. *A eso de* las ocho y media comenzaba el *vejamen*, ceremonia en que diez o más personas—alumnos, profesores y aun algunos religiosos—*hacían burlas* a expensas de los futuros *licenciados* y doctores.

About, "criticism in fun"

cracked jokes
Master of Arts

A las diez en punto los miembros de la facultad y los graduandos caminaban hasta la Catedral al son de trompetas y *tambores*. Allí hablaban diferentes autoridades con voz solemne y en latín. Después de unas 3 ó 4 horas, la ceremonia acababa con el *juramento* de los graduandos.

drums

oath

Más tarde, licenciados y doctores les daban las gracias a sus profesores mandándoles las correspondientes *propinas:* una *bolsita* con dinero, un par de *guantes* blancos, dos sacos de azúcar y seis pares de gallinas. También era costumbre darles propina a los *funcionarios* de la universidad. . . y a los músicos, los *mozos,* el *campanero* de la catedral y el *sacristán.*

tips, little bag, gloves

employees
servants
bell ringer, sexton

Por la tarde del mismo día había una corrida de toros. Entre un toro y otro (había por lo menos diez), los estudiantes más ricos les *arrojaban confites* a los espectadores.

threw, candy

Como los graduandos pagaban los *gastos* de todas las fiestas, es seguro que más de un doctor salió de Salamanca con un hermoso diploma y los *bolsillos vacíos.*

expenses

pockets, empty

Práctica   I.   Conteste Ud. las preguntas relacionándolas con los cinco momentos culminantes de la graduación.

(a) *el paseo:*
1. ¿Cómo iban los profesores a las casas de los graduandos?
2. ¿En qué consistía el paseo?
3. ¿Cómo felicitaban las gentes a los futuros licenciados y doctores?

(b) *el banquete:*
1. ¿Dónde se celebraba el banquete?
2. ¿Qué comían los invitados?
3. ¿Quiénes tenían derecho a cena doble?

(c) *el vejamen:*
1. ¿A qué hora se celebraba esta ceremonia?
2. ¿En qué consistía la ceremonia?
3. ¿Quiénes participaban en ella?

(d) *la graduación:*
1. ¿Dónde eran recibidos los futuros licenciados y doctores?
2. ¿Quiénes hablaban en esta ceremonia?
3. ¿Cómo terminaba esta ceremonia?

(e) *las propinas:*
1. ¿Qué recibían los profesores en una bolsita?
2. ¿Qué otras cosas recibían?
3. ¿A qué otras personas daban los graduandos propinas?

II. Conteste Ud.

1. ¿Qué parte de la graduación le parece a Ud. más interesante?
¿Por qué?
2. ¿Qué parte le parece más absurda? ¿Por qué?
3. ¿Cuáles eran los momentos serios y cuáles los momentos cómicos de la antigua graduación en Salamanca?
4. En su caso personal, ¿preferiría Ud. tener o no tener una ceremonia de graduación? Explique.
5. ¿Qué piensa Ud. de la ceremonia de graduación hoy en día?

COMENTARIO Y TRADUCCIÓN

I. Ud. tiene que hacer un viaje en tren. Invente Ud. un cuento sobre los siguientes puntos.

1. tren / hora / salir
2. precio / billete / de ida y vuelta
3. volver / hora / día siguiente
4. llegada / tren / hora
5. apetito / coche-comedor / caro

II. Exprese Ud. en español.

1. Why don't you speak to your parents?
2. Will you buy the ticket for me?
3. My umbrella! Where did I put it?
4. He always traveled in a luxury train.
5. Esteban asked me for ten dollars.
6. They were reading them when I came in.
7. Listen! Why do you spend your money on cigarettes?
8. You can now eat breakfast in the dining car.

APRENDIENDO PALABRAS NUEVAS

There are verb "families" that can be learned quickly if you are familiar with the root form common to all the verbs in a particular group. For example, if you know **tener** *(to have; to attain)* or **contener** *(to contain, hold)* you should be able to figure out the meanings of **detener, mantener, obtener, retener,** and **sostener.**

Examine the following verb family and guess the meaning of each infinitive.

1. componer
2. disponer
3. exponer
4. imponer
5. oponer
6. presuponer
7. proponer
8. suponer

VOCABULARIO ACTIVO

ADJETIVOS

amable / *friendly*
antiguo, -a / *old, ancient*
claro, -a / *clear*
hermoso, -a / *lovely, beautiful*
incómodo, -a / *uncomfortable*
pasado, -a / *last*
sucio, -a / *dirty*
varios, -as / *several*

ADVERBIOS

lentamente / *slowly*
todavía / *still*
 —no / *not yet*

MODISMOS

de ida y vuelta / *round-trip*
¡oiga! / *listen to me!*

SUSTANTIVOS

aspecto / *look, appearance, aspect*
boleto / *ticket*
brazo / *arm*
cigarrillo / *cigarette*
empleado, -a / *employee*
la **estación** / *railroad station; season*
fama / *fame*
pasajero / *passenger*
el **revisor** / *conductor*
tarea / *homework, assignment*
el **tren** / *train*
 —de lujo / *luxury train*

VERBOS

consolar (ue) / *to console*
consultar / *to consult*
dejar caer / *to drop*
intentar / *to try, attempt*
luchar / *to fight, struggle*
ofrecer / *to offer*
partir / *to depart*
recomendar (ie) / *to recommend*
sorprender / *to surprise*

LESSON FIVE / Review Exercises

For a review of the future and conditional endings of regular verbs, see Appendix III.

Irregular futures and conditionals

FUTURE	CONDITIONAL
decir: diré, dirás, dirá . . .	diría, dirías, diría . . .
haber: habré, habrás, habrá . . .	habría, habrías, habría . . .
hacer: haré, harás, hará . . .	haría, harías, haría . . .
poder: podré, podrás, podrá . . .	podría, podrías, podría . . .
poner: pondré, pondrás, pondrá . . .	pondría, pondrías, pondría . . .
querer: querré, querrás, querrá . . .	querría, querrías, querría . . .
saber: sabré, sabrás, sabrá . . .	sabría, sabrías, sabría . . .
salir: saldré, saldrás, saldrá . . .	saldría, saldrías, saldría . . .
tener: tendré, tendrás, tendrá . . .	tendría, tendrías, tendría . . .
venir: vendré, vendrás, vendrá . . .	vendría, vendrías, vendría . . .

Práctica   Dé Ud. el futuro en (a), y el condicional en (b) de los verbos indicados.

(a)			(b)		
1.	tener	yo / él / nosotros		poder	tú / Ud. / yo
2.	hacer	tú / Uds. / ella		querer	ella / nosotros / él
3.	haber	él / Ud. / nosotros		decir	Uds. / ella / nosotros
4.	explicar	ellos / tú / yo		saber	yo / vosotros / tú
5.	salir	yo / nosotros / vosotros		poner	Uds. / Juan / tú y yo

Perfect tenses

There are as many perfect tenses as there are simple tenses. They are formed by using an appropriate form of the verb **haber** and a past participle.

	SIMPLE TENSES	PERFECT TENSES
Present	Lo enseño.	Lo he enseñado. *I have taught it.*
Imperfect	Mejoraba mucho.	Había mejorado mucho. *He had improved a lot.*
Preterite	Salió ayer.	Cuando hubo salido . . . *When he had left . . .*
Future	Partirán el jueves.	Habrán partido el jueves. *They will have departed (by) Thursday.*
Conditional	Consultaríamos el horario.	Lo habríamos consultado. *We would have consulted it.*

Irregular past participles

abrir:	abierto	morir:	muerto
cubrir:	cubierto	poner:	puesto
decir:	dicho	romper:	roto
escribir:	escrito	ver:	visto
hacer:	hecho	volver:	vuelto

Práctica   Exprese Ud. en español.

1. They have written.
2. We have returned.
3. She will have arrived.
4. I would have done it.
5. They had opened the doors.
6. I have not seen them.
7. He has sold his car.
8. You *(pl.)* had put it there.

Time expressions with *hacer*

A. Hace (+ time) + **que** is used with a verb in the *present* to refer to an action which began in the past and continues up to the present:

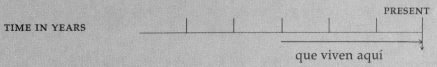

TIME IN YEARS

PRESENT

que viven aquí

Hace tres años que viven aquí. *They have been living here for three years.*

GORRAS   SOMBREROS   BOINAS

Casa Yustas s.a.

FUNDADA EN 1894

EFECTOS MILITARES Y CIVILES - CONDECORACIONES
ENVIO   A   PROVINCIAS
VENTAS AL POR MAYOR Y MENOR

●

FABRICA Y DESPACHO,
PLAZA MAYOR, 30 :-: TELS. 266 58 34 - 266 50 84
MADRID-12

Hablando de verano

MODA JOVEN
a precios
jóvenes

CHICAS

ROJO y NEGRO
CONJUNTO de falda y
blusa, ... **1.890**

Vestidos de algodón.., **1.675**

LUNARES
Vestidos ... **1.980**

CHICOS

PANTALONES
Vaqueros **1.495**

CAZADORAS y otras
chaquetas de cuero **1.495**
....

VIVA EL
VERANO
en

Galerías
Preciados

B. The parallel construction, **hacía** (+ time) + **que** requires a verb in the *imperfect*; it refers to an action that began in the past and reached up to another point in the past:

TIME IN YEARS .... PRESENT

que vivía aquí

Hacía cuatro años que vivía aquí. *He had been living here for four years.*

C. **Hace** (+ time) + **que** followed by the *preterite* is used to express how long ago an action took place:

llegó .... PRESENT

TIME IN DAYS

There are two possible word orders:

Hace cinco días que llegó.⎫
Llegó hace cinco días.　　⎬ *He arrived five days ago.*

Observe that the first construction requires **que,** but the second does not.

Práctica

(a) Use Ud. **hace que** y una frase de tiempo en relación con las siguientes palabras.

Modelo: vivir aquí
Hace un año (un mes, etc.) que vive (vivo, viven, etc.) aquí.

1. trabajar en una oficina
2. no escribirme
3. no venir a visitarnos
4. no llamarme

(b) Use Ud. **hacía que** y una frase de tiempo en relación con las siguientes palabras.

Modelo: no hablarme
Hacía dos meses que Jorge no me hablaba.

1. vivir en esa ciudad
2. esperar la carta
3. no escribirnos
4. no trabajar

(c) Use Ud. **hace que** y las palabras «una semana» para expresar *ago* en relación con las siguientes palabras.

Modelo: terminar sus estudios
Hace una semana que terminó sus estudios. *or*
Terminó sus estudios hace una semana.

1. estar en Acapulco
2. ir a la Argentina
3. visitar el museo
4. venir a verme

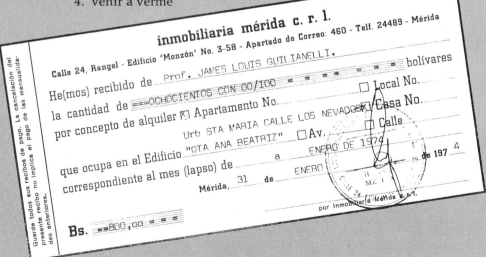

Lección Cinco

Para diferentes gustos,
diferentes estilos.

ESCENA DE VIDA

Modas masculinas

Héctor	Muy buenos días, caballero. ¿En qué puedo servirle?	
Señor	Me gustaría comprar un par de pantalones *de punto*.	double-knit
Héctor	Lo siento, señor. Hace una semana que esperamos el *surtido* de primavera.	stock (line)
Señor	Iré a otro sitio entonces.	
Héctor	¿No le interesaría *nada más*? ¿*Calcetines*?	anything else, socks
Señor	No . . . No me interesa nada más.	
Héctor	¿*Camisetas*? ¿Una camisa *en juego con* el *pañuelo*?	T-shirts, to match (a), handkerchief
Señor	Gracias, no. Volveré otro día.	
Héctor	Espere Ud. un momentito. Viene Ud. *muy a tiempo*. *Le enseñaré* algo muy nuevo que *acabamos de* recibir. . . de París. Son *minicalzones* de *seda* azul. Mire Ud . . . . tienen un *cordón* porque también son *trajes de baño*.	at the right time, I will show, we have just, Bikini shorts, silk, drawstring, bathing suits
Señor	¡Hombre, por Dios! ¡No usaré eso nunca!	
Héctor	¡Con eso *daría Ud. el golpe*!	you would be a hit
Señor	¡Y qué golpe! No, no. Adiós.	
Héctor	(En tono muy *humilde*) ¿*Verdad* que no querría ver nada más? . . .	humble, Do you really mean
Señor	Bueno, pues, ¿tendría Ud. una chaqueta de *cuero* . . . como la suya?	leather
Héctor	Quizá la semana próxima . . .	
Señor	*¡Vaya por Dios!* ¡Tanto no podría esperar!	Good heavens!
Héctor	Espere Ud., caballero. ¡Le vendo la mía! ¡Es *nuevecita*!	brand new

Práctica I. Conteste Ud.

1. ¿Qué deseaba comprar el caballero?
2. ¿Por qué no podrá comprarlo en esta tienda? ¿Qué hará entonces?
3. ¿Qué otras cosas trata de venderle Héctor?
4. ¿Qué acaban de recibir de París? ¿Cómo son?
5. ¿Qué clase de chaqueta pide el caballero?

II. Preguntas personales.

1. ¿Le gusta a Ud. comprar camisas, corbatas, pañuelos y calcetines en juego?
2. ¿Cree Ud. que las modas masculinas de hoy son ridículas o interesantes? ¿Por qué?
3. ¿Qué piensa Ud. de las ropas que llevan sus padres?
4. Señorita: ¿prefiere Ud. llevar faldas o pantalones?
5. ¿Cree Ud. que es necesario llevar ropas modernas? ¿Por qué (no)?

VOCABULARIO ÚTIL

el algodón	cotton	el orlón	orlon
el cuero	leather	la pana	corduroy
la lana	wool	el poliéster	polyester
el lino	linen	el rayón	rayon
el nilón (nailon)	nylon	la seda	silk

Práctica I. Complete Ud. con las palabras más apropiadas.

1. Si no tenemos cuidado cuando lavamos un jersey de _____, podemos arruinarlo fácilmente.
2. Dos telas sintéticas que se inflaman fácilmente son el _____ y el _____.
3. Un material muy famoso inventado en la China es la _____.
4. Hay un insecto que puede comer y destruir las ropas hechas de _____.
5. Dos materiales muy prácticos para hacer ropas de viaje son el _____ y el _____.
6. Cuando hace mucho calor no me gusta llevar una chaqueta de _____.
7. Los mejores pañuelos son hechos de _____.
8. La ropa hecha de _____ es especialmente adecuada para el verano.

II. Asocie Ud. las palabras de A con las frases de B.

             A   B

1. pantalones de punto
2. chaquetas de cuero
3. camisetas de algodón
4. calcetines de nailon
5. corbatas de seda

(a) son fáciles de lavar
(b) son muy prácticos
(c) son relativamente baratos
(d) son muy útiles en el invierno
(e) son elegantes y lustrosas
(f) son usados por hombres y mujeres
(g) son excelentes para viajar
(h) son preferidas en verano

III. Aprenda Ud. de memoria las palabras indicadas.

IV. Prepare Ud. una descripción de las ropas que llevan las personas mencionadas.

1. el profesor (la profesora) de esta clase
2. su actor favorito (su actriz favorita)
3. el presidente de este país
4. los maniquíes que aparecen en la foto de la página 88
5. un compañero (una compañera) de clase

—¡Hoy las ventas han sido estupendas, sencillamente estupendas!

Drawing by Hoff; © 1938 The New Yorker Magazine, Inc.

17. Future and conditional of probability

In Spanish, the future tense can refer to a present action that the speaker considers as only probable. This is expressed in English in various ways:

(handwritten: Present to future)

¿Quién será?   *Who can he be?*
Estarán enfermos.   *They are probably sick.*
Tendrá unos cincuenta.   *She must be about fifty.*
¿Dónde estará mi chaqueta?   *I wonder where my jacket is.*

Observe that the future of probability can appear in both questions and declarative statements.

Similarly, the conditional expresses probability in the past:

(handwritten: If you know use present or past)

—¿A qué hora volvió?—Volvería a las doce.
—At what time did he return? —He probably returned at twelve.
—¿En cuánto lo vendió?—Lo vendería en cien pesos.
—How much did he sell it for? —He probably sold it for one hundred pesos.

(handwritten: Past to present)

Práctica   **I.** Invente Ud. una oración que exprese probabilidad en el presente.

Modelo: No come nada.
No tendrá hambre.

1. Lleva ropas caras.
2. Entra en el bar.
3. Los pobres no pueden votar.
4. Está en el hospital.   *(handwritten: estará enferma)*
5. No estudian nunca.   *(handwritten: No les importará)*
6. Ahora no viene a la biblioteca.   *(handwritten: No necesitará estudiar)*
7. Tú no escribes a tu familia, ¿verdad?
8. Supongo que no tenéis amigos.

II. Invente Ud. una oración que exprese probabilidad en el pasado.

Modelo: No comió nada.
No tendría hambre.

(handwritten: No tendría guantes) 1. Recibió guantes como regalo, ¿no?
(handwritten: Necesitaría poner) 2. Se puso la corbata.
(handwritten: Tendría que volver) 3. Volvió a casa muy tarde.
4. Trabajó toda la noche.
5. Bebió mucha agua.
6. Tomó dos aspirinas.
7. Compró la blusa.
8. No nos llamó por teléfono.

18. Special uses of the perfect tenses

In Spanish, the present perfect may be used in referring to a past event when the effects from it are still felt in the present. Contrast these sentences:

> Ese hombre **murió** la semana pasada.   *That man died last week.*
> (Factual statement with no emotional repercussions.)
> Mi tío **ha muerto** la semana pasada.   *My uncle died last week.*
> (Emotional repercussions still being felt.)

The future and conditional of probability in perfect tenses can cause confusion because there is no exact correspondence between the verbs used in Spanish and those used in English.

A. With the future perfect:

> Calculo que ya habrá terminado.   *I figure that she must have finished by now.*
> Ud. lo habrá perdido.   *You must have lost it.*

B. With the conditional perfect:

> En esas circunstancias él lo habría devuelto.   *In those circumstances he most likely would have returned it.*
> En ese caso, ellos habrían venido.   *In that case they probably would have come.*

Práctica   Exprese Ud. en español.

1. (I have lost) mi pañuelo favorito.
2. (I had asked for) una explicación.
3. (We have given her) diez dólares ayer.
4. Mil ciento veinte y tres personas (had died).
5. (They most likely have covered) las sillas otra vez.
6. Tan pronto como (he got up) me dijo:—Lo siento.
7. (She had probably bought) varias faldas ya.
8. Mi madre (has been) enferma esta semana.
9. (In all probability they have waited) más de dos horas.
10. Mi hermana (died) anoche.
11. (I will have done it) para cuando lleguen ellos.
12. (They have sent it) a España.

BOCETO CULTURAL

¿Qué *talla* tiene Ud.?

size

En los países hispánicos, y en casi todo el mundo, es costumbre general usar el sistema métrico.

Antes de comprar una chaqueta es necesario especificar una talla. La talla es siempre la *mitad* del número de centímetros del *tórax. Así es que* la talla 44 corresponde a 88 centímetros de tórax.

half

chest, Thus

* * *

EMPLEADO Ud. tendrá talla 43, ¿no?

COMPRADOR En centímetros, no sé la *medida.*

measurement

EMPLEADO Yo pensaba que Uds. ya habrían hecho el cambio al sistema métrico.

COMPRADOR Todavía, no . . . pero vendrá.

* * *

¡Ha llegado la *hora* de *acabar con* las modas anticuadas! ¡Mire y compare!

time, to put an end to

MODELO A para señora y caballero:
Ligera chaqueta *deportiva,* de nylon. Tres *bolsillos.*
Colores: Verde, Azul Marino y Rojo.
Tallas: 44—46—48.

lightweight, sport, pockets

MODELO B para caballero:
Suntuosa chaqueta deportiva, *impermeable.*
Cuatro bolsillos.
Colores: Rojo y Negro.
Tallas: 46—48—50.

water-repellent

Práctica   Conteste Ud.

1. ¿Qué talla tiene Ud.?
2. Un hombre que tiene talla 50, ¿es grande o pequeño?
3. ¿Cuáles son las ropas ideales, en su opinion, para un hombre y para una mujer?
4. ¿En qué ocasiones lleva Ud. una chaqueta deportiva?
5. ¿Qué lleva Ud. en sus bolsillos?

COMENTARIO GRAMATICAL

19. Double negatives

nada *nothing, not . . . anything*
nadie *nobody, no one, not . . . anyone*
ningún, ninguno (-a) *none, not any*
ni . . . ni *neither . . . nor*
nunca (jamás) *never, not . . . ever*
tampoco *neither, not . . . either*

When negatives such as **nada, nadie, ninguno,** and **nunca** are placed after the verb, they require **no** before the verb. If they precede the verb, **no** is not necessary:

NEGATIVES AFTER THE VERB	NEGATIVES BEFORE THE VERB	
No tengo nada.	Nada tengo.	*I have nothing.*
No vino nadie.	Nadie vino.	*Nobody came.*
No ha llegado ninguno.	Ninguno ha llegado.	*None has arrived.*
No vienen nunca (jamás).	Nunca (Jamás) vienen.	*They never come.*
No vendrá Juan tampoco.	Tampoco vendrá Juan.	*John will not come either.*
No tengo ni vino ni pan.	Ni vino ni pan tengo.	*I have neither wine nor bread.*

It is possible to replace **no** with another negative:

Nunca viene nadie. *Nobody ever comes.*
Nadie vio nada. *Nobody saw anything.*

Práctica   **I.**   Conteste Ud. según el modelo.

> Modelo: ¿No tienes nada?
> Nada tengo.

1. ¿No bebes cerveza nunca?
2. ¿No te escribe nadie?
3. ¿No llega ninguno?
4. ¿No protestan nunca?
5. ¿No recibiste nada hoy?
6. ¿No tomas vacaciones nunca?
7. ¿No viene nadie?
8. ¿No habla él nunca con nadie?

II.   Conteste Ud. con negativos según el modelo.

> Modelo: ¿Quién compra un surtido completo en las tiendas?
> Nadie compra un surtido completo en las tiendas. *or*
> No compra nadie un surtido completo en las tiendas.

1. ¿Tienes algo en el bolsillo?
2. ¿Quién estuvo aquí ayer?
3. ¿Viste a tu padre o a tu madre hoy?
4. ¿Siempre comen Uds. en restaurantes caros?
5. ¿Hablaste con alguien esta mañana?
6. ¿Recibió Ud. algún regalo hoy?
7. ¿Le contestó algún cliente hoy?
8. ¿Conocen Uds. a algún actor famoso?

20.   Uses of lo

The neuter article **lo**, when used with a masculine singular adjective or with a past participle used as an adjective, functions as an abstract noun. The English equivalent of this expression varies:

A. Lo + adjective:

Lo interesante es que confesó su error.   *The interesting part is that he admitted his error.*

Lo difícil es convencerlo.   *The difficult thing is to convince him.*

B. Lo + past participle:

Lo discutido aquí no debe comentarse en público.
What has been discussed here must not be discussed in public.
Lo dicho es suficiente.   *What has been said is enough.*

C. You will recall that **lo** is also a direct object pronoun meaning *it:*

No lo veo.   *I don't see it.*

As a neuter pronoun, **lo** is often used with the verb **ser** to refer back to a noun, an adjective, or an idea which has been mentioned before, or to answer a question:

—¿Es ella amiga tuya? —Sí, lo es.
—*Is she your friend? —Yes, she is.*
—¿Son perezosos? —Sí, lo son.   —*Are they lazy? —Yes, they are.*

Práctica   **I.**   Exprese Ud. en español.

1. (What has been done) es una estupidez.
2. (The good part) es que ella no lo sabe.
3. ¿Son humildes? (Yes, they are).
4. (The important aspect) es el precio.
5. (The unexpected thing) es que no quiere saberlo.
6. ¿Es Ud. abogado? (Yes, I am).
7. ¿Es ella amable? (Yes, she is).
8. (What has been prepared) es estupendo.

II.   Invente Ud. oraciones comenzando con las siguientes frases.

1. Lo importante . . .
2. Lo recibido . . .
3. Lo más difícil . . .
4. Lo más increíble . . .
5. Lo dicho . . .

AGENCIA BUSTER BROWN

CREACIONES IVAN

Canastilla Ropa de Niños en General Zapatos y Muebles

CENTRO COMERCIAL CUBANO
1133-35 N.W 22 AVE MIAMI

643-0821

DEL BEBITO AL JOVENCITO

WORD DISCRIMINATION

1. Acabar de, acabar con

Acabar de followed by an infinitive means *to have just done something:* it is used primarily in the present and the imperfect tenses. **Acabar con** means *to put an end to something:*

> Acabo de aprender el sistema métrico. *I have just learned the metric system.*
>
> Acababa de entrar cuando ella salió. *You had just entered when she left.*
>
> Si descubres las influencias adversas a tiempo, podrás acabar con ellas. *If you discover the adverse influences in time, you will be able to put an end to them.*

2. Servir, servir de, servir para

Servir means primarily *to serve* or *to wait on;* **servir de** can be translated as *to serve as* or *to be used as;* **servir para** is *to be used for, to be good for:*

> Él sirvió todas las mesas muy a tiempo. *He served (waited on) all the tables at the right time.*
>
> Mi sombrero es tan grande que me sirve de paraguas. *My hat is so large that it serves as an umbrella.*
>
> —¿Sirve esta chaqueta de cuero para el invierno?—No, no sirve para eso. *—Is this leather jacket (any) good for winter? —No, it is not good for that.*

3. Volver, volver a

The primary meaning of **volver** is *to return;* **volver a,** followed by an infinitive, means *to do something again:*

> ¿Cuándo piensas volver? *When do you intend to return?*
>
> Ella volvió a enseñarnos el surtido. *She showed us the stock (line) again.*

Práctica   Exprese Ud. en español.

1. Mi casa (is used as) hotel en verano.
2. Este paraguas (is useless) ahora.
3. Nosotros (have just sold) la mitad de nuestra tierra.
4. Mi madre siempre (serves) la cena a las siete.
5. Ud. (are returning) a la universidad el año próximo, ¿verdad?
6. Ellos por fin (put an end to) todos los rumores.
7. Los niños (did it again), a pesar de mis consejos.
8. Hilario (had just left) cuando yo llamé por teléfono.
9. El comedor también (is used as) alcoba.
10. (I am not good for) estas cosas.

Un apartamento típico
de La Habana, Cuba.

LECTURA Y DISCUSIÓN
El culto de las apariencias

Las apariencias han sido siempre *sagradas* en España, y   sacred
quien *juzgue* la vida de los pueblos por el aspecto humano   judges
de sus calles principales, creería que aquí tenemos uno de
los más altos *niveles* de vida. Los españoles siempre han   standards
gastado mucho en vestir, y es erróneo establecer una
relación entre la elegancia de sus ropas y su casa *particular*,   private
porque los domicilios no están, casi nunca, *a la altura del*   equal to
aspecto exterior de sus dueños. Muchos *extranjeros* no   foreigners
comprenden por qué el español no invita al *forastero* a su   stranger
casa, pero sí está *dispuesto* a llevarle a los mejores   willing
espectáculos, y a los más caros restaurantes. La razón es
que las habitaciones del *hogar* son con frecuencia tristes,   home,
y la *comodidad*, muchas veces, inexistente. Durante   comfort
muchos años, en la casa había un salón reservado para
visitas, y siempre cerrado para la familia. Era la habitación
más hermosa, y se usaba sólo para impresionar a *los de*   outsiders
afuera.

Buen ejemplo de esta mentalidad es doña Pura, protagonista de una novela de Benito Pérez Galdós:[1]

«¡La sala!, ¡*hipotecar* algo de la sala! Esta idea había   mortgage
causado terror a doña Pura, porque la sala había sido
siempre parte de la casa que a su corazón interesaba más,
la verdadera expresión simbólica del hogar doméstico. En
ella había puesto muebles bonitos, . . . sillas de
damasco, . . . cortinas de seda . . . *Tenía* doña Pura a sus   damask, considered
cortinas *en gran estima.* Y cuando el espectro de la   worth a lot
necesidad la *amenazaba,* doña Pura *se estremecía* de horror   threatened, trembled
diciendo: —No, no; antes las camisas que las cortinas.—
Desnudar los cuerpos le parecía sacrificio tolerable, pero   to undress
desnudar la sala . . . ¡eso nunca!» [*Miau.* Buenos Aires,
1951, p. 35.]

Práctica   **I.**   Conteste Ud.

1. ¿Qué creería un extranjero que sólo ve el aspecto exterior de las calles españolas?
2. ¿Qué relación no es posible establecer?
3. ¿Qué no comprende el extranjero?
4. ¿Por qué no invita el español al forastero a su casa?
5. ¿Adónde lleva el español a sus amigos?
6. ¿Para qué servía el salón antes, en muchas casas?
7. ¿Quién es doña Pura?
8. ¿Qué había puesto ella en la sala?
9. ¿Qué ocurría cuando doña Pura veía «el espectro de la necesidad»?
10. Antes que vender sus muebles, ¿qué habría vendido doña Pura?

II.   Dé Ud. una opinión personal.

1. ¿Es importante para Ud. la apariencia exterior? ¿Por qué (no)?
2. ¿Qué le importa más a Ud., llevar buena ropa, tener un coche nuevo o comer en restaurantes caros? ¿Por qué?
3. ¿Tiene Ud. algún amigo o amiga que cultiva las apariencias? ¿Cómo es?
4. ¿Cómo es su casa (apartamento) de usted?
5. ¿Hay en su casa un salón donde la familia no entra si no hay visitas?
6. ¿Qué muebles de su casa son los más hermosos? ¿Por qué?
7. ¿Cuáles son algunos símbolos de prestigio y riqueza en los Estados Unidos?

---

[1]Benito Pérez Galdós (1843–1920), el más grande de los novelistas españoles del siglo XIX.

COMENTARIO Y TRADUCCIÓN

I. Examine Ud. el dibujo cómico (*cartoon*) de la página 92 y describa la escena en español refiriéndose a las siguientes ideas.

1. lugar   2. número de personas   3. quiénes son   4. ropas   5. la figura central (¿el dueño?)   6. razón de su satisfacción

II. Exprese Ud. en español.

1. He had just said it.
2. What is your size?
3. He probably was not cold.
4. We do not visit them either.
5. They must have written today.
6. The interesting part is his swimming suit.
7. They will not go out again.
8. The gentleman had been waiting three hours.

No tendría frío

habrán escrito

APRENDIENDO PALABRAS NUEVAS

Some adjectives become nouns by adding **-ura** or **-eza** to their stems. What do the following adjectives and nouns mean?

1. alto / altura
2. blanco / blancura
3. culto / cultura
4. fresco / frescura
5. hermoso / hermosura
6. negro / negrura
7. verde / verdura

8. bello / belleza
9. firme / firmeza
10. grande / grandeza
11. natural / naturaleza
12. pobre / pobreza
13. rico / riqueza
14. triste / tristeza

VOCABULARIO ACTIVO

ADJETIVOS

deportivo, -a / *sport*
humilde / *humble*
ligero, -a / *light, lightweight*
próximo, -a / *next*

MODISMOS

de punto / *double-knit*
¿en qué puedo servirle? / *what can I do for you?*
¡lo siento! / *I am sorry!*
muy a tiempo / *at the right time*
¿nada más? / *is that all? anything else?*

SUSTANTIVOS

bolsillo / *pocket*
caballero / *gentleman*
el **calcetín** / *sock*
los **calzones** / *shorts, underwear*
camisa / *shirt*
camiseta / *T-shirt*
corbata / *(neck)tie*
cuero / *leather*
chaqueta / *jacket*
medida / *measurement*
la **mitad** / *half*
moda / *fashion, style*
los **pantalones** / *trousers, pants*
pañuelo / *handkerchief*
seda / *silk*
el **sistema métrico** / *metric system*
surtido / *stock, line*
talla / *size*
el **traje de baño** / *swimming suit*

VERBOS

acabar de / *to have just*
enseñar / *to show*
esperar / *to wait; to expect, hope*
mejorar / *to improve*

LESSON SIX / Review Exercises

Regular forms of the present subjunctive

Expresses doubt, desires, emotion, wishes

mandar	creer	vivir
mande	crea	viva
mandes	creas	vivas
mande	crea	viva
mandemos	creamos	vivamos
mandéis	creáis	viváis
manden	crean	vivan

Observe that the predominant vowel in the present subjunctive endings is **e** for **-ar** verbs and **a** for **-er** and **-ir** verbs.

Práctica   Dé Ud. las formas indicadas del presente de subjuntivo.

1. desear: yo / ellos
2. escribir: tú / nosotros
3. visitar: él / Uds.
4. comprender: Ud. / nosotros
5. cantar: yo / vosotros
6. vivir: ella / nosotros
7. leer: tú / ellos
8. abrir: yo / ella

Irregular present subjunctives

The following verbs base the present subjunctive on the first person singular of the present indicative:

decir (digo): diga, digas, diga, digamos, digáis, digan
hacer (hago): haga, hagas, haga, hagamos, hagáis, hagan
poner (pongo): ponga, pongas, ponga, pongamos, pongáis, pongan
salir (salgo): salga, salgas, salga, salgamos, salgáis, salgan
tener (tengo): tenga, tengas, tenga, tengamos, tengáis, tengan
traer (traigo): traiga, traigas, traiga, traigamos, traigáis, traigan
venir (vengo): venga, vengas, venga, vengamos, vengáis, vengan

The following present subjunctive forms are also irregular and must be learned as such:

> dar: dé, des, dé, demos, deis, den
> estar: esté, estés, esté, estemos, estéis, estén
> haber: haya, hayas, haya, hayamos, hayáis, hayan
> ir: vaya, vayas, vaya, vayamos, vayáis, vayan
> saber: sepa, sepas, sepa, sepamos, sepáis, sepan
> ser: sea, seas, sea, seamos, seáis, sean
> ver: vea, veas, vea, veamos, veáis, vean

Práctica Dé Ud. las formas indicadas del presente de subjuntivo.

1. traer: tú / nosotros
2. salir: él / vosotros
3. hacer: Ud. / ellos
4. tener: yo / Uds.

5. estar: tú / nosotros
6. ser: yo / ellos
7. haber: ella / nosotros
8. dar: tú / vosotros

Other changes in the present subjunctive

Stem-changing verbs change **e > ie** and **o > ue** in the first, second, and third persons singular and the third person plural. The change **e > i** occurs in all six persons.

> entender: ent**ie**nda, ent**ie**ndas, ent**ie**nda, entendamos, entendáis,
> ent**ie**ndan
> volver: v**ue**lva, v**ue**lvas, v**ue**lva, volvamos, volváis, v**ue**lvan
> pedir: p**i**da, p**i**das, p**i**da, p**i**damos, p**i**dáis, p**i**dan

The spelling changes discussed for the preterite, first person singular, occur throughout the present subjunctive.

> sacar (saqué): saque, saques, saque, saquemos, etc.
> tocar (toqué): toque, toques, toque, toquemos, etc.
> llegar (llegué): llegue, llegues, llegue, lleguemos, etc.
> pagar (pagué): pague, pagues, pague, paguemos, etc.
> alcanzar (alcancé): alcance, alcances, alcance, alcancemos, etc.

NOTE: **Comenzar** and **empezar** feature both the stem change **e > ie** and the spelling change **z > c** in the present subjunctive: com**ie**nce, com**ie**nces, com**ie**nce, comencemos, comencéis, com**ie**ncen; emp**ie**ce, emp**ie**ces, emp**ie**ce, empecemos, empecéis, emp**ie**cen.

Práctica Dé Ud. las formas indicadas del presente de subjuntivo.

1. dormir / él
2. contar / ellas
3. preferir / yo
4. pedir / nosotras
5. alcanzar / Ud.

6. pagar / yo
7. sacar / ellas
8. comenzar / tú
9. morir / Uds.
10. tocar / nosotros

Lección Seis

El «progreso» ha llegado a cambiar hasta la vida india (La Paz, Bolivia).

ESCENA DE VIDA

Dos opiniones sobre la cultura india

En varios países hispanoamericanos en que hay una considerable población india es todavía posible hallar opiniones totalmente *opuestas* sobre la integración del indio en una sociedad moderna.

—Yo no veo por qué desean algunos que conservemos la cultura india. Esa manera de vivir no tiene ninguna *ventaja*.

—Las ventajas son siempre relativas. Para el indio, la vida del hombre blanco no tiene *sentido*.

—Y ¿qué *aconsejas* tú? ¿Que no cambiemos nunca? La vida india es una constante repetición; no cambia nunca. El cambio es la *vía* del progreso.

—¿Te has preguntado *alguna vez* si el indio *gana* o pierde con nuestro «progreso»?

—¿Cómo es posible que pierda? La respuesta es evidente.

—Quiero que me expliques eso.

—El indio ganaría en todo: tendría casas modernas, escuelas, *comodidades*. . . y *hasta* zapatos. Así como vive, *apenas* participa en la vida económica del país.

—¿Y por qué no participa? Porque nosotros no le hemos permitido que participe; le hemos *mantenido* en la pobreza y en la ignorancia. Pero, *supongamos* que el indio *adquiere* dinero y cosas. No va a ser *por esto* más feliz si no continúa en su *propio* mundo espiritual.

—¡No lo creo! Es imposible que un hombre con coche, teléfono y luz eléctrica no esté contento.

—Lo malo es que muchas veces las cosas destruyen ciertos *valores* indios que son importantísimos: sentido de colectividad, respeto por la *ley*, conciencia moral, amor a la tierra. Y esto es una gran *pérdida*.

opposite

advantage

meaning

advise

way (road)

ever, gains

modern conveniences, even
hardly

kept
let's suppose
acquires, for this reason
own

values
law
loss

Práctica   **I.**   Complete Ud.

1. No es un hombre descontento; por el contrario, es completamente _____.
2. La sociedad tiene ciertas normas y prohibiciones. Son nuestras _____.
3. Para leer de noche es necesario tener _____.
4. Esta idea es la negación de la otra. Son dos ideas _____.
5. Anuncié mi contestación diciéndoles: —Mañana les daré una (mi) _____.
6. Como deseaba comunicarme con él inmediatamente, le llamé por _____.
7. Cuando vio que aquello podría ser beneficioso, contestó: —Sí, es verdad, ésa sería una _____.
8. Como no entendía muy bien la situación, le dije: —Hágame el favor de _____ esto.
9. Como mañana nos será necesario hacer un gran esfuerzo, ahora es indispensable _____ las fuerzas.
10. El coche, los aparatos eléctricos, y el teléfono están entre las _____ modernas.

II.   Preguntas interpretativas.

1. ¿Cree Ud. que las ventajas son siempre relativas? Explique.
2. ¿Es verdad que el hombre moderno se ha creado comodidades superfluas?
3. ¿Por qué tiene el indio amor por la tierra?
4. ¿Cómo explica Ud. la condición social del indio norteamericano?
5. ¿Podrían los indios norteamericanos enseñarnos algo? Explique.

VOCABULARIO ÚTIL

Comodidades modernas de la casa

acondicionador de aire   *air conditioner*
agua blanda   *soft water*
agua corriente   *running water*
alarma contra incendios   *smoke (fire) detector*
alarma de ladrones   *burglar alarm*
el calentador de agua   *water heater*
la calefacción central   *central heating*
congeladora   *freezer (deep freeze)*
horno de microonda   *microwave oven*
puerta electrónica del garaje   *garage door opener*

La influencia de las novedades de nuestra época se va manifestando aun en pueblos indios muy remotos. (Ayacucho, Perú).

Práctica   **I.**   ¿De qué estamos hablando?

1. Tipo especial de puerta que abrimos y cerramos automáticamente.
2. Control de la temperatura excesiva dentro de una casa.
3. Aparato donde conservamos alimentos a muy baja temperatura.
4. Agua sin sales y otros minerales.
5. Instalación que mantiene la temperatura en invierno.
6. Mecanismo que nos despierta si hay un fuego en la casa.
7. Agua que usamos en casa.
8. Sistema que nos protege contra robos.
9. Aparato especial para cocinar con gran rapidez.
10. Aparato que sirve para calentar el agua.

II. Conteste Ud.

1. ¿Qué comodidades modernas son realmente necesarias? Explique Ud.
2. ¿Qué efectos tienen en nosotros las comodidades excesivas? Dé Ud. una opinión personal.

COMENTARIO GRAMATICAL

21. The subjunctive: General statement

All the tenses studied so far belong to the indicative mood. They usually express fact and certainty and can appear in both main and dependent clauses. The subjunctive tenses, on the other hand, appear for the most part in dependent clauses. They are determined by subjective attitudes (wish, desire, doubt, etc.) that are present in the mind of the speaker, that is to say, the subject of the main clause. Observe in the following examples that the dependent clause is introduced by **que:**

> Algunos desean que conservemos la cultura india.
> *Some people want us to preserve Indian culture.*
> Quiero que me expliques eso.   *I want you to explain that to me.*

Lessons 6 and 7 present the subjunctive through five different patterns:

> Section 22: Subjunctive of anticipation
> Section 23: Subjunctive of doubt, denial, and disbelief
> Section 24: Subjunctive with verbs of emotion and understanding
> Section 25: Subjunctive in clauses modifying a noun
> Section 26: Subjunctive in clauses modifying a verb

When simple tenses are involved, the basic relationship between the verb of the main clause and that of the dependent clause will call for either the present subjunctive or the imperfect subjunctive, which is reviewed in Lesson 7. If the main verb is a present, a future, or a command, the dependent verb is usually a present subjunctive:

> Espero que ella **venga.**   *I hope that she will come.*
> Será necesario que nosotros **vayamos** al centro.
> *It will be necessary for us to go downtown.*
> Siéntate aquí hasta que **llegue** el autobús.   *Sit here until the bus arrives.*

Observe that in the examples given, the subject of the main clause and that of the dependent clause are different. This is usually an indication that the sentence may call for the subjunctive. If the two subjects are the same, the infinitive must be used. Compare:

> Él quiere que yo salga.   *He wants me to go out.*
> Él quiere salir.   *He wants to go out.*

Práctica   Invente Ud. oraciones empleando el subjuntivo.

> Modelo: Espero que (visitar) . . .
> Espero que **ellos visiten el museo.**

1. Nosotros le ordenamos que (terminar) . termine
2. Prefiero que (cambiar) . cambie
3. Dudo que (traer) . traiga
4. ¿Desearán que (poner) . ponga
5. Es conveniente que (ser) . sea
6. Es necesario que (no conversar) . converse
7. Quiero que (escuchar) . escuche
8. Nosotras tememos que (decir) . diga
9. Tú no quieres que (salir) . Salga
10. Pídele que (venir) . venga
11. Le aconsejo que (dar) . dé
12. Esperamos que (tener) . tenga

22. Subjunctive of anticipation

The speaker first uses a main verb (I want, he orders, they prefer, etc.) and then anticipates something that is yet to happen by means of a statement introduced by **que.** It is the verb of the dependent clause that takes the subjunctive:

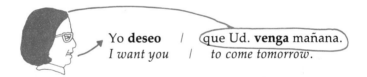

> Yo **deseo**   /   que Ud. **venga** mañana.
> *I want you*   /   *to come tomorrow.*

This kind of subjunctive appears when the main clause contains:

A. a verb of wishing:

Quiero (Deseo) que Ud. me **aconseje.**   *I want you to advise me.*
Preferimos que Uds. no **cambien** nada.   *We prefer that you don't change anything.*

B. a verb of command, request, permission, or advice:

Le **mando (ordeno)** que **entre.**   *I order him to enter.*
Te **ruego (pido)** que me **des** más detalles.   *I beg (ask) you to give me*
  rogar   *more details.*
Le **permitiremos** que **salga.**   *We will permit him to go out.*
Me **aconseja** que **estudie.**   *He advises me to study.*

C. an impersonal expression of advice, probability, or necessity:

> **Es conveniente** que lo **venda.**   *It is advisable for you to sell it.*
> **Es probable (posible)** que **llegue** hoy.   *It is probable (possible) that he*
> *will arrive today.*
> **Es necesario (preciso)** que yo **vaya.**   *It is necessary for me to go.*

When an impersonal expression implies certainty, the subjunctive is not required:

> **Es cierto (verdad)** que **es** un poco gordo.   *It is certain (true) that he is*
> *a little fat.*
> **Es seguro (evidente)** que **son** felices.   *It is sure (evident) that they are*
> *happy.*

Práctica   **I.**   Construya Ud. oraciones empleando los verbos según el modelo.

> Modelo: desear / acompañar
> Nosotros **deseamos** que ellos nos **acompañen.**

1. permitir / ir al teatro
2. querer / preparar
3. ser extraño / llegar
4. rogar / prestar
5. preferir / hacer
6. mandar / volver
7. rogar / aceptar
8. ser evidente / conservar
9. aconsejar / perder
10. ser conveniente / explicar

II.   Invente Ud. oraciones originales según el modelo.

> Modelo: Esperamos que . . .
> Esperamos que Ud. nos **visite** este verano.

1. Te aconsejo que . . .
2. Es muy probable que . . .
3. No es verdad que . . .
4. Nosotros deseamos que . . .
5. Me aconsejará que . . .
6. No les permito que . . .
7. Yo les mandaré que . . .
8. Me ruegan que . . .
9. Es seguro que . . .
10. Es conveniente que . . .

MINISTERIO DE EDUCACION Y CIENCIA

DIRECCION GENERAL DE BELLAS ARTES

PATRONATO NACIONAL DE MUSEOS

02580638

Sello
del
Museo

E N T R A D A
G R A T U I T A

I N D I V I D U A L

GRUPO DE ....

BOCETO CULTURAL

La cultura mochica[1]

El Sr. Molina, *guía* oficial de una agencia turística de Lima, habla con un grupo de *extranjeros*.

    —Señoras y señores, dos *breves* palabras preliminares: si *alguno de Uds.* quiere que yo explique algún *detalle sugerido* por mis comentarios, puede *interrumpirme* en *cualquier* momento. . . Nos hallamos en el Museo Larco Herrera. No creo que haya, en todo el Perú, otra colección de cerámica mochica como ésta. . . Para comprender el valor de estos vasos, *es preciso* que consideremos, en particular, sus representaciones en relieve. Como ven Uds., muchos de estos vasos son *verdaderas* «esculturas». Su expresión facial es extraordinaria. Aquí está todo el mundo mochica: soldados arrogantes, hombres *gordos* y felices, mujeres *sonrientes, ancianos,* inválidos, *ciegos,* niños. . . y también flores, *aves* acuáticas e insectos. . . mundo de *dolor* y alegría, de *orgullo* y humildad.

guide
foreigners

brief
one (any) of you
detail suggested

interrupt me, any

it is necessary

real

fat
smiling, old people, blind people
birds
pain, pride

---

[1]La cultura mochica floreció en el norte del Perú entre 300 A.J. y 600 D.J.

—Señor Molina: ¿es probable que estos vasos representen a personas específicas y reales?

—Puede ser, pero dudo que sea posible demostrarlo. *Sobre* los mochicas no tenemos historia escrita. En realidad, es una *lástima* que no sepamos si estos vasos eran algo así como «fotografías» de esos tiempos.

—¿Por qué hay tantas *piezas* con un *mango* y dos *picos*?

—Señorita, me alegro de que haya observado este detalle. Por un pico sale el agua y por el otro, el aire. Pero lo curioso es que, *al salir*, el aire produce extraños ruidos. Ese *lobo de mar*, por ejemplo, reproduce el *grito lejano* del animal. Otros vasos «cantan», y otros producen sonidos musicales . . . Les ruego que no *toquen* ninguna pieza . . . Y, si alguien les ofrece, en la calle o en el mercado «vasos genuinos», les recomiendo que no compren nada. Lo más probable es que sean *falsificaciones*.

Concerning

pity

specimens, handle, spouts

when going out
sea wolf (sea lion), grunt, distant

to touch

fakes

Práctica **I.** ¿Tiene Ud. buena memoria? Complete Ud. las siguientes oraciones.

1. La cultura mochica floreció entre los años _____.
2. Para conocer a los mochicas, nada mejor que visitar _____ en Lima.
3. Los vasos más interesantes tienen representaciones _____.
4. En algunos vasos aparecen muy diferentes personas: _____.
5. Sabemos muy poco de los mochicas porque no tenemos _____.
6. Muchas piezas tienen un mango y dos _____.
7. Al salir el aire, muchos vasos producen _____.
8. No es conveniente comprar vasos mochicas en la calle o en el mercado porque _____.

II. A base de las ilustraciones y del contenido del Boceto Cultural, ¿qué solución les daría Ud. a los siguientes problemas?

Problema I: La enorme variedad de las representaciones que hallamos en los vasos mochicas se podría explicar en la siguiente forma: (a) Para los mochicas la cerámica era lo que es hoy la fotografía. Un individuo que deseaba enviar una «foto» de algo o de alguien adquiría una representación en relieve de lo que le interesaba; (b) Los mochicas creían que el hombre no muere totalmente. Por esta razón, ponían vasos en la tumba de los muertos para tener la compañía de algo conocido en su viaje por el otro mundo; (c) Los vasos mochicas eran objetos que servían como periódicos; conmemoraban momentos, cosas y personajes.

Problema II: La profusión de representaciones de personajes y escenas de la vida pública y privada de los mochicas nos dice que: (a) Los mochicas nos dejaron representaciones inventadas por la imaginación; (b) Los artistas eran personas con sentido histórico, que deseaban dejar algo para la posteridad; (c) Los mochicas, en términos generales, eran observadores de la realidad concreta; eran gentes realistas por excelencia.

COMENTARIO GRAMATICAL

23. **Subjunctive of doubt, denial, and disbelief**

The speaker first expresses a fact (I deny, he does not believe, we doubt, etc.) and then adds a statement introduced by **que** referring to either a doubtful or a hypothetical event:

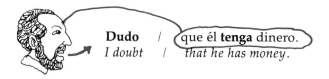

| **Dudo** | / | que él **tenga** dinero. |
| *I doubt* | / | *that he has money.* |

This type of subjunctive is found when the verb of the main clause expresses:

A. doubt:

Dudo que él **sepa** inglés.   *I doubt that he knows English.*

When **dudar** is used negatively, however, the speaker implies certainty; the dependent clause must be in the indicative:

No dudo que él **sabe** defenderse.   *I don't doubt that he knows how to defend himself.*

B. denial:

Niegan que Ud. **pueda** hacerlo.   *They deny that you can do it.*
But: **No niego** que Ud. **puede** hacerlo.   *I don't deny that you can do it.*

C. disbelief:

> **No creo** que él lo **sepa.**   *I don't believe he knows it.*
> **¿Cree** Ud. que él **pueda** sernos útil?   *Do you believe that he can be useful to us?*

(handwritten: creer Neg - sub; creer - pos - ind)

In the second example, the speaker doubts that the person in question could be useful to him or to her. However, since the use of the subjunctive is so dependent on the speaker's attitude, it is possible to use **no creer** or **creer** interrogatively without any implication of doubt, in which case the indicative would be used. For example, in the sentence, **No creo que sabe la verdad,** the speaker really means: "I believe that he does not know the truth."

Práctica   I. Dé Ud. la forma correcta del verbo entre paréntesis.

1. (ser) Duda que el gobierno _sea_ capaz de hacer reformas.
2. (traer) No creo que _traiga_ cambios útiles.
3. (haber) Negarán categóricamente que _haya_ pobreza.
4. (saber) Creo que el profesor _sepa_ eso.   *(handwritten: sabe)*
5. (estar) No dudo que él _____ ciego.   *(handwritten: está; esté maybe)*
6. (haber) No creeré nunca que ellos _____ dicho tal cosa.   *(handwritten: hayan)*
7. (poder) No niego que él _____ mejorar las condiciones sociales.   *(handwritten: puede)*
8. (poner) Nunca creeré posible que él _____ tantas dificultades en nuestro camino.   *(handwritten: ponga)*
9. (gustar) No dudo que te _____ estas comodidades.   *(handwritten: gustan)*
10. (decir) Niego que mis hijos _____ esas indecencias.   *(handwritten: digan)*

II. Invente Ud. oraciones según los modelos.

(a) Modelo: Yo (no) dudo / él / venir / a tiempo
　　　　　　　Dudo que él venga a tiempo.
　　　　　　　No dudo que él viene a tiempo.

1. Ellos (no) dudan / nosotros / saberlo
2. Nosotros (no) dudamos / tú / hacer / el trabajo bien
3. Yo (no) dudo / Juana / traer / los vasos
4. Ud. (no) duda / ser / una gran pérdida

(b) Modelo: ellos (no) niegan / yo / tenerlo
　　　　　　　Ellos niegan que yo lo tenga.
　　　　　　　Ellos no niegan que yo lo tengo.

1. Ella (no) niega / el profesor / saber bien / la materia
2. Tú (no) niegas / la ley / proteger / a los indios
3. Uds. (no) niegan / los valores / culturales / ser importantes
4. Yo (no) niego / las comodidades modernas / ofrecer varias ventajas

III. Conteste Ud. afirmativa o negativamente.

(a) 1. ¿Crees que el presidente te conozca?
　　 2. ¿Dudas que el presidente tenga interés en tu futuro?
　　 3. ¿Crees que el presidente conduce al país por el mejor camino?
　　 4. ¿Niegas que el presidente sea buena persona?
(b) 1. ¿Crees que tus padres sean felices?
　　 2. ¿Dudas que tus padres se amen uno a otro?
　　 3. ¿Crees que tus padres te creen siempre?
　　 4. ¿Dudas que tus padres estén bien de salud?

24. Subjunctive with verbs of emotion and understanding

A subjunctive is required in the dependent clause when the main clause contains:

A. a verb of feeling:

Me alegro de (Me gusta) que Ud. me **crea.**　*I am glad (I like [the fact] that you believe me.*

Sentimos (Lamentamos) que ella no **tenga** tiempo para estar con nosotros.
　We are sorry that she doesn't have the time to be with us.
Espera que nosotros **lleguemos** temprano.　*He hopes that we will arrive early.*
Temen que yo no **venga.**　*They are afraid that I won't come.*

B. a verb of approval or understanding:

Apruebo que Ud. **venda** su coche.　*I approve of your selling your car.*
Comprendo que él **quiera** conservar su dinero.
　I understand his wanting to save his money.

C. an impersonal expression of either emotion or understanding:

Es (una) lástima (lamentable) que **esté** lloviendo.　*It is a pity it is raining.*

Es increíble (extraño) que Ud. me **diga** esto.
　It is unbelievable (odd) that you should be telling me this.
Es lógico (explicable) que no **deseen** venir.
　It is logical (understandable) that they should not want to come.
Es natural (curioso) que me **sugiera** eso.　*It is natural (odd) that he should suggest that to me.*

Práctica   I.   Cambie Ud. según el modelo.

> Modelo: Lamenta no estar aquí ahora. / tú
> Lamenta que tú no estés aquí ahora.

Siento que ellos tengan hacerlo

1. Siento tener que hacerlo. / ellos
2. Esperan poder verla. / él
3. ¿Temes no poder conservar las tradiciones? / los indios
4. Es lógico no desear irse. / Tomás
5. Es extraño decir eso, ¿no? / ellos
6. Esperan hacerlo mañana. / yo
7. Se alegra de conocerlas. / Uds.
8. Siente no llegar hoy. / nosotros

II.   Complete Ud. según el modelo.

> Modelo: (poder hacerlo) Es extraordinario que Ud. _____ .
> Es extraordinario que Ud. pueda hacerlo a su edad.

1. (traer) Sentimos mucho que él _____ .
2. (no tener) Es muy lamentable que ellos _____ .
3. (no saber) ¿No es extraño que ella _____ ?
4. (morir) Es una lástima que _____ .
5. (no querer comprar) Es raro que Uds. _____ .
6. (no entender) Es increíble que Ud. _____ .
7. (no venir) Yo sentiré mucho que Uds. _____ .
8. (no traer) Es muy extraño que sus padres _____ .
9. (hacer) No me explico que Ud. _____ .
10. (recibir) Ellos se alegrarán mucho de que Ud. _____ .

WORD DISCRIMINATION

1. **Encontrar, hallar**

Strictly speaking, **encontrar** means to find something one is looking for, while **hallar** denotes finding something unexpectedly. In conversational Spanish, the two verbs are interchangeable:

> Encontré mi dinero.   *I found my money.*
> Hallé este bolígrafo en la calle.
> *I found this ball-point pen in the street.*

Used reflexively these verbs are the equivalents of **estar** (see Section 12).

When used in connection with persons, **encontrar** means *to meet (by chance):*

> Encontré a Luisa en el supermercado.   *I met*
> *(ran into) Louise in the supermarket.*

2. Propio

This word may be used:

(a) to emphasize a noun or pronoun:

El propio director (el director mismo) me lo dijo.
The director himself told me.

(b) to express ownership:

Tiene coche propio.   *He has his own car.*

(c) with **de,** to point out that which is usual or characteristic:

Son debilidades propias de la juventud.   *They
are failings characteristic of (that are common
in) the young.*

3. Mantener, soportar

Aside from the usual meanings *(to maintain, keep)*, **mantener** may mean *to
support financially:*

Con ese sueldo no puedo mantener a mi familia.
On that salary I cannot support my family.

Soportar cannot mean *to support financially;* it does mean *to support physically*, in the sense of holding something up. **Soportar** also means *to put up with something:*

Los pilares soportan el techo.   *The pillars
support the roof.*
No puedo soportar su mal carácter.   *I can't
stand his bad temper.*

Práctica   I. Diga Ud. qué verbo usaría en cada frase. (No traduzca Ud. las frases.)

(a) ¿**Encontrar** o **hallar?**

1. He *found* the money in the street.
2. Did you *find* what you were looking for?
3. Where *did* they *find* the little boy?
4. I *ran into* John at the party last night.
5. I finally *found* my watch.

(b) ¿**Mantener** o **soportar?**

1. I can't *support* ten kids on this income.
2. Who *is supporting* him?
3. The structure that *supports* the platform is weak.
4. Who *could put up with* his temper?
5. He *was supporting* three wives at once.

II. Exprese Ud. en español.

1. ¿(Did you find) los papeles que había perdido?
2. ¿Cree Ud. que esas paredes (are going to support) tanto peso?
3. Ud. quiere casarse, pero no tiene lo suficiente para (to support) a nadie.
4. (I met them by chance) en la calle Estado.
5. Sus constantes protestas (are characteristic of) su edad.
6. ¿Tienen Uds. (a house of your own)?
7. Al volver a casa (I found) un billete de veinte dólares en el autobús.
8. (His own father) me lo ha dicho.
9. Mi madre (was keeping) la comida caliente.
10. Nadie (can stand) sus malas maneras.

LECTURA Y DISCUSIÓN
El indio ante la vida

Quiero que comprendas por qué los incas *cantaban* used to sing of
el amor y tenían el culto de la mujer. En esos *dorados* golden
tiempos que evocamos, la mujer no ocupaba un sitio de
excepción, ni alto, ni bajo. Estaba al mismo *nivel* que su level
natural compañero. En los trabajos del campo, en el
cuidado de los animales, en la atención del hogar, tenía su care
puesto. Silenciosa o alegre, la actividad de la mujer era place (position)
constante. Mientras caminaba por la *senda* que la conducía path
a la casita, o al *campo de labranza*, la *rueca* iba moviéndose farmland, spindle
en sus manos.

El hombre la respetaba. Nunca *manchó* su canción con stained
la *torpe* sugerencia. Espiritualizaba su amor hasta hacerle lustful
perder su origen físico.

En las canciones de los incas hay numerosas
referencias al agua, la *brisa*, el follaje, las flores, las breeze
montañas, las nubes, la lluvia, las *cumbres*, la nieve, los mountain tops
ríos, los lagos, la tierra, la luna, las estrellas, la noche, el
sol. El indio siempre quiere que su alma esté en relación
directa con la tierra. En su panteísmo[2] naturalista casi no
hay cosas feas. En sus himnos religiosos percibimos
íntegra el alma de este pueblo, a quien no *sobresaltó* el totally, frightened
temor de lo desconocido.

Lo antiguo y lo moderno todavía se encuentran en la vida diaria de La Paz, Bolivia.

Toda la vida incaica *discurrió* como entre dos *riberas* de purísimo arte. La actividad estética no era nada distinto de la actividad humana. Hombres, mujeres, ancianos y niños, guerreros, *sacerdotes*, labradores, gentes de la nobleza y el propio Inca, cantaban y danzaban alegremente en la armonía del *esfuerzo cotidiano*.

flowed, banks

priests

effort, daily

Mientras iban levantándose las fortalezas y los templos gigantescos del Cuzco,[3] la música aliviaba la fatiga y el *cansancio*. Millares de hombres transportaban *jadeantes*, *sudorosos*, los enormes monolitos. Si según la leyenda bíblica, al vibrar las trompetas fueron *derribadas* las murallas de Jericó, *sabed* que las del Cuzco se erigieron *al son de* una música de eternidad.

weariness, breathing heavily
perspiring
demolished
know (be it known to you)
in harmony with

Los sociólogos de hoy no niegan que esta constante mezcla de arte y vida es un gran ejemplo de integración de la vida diaria y la vida del espíritu. ¿No le parece conveniente a Ud. que en esto imitemos a los incas?

---

[2]Panteísmo es una creencia que identifica a Dios con el mundo natural.
[3]Cuzco fue la capital del imperio incaico. Hoy es una hermosa ciudad, en parte colonial y en parte moderna, que atrae a turistas de todo el mundo.

Práctica

I. Diga Ud. **sí** o **no.**

1. La mujer estaba al mismo nivel que su natural compañero.
2. En toda la vida incaica hay dos notas fundamentales: el trabajo artístico y la actividad humana.
3. El hombre inca consideraba a la mujer un ser inferior.
4. Los Incas cantaban y danzaban alegremente en la armonía del esfuerzo cotidiano.
5. Los Incas derribaron las murallas de Jericó.
6. Los Incas sentían terror ante lo desconocido.
7. La mujer inca cooperaba en el cuidado de los animales.
8. Entre las bellezas naturales que cantaron los Incas están las nubes y las cumbres.
9. Los Incas construyeron grandes templos en la ciudad del Cuzco.
10. Entre los Incas el cultivo de lo bello iba junto con el trabajo diario.

II. Examine Ud. las opiniones en A y B. Escoja una de las dos, y dé una justificación personal de su preferencia.

A	B
ACTITUDES DE LOS INCAS	ACTITUDES DEL HOMBRE MODERNO
1. Aceptaban su condición humana.	Aspiran a ser superhombres.
2. Adoraban la naturaleza y se sentían unidos a ella.	Se creen con derecho a transformar su ambiente físico.
3. Pensaban que el trabajo era más fácil cuando se hacía cantando.	Hacen el trabajo, las más veces, sin gran alegría.
4. Daban especial importancia al esfuerzo colectivo.	Prefieren hacer esfuerzos individuales.
5. Creían que el hombre y la mujer debían estar al mismo nivel.	Piensan que hombres y mujeres no pueden ser iguales.

COMENTARIO Y TRADUCCIÓN

I. (a) Debate: Una persona debe dar opiniones positivas, y otra, opiniones negativas sobre los siguientes puntos.

1. conservar la cultura india
2. buscar siempre el «progreso»
3. salir de la pobreza
4. mantener un sentido de colectividad
5. igualar a hombres y mujeres

(b) Mis ideales: Examine Ud. la siguiente lista y escoja cuatro o cinco puntos para decirnos algo de su propio futuro (valores, esperanzas, etc.).

1. ganar mucho dinero
2. viajar con frecuencia
3. participar en los deportes
4. cultivar mi talento artístico
5. tener buenos amigos
6. ir a fiestas
7. tener un buen trabajo
8. tener (una) familia
9. ayudar a otras personas
10. trabajar con niños
11. ser famoso
12. hacer investigaciones científicas

II. Exprese Ud. en español.

1. They advise us not to change.
2. Why do you want me to listen now?
3. It's advisable that you buy it soon.
4. We prefer to go this afternoon.
5. I doubt that he sings very well.
6. I don't believe they know it yet.
7. We approve his wanting to discuss it.
8. We can't stand that doctor.

APRENDIENDO PALABRAS NUEVAS

Many infinitives have corresponding adjectival forms ending in **-able** (for **-ar** verbs) or **-ible** (for **-er** and **-ir** verbs). You can increase your vocabulary by relating such words. Examples: **pasar–pasable, presentar–presentable.** Sometimes it is even possible to guess the meaning of an infinitive by examining its adjective first. If, for instance, you do not know **aplicar,** try to figure it out from **aplicable.** Give an adjective for each verb and translate the adjectives to English.

1. aceptar _____ _____
2. agradar _____ _____
3. amar _____ _____
4. comparar _____ _____
5. considerar _____ _____
6. creer _____ _____
7. discutir _____ _____
8. imaginar _____ _____
9. servir _____ _____
10. temer _____ _____

VOCABULARIO ACTIVO

ADJETIVOS

breve / *short*
cierto, -a / *(a) certain*
extraño, -a / *strange*
feliz / *happy*
gordo, -a / *fat*
lejano, -a / *distant*
opuesto, -a / *opposite*

ADVERBIOS

apenas / *hardly, scarcely*
hasta / *until; even*

MODISMO

por esto / *for this reason*

SUSTANTIVOS

el **ave** / *bird*
cambio / *change*
ciego / *blind person*
la **comodidad** / *comfort, convenience*
el **detalle** / *detail*
el **dolor** / *pain*
el **guía** / *guide*

la **ley** / *law*
mundo / *world*
orgullo / *pride*
pérdida / *loss*
la **población** / *population*
pobreza / *poverty*
respuesta / *answer*
ruido / *noise*
vaso / *vase*
ventaja / *advantage*
vía / *way, road*

PREPOSICIÓN

sobre / *about; above*

VERBOS

aconsejar / *to advise*
adquirir (ie) / *to acquire*
cambiar / *to change*
conservar / *to preserve*
destruir / *to destroy*
ganar / *earn; to gain, win*
sugerir (ie) / *to suggest*
suponer / *to suppose*

Self-test II

1. Cambie Ud. al futuro.

   1. Él no sabe qué hacer.
   2. Vivo en un piso.
   3. ¿Qué haces?
   4. No lo decimos nosotros.
   5. No quieren ir.

2. Cambie Ud. al condicional.

   1. ¿No fuiste a esa tienda?
   2. ¿Dónde pusieron los boletos?
   3. Salí solo.
   4. No escribimos nada.
   5. ¿No pudo Ud. hacerlo?

3. Exprese Ud. en español.

   1. ¿(Will) Ud. acompañarnos?
   2. No vi a (anybody) en el parque.
   3. (He must be) enfermo.
   4. Hasta ahora no hemos recibido (any) paquete.
   5. (What has been said) aquí sólo es para nosotros.
   6. (The difficult part) fue convencerlo.
   7. ¿Es perezoso? Sí, (he is).
   8. (We would have) comido más en otra ocasión.
   9. ¿Por qué (doesn't she like) hacer eso?
   10. (She probably had seen) la pintura varias veces.

4. Dé Ud. la forma apropiada del verbo entre paréntesis.

1. (escribir) Te ruego que me _____ todas las semanas.
2. (dejar) No dudo que _____ todo el dinero en el banco.
3. (volver) Quieren que nosotros _____ en seguida.
4. (traer) Yo espero que tú lo _____ .
5. (ir) Sé que muchos turistas _____ allá.
6. (leer) Prefieren que todos nosotros lo _____ .
7. (llegar) Es poco probable que él _____ más temprano.
8. (salir) Él quiere _____ .
9. (decir) Yo le pediré que nos lo _____ todo.
10. (ir) Me mandan que _____ al supermercado.
11. (estar) Se alegran de que nosotros _____ bien de salud.
12. (venir) Temo que él no _____ a tiempo ahora.

5. ¿Se usa preposición o no?

1. —¿Has hecho el trabajo? —Acabo _____ hacerlo ahora mismo.
2. Compré unos pantalones _____ punto.
3. Ella sirvió _____ todas las mesas.
4. ¡Niño! ¡No vuelvas _____ gritar!
5. Fui _____ la plaza.

6. Cambie Ud. al presente perfecto.

1. cubrí
2. murieron
3. pusiste
4. dijimos

7. Cambie Ud. las siguientes oraciones, usando pronombres en lugar de (*in place of*) las palabras en cursiva.

1. Yo envié *mis recomendaciones al presidente de la compañía.*
2. ¡No des *tu dinero a ese tipo!*
3. ¿Por qué vas a mandar *esas cartas a su esposa?*
4. Pepe, mándale *su paquete* en seguida.
5. ¡No me digas que todavía no has visto *su foto!*

8. ¿**Hace** o **hacía**?

1. _____ tres años que la conocía.
2. Lo recibió _____ dos horas.
3. _____ dos meses que viven aquí.
4. Me casé con Antonio _____ diez años.

LESSON SEVEN / Review Exercises

smile!

Regular forms of the imperfect subjunctive

The imperfect subjunctive has two sets of endings known as the **-ra** and **-se** endings. Of these, the **-ra** endings are more common than the **-se** endings in Spanish America:

comprar	vender	vivir
comprara	vendiera	viviera
compraras	vendieras	vivieras
comprara	vendiera	viviera
compráramos	vendiéramos	viviéramos
comprarais	vendierais	vivierais
compraran	vendieran	vivieran
comprase	vendiese	viviese
comprases	vendieses	vivieses
comprase	vendiese	viviese
comprásemos	vendiésemos	viviésemos
compraseis	vendieseis	vivieseis
comprasen	vendiesen	viviesen

Práctica   Complete Ud. según el modelo empleando un imperfecto de subjuntivo.

> Modelo: (pagar) Deseaban que ella _____ sus deudas.
> Deseaban que ella **pagara (pagase)** sus deudas.

1. (vender) No querían que ella _____ la máquina.
2. (aceptar) Deseaban que tú no lo _____.
3. (llegar) No quería que nosotros _____ tarde.
4. (escribir) Deseaba que su hijo le _____ todas las semanas.
5. (discutir) No quería que Uds. _____ la encuesta.
6. (aparecer) No querían que él _____ en el programa.
7. (comer) Deseaba que él no _____ en restaurantes de tercera clase.
8. (volver) Querían que yo _____ por la tarde.
9. (comprender) Queríamos que ellos _____ nuestra intención.
10. (cambiar) Quería que él _____ de conducta.

Irregular imperfect subjunctives

The imperfect subjunctive usually repeats (in all six forms) the irregularity of the third person plural of the preterite:

> dar (dieron): diera, dieras, diera, diéramos, dierais, dieran
> decir (dijeron): dijera, dijeras, dijera, . . .
> estar (estuvieron): estuviera, estuvieras, estuviera, . . .
> haber (hubieron): hubiera, hubieras, hubiera, . . .
> hacer (hicieron): hiciera, hicieras, hiciera, . . .
> ir (fueron): fuera, fueras, fuera, . . .
> poder (pudieron): pudiera, pudieras, pudiera, . . .
> poner (pusieron): pusiera, pusieras, pusiera, . . .
> querer (quisieron): quisiera, quisieras, quisiera, . . .
> saber (supieron): supiera, supieras, supiera, . . .
> ser (fueron): fuera, fueras, fuera, . . .
> tener (tuvieron): tuviera, tuvieras, tuviera, . . .
> traer (trajeron): trajera, trajeras, trajera, . . .
> venir (vinieron): viniera, vinieras, viniera, . . .

NOTE: (1) The **-se** ending is also possible for all of these forms: **diese, dieses, diese, diésemos, dieseis, diesen.**

(2) Remember that stem-changing verbs of the third conjugation preserve the stem change that occurs in the third person plural, preterite: **durmieron > durmiera; sirvieron > sirviera.**

Práctica

Complete Ud. según el modelo, empleando un imperfecto de subjuntivo.

Modelo: (ser) Queríamos que Ud. _____ más formal.
Queríamos que Ud. **fuera (fuese)** más formal.

1. (poner) Prefería que nosotros _____ el paraguas en el corredor.
2. (hacer) Deseaba que nosotros no _____ esa pregunta otra vez.
3. (traer) Queríamos que Ud. _____ a sus padres.
4. (ir) Prefería que él no _____ en avión.
5. (poder) Era poco probable que él _____ venir.
6. (saber) Deseaba que Ud. _____ cuál es nuestra situación económica.
7. (decir) Querían que Ud. les _____ la verdad.
8. (haber) No querían que _____ una guerra.
9. (ser) Preferíamos que _____ menos antisocial.
10. (tener) Querían que él _____ más confianza en sí mismo.

Sequence of tenses with the subjunctive

If the main verb is a present, a future, or a command, the dependent verb is usually a present subjunctive:

Nosotros esperamos que Ud. **venga** a vernos. *We hope that you will come to see us.*

Ella nos hablará cuando él **se vaya**. *She will talk to us when he goes away.*

Lea Ud. una novela que **sea** interesante. *Read a novel that is interesting.*

If the main verb is a preterite, an imperfect, or a conditional, the dependent verb is usually an imperfect subjunctive:

El profesor deseaba que **saliéramos**. *They ordered us to leave.*

El profesor deseaba que **viniéramos**. *The teacher wanted us to come.*

El pintor preferiría que le **pagaran** inmediatamente.
The painter would prefer that they pay him immediately.

The present tense of the main verb may call for an imperfect subjunctive in the dependent clause when the action expressed in the latter clause is totally past:

Me alegro de que **viniera** con Uds. *I am glad that he came with you.*

All the sequences mentioned above apply as well when the verb of the dependent clause is a progressive form:

Siento que **estén (estuvieran) viviendo** en tales condiciones.
I am sorry that they are (were) living in such circumstances.

Temía que los niños **estuvieran jugando** en la calle.
I feared that the children might be playing in the street.

Práctica   Cambie Ud. al pasado según el modelo.

Modelo: Siento que él esté enfermo.
        Sentí (Sentía) que él estuviera enfermo.

1. Me alegro de que Uds. no vengan.
2. Le aconsejan que dé su contestación ahora.
3. Les pido que sepan esto de memoria.
4. Ella les ruega que digan si van a venir o no.
5. Es necesario que seamos justos con las clases bajas.
6. Dudo que él haya terminado.
7. Es posible que tenga Ud. razón.
8. Temo que ellos no puedan asistir a la fiesta.
9. No permito que Uds. hagan eso.
10. Es conveniente que ellos traigan ropa de invierno.

Lección Siete

Carreteras de la Ciudad de México de noche.

ESCENA DE VIDA

El norteamericano común *frente a* Hispanoamérica

face to face with

Recientemente el periódico que yo represento me pidió que hiciera una *encuesta*. Decidí *entrevistar* a varios norteamericanos que fuesen estudiantes, y que tuvieran entre 16 y 25 años de edad. Les *hice* a todos la misma pregunta: ¿Qué sabe Ud. de Hispanoamérica? *He aquí* algunas *muestras* de las contestaciones.

opinion poll, to interview

I asked
Here are
samples

* * *

—¿Hispanoamérica? Su música es muy rítmica. Es muy posible que tenga una influencia decisiva sobre la nuestra.
—¿Hay algún *conjunto* musical que le guste en particular?
—No, me gusta su música en general. . .
—¿*Algo más*?
—No, nada más.

ensemble (group)

Anything else?

* * *

—Dicen que ahí la vida es muy barata. *Sin embargo,* aunque tuviera dinero para el viaje, no iría a esas tierras. Sería *peligroso. He oído decir* que su historia es una serie casi continua de dictadores y de gobiernos inestables.

Nevertheless

dangerous, I have heard it said (I have been told)

* * *

—Ummm. No sé.
—¿No hay nada que pueda interesarle alguna vez?
—Pues, sí: la artesanía de cada país, y, en particular, las *piedras* preciosas del Brasil y Colombia. Me gustaría visitar mercados y tiendas de curiosidades.
—Y, ¿no le interesan las gentes?
—La verdad es que no sé nada de eso. . .
Todo comentario sobre esta última declaración *está de más.*

stones

is superfluous

* * *

—Hay países *superpoblados.* Ahí los pobres son muy pobres, y los ricos, *riquísimos.* ¿No es *hora* de *poner fin* a estas *desigualdades?* Me gustaría ver ese continente, pero no podré ir hasta que tenga un *puesto* mejor. . . Iré *tan pronto como* sea posible.

overpopulated
exceedingly rich, time, to put an end
(social) inequalities
job
as soon as

* * *

—Dicen que ahí es práctica común ir a vivir en
ciudades. *Tal abandono* del *campo* parece increíble. . .   Such, neglect, countryside
Dicen que la *mayoría* no sabe ni leer, ni escribir.   majority
Umm. . . Hay mucho arte popular. La gente me gusta *en*   in a way
cierto modo. Son más amables que los europeos. . .

* * *

¡Ojo! No digo que estas opiniones sean   Please note!
representativas de todos los norteamericanos, pero *sí*   indeed
constituyen un *indicio* de *lo mucho* que tenemos que   indication, how much
aprender. *A propósito,* ¿qué saben Uds. de   By the way
Hispanoamérica?

Práctica   Encuesta general.

1. ¿Cuántas repúblicas centroamericanas puede Ud. nombrar sin consultar
   un mapa?
2. ¿En cuál de estos países está la ciudad de San José?
3. ¿Qué lengua se habla en el Brasil?
4. ¿Con qué países relaciona Ud. el gaucho?
5. ¿Cuál es el producto agrícola más importante de Colombia?
6. ¿Dónde floreció la cultura maya?
7. ¿Dónde se habla la lengua Quechua?
8. ¿Qué es la coca?
9. ¿Qué deporte relaciona Ud. con el famoso Pelé?
10. ¿Qué pintor hispanoamericano conoce Ud.?

VOCABULARIO ÚTIL

Artículos de cuero: bolsas,
    cinturones y *huaraches*   Mexican sandals
Cerámica: copas, jarros, platos,
    tazas y vasos
Joyas: *anillos,* broches, *collares,*   rings, necklaces
    aretes y *pulseras*   earrings, bracelets
Piedras preciosas: aguamarinas,
    amatistas, diamantes,
    esmeraldas, ópalos, rubíes,
    topacios, turquesas, *zafiros*   sapphires
Tejidos: sarapes, manteles,   Weaving
    servilletas y pañuelos

Práctica   Estudie Ud. la siguiente ilustración y conteste las preguntas.

"Vende usted Tums?"

1. ¿Dónde ocurre esta escena?
2. ¿Quién es el individuo de la izquierda?
3. ¿Con quién habla?
4. ¿Qué desea comprar el turista?
5. ¿Qué objetos hay en la mesa?
6. ¿Qué ejemplos de cerámica ve Ud. en la ilustración?
7. ¿Qué tipo de lámpara hay en la tienda?
8. ¿Qué ve Ud. a la puerta de la tienda?
9. ¿Qué piedra preciosa es la más cara de todas?
10. ¿Qué países son famosos por sus piedras preciosas?

Drawing by Garrett Price; © 1953 The New Yorker Magazine, Inc.

25.   Subjunctive in clauses modifying a noun (adjective clauses)

In the main clause the speaker states a fact centering his or her attention on a person or object; in the dependent clause the speaker specifies a particular quality of this person or object:

Necesito una casa / que **sea** grande.
I need a house / that is big.

This subjunctive pattern appears when the main clause contains:

A. a single **no** or a double negative:

> **No** tengo libros que **sean** baratos.   *I don't have (any) books that are cheap.*
>
> **No** vi a **nadie** que **llevara** paraguas.   *I did not see anyone who was carrying an umbrella.*

B. a noun (person or object) that is uncertain, unknown, or indefinite. Compare:

> Busco una secretaria que **sepa** contabilidad.
> *I am looking for a secretary (any secretary) who knows accounting.*
> ¿Conoces alguna secretaria que **sepa** contabilidad?
> *Do you know any secretary who knows accounting?*
> *but:*   Conozco a una secretaria que **sabe** contabilidad.
> *I know a secretary (a definite person) who knows accounting.*

NOTE: The personal **a** is not required when the direct object is an indefinite person.

Práctica   I.   Complete Ud. con la forma correcta del verbo entre paréntesis.

1. (no conocer) Él mencionó una novela que yo _____.
2. (no ser caros) Quiero comprar joyas que _____.
3. (ser útil) Tráigale Ud. un regalo que _____.
4. (saber español) No había ninguna señorita que _____.
5. (poder estudiar) ¿Hay algún lugar en la biblioteca en donde yo _____?
6. (tener demasiado queso) No me gustaban las comidas que _____.
7. (ser clara y fácil) Recomiéndeme una gramática que _____.
8. (ir al centro) Éste es el autobús que _____.
9. (ser interesante) Quería leer una novela policíaca que _____.
10. (comprar el año pasado) Ésta es la bicicleta que yo _____.

II. Complete Ud. las oraciones según los modelos.

> Modelos: Necesito una casa que . . .
> Necesito una casa que **sea** grande.
> Tengo una casa que . . .
> Tengo una casa que no **es** muy cara.

1. Buscamos un diccionario que . . .
2. Miraba a un niño que . . .
3. Son dos muchachas que . . .
4. ¿Tiene Ud. algún amigo que . . . ?
5. Prefiero un gobierno que . . .
6. Buscaba un trabajador que . . .
7. Hallé un coche que . . .
8. Sabe Ud. si hay alguna persona que . . .
9. ¿Hay algún museo que . . . ?
10. ¿Tiene Ud. una corbata que . . . ?

26. Subjunctive in clauses modifying a verb (adverb clauses)

In the main clause the speaker states a fact, focusing his or her attention on an action; in the dependent clause the speaker specifies a particular circumstance:

Compraré el traje / aunque **sea** caro.
I will buy the suit / even if it is expensive.

In contrast to all previous patterns of subjunctive usage, the dependent clause is not introduced by **que**. This subjunctive appears in statements introduced by:

A. expressions of purpose:

> Lo dice en español **para que (a fin de que)** todos **entiendan.**
> *He is saying it in Spanish so (in order) that all may understand.*
> Lo explicó dos veces **para que** nosotros **comprendiéramos.**
> *He explained it twice so that we would understand.*

B. expressions of proviso:

> Se lo daré **con tal (de) que (a condición de que)** Ud. me **pague.**
> *I will give it to you provided (that) you pay me.*
> No iríamos **a menos que** nos **invitara.** *We would not go unless he invited us.*

C. expressions of concession:

Leeré el informe **aun cuando sea** largo.   *I will read the report even if it is long.*

Iremos **aunque resulte** peligroso.   *We will go although it may turn out to be dangerous.*

NOTE: The indicative (and not the subjunctive) is required if the circumstances described imply an accomplished fact:

No le daré dinero, **aunque** lo necesita.   *I will not give him money although he (actually) needs it.*

D. expressions of time:

Las entrevistaré **cuando vaya** a su casa.   *I will interview them when I go to their home.*

Lo terminaré **antes (de) que** él **llegue.**   *I will finish it before he arrives.*

Hágalo **después (de) que** él **termine** de hablar.   *Do it after he is through talking.*

Esperaré **hasta que** Ud. me **llame.**   *I will wait until you call me.*

Le escribiré **tan pronto como pueda.**   *I will write to him as soon as I can.*

Observe that in the examples given, future time is understood. If the past (accomplished action) or the present (habitual action) is implied, the indicative is employed:

Accomplished action
Esperó hasta que el tren llegó.   *He waited until the train arrived.*
Le hice varias preguntas cuando vino a verme.
    I asked him several questions when he came to see me.

Habitual action
Le hablo cuando la veo.   *I speak to her when I see her.*
Siempre le espero hasta que llega.   *I always wait for him until he arrives.*

SUMMARY:

A. With expressions of purpose—**para que, a fin de que** *(so that)*—always use the subjunctive;

B. With expressions of proviso—**con tal (de) que, a condición de que** *(provided that),* **a menos que** *(unless)*—always use the subjunctive;

C. With expressions of concession—**aun cuando** *(even if),* **aunque** *(although)* —use the subjunctive only when uncertainty is implied;

D. With expressions of time—**cuando** *(when)*, **después de que** *(after)*, **hasta que** *(until)*, **tan pronto como** *(as soon as)*—use the subjunctive only if futurity is implied. Because **antes de que** *(before)* always points to a future action it must invariably go with a subjunctive.

Práctica   **I.**   Complete Ud. con la forma correcta del verbo entre paréntesis.

No pierda 1. (no perder dinero) Se lo digo para que Ud. *no pierda*.
esté(corh) 2. (estar enferma) Ella vendrá aunque _____.
llueva 3. (no llover) Iremos de compras con tal que *llueva*.
        4. (ser grande) Le oí decir que el paquete *es grande*.
pague 5. (pagar sus deudas) Le mandaré un cheque a fin de que *p___*.
inviten 6. (invitar a los niños) Iré al cine a condición de que *invite*.
cueste 7. (costar mucho dinero) Lo compraré aunque *cuesta o cueste*.
trabaje 8. (trabajar todo el fin de semana) Ud. no terminará a menos que *trabaje*.
        9. (hacer frío) Vino a vernos aun cuando *hacía*.
pudiera 10. (poder vender su motocicleta) Pensaba ir a México con tal (de) que _____.

II.   Complete Ud. con la forma correcta del verbo entre paréntesis. (¡Ojo! En algunos casos se necesita el subjuntivo; en otros, el indicativo.)

1. (explicar sus intenciones) Todos quedaron contentos después de que él *explicó*.
2. (recibir contestación) Venga Ud. a casa tan pronto como Ud. *reciba*.
3. (venir) Se lo devolveré cuando *venga*.
4. (irse las visitas) Prepararé el almuerzo después de que *se vayan*.
5. (llamar por teléfono) Siéntese aquí hasta que ella *llame*.
6. (salir a la calle) Se puso el sombrero cuando *salió*.
7. (terminar el año escolar) Habrá otros disturbios antes de que *termine*.
8. (ir al centro) Lo compré cuando *fui*.
9. (pasar el ruido) Hablaremos después de que *pase*.
10. (acabar este trabajo) Nos quedaremos aquí hasta que Uds. *acaben*.

III.   Complete Ud. las siguientes oraciones. (¡Ojo! Observe que todas las oraciones tienen un verbo principal en pretérito, imperfecto o condicional.)

1. Dijeron que me invitarían tan pronto como _____.
2. Yo te lo daría con tal de que tú *lo usaras bien*.
3. Yo lo compré aunque el precio *fue alto*.
4. Se lo expliqué dos veces para que él *lo entendiera*.
5. Yo iría a condición de que Uds. *me invitaran*.
6. No lo vendería a menos que *tuviera la necesidad*.
7. Vendría esta tarde a fin de que todos *comiéramos*.
8. Yo siempre terminaba mi trabajo antes de que _____.
9. Acostumbraba hablar lentamente para que *entendieran*.
10. Me devolvió el periódico después de que *lo leyeron*.

BOCETO CULTURAL

El hombre de América en la pintura mexicana

Preocupación fundamental de los pintores mexicanos ha sido afirmar la personalidad mexicana, comprender los problemas sociales de América y meditar sobre el sentido de la vida.

En la mina

Refinando azúcar

Diego Rivera (1886–1957) *fijó* la atención en la condición social de las clases bajas, para que todos vieran la miseria de los pobres, especialmente los trabajadores, a quienes presenta entrando en la mina, *o bien, elaborando* el *azúcar*. Característica principal de la obra de Rivera es su orientación proletaria.

focused

or, manufacturing, sugar

Con sentido más dramático y en forma marcadamente sintética, José Clemente Orozco (1883–1949) nos ha dejado los momentos culminantes de la historia de América, en las paredes de la biblioteca de Dartmouth College. Allí hallamos una serie de catorce murales. Entre éstos no hay ninguno que no tenga un *mensaje* sobre las virtudes y defectos del hombre contemporáneo. En *Civilización moderna* el pintor asocia la muerte con la máquina, la guerra y el vicio.

message

Otro mural famoso es *La trinchera*, en el cual hay una admirable combinación de ángulos y curvas.

The Trench

Civilización moderna

La trinchera

David Alfaro Siqueiros (1896–1974), otro pintor mexicano de la misma época, siempre nos presenta un *juego* de tremendas tensiones espirituales, reflejadas en la expresión facial y en la posición del cuerpo humano, particularmente las manos. Excelente ejemplo es *El sollozo*. En otras ocasiones, personas y cosas aparecen como símbolos de una preocupación social, como, por ejemplo, en el *sencillo* grupo humano titulado *Madre proletaria*.

interplay

The Sob

simple

Collection, The Museum of Modern Art, New York. Given anonymously.

El sollozo

Madre proletaria

Práctica   Conteste Ud.

En la mina (Rivera):

1. ¿Ve Ud. una distribución especial de las figuras humanas de este mural?
2. ¿Cómo refleja el pintor el sufrimiento humano?

Refinando azúcar (Rivera):

3. ¿Qué expresiones rítmicas ve Ud. en este mural?
4. ¿Puede Ud. distinguir las distintas partes de este mural?

Civilización moderna (Orozco):

5. ¿Qué representan los objetos a la izquierda del cuadro?
6. ¿Por qué aparecen los individuos de la derecha en un solo grupo?

La trinchera (Orozco):

7. ¿Qué significado ve Ud. en el cuadro sobre los efectos de la revolución?
8. ¿Ve Ud. una disposición especial en la postura de los cuerpos?

El sollozo (Alfaro Siqueiros):

9. ¿Qué partes del cuerpo representa el pintor?
10. ¿En qué consiste la tensión dramática de esta obra?

Madre proletaria (Alfaro Siqueiros):

11. ¿Qué sentimiento expresa la figura central? ¿alegría? ¿resignación? ¿dolor? ¿agresividad? ¿firmeza?
12. ¿Con qué intención puso el pintor, en la parte inferior, la figura de un niño muerto?

COMENTARIO GRAMATICAL

27. **Common omissions of the indefinite article**

In Spanish, the indefinite article **(un, una)** is omitted in the following constructions:

A. with unmodified nouns following **ser:**

Es artista.   *He is an artist.*
Ella es profesora.   *She is a professor.*
but: Él es un excelente abogado.   *He is an excellent lawyer.*

B. with nouns in apposition (i.e., a noun used to identify a previous noun):

Sevilla, ciudad del sur de España, fue muy famosa en el siglo xvi.
    Seville, a city in southern Spain, was very famous in the 16th century.
Francisco Pizarro, conquistador de muy poca cultura, fundó la ciudad de Lima en 1535.   *Francisco Pizarro, a conqueror with very little education, founded the city of Lima in 1535.*

C. with ¡**qué** . . . ! *(what a . . . !):*

¡Qué fiesta!   *What a party!*
¡Qué vergüenza!   *What a shame!*

D. with objects a person normally uses singly:

¿No lleva Ud. reloj?   *Don't you carry a watch?*
No uso sombrero.   *I don't wear a hat.*

This Spanish construction implies that generally a person does not use more than one watch or hat at a time. The same applies to: a tie, an overcoat, a vest, a shirt, a belt, a dress, an umbrella, etc.

E. with nouns appearing at the beginning of a sentence, when the notion of "one" is superfluous:

Ejemplo de su poesía es este hermoso poema.
    An example of his poetry is this beautiful poem.
Práctica común de estos empleados es llegar tarde.
    A common practice of these employees is to arrive late.

Práctica   ¿Con o sin artículo indefinido?

1. _____ ejemplo de este tipo de pintura es *El sollozo*.
2. ¿Vino Ud. con _____ paraguas?
3. Mi padre es *un* arquitecto muy bueno.
4. ¿Por qué no llevas _____ chaqueta?
5. Su hermano es *un* caballero muy amable.
6. El Paraná, _____ río sudamericano, es casi tan largo como el Misisipí.
7. Era *un* ingeniero bastante conocido.
8. La computadora es *una* máquina muy moderna.
9. ¿Es Ud. _____ bailarina?
10. Escriba Ud. con _____ lápiz.
11. Necesito una casa con _____ patio.
12. ¡Qué _____ sorpresa!

28. Other omissions of the indefinite article

Spanish also omits the indefinite article in the following constructions:

A. with **otro** (*another*), **cierto** (*a certain*), **tal** (*such a*):

Tráigame otro vaso.   *Bring me another glass.*
Cierto hombre llamó hoy.   *A certain man called today.*
Yo no diría tal cosa.   *I would not say such a thing.*

B. with nouns following the preposition **sin** if no notion of number is implied:

Se puso a llorar sin motivo.   *She began to cry without a (any) reason.*
Intentó entrar sin boleto.   *He tried to enter without a ticket.*
but: Vino sin un centavo.   *He came without one cent.*

C. with nouns following the verb **tener:**

No tiene barba.   *He doesn't have a beard.*
Ellos no tienen familia.   *They don't have a family.*

D. in set expressions to be memorized as such:

Puso fin a la reunión diciendo «Me voy».
   He put an end to the meeting by saying "I'm going."
No quiere **dar contestación** ahora.   *He does not want to give an answer now.*

NOTE: There are several expressions, however, with which the use of the article is optional:

Salió sin decir (una) palabra.   *He left without saying a word.*
Es (una) lástima.   *It's a pity.*
Es (una) vergüenza.   *It's a shame.*

Práctica   ¿Con o sin artículo indefinido?

1. ¿Puede darme _____ otra explicación?
2. ¿Cuándo van a poner _____ fin a esas manifestaciones?
3. ¡Quién iba a pensar en tal _____ cosa!
4. Nosotros no tenemos _____ perro.
5. Hay _____ cierto empleado aquí que me conoce.
6. Me lo dijo _____ otra amiga.
7. Me gusta, en _____ cierto modo.
8. No tengo _____ idea de cómo lo hizo él.
9. No podemos vivir sin _____ presidente.
10. Se fue sin decir _una_ palabra.

WORD DISCRIMINATION

1. Posición, puesto (colocación)

Posición means *position* in a physical or social sense:

> Hazme el favor de ponerlo en posición vertical.
> *Please put it in a vertical position.*
> Son muy conocidos por su posición social.   *They are well known for their social rank.*

Posición is never used to mean *job* or *occupation*. The latter concept is conveyed by **puesto** or **colocación:**

> Necesito un buen puesto (una buena colocación) para salir de deudas.
> *I need a good job to get out of debt.*

The phrase *to be in a position to* is rendered in Spanish as **estar en condiciones de:**

> Mi tío está en condiciones de ayudarnos.   *My uncle is in a position to help us.*

2. Continuo, continúo, continuó

The adjective **continuo** (with the stress on the syllable **ti**) means *continuous*. The verb **continúo** (with an accent on the vowel **ú**) is the first person singular, present, of **continuar:** *I continue*. The verb **continuó** (with an accent on the vowel **ó**) is the third person singular, preterite, of **continuar:** *he continued:*

> Nadie ha descubierto todavía el movimiento continuo.
> *No one has yet discovered perpetual motion.*
> Continúo lo que él empezó.   *I am continuing what he began.*
> Continuó lloviendo.   *It kept on raining.*

3. Sentido

This word has two principal uses: *meaning (interpretation)* and *sense*, i.e., as one of the human faculties:

¿Cuál es el sentido de este verbo?   *What is the meaning of this verb?*
Este pasaje tiene varios sentidos.   *This passage has several*
                                                        interpretations.
Ponga Ud. sus cinco sentidos en este trabajo.
    Concentrate on (Apply your five senses to) this job.

Stock expressions: **hasta cierto punto, en cierto modo**   *in a sense*

4. Más

This word appears in several idiomatic expressions:

(a) ¿Algo más?   *Anything else?*
(b) Hay más.   *That's not all.*
(c) Tiene quince años a lo más.   *He is fifteen years old at (the) most.*
(d) Está de más.   *It is not needed (It is superfluous).*

Práctica   Exprese Ud. en español.

1. ¿Quién (continued) ese proyecto?
2. Me han ofrecido una nueva (position) en otra ciudad.
3. —Sí, es importante, (in a sense).
4. ¿En qué (position) le va a tomar la foto?
5. A mí me parece que esto (is superfluous).
6. El año próximo (I'll be in a position to) ayudarle.
7. Dice que la vida es un (continuous) sufrimiento.
8. No entiendo el (meaning) de esta palabra.

CARIBE 2000
LA EXCURSION MAS COMPLETA A YUCATAN Y EL CARIBE
CANCUN ★ MERIDA ★ CHETUMAL
PALENQUE,
DISFRUTANDO: ISLA MUJERES. XEL - HA, VILLAHERMOSA,
TULUM, CHICHEN-ITZA, LUZ Y SONIDO EN UXMAL. OPCIONAL, EXTENCION
DE 2 NOCHES A COZUMEL.   EXCURSION AEREA Y TERRESTRE, 9 DIAS.
INCLUYE: Jet, Hoteles de 1a. Alimentos, Paseos,   POR SOLO $6,580.00
Traslados, Propinas, Entradas, Guias e Impuestos.   FACILIDADES DE PAGO
                        SALIDAS: Oct. 28. Nov. 4 y 18. Dic. 2, 9, 17, 18, 19, 20, 21, 22, 23, 24 y 25.
VIAJES   P. DE LA REFORMA Nº 35-2º PISO
IZQUIERDO   TELS.:
VIAJES AL ESTILO 2000   566-61-95, 566-88-83, 566-84-93
                566-53-30 y 566-55-93
CONSULTE A SU AGENTE DE VIAJES ES UN EXPERTO!

LECTURA Y DISCUSIÓN

Hispanoamérica frente al «Coloso del Norte»

Iberoamérica se ha convertido en un satélite de los intereses económicos de Norteamérica; su política interna y externa se encuentra *supeditada* a estos intereses. Sin embargo, *a pesar de* esta situación, la América Ibera *ha guardado* y guarda su dignidad *fortaleciendo* el estilo de vida que le es más propio; unas veces conscientemente, otras subconscientemente. Obligada a aceptar, desde el punto de vista material, parte de un mundo que no es el propio, lo interpreta de acuerdo con sus personales puntos de vista. La resistencia material es casi *nula;* pero no así la que podríamos llamar espiritual, *fincada* en los valores que ha *heredado.*

subordinated

in spite of, has protected
strengthening

nonexistent
rooted
inherited

Esta resistencia ha sido *captada* por las mejores *mentes* de la América del Norte. Ellas abandonan los cómodos y estandarizados *formularios,* de acuerdo con los cuales los pueblos latinoamericanos no resultaban ser otra cosa que pueblos semisalvajes, en continua *revuelta, incapaces* de autogobernarse. Estas mentes reconocen ya la existencia de valores *dignos de ser tomados en cuenta* y objeto de máximo respeto. Valores que lejos de estar en contraposición con los de Norteamérica, la enriquecerían si se los adoptase.

understood, minds

stereotypes

turmoil, incapable

worthy of being taken into account

En justa compensación, las mejores mentes de la América Ibera tratan, también, de comprender a los Estados Unidos. No olvidan viejos *agravios.* . . Se sabe de la existencia de una Norteamérica *estrecha* y limitada, la Norteamérica del «destino manifiesto» que justificó todas las invasiones sobre la América Ibera y la mutilación de su territorio; la Norteamérica de las discriminaciones raciales que *rebaja* la dignidad del hombre; la Norteamérica de los imperialismos económicos. Pero frente a esta Norteamérica, se sabe también, está la Norteamérica del Presidente Washington que afirmó los derechos del Hombre y luchó por la independencia y dignidad de su pueblo frente a otro imperialismo, la Norteamérica de Lincoln que abolió la *esclavitud* en nombre de la dignidad humana, y la Norteamérica de Roosevelt con su nueva política de comprensión y respeto para otros pueblos. En este sentido esta Norteamérica no ha *chocado* nunca contra el modo de ser y sentir de los iberoamericanos.

offenses
narrow-minded

undermines

slavery

collided

Práctica **I.** Escoja Ud. la respuesta que mejor complete cada oración.

1. La política interna y externa de Iberoamérica se encuentra:
   a. supeditada a sus intereses económicos
   b. supeditada a su dignidad
   c. supeditada a los intereses de los Estados Unidos

2. La América Ibera ha defendido su dignidad:
   a. fortaleciendo su vida material
   b. fortaleciendo parte de un mundo extranjero que no le es propio
   c. fortaleciendo el estilo de vida que le es más propio

3. La resistencia «espiritual» de Iberoamérica:
   a. se basa en valores heredados
   b. es casi nula
   c. obedece a puntos de vista personales

4. Las mejores mentes norteamericanas:
   a. no han entendido a los pueblos hispanoamericanos
   b. han captado esta resistencia espiritual
   c. son el resultado de la estandarización

5. Estas mentes creen que Hispanoamérica:
   a. está condenada a continuas revueltas
   b. es un conjunto de pueblos con un «destino manifiesto»
   c. posee valores que podrían enriquecer a Norteamérica

6. Las mejores mentes de la América Latina:
   a. tratan de rebajar su dignidad
   b. han olvidado viejos agravios
   c. tratan de comprender al «Coloso»

7. El «destino manifiesto»:
   a. intensificó las discriminaciones raciales en Iberoamérica
   b. justificó las discriminaciones raciales en Norteamérica
   c. justificó las invasiones norteamericanas en la América Ibera

8. La Norteamérica de Washington, Lincoln y Roosevelt:
   a. nunca ha chocado contra el modo de ser y sentir de los iberoamericanos
   b. rebajó la dignidad humana
   c. es temida en toda Iberoamérica

II. Conteste Ud.

1. ¿Qué entiende Ud. por los derechos del hombre?
2. ¿Tenemos ahora una política frente a Hispanoamérica?
3. ¿A qué se refiere el autor cuando menciona la mutilación del territorio hispanoamericano?
4. ¿Qué diferencia hay entre los dos Roosevelt?
5. ¿Cree Ud. posible tener libertad política sin tener libertad económica?
6. ¿Cuál es su opinión sobre el punto de vista del autor?

UCATAN
MEXICO

Cabeza Olmeca

México:
un país de película para verlo de cerca.

¿Cuántas veces ha sentido envidia al ver al protagonista de una película bañarse en una maravillosa playa, o pescar un magnífico marlin o pasear por exóticos paisajes? Usted piensa que eso sólo ocurre en el cine, claro. Pero ¿cuanto le gustaría ocupar el lugar del protagonista? Pues no se quede con las ganas. Hay un país donde todo eso existe. México.

Venga a vivirlo de cerca. Porque en México están todas esas cosas increíbles esperando a que usted las viva y deje de pasar envidia en las películas.

Consulte a su Agencia de Viajes.

AEROMEXICO
MEXICO ESTADOS UNIDOS, EUROPA, SUDAMERICA, CANADA

COMENTARIO Y TRADUCCIÓN

I. Invente Ud. tres o cuatro oraciones para decir:

1. qué compraría Ud. en un mercado mexicano.
2. qué piensa Ud. de los murales mexicanos.
3. qué sabe Ud. de las relaciones entre los Estados Unidos e Hispanoamérica.

II. Exprese Ud. en español.

1. She is sixteen at most.
2. We ate and drank until 1:00. What a party!
3. It was a shame that he left without saying a word.
4. I always travel without a hat.
5. I do not know anyone who thinks such a thing.
6. It seems to me that this word is superfluous.
7. I will wait until you find your money.
8. I know many persons who do not use sugar.

APRENDIENDO PALABRAS NUEVAS

Be aware of the following correspondences between Spanish and English. An understanding of them will enable you to recognize and use many words.

SPANISH	ENGLISH
-ción	-tion
-ente	-ent
-ico, -ica	-ic
-io, -ia	-y
-ismo	-ism
-mente	-ly

Can you recognize quickly all the following words?

1. civilización
2. compensación
3. históricamente
4. idéntico
5. imperialismo
6. independiente
7. inevitablemente
8. marcadamente
9. memoria
10. necesario
11. orientación
12. particularmente
13. preocupación
14. socialismo
15. subconscientemente

VOCABULARIO ACTIVO

ADJETIVOS

peligroso, -a / *dangerous*
sencillo, -a / *simple*
superpoblado, -a / *overpopulated*

ADVERBIO

sí / *indeed*

MODISMOS

a pesar de / *in spite of*
a propósito / *by the way*
en cierto modo / *in a way*
hacer preguntas / *to ask questions*
o bien / *or*
¡ojo! / *please note!*
sin embargo / *however, nevertheless*

SUSTANTIVOS

el **azúcar** / *sugar*
las **clases bajas** / *lower classes*
la **contestación** / *answer*
cuerpo / *body*
encuesta / *opinion poll*
el **fin** / *end*
gobierno / *government*
guerra / *war*
la **mano** / *hand*

máquina / *machine*
la **muerte** / *death*
muestra / *sample*
obra / *work (of art)*
la **pared** / *wall*
periódico / *newspaper*
el **pintor** / *painter*
el **trabajador** / *worker*

VERBOS

aparecer / *to appear*
entrevistar / *to interview*
hallar / *to find*
importarle a uno / *to matter to one*
oír decir / *to hear it said*

LESSON EIGHT / Review Exercises

Relating polite commands to the present subjunctive

Polite commands are the same as the third persons, singular and plural, of the present subjunctive. Observe:

cantar	leer	vivir
cante	lea	viva
cantes	leas	vivas
cante → **¡cante!**	lea → **¡lea!**	viva → **¡viva!**
(sing!)	*(read!)*	*(live!)*
cantemos	leamos	vivamos
cantéis	leáis	viváis
canten → **¡canten!**	lean → **¡lean!**	vivan → **¡vivan!**
(sing!)	*(read!)*	*(live!)*

To make these commands negative, place **no** before the verb: **no cante Ud., no traigan Uds.**

Remember that object pronouns follow and are attached to an affirmative command; they precede the verb in a negative command (see Sections 13 and 14):

Escúchele.   *Listen to him.*
No le escuche.   *Don't listen to him.*

Práctica   En (a) dé Ud. los mandatos afirmativos y en (b) los mandatos negativos de los verbos indicados.

(a) 1. preparar   5. recibir
    2. aprender   6. señalar
    3. escribirme   7. trabajar
    4. creer   8. escucharnos

(b) 1. no dejar   5. no llamar
    2. no vivir   6. no correr
    3. no abrirlas   7. no subir
    4. no ver   8. no romperlo

Polite commands of stem-changing verbs

Stem-changing verbs also retain the irregularities of the present subjunctive:

comenzar	volver	pedir
comience	vuelva	pida
comiences	vuelvas	pidas
comience → ¡comience! *(begin!)*	vuelva → ¡vuelva! *(return!)*	pida → ¡pida! *(ask! request!)*
comencemos	volvamos *Let's go*	pidamos
comencéis	volváis	pidáis
comiencen →¡comiencen! *(begin!)*	vuelvan →¡vuelvan! *(return!)*	pidan →¡pidan! *(ask! request!)*

NOTE: The spelling changes discussed on page 105 for the present subjunctive are also found in the polite commands: **sacar > saque Ud.; llegar > llegue Ud.; cruzar > cruce Ud.**

Práctica   Dé Ud. los mandatos de los siguientes verbos.

1. pensar   6. seguir
2. pagar   7. pedir
3. no perder   8. no empezar
4. no dormir   9. contar
5. despertar   10. servir

Lección Ocho

¿Cuándo vio Ud. al médico la última vez?

ESCENA DE VIDA

Un poco de **choteo**

El choteo, costumbre típica de Cuba, revela una actitud crítica: el hombre que chotea no toma en serio nada que generalmente se considera serio; el choteo a veces es ligero, otras veces es sarcástico. *Hace burlas del* gobierno, del *ejército*, de la universidad . . . , de todo. Es una reacción contra toda autoridad, y expresión de la ingeniosidad de algunos hispanos. El choteo es popular porque se basa casi siempre en la *gracia*. Ejemplo de choteo ligero y *sano:*

ROBERTO —No te puedes imaginar cómo me duele el brazo . . . , *desde* los *dedos* hasta el *hombro*. ¡*Demonios!* Voy a llamar a mi médico.

TOMÁS —¡Baaah! El médico te va a decir que tomes una aspirina.

ROBERTO —¡No! ¡No hables de lo que no sabes! *Bien puede ser* algo serio.

TOMÁS —Llama y *dile* tus síntomas. Pero, ¿no acabas de verle? El lunes fue, ¿no?

ROBERTO —No, esta semana fue el martes; *la otra* fue el lunes.

TOMÁS —¡Hombre! ¿Dónde te han enseñado a *ponerte* enfermo?

ROBERTO —*No me tomes el pelo.* No pasé un solo día bueno la semana pasada, . . . con mi *pierna* y *rodilla.* . .

TOMÁS —¡Estás gastando un *dineral* en médicos y medicinas!

Margin glosses:
- wisecracking
- He makes fun of
- army
- wit
- healthy
- from, fingers, shoulder
- Darn it!
- It may well be
- tell him
- the previous week
- to get
- Don't pull my leg.
- leg
- knee
- pile of money

ROBERTO	—No, no, no. ¡No hay tal!	Nothing of the sort!
TOMÁS	—Eres pesimista en todo. Empiezas cada frase con un «no», y ésta última, con tres.	
ROBERTO	—¡Vete a freír espárragos! ¡No me fastidies más con tus chistes y tu choteo infernal!	Go to the devil!, Don't bother me jokes
TOMÁS	—¿Ves? Otra vez el «no».	

Práctica   Preguntas personales.

1. Si alguien siempre hace burlas de cuestiones serias, ¿qué le diría Ud.?
2. Si una persona no ve nada bueno en nada, ¿qué nombre le daría Ud.?
3. Si un amigo nuestro está gastando demasiado dinero, ¿qué podría Ud. decirle?
4. ¿Qué expresión puede uno usar para decir a otra persona que no moleste más?
5. ¿Qué otra manera hay de decir «tomarle a uno el pelo»?
6. ¿Le gusta a Ud. discutir diferentes temas con sus amigos? ¿Qué temas?
7. ¿Hablan Uds. de ideas y opiniones o sólo de incidentes, anécdotas y chistes? Explique Ud.
8. ¿Es una conversación seria en realidad estimulante? ¿Por qué (no)?

VOCABULARIO UTIL

El cuerpo		La cabeza	
brazo	arm	boca	mouth
cabeza	head	cara	face
codo	elbow	cejas	eyebrows
cuello	neck	el diente	tooth
dedo	finger, toe	la frente	forehead
espalda	back	garganta	throat
estómago	stomach	labios	lips
la mano	hand	lengua	tongue
muñeca	wrist	mejilla	cheek
pecho	chest	la nariz	nose
el pie	foot	ojo	eye
pierna	leg	oreja	ear
rodilla	knee	pelo (cabello)	hair
tobillo	ankle	pestaña	eyelash

Práctica   **I.**   Dé Ud. el nombre de las partes indicadas.

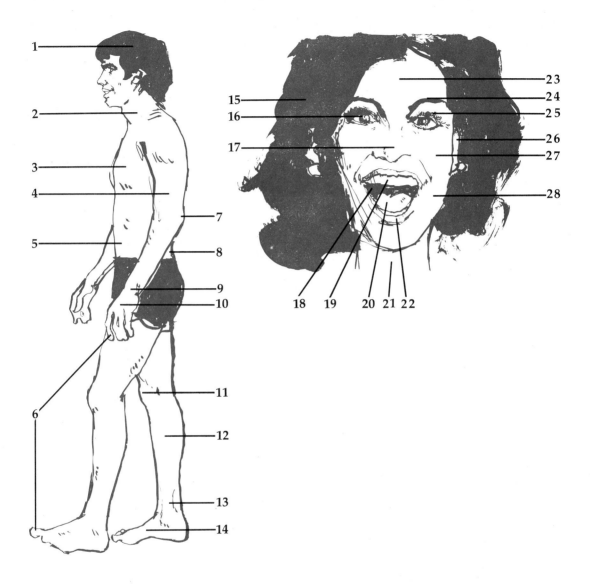

II.   Conteste Ud.

1. ¿Dónde lleva una señorita un arete, una pulsera, un collar y un anillo?
2. ¿Qué partes del cuerpo emplea Ud. cuando corre, escribe, come o nada?
3. ¿Con qué partes del cuerpo relaciona Ud. los cinco sentidos: ver, oír, gustar, tocar, oler?
4. ¿Qué sustantivos relaciona Ud. con las siguientes personas: el dentista, el barbero, el boxeador, el oculista y el futbolista?

29. Polite commands of irregular verbs

The polite commands of irregular verbs normally retain the irregularity of the present subjunctive:

dar: dé Ud., den Uds.	saber: sepa Ud., sepan Uds.
decir: diga Ud., digan Uds.	salir: salga Ud., salgan Uds.
hacer: haga Ud., hagan Uds.	ser: sea Ud., sean Uds.
ir: vaya Ud., vayan Uds.	tener: tenga Ud., tengan Uds.
oír: oiga Ud., oigan Uds.	traer: traiga Ud., traigan Uds.
poner: ponga Ud., pongan Uds.	venir: venga Ud., vengan Uds.

Práctica I. Invente Ud. un mandato, con los sujetos Ud. y Uds., en relación con los siguientes verbos.

1. decir 5. salir
2. hacer 6. tener
3. ir 7. traer
4. poner 8. venir

II. ¿Qué orden (petición) expresaría Ud. en las siguientes situaciones? Use Ud. siempre un mandato.

1. Una persona impertinente viene a mi oficina. Yo no quiero verle más, y le digo: _____.
2. Deseamos comer pescado esta noche; voy a la pescadería y me dirijo al pescadero: _____.
3. Si una persona no presta atención a sus explicaciones, Ud. puede decirle: _____.
4. Ud. le pide al profesor una explicación oral de un problema gramatical: _____.
5. Un señor entra con un paraguas. Ud. le indica el lugar donde debe ponerlo: _____.
6. Un pobre hombre que está en la calle extiende la mano y me dice: _____.
7. Un empleado mío y yo vamos a la oficina y, como él no sabe que probablemente va a llover, le digo: _____.
8. Hace media hora que estoy en un restaurante, pero el camarero no ha venido a mi mesa todavía. Llamo al camarero y le digo: _____.

30. Familiar commands

A. Affirmative familiar commands

These commands are formed by adding **-a, -ad** to the stem of **-ar** verbs; **-e, -ed** to the stem of **-er** verbs; and **-e, -id** to the stem of **-ir** verbs. These are the only commands that are not derived from the present subjunctive:

hablar	comer	escribir
habla (tú)	come (tú)	escribe (tú)
hablad[1] (vosotros)	comed[1] (vosotros)	escribid[1] (vosotros)

The following verbs have an irregular familiar command in the singular:

| decir: **di** | ir: **ve** | salir: **sal** | tener: **ten** |
| hacer: **haz** | poner: **pon** | ser: **sé** | venir: **ven** |

NOTE: The affirmative familiar forms are all regular in the plural: **haced, salid,** etc.

---

[1]Remember that in Spanish America the usual familiar plural commands are **hablen Uds., coman Uds., escriban Uds.**

B. Negative familiar commands

These forms are the same as the second persons, singular and plural, of the present subjunctive. Important: They must be preceded by **no,** and if any subject pronouns are used, they must be **tú** or **vosotros:**

PRESENT SUBJUNCTIVE	NEGATIVE FAMILIAR COMMANDS
salga salgas ⟶ salga	¡no salgas (tú)! *don't go out!*
salgamos salgáis ⟶ salgan	¡no salgáis! *don't go out!*

Object pronouns follow and are attached to an affirmative command. If the command is negative, they go immediately before the verb (see Sections 13 and 14):

Llámale ahora.   *Call him now.*
No le llames ahora.   *Don't call him now.*
Ponlo ahí.   *Put it there.*
No lo pongas ahí.   *Don't put it there.*

Práctica   I.   Cambie Ud. a la forma familiar, según el modelo.

Modelo: Tráigame las cartas.
Tráeme las cartas.

1. Vuelva Ud. mañana.
2. Ponga Ud. su nombre aquí.
3. Díganme Uds. la verdad.
4. Escríbame Ud. en español.
5. Venda Ud. su coche.
6. Háblele Ud. al vecino.
7. Invítenme Uds. a tomar una cerveza.
8. Prepare Ud. un buen plato de pescado.

II.   Cambie Ud. a la forma negativa.

Modelo: Vende tu bicicleta.
No vendas tu bicicleta.

1. Ven temprano.
2. Sal de ahí.
3. Comed más.
4. Ve a casa.
5. Llama a tu vecino.
6. Pon el jarro ahí.
7. Terminad eso.
8. Trae (tú) las flores.

III. Emplee Ud. un mandato familiar en las siguientes situaciones.

Modelo: Tell someone *not to come* too late.
¡No vengas demasiado tarde!

1. Tell someone *to bring you* a sandwich.
2. Ask two friends *to come to your house* at four.
3. Ask another person *not to speak* during the movie.
4. Order someone *to close* all the doors and windows.
5. Tell a boy *to eat* and *not to say anything*.
6. Ask a fellow *to pay you*.
7. Ask another person *to tell you* where Mr. . . . lives.
8. Tell your brothers *to go* to the supermarket and *buy* ham, olive oil, and wine.

BOCETO CULTURAL
El mundo de las órdenes y prohibiciones

Teniendo apenas un año, oímos un ¡No!, al principio
muy *azucarado:* —¡Pero, niño, no se meta usted el dedo en · · · · · · sugary
la boca!— *A los dos años,* desaparece la *delicadeza,* y · · · · · When . . . old, delicate touch
alguien nos dice: —¡*Cállate,* niño!— · · · · · · · · · · · · · · Be quiet

A los cinco, escuchamos: —¡Levántate, muchacho
(muchacha)! ¡Tienes que ir a la escuela! ¡*Anda!*— · · · · · · · Get going!

A los doce nuestro primer *patrón* no nos habla · · · · · · · · boss
sino que nos grita: —Muchacho, ¡limpia las vitrinas! · · · · · · but
¡No lleves ese paquete al correo, *sino* el otro, el grande!— · · · but

En el ejército un sargento *se dirige a* nosotros así: · · · · · · addresses
—¡Atención. . . fír!— Y *nos ponemos firmes.* —A la · · · · · · we stand at attention
de . . . ré!— Y nos volvemos a la derecha. —De frente. . .
már!— Y marchamos entonces con ritmo marcial y ruido
de zapatos.

Más tarde, nuestro jefe nos da órdenes *más suaves* · · · · · · milder
usando el plural: «Hagamos esto», «Escribamos esto»,
«Sentémonos aquí», pero en realidad *quiere decir:* «Haga · · · · he means
Ud. . . . », «Escriba Ud. . . . » y «Siéntese Ud. . . . »

En nuestra vida pública también sentimos el *peso* · · · · · · · weight
de órdenes y prohibiciones.

ANUNCIOS PUBLICOS

Órdenes

1. Tome Ud. su derecha

2. ¡Salida *de urgencia!*   emergency

3. Parada del autobús
   Obligatorio *hacer cola*

4. Guarde Ud. silencio   to form (a) line)

5. *Apague* las luces
   para conservar energía

6. Cerrado al tráfico
   En obras   Turn off   Men working

Prohibiciones

1. Absolutamente prohibido
   fijar carteles
   0
   pintar en *murallas*

2. Prohibido
   el *estacionamiento*
   entre
   7:00–9:00; 16:00–20:00   to post signs, parking   walls

3. Prohibido *fumar*

4. Prohibida la entrada

5. No cortar flores
   Primera *multa*: $100²

6. Prohibido entrar en
   la *fuente*   fine, fountain

---

²$ significa peso, la unidad monetaria de algunos países hispánicos: la Argentina, Bolivia, Cuba, la República Dominicana, México y el Uruguay.

Práctica   **I.**   Preguntas personales.

1. ¿Cree Ud. que hoy día los padres no saben decir ¡No!? Explique.
2. Dicen que no se debe decir ¡No! a los niños constantemente, porque esta prohibición afecta su personalidad. ¿Es esto verdad o no? Explique.
3. ¿Cuáles son los mandatos más comunes que uno oye en la clase de español?
4. ¿A quiénes da Ud. órdenes?
5. ¿Qué órdenes da Ud.?

II.   Exprese Ud. un mandato y dé Ud. también una razón, comenzando con la palabra «porque».

Modelo: cortar
No corte flores porque está prohibido.

1. tomar la derecha
2. esperar el autobús
3. fijar carteles
4. no fumar
5. guardar silencio
6. prohibir la entrada

COMENTARIO GRAMATICAL

31.   Indirect commands

A. The third person commands which are introduced in English by *let him, let her,* and *let them* come from the third person singular and plural of the present subjunctive in Spanish. They are always preceded by **que:**

PRESENT SUBJUNCTIVE	THIRD PERSON COMMANDS	NEGATIVE THIRD PERSON COMMANDS
escriba escribas escriba ⟶	¡que él (ella) lo escriba! *let him (her) write it!*	¡que él (ella) no lo escriba! *don't let him (her) write it!*
escribamos escribáis escriban ⟶	¡que ellos (ellas) me escriban! *let them write me!*	¡que ellos (ellas) no me escriban! *don't let them write me!*

Observe that the object pronouns precede indirect commands.

B. The English *let us* command is expressed in Spanish by the first person plural of the present subjunctive. Observe that **que** is not required and that the object pronouns follow the rules of placement for all direct commands (see Sections 13 and 14):

Escribamos una carta al presidente.   *Let's write a letter to the president.*

No salgamos hasta las ocho.   *Let's not go out until eight o'clock.*

Hagámoslo.   *Let us do it.*

No lo hagamos.   *Let us not do it.*

Stem-changing verbs also retain the irregularity of the present subjunctive. Pay particular attention to the following verbs:

durmamos	*let us sleep*	sintamos	*let us feel*
pidamos	*let us request*	sirvamos	*let us serve*
sigamos	*let us continue (+ gerund)*		

Práctica   **I.**   Use Ud. el mandato de tercera persona.

(a) él, ella

Modelo: entrar en mi oficina
Que él (ella) entre en mi oficina.

1. decir su edad
2. no hacer burlas de cuestiones serias
3. salir a tiempo
4. venir sin cambiar de ropa
5. hacer un pequeño esfuerzo

(b) ellos, ellas

Modelo: venir a visitarnos
Que ellos (ellas) vengan a visitarnos.

1. dormir en el suelo
2. no pedir favores
3. traer el postre
4. no poner los pies en la mesa
5. limpiar las ventanas

II.   Use Ud. el mandato de primera persona plural.

Modelo: vender/casa
Vendamos la casa.

1. aprender/modismos
2. traer/paquete
3. decir/chiste
4. ser/prudentes
5. contestar/anuncio
6. poner/telegrama
7. cerrar/panadería
8. tener/cuidado
9. seguir/estudiando
10. salir/en seguida

32.   Three translations for but: *pero, sino, sino que*

All the Spanish translations of *but* introduce either a negation or a contradiction of what was said before. The typical sentence containing *but* has two parts:

Tiene dinero/**pero** no lo gasta.   *He has money/but he does not spend it.*

No quiere leer/**sino** jugar al billar.   *He does not want to read/but to play billiards.*

No le dio explicaciones/**sino que** se calló.
He did not give him any explanations/but (instead) he kept quiet.

Observe that the first example begins with an affirmative statement while the other two (employing **sino** and **sino que**) begin with a negation. Note also that the second example is the only one whose second part (**jugar al billar**) is an incomplete thought.

Here are four basic guidelines to determine which is the correct translation for *but:*

1. Always use **pero** if the first statement is affirmative:
    Él estudia, pero no aprende.   *He studies but he does not learn.*

2. Use **pero** if the first statement is negative and *but* is intended to mean *however:*
    No tengo el dinero, **pero** voy a comprarlo.
    I don't have the money, but (however) I am going to buy it.

3. Use **sino** if the second statement is an incomplete thought, i.e., an infinitive or a subject without a verb:
    Juanito no quiere estudiar **sino** leer.   *Johnny does not want to study, but read.*

    No prefiero a Picasso **sino** a Dalí.   *I don't prefer Picasso, but Dalí.*

4. Use **sino que** if the first statement is negative and *but* is intended to mean *instead* or *on the contrary.* The statement introduced by **sino que** is a clause and not an incomplete thought:
    Eso no va a ser barato, **sino que** costará un dineral.
    That is not going to be cheap, but (on the contrary) it will cost a pile of money.

There are many instances in which both **pero** *(however)* and **sino que** *(instead)* are possible. In such cases the speaker must choose the proper expression in accordance with what he means. Observe:

    No le escribió, **pero (sino que)** le envió flores.
    He did not write to her, however (on the contrary) he sent her flowers.
    No voy a vender la casa **pero (sino que)** voy a alquilarla.
    I am not going to sell the house, however (instead) I am going to rent it.

SUMMARY:
1. If the first statement is affirmative, use **pero**;
2. If the first statement is negative and *but* means *however,* use **pero**;
3. If the second statement is an incomplete thought, use **sino**;
4. If the first statement is negative and *but* means *instead,* use **sino que.**

Práctica *¿Pero, sino o sino que?*

1. No me gusta tomar leche _____ café.
2. No saldremos de paseo _____ estudiaremos en casa.
3. No me escriba Ud. en inglés _____ en español.
4. No tengo mucho tiempo, _____ le acompañaré un rato.
5. Gaste Ud. su dinero, _____ no venga Ud. a pedirme ayuda después.
6. No soy muy rico, _____ voy a prestarle cien dólares.
7. No nos dijo la verdad _____ nos contó una serie de increíbles aventuras.

SINO 8. No vino Rafael _____ su hermana.
PERO 9. Vio el anuncio, _____ no le prestó atención.
SINO 10. No quiere estudiar _____ tocar el piano.
PERO 11. No soy un genio, _____ haré un gran esfuerzo.
PERO 12. No me gusta su actitud, _____ no le diré nada.
SINO QUE 13. No escuchó mis consejos _____ salió corriendo a la calle.
PERO 14. Es muy trabajador, _____ poco inteligente.
SINO 15. No le recomiendo que vaya a pie _____ en bicicleta.

WORD DISCRIMINATION

1. El orden, la orden

The masculine noun has two meanings: *arrangement* and *organization* or
system:

> No cambie Ud. el orden de las palabras.   *Don't change the order of
> words.*
> En esta oficina no hay orden.   *In this office there is no system.*

Stock expression: **mantener el orden público**   *to maintain the public order*

The feminine noun is used to mean either *command* or *religious order:*

> Obedezca las órdenes de su jefe.   *Obey your boss's orders.*
> Éste es el edificio de la Orden Franciscana.   *This is the home of the
> Franciscan Order.*

Stock expression: **a sus órdenes**   *at your service*

2. Escuela

This noun has a restricted sense in Spanish, since it usually refers to either a
primary school or an institution in which special courses are taught:

> ¡Vete a la escuela   *Go to school!*
> Está en la Escuela Militar (Escuela de Comercio, de Periodismo, etc.).
> *He is in the Military School (School of Commerce, of Journalism, etc.).*

If school is meant as college or university, it cannot be translated as **escuela:**

> No puedo ir a la universidad este año.   *I cannot go to school this year.*

3. Dirigirse

This verb has three common meanings: *to go; to address people; to consult:*

> Me dirigí al correo.   *I went to (walked toward) the post office.*
> Se dirigió a los presentes.   *He addressed (talked to) those present.*
> Diríjase al jefe.   *Consult (See, Refer it to) the boss.*

NOTE: **Dirigirse** always requires **a.**

Práctica   Complete Ud. con las palabras más apropiadas.

1. La función de la policía es _____ .
2. Cuando yo era niño estudié en una excelente _____ primaria.
3. En el mundo colonial, la religión estaba en manos de _____ .
4. Para estudiar periodismo es necesario asistir a una _____ .
5. En español y en inglés no es siempre posible cambiar _____ de las palabras.
6. Esos cadetes estudian en _____ .
7. El capitán dio inmediatamente _____ de comenzar la marcha.
8. Si Ud. quiere presentar una protesta, haga el favor de _____ al presidente de la compañía.

LECTURA Y DISCUSIÓN

En un hospital norteamericano

Cuando un europeo va al hospital, se dice que «*ingresó* en él». Aquí dicen que fue *admitido*, y ésta no es una *leve* diferencia conceptual, porque *conseguir* el *ingreso* es un triunfo. Chistes y «skits» en la televisión han mostrado la escena, trágica y cómica *a la vez*, del *herido* cuyos esfuerzos por recibir atención médica *chocan* con la *barrera* fría e impersonal de una *enfermera*-secretaria. Ésta hace una serie de preguntas para *asegurarse* de que el paciente—quien se está *retorciendo* de dolor—será *capaz* de pagar la cuenta que le presentarán luego.

he entered
admitted, slight
to obtain, admission

at the same time, injured person
clash
barrier, nurse
make sure
writhing, able

Mi experiencia personal, si no tan dramática, fue algo parecido. *Estando de* profesor en la Universidad de Tejas, en Austin, sufrí una *caída* de caballo, y ya en el suelo, el animal me dio una *coz* en al pecho. *Acudí* al hospital.

When I was (a)
fall
kick, I rushed

—*Quisiera* ver a un médico— dije. —He sufrido un accidente.

I should like

Tomaron nombre, nacionalidad, profesión, *dirección*. Luego. . .

address

—¿Quién le *manda?*   sent

—No me manda nadie. He venido *impulsado* por el   moved
dolor, como diría un romántico.

—Quiero decir, ¿quién es su *médico de cabecera?*   family doctor

—No lo tengo. Acabo de llegar a esta ciudad. He
sufrido una caída y. . .

Si no le manda a usted su médico no podemos
tratarle. . .

—¿No puedo ver a un médico?

—No hay.

Miré *alrededor. Pasillos*, gente de *bata* blanca, más   around, corridors, uniform
pasillos. El local era gigantesco.

—¿No hay médicos en el hospital?

—No, señor.

—¿Y qué hace el herido?

—Pasa a la sala de urgencia. Pero usted no puede ser
atendido allí.   treated

—¿Por qué?

—Porque lo suyo no es urgente.

—Un caballo me ha dado una coz en el pecho. Siento
un dolor profundo. ¿Es eso urgente?

Se consultaron entre *cuchicheos*. Alguien mencionó   whispers
que yo era profesor de la universidad, y eso pareció abrir
una *brecha* en la muralla.   crack

—Le llevaremos a la sala de «emergencias». Siéntese
en esta *silla de ruedas*.   wheelchair

—Puedo caminar. He venido andando desde el
coche. . .

—¡Siéntese le digo!

Tuve que sentarme en la silla y ser transportado; era la
única forma de que un médico me viera.

FUENTERRABIA

OPTICAS   Lentes de
JAVIER   Contacto

San Pedro, 12 Tel. 64 37 75

IRUN

Práctica   **I.**   Reconstruya Ud. la conversación entre la enfermera y el herido.

YO	ENFERMERA
1. —Quisiera _____.	
2.	—¿Quién _____?
3. —No me manda nadie. He venido impulsado _____.	
4.	—Quiero decir, ¿quién _____?
5. —No lo tengo. Acabo de _____.	
6.	—Si no le manda a usted _____.
7. —Si no puede ver a un médico, ¿qué hace un _____?	
8.	—Pasa a _____. Siéntese en esta _____.
9. —Puedo caminar. He venido _____.	
10.	—¡_____ le digo!

II.   Conteste Ud.

1. ¿Cómo transportan a los heridos en un hospital?
2. ¿Cómo se llama la sala donde examinan a los casos urgentes?
3. ¿Por qué es necesario, muchas veces, contestar una serie de preguntas antes de ser admitido en el hospital?
4. ¿Qué es un médico de cabecera?
5. ¿Qué ropa especial llevan los empleados de un hospital?
6. ¿Cuáles son algunos de los datos que piden cuando uno entra en un hospital?
7. Si Ud. tiene un accidente andando a caballo, ¿qué debe hacer?
8. ¿Qué vemos en un hospital?

COMENTARIO Y TRADUCCIÓN

I.   Invente Ud. un cuento, o presente Ud. una anécdota personal a la clase, refiriéndose a los siguientes puntos.

1. en el hospital—su operación o accidente (dónde y cuándo)
2. la parte del cuerpo que le dolía
3. el hospital—nombre, lugar
4. ¿cuántos días pasó ahí?
5. gente del hospital

II.   Exprese Ud. en español.

1. There are many signs in the post office.
2. Don't tell him that joke.
3. He left her a pile of money.

4. Let Henry do it tomorrow.
5. John, don't go out yet.
6. Let's send the two packages to them.
7. My teeth are hurting.
8. Don't bother me with details.

APRENDIENDO PALABRAS NUEVAS

Some verbs can be transformed into nouns by replacing their infinitive endings with **-ada** (**-ar** verbs) or **-ida** (**-er** and **-ir** verbs). For example, **comer —comida** mean *to eat* and *meal,* respectively. What do the following verbs and nouns mean?

1. beber–bebida
2. caer–caída
3. entrar–entrada
4. ir–ida
5. llamar–llamada
6. llegar–llegada
7. mirar–mirada
8. parar–parada
9. salir–salida
10. subir–subida

VOCABULARIO ACTIVO

ADJETIVOS

crítico, -a / *critical*
sano, -a / *healthy*
típico, -a / *typical*

MODISMOS

al principio / *at first*
¡anda! / *get going!*
hacer burlas de / *to make fun of*
tomar en serio / *to take seriously*
tomarle a uno el pelo / *to pull someone's leg*

SUSTANTIVOS

la **actitud** / *attitude*
anuncio / *sign*
boca / *mouth*
correo / *post office*
la **costumbre** / *custom*
el **chiste** / *joke*
dedo / *finger, toe*
el **dineral** / *pile of money*
ejército / *army*

gracia / *wit, charm*
hombro / *shoulder*
el **jefe** / *boss*
medicina / *medicine*
médico, -a / *doctor*
el **paquete** / *package*
peso / *weight, burden*
pierna / *leg*
rodilla / *knee*

PREPOSICIÓN

desde / *from; since*

VERBOS

callarse / *to be quiet*
desaparecer / *to disappear*
dirigirse a / *to address (somebody); to go to*
dolerle (ue) a uno / *to hurt, pain*
fastidiar / *to bother*
gritar / *to shout*
limpiar / *to clean*
revelar / *to reveal*

LESSON NINE / Review Exercises

Subjunctive in perfect tenses

PRESENT PERFECT	PLUPERFECT
haya venido	hubiera venido
hayas venido	hubieras venido
haya venido	hubiera venido
hayamos venido	hubiéramos venido
hayáis venido	hubierais venido
hayan venido	hubieran venido

Temo que él no haya terminado.   *I fear that he has not finished.*
Sentí mucho que no lo hubiera recibido.   *I regretted very much that
he had not received it.*

The auxiliary **haber** is irregular in both tenses, and in the pluperfect subjunctive it has the same stem as the third person plural of the preterite. Remember that the **-se** ending (**hubiese, hubieses,** etc.) may also be used.

Práctica   Complete Ud. con la forma apropiada de **haber.**

Me alegro de que
{
1. tú
2. Juan
3. ellas
4. Ud.
}
llegado temprano.

Ellos sentirán que
{
5. nosotros
6. yo
7. tú
8. vosotros
}
hecho todo el trabajo.

Yo temía que
{
9. él no
10. Ud. no
11. tú no
12. ellos no
}
salido a tiempo.

Esperábamos que
{
13. Alfredo lo
14. los dos lo
15. tú lo
16. vosotros lo
}
terminado.

Subjunctive in progressive forms

PRESENT PROGRESSIVE	PAST PROGRESSIVE
esté trabajando	estuviera trabajando
estés trabajando	estuvieras trabajando
esté trabajando	estuviera trabajando
estemos trabajando	estuviéramos trabajando
estéis trabajando	estuvierais trabajando
estén trabajando	estuvieran trabajando

Dudo que él esté trabajando.   *I doubt that he is working.*
Me alegré mucho de que Ud. estuviera esperándola.
I was very glad that you stood there waiting for her.

In the past progressive, the **-se** ending (**estuviese, estuvieses,** etc.) may also be used.

Práctica   Complete Ud. con la forma apropiada de **estar.**

Espero que
1. ellos
2. mi padre
3. tú
4. Elena
} haciéndolo ahora mismo.

Ellos temen que
5. nosotros
6. yo
7. tú
8. Alberto
} copiando todos los documentos.

Nosotros no creíamos que
9. los empleados
10. vosotros
11. Uds.
12. ella
} conversando durante las horas de trabajo.

No creía que
13. ellos
14. Ud.
15. tú
16. el alumno
} hablando mal de mí.

Lección Nueve

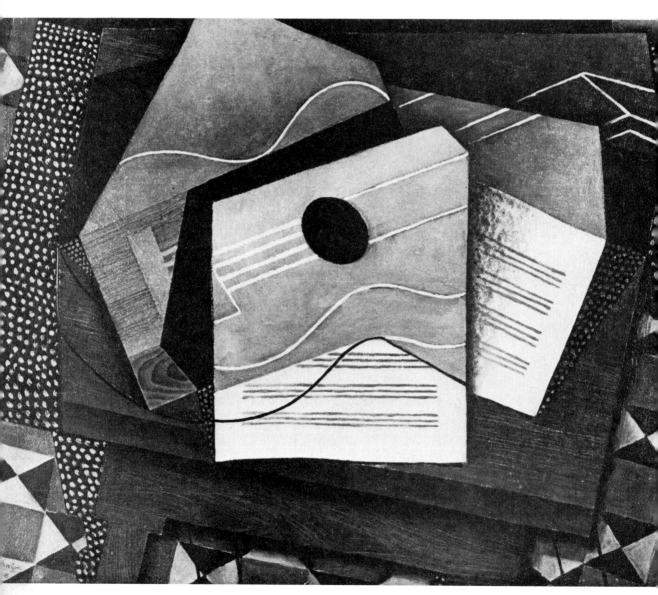

Juan Gris, *Naturaleza muerta con guitarra*, 1915.

ESCENA DE VIDA

Mirando un cuadro de Juan Gris[1]

Luisa	*¡Qué barbaridad! ¡Ojalá* pudieras explicarme «eso»!	How atrocious!, I wish
Juana	¿Es posible que *no te hayas enterado?* Es un hermoso cuadro cubista de Juan Gris.	you did not get the point
Luisa	*¿Cómo que* hermoso? Es un *montón* de cosas incompletas: líneas *rectas*, curvas, triángulos, pedazos de todo y mucho de nada.	What do you mean, pile straight
Juana	¡Qué exagerada eres! Si *hicieras uso de* la imaginación, descubrirías que contiene cosas bellas.	you used
Luisa	*¡Quién pudiera* verlas!	If I could only
Juana	Tú no has aprendido a apreciar un cuadro cubista. Mira. El artista ha creado nuevas formas tomando partes de la realidad y organizándolas dentro de nuevas estructuras.	
Luisa	*Quisiera* entender eso. ¿No es posible que Juan Gris *haya visto* todo eso en una *pesadilla?*	I would like saw, nightmare
Juana	*Fíjate:* la obra de Gris es un *intento* de recrear el mundo. Él y los otros cubistas creían que era necesario *deshacer*, sintetizar y reconstituir las cosas.	Open your eyes, attempt take apart (undo)
Luisa	¿Por qué deshacer las cosas? Son hermosas *tales como son.*	just as they are
Juana	Sí, algunas lo son. Pero Gris deseaba que, con sus distorsiones, las cosas fueran más significativas.	
Luisa	¿Cómo más significativas?	
Juana	*Tú no te das cuenta de* algo muy importante: esto es hermoso porque contiene *juegos de colores*, intersecciones de planos y formas, tensiones de fuerzas. . . El arte debe destruir para crear nuevas imágenes del mundo.	You do not realize color harmonies
Luisa	¡Hablas como un anarquista!	
Juana	Mira, estamos discutiendo una obra de arte, y no cuestiones políticas.	

---

[1]Juan Gris (1887–1927) fue un famoso pintor cubista español.

Práctica   ¿Cuáles de las siguientes suposiciones le parecen a Ud. más aceptables?

1. El pintor cubista quería destruir la realidad porque:
   a. Para el pintor cubista, representar lo que ya existe no es crear.
   b. El pintor, como otros artistas, es un revolucionario.

2. La pintura muchas veces no representa objetos reales porque:
   a. El mundo real es demasiado vasto y complejo.
   b. El artista ha descubierto una nueva belleza no vista antes por nadie.

3. La pintura moderna busca «inventar», y no simplemente «reproducir» porque:
   a. El arte debe ser siempre una creación.
   b. Es más fácil pintar sin seguir un modelo.

4. Algunos pintores creen que sus obras deben incluir cosas incompletas porque:
   a. Las cosas nunca son iguales a los ojos de dos observadores diferentes.
   b. No es necesario tener objetos completos para ver qué es esencial en ellos.

5. El cubismo da una visión múltiple de las cosas porque:
   a. A los artistas no les gusta dejar espacios en blanco.
   b. Así se pueden ver varios aspectos de un objeto al mismo tiempo.

VOCABULARIO ÚTIL

acuarela   cuadro hecho con pintura soluble en agua *water color*
boceto   proyecto de pintura hecho con sólo las líneas y colores esenciales *sketch*
caricatura   retrato deformado de una persona hecho sólo con líneas *cartoon*
dibujo   representación de algo por medio de líneas
escultura   trabajo artístico hecho en piedra, metal o madera
miniatura   pintura minúscula, generalmente en colores
el **mural**   cuadro de tamaño mayor hecho en una pared *wall*
naturaleza muerta   pintura de frutas, flores y otros objetos del comedor *still life*
óleo   cuadro hecho con pinturas solubles en aceite *oil paintings*
el **paisaje**   representación artística de varios aspectos de la naturaleza *landscape*
retrato   pintura que representa la figura de una persona *portrait*
tallado en madera   representación de cosas o personas hecha en madera *wood carving*

Práctica　　　Complete Ud. con la palabra apropiada.

1. En algunas ciudades norteamericanas hay grandes obras pictóricas en las paredes de los edificios. Son _____.
2. Antes de pintar un cuadro, un artista generalmente hace un _____ preliminar con lápiz.
3. La *Mona Lisa* es un _____ famoso de una bella dama misteriosa.
4. Muchos libros antiguos contienen pinturas minúsculas en los márgenes de las páginas. Se llaman _____.
5. Los dibujos que aparecen en los periódicos con frecuencia son _____ de personas famosas.
6. Una obra artística que tiene tres dimensiones se llama una _____.
7. Un cuadro que representa flores, frutas y objetos del comedor es una _____.
8. Conozco a un artista que sabe interpretar la naturaleza. Sus _____ son muy admirados.

COMENTARIO GRAMATICAL

33. Subjunctive in perfect tenses

You have learned two sequences of tenses with the subjunctive called the present sequence and the past sequence. While numerous combinations of perfect tenses with the subjunctive are possible, for practical purposes, concentrate only on the following:

MAIN CLAUSE	DEPENDENT CLAUSE
Present indicative	{ Present perfect subjunctive { Pluperfect subjunctive
Preterite } Imperfect }	Pluperfect subjunctive

Nos alegramos de que lo hayan hecho.　　*We're glad they have done it.*
No creo que lo hubiera escrito él.　　*I don't think he would have written it.*
Dudaba (Dudé) que hubiera creado esa obra de arte.
　　I doubted that he had created that work of art.

In Section 18 it was stated that the present perfect substitutes for the preterite when the action of the verb is still felt in the present:

Mi padre **murió** ayer. > Mi padre **ha muerto** ayer.
My father died yesterday.

The present perfect subjunctive may be used instead of the imperfect subjunctive for the same reason:

No creo que **tuviese** tiempo. > No creo que **haya tenido** tiempo.
I do not believe he had time.
Siento mucho que su hermana **muriese** el lunes pasado. >
Siento mucho que su hermana **haya muerto** el lunes pasado.
I am very sorry that his sister died last Monday.

Práctica   **I.**   Cambie Ud. según los modelos.

(a) Modelo: Espero que venga.
Espero que **haya venido.**

1. No creo que esté aquí.   *haya estado*
2. Temo que no salgan.   *hayan salido*
3. Sienten que vayamos.   *hayamos ido*
4. Nos alegramos de que se lo digas.   *se lo hayas dicho*
5. Dudo que les escriba.   *les haya escrito*
6. Es una lástima que no lo haga Ud.   *lo haya hecho*

(b) Modelo: Dudaba que Alberto lo hiciera.
Dudaba que Alberto lo **hubiera hecho.**

1. Sentíamos que no vinieras.   *hubieras venido*
2. ¿No creían que ese pasajero trajera dos maletas?   *hubiera traído*
3. Me alegré de que pusierais el dinero en el banco.   *hubierais puesto*
4. El general temía que el segundo ejército no llegara a tiempo.   *hub*
5. Parecía mentira que lo pensaras.   *lo hubieras pensado*
6. Buscábamos un señor que fuera piloto.   *hubiera sido*

II.   Exprese Ud. las ideas mencionadas en relación con las oraciones entre paréntesis.

Modelo: (temor) Ella ha salido sola.
Él teme (Yo temo, etc.) que ella haya salido sola.

1. (duda) Ese señor sabe pintar.   *Yo dudo que ese señor sepa pintar*
2. (alegría) Ud. va a Europa este verano.   *Me alegro que Ud. vaya*
3. (esperanza) Uds. tienen éxito en sus estudios.
4. (sentimiento) Los almacenes están cerrados.
5. (lástima) Ellos deshacen el paquete.
6. (temor) Esa jarra no contiene un litro.

34. Other uses of the subjunctive

A. The verbs **deber** and **querer** may be used with the **-ra** endings of the imperfect subjunctive when a more polite tone is desired. These forms replace both the conditional **debería, querría** and the present **debo, quiero:**

Ud. debiera ser más atento con sus compañeras.
You ought to (should) be more courteous with your friends.
Quisiéramos decírselo ahora mismo.　*We should (would) like to tell him right now.*

NOTE: Observe the following idiomatic use of **pudiera** with **quién:**

¡Quién pudiera escribir!　*If I could only write!*

B. The subjunctive is used after the word **ojalá,**[2] with or without **que,** to express a wish. When the speaker refers to something he or she wishes would happen in the future, **ojalá** is followed by either the present or the imperfect subjunctive:

¡Ojalá (que) venga mañana!
¡Ojalá (que) viniera (viniese) mañana! } *I hope he comes tomorrow.*

If the speaker expresses a wish about an imagined event that did not take place, **ojalá** is followed by a compound subjunctive. This construction usually expresses either a disappointment or a disillusionment:

¡Ojalá (que) hubiera (hubiese) sido más cordial!
I wish he had been more cordial!
¡Ojalá (que) hubiera (hubiese) llegado a tiempo!
I wish he had arrived on time!

Práctica　**I.** Emplee Ud. **deber** o **querer** para expresar la idea en forma diplomática.

Modelo: leer
Quisiera leer las dos novelas.

1. invitarle (invitarla) a
2. conocer
3. ser presentado a
4. pasar el verano en
5. divertirme leyendo
6. explicar
7. expresar mi opinión sobre
8. saber los secretos de

---

[2] **¡Ojalá!** is derived from Arabic *in sha'llah,* Allah grant it.

II. Emplee Ud. ¡ojalá! con los verbos indicados según el modelo.

Modelo: ser
    (a) ¡Ojalá (que) Ud. sea (fuera) más diplomático!
    (b) ¡Ojalá (que) Ud. hubiera sido más diplomático!

1. venir   4. tener tiempo
2. decir   5. prestar dinero
3. traer   6. haberme escrito

BOCETO CULTURAL

Guernica[3]

Guernica es una gran composición en blanco, negro y gris, realizada en 1937 por Pablo Picasso.[4] La obra *mide* más de cuatro metros de alto, por más de nueve metros de largo.[5]
    measures

Al examinar este cuadro expresionista por primera vez, nos parece que las partes no están bien relacionadas. Si pensamos un momento, pronto nos damos cuenta de que tiene unidad temática. Si tuviéramos que dar un *título* a esta pintura, la llamaríamos «La noche siniestra de la inteligencia humana».
    title

A la izquierda aparece una madre a quien casi oímos gritar, mientras *sostiene* a su hijo muerto en sus brazos. *Más arriba* aparece un toro que simboliza la fuerza bruta.
    she holds
    Higher up

Hay una luz central que ilumina esta horrenda escena: es una miserable *bombilla* eléctrica, que ha reemplazado al sol. Debajo de ella *se destaca* la trágica figura de un caballo que *lanza* un *relincho de muerte*, a la vez que *pisotea* pedazos de cuerpos humanos y de animales.
    light bulb
    stands out
    lets out, deathly whinny, tramples

---

[3]Guernica es el pueblo, en el norte de España, que fue destruido por un bombardeo terrorista en 1937, durante la guerra civil española.
[4]Pablo Picasso (1881–1973) nació en Málaga y murió en Francia. Fue el pintor español más famoso del siglo xx.
[5]Un metro es igual a 39,37 pulgadas (*inches*), o 3,28 pies (*feet*).

Por una puerta vemos entrar un brazo que tiene la forma de una *ala*, y que trae una luz. Por la misma puerta entra también un extraño ser. Es muy posible que, con este símbolo, *haya querido* representar la razón. El visitante está angustiado con lo que ve, y permanece con la boca abierta, incapaz de pronunciar una palabra. Debajo de la cabeza, una mujer con una pierna rota *se arrastra* hacia la luz.

wing

he wanted

crawls

A la derecha, otra mujer cae al suelo, junto con un segmento de una columna. Mira hacia arriba, como si estuviera implorando la ayuda de Dios.

Si consideramos ahora el cuadro en su totalidad, vemos que presenta una de las más *aterradoras* visiones de la muerte y de la brutalidad humana que jamás se hayan pintado.

terrifying

Pablo Picasso, *Guernica*, 1937.

I. Conteste Ud.

1. *Guernica:* ¿Qué es? ¿Cuándo fue pintada? ¿Qué colores tiene? ¿Cuántos metros mide de alto y de largo? ¿Qué nos parece cuando examinamos el cuadro por primera vez?

2. *A la izquierda:* ¿Quién aparece ahí? ¿Dice algo ella? ¿A quién sostiene? ¿Qué aparece más arriba? ¿Qué simboliza?

3. *En el centro:* ¿Qué ilumina esta escena? ¿Qué ha reemplazado? ¿Se ve algo debajo de ella? ¿Qué lanza? ¿Dónde hay pedazos de cuerpos humanos?

4. *A la derecha:* ¿Quién puede ser el extraño ser que vemos a la derecha? ¿Qué hace la mujer que tiene la pierna rota? ¿Dónde cae otra mujer? ¿Adónde mira? ¿Por qué?

II. Preguntas interpretativas.

1. ¿Dónde aparece una mano con una luz? ¿Qué puede simbolizar?
2. ¿Indican los pies de los hombres que éstos son gentes de la ciudad o del campo? ¿Por qué?
3. ¿Cree Ud. que el «desorden» del cuadro es intencional? ¿Por qué?
4. En el cuadro aparecen un caballo y un toro. ¿Por qué estos animales y no una máquina?
5. En la pintura hay muchos ángulos y triángulos. ¿Qué impresión le producen a Ud.?
6. ¿Cómo deforma Picasso la cara de las figuras humanas?
7. En la organización total del cuadro, ¿hay un gran triángulo y dos grandes rectángulos?
8. ¿Por qué cree Ud. que no pintó Picasso esta escena en colores?
9. En su opinión, ¿por qué pintó Picasso este cuadro?
10. ¿Cree Ud. que *Guernica* expresa una idea central? Explique Ud.

COMENTARIO GRAMATICAL

35. Conditional statements with an indicative tense

There are two kinds of conditional statements (or *if*-clauses) that require the indicative.

A. Simple conditions. If a given condition is fulfilled, a result follows automatically:

> Si viene, no le hablo.　　*If he comes, I don't talk to him.*
> Si venía a vernos, era para pedirnos dinero.
> 　　*If he came to see us, it was to borrow money (from us).*

Observe that in both sentences one could insert the words *whenever* or *every time.*

B. Probable future condition. If the idea of great probability (bordering on certainty) is implied, the indicative is used:

> Si viene Luis mañana, le doy (daré) el dinero.
> *If Louis comes tomorrow, I will give him the money.*
> Si Teresa necesita más azúcar, ¿por qué no se lo compra Ud.?
> *If Teresa needs more sugar, why don't you buy it for her?*

In these sentences, the speaker implies that Luis is most likely coming, and that Teresa will most likely need the sugar.

Práctica   **I.** Exprese Ud. una relación automática.

> (a) Modelo: Si no (estudiar), (recibir) malas notas.
>   Si no **estudias, recibes (recibirás)** malas notas.

1. Si (no trabajar), (no comer).
2. Si (comer) demasiado, (tener) un dolor de estómago.
3. Si (llamar) por teléfono, (no contestar).
4. Si (ver) esa película, (no dormir).
5. Si (tener) hambre, (ir) a un restaurante.

> (b) Modelo: Si no (trabajar), (no poder) comer.
>   Si no **trabajaba, no podía** comer.

1. Si (estar) enfermo, (no ir) a la oficina.
2. Si (invitarla), ella (no aceptar).
3. Si (ir) al centro, siempre (volver) tarde.
4. Si (hacer) buen tiempo, (nadar) en el río.
5. Si (no recibir) noticias de su familia, (mandar) un telegrama.

II. Invente Ud. oraciones para expresar certeza o máxima probabilidad según el modelo.

> Modelo: recibir ese dinero
>   Si recibo ese dinero, lo pongo (pondré) en el banco.

1. necesitar un buen cuadro
2. hablar de política
3. ir al teatro
4. salir a la calle en invierno
5. traer el almuerzo a la biblioteca
6. comprar eso en los almacenes
7. necesitar una bombilla eléctrica
8. querer ver una buena obra de arte
9. romper una bombilla
10. examinar una obra cubista

36. Conditional statements with the past subjunctive

There are two kinds of conditional statements (or *if*-clauses) that require the subjunctive.

A. Conditions contrary-to-fact. These patterns state something that is known to be a mere supposition, with little or no basis in reality:

> Si yo fuera (fuese) millonario, ayudaría a los pobres.
> > *If I were a millionaire, I would help the poor. (I am not a millionaire.)*
> Si yo supiera lo que pasa por tu cabeza, te entendería mejor.
> > *If I knew what goes through your head, I would understand you better. (I do not know.)*
> Si hubiéramos estudiado más, habríamos tenido éxito.
> > *If we had studied more, we would have been successful. (We did not study enough.)*

NOTE: The imperfect subjunctive is also used after **como si:**

> Está muy tranquilo, <u>como si</u> no oyera (oyese) nada.
> > *He is very quiet, as if he heard nothing.*

B. Improbable future conditions. This time the speaker expresses something that is not likely to happen:

> Si me ganara la lotería, podríamos ir.
> > *If I won (were to win) the lottery, we could go. (The chances are that I will not.)*

Note that the result or conclusion of the conditional sentence is usually expressed by the conditional.

SUMMARY: For all practical purposes, the only subjunctive used after **si** is the imperfect or pluperfect subjunctive and only when a conditional tense is used in the conclusion or result clause.

Práctica   **I.**   Cambie Ud. la idea de futuro probable a la de futuro improbable.

> Modelo: Si pagas tu parte, saldré contigo.
> > Si **pagaras** tu parte, **saldría** contigo.

1. Si haces un esfuerzo, entenderás este cuadro.
2. Si me piden una explicación, no les contestaré.
3. Si examinas la pintura con cuidado, descubrirás su unidad temática.
4. Si lanzas un grito, todos te oirán.
5. Si dice que es incapaz, se reirán de él.
6. Si me escuchas, te lo explicaré.
7. Si vienes temprano, te ayudaré.
8. Si no eres amable con tus visitas, no volverán a tu casa.
9. Si tengo un dolor de estómago, compraré pastillas estomacales.
10. Si llevas esas ropas, nadie te reconocerá.

II. Invente oraciones para expresar improbabilidad según el modelo.

Modelo: ser presidente
Si fuera (fuese) presidente, haría muchos cambios.

1. hacer un viaje a Europa
2. ser pintor
3. comprar una obra de Picasso
4. examinar este cuadro
5. llegar a ser senador
6. ser el profesor de esta clase
7. tener un caballo
8. poder viajar en invierno
9. conocer a una persona muy simpática
10. ir a Sudamérica

III. Dé Ud. la forma correcta del verbo entre paréntesis. (¡Ojo! ¿Necesitamos el indicativo o el subjuntivo?)

1. (leer) Si _____ el periódico de hoy, se enterará del accidente.
2. (ser) Si yo _____ tu padre, te castigaría.
3. (haber) Si _____ más luz, podríamos trabajar aquí.
4. (contener) Dime si el museo _____ obras abstractas.
5. (oír) Siempre hace lo mismo, como si no me _____.
6. (poder) Yo lo haría, si _____ hacerlo.
7. (tener) Si ella no _____ tiempo, ¿por qué no me lo dijo?
8. (venir) Si _____ por la tarde, siempre lo invitábamos a tomar té.
9. (saber) Si Ud. _____ lo ocurrido, me creería a mí.
10. (servir) Si _____ más temprano, iría a comer ahí.

WORD DISCRIMINATION

1. **Realizar, darse cuenta (de)**

Realizar means *to carry out, complete,* or *accomplish*; at times it can mean *to make real:*

Jamás realizó su plan.   *He never carried out his plan.*
¡Algún día realizaré mis sueños!   *Some day I will make my dreams come true.*

The verb **darse cuenta (de)** translates as English *to realize* in the sense of becoming aware of something:

Me di cuenta de que ya era demasiado tarde.
I realized (became aware) that it was already too late.

The verb **realizar** can never be used in the last sense discussed.

2. Obra, trabajo

Obra is the object created by artists or workers, or the actions performed to achieve a given end:

Esta obra es famosa.   *This work (book, composition, painting, etc.) is famous.*

Veo que la obra progresa.   *I see that the construction work is progressing.*

Todas estas calamidades son obra suya.   *All these calamities are his doing.*

Stock expressions: **mano de obra**   *labor;* **cerrado por obras, en obras**   *closed, repair work in progress*

Trabajo is used to refer to any type of work or action, be it manual or intellectual. It also means any kind of written work (book, essay, study), viewed from the standpoint of the effort involved in it:

El trabajo de los técnicos deja mucho que desear.
The work of the technicians leaves much to be desired.

El trabajo de los intelectuales no es siempre apreciado.
The work of intellectuals is not always appreciated.

Este trabajo está bien pensado.   *This study (essay, book, etc.) is well thought out.*

Práctica   Exprese Ud. en español.

1. No he quedado satisfecho con (your work).
2. (I will carry out) lo prometido, cueste lo que cueste.
3. El aviso decía: ("Closed for Repairs").
4. Esa iglesia es (a famous work) del arquitecto Herrera.
5. Hoy día lo más caro no es el material sino (labor).
6. Entonces (we realized) que nos habíamos perdido.
7. (The work of this writer) casi siempre es una desilusión.
8. El año próximo (I will make a reality of) mi proyecto.

INBA SEP

MUSEO DE ARTE MODERNO

VALOR $ 10.00

No. 116245

186

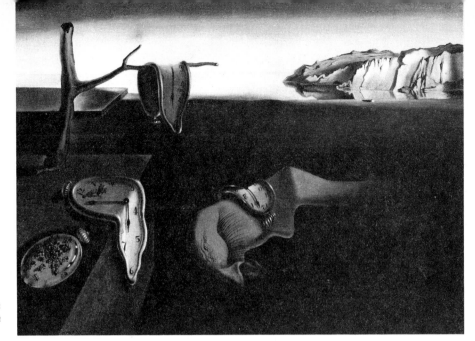

Salvador Dalí, *La persistencia de la memoria*, 1931

LECTURA Y DISCUSIÓN

Una aventura de Salvador Dalí[6]

PERIODISTA	¿Es cierto *lo de* aquel *escaparate* que rompió Ud. en Nueva York?	that business of, showcase
DALÍ	Cierto; pero aquel *suceso* no fue calculado.	event
PERIODISTA	Explíquese.	
DALÍ	Acababa de llegar a Norteamérica, y observé que muchas ideas mías–alegorías, símbolos, detalles de mis dibujos–eran *aprovechados* comercialmente por otros. *Una vez* allí, yo tenía que hacer algo *digno* de mí, y *conseguí* el *encargo* de unos grandes almacenes para realizar un escaparate. Y se me ocurrió una idea que representaba el día y la noche. El día, a base de una *bañera peluda,* con agua, y, dentro, una mujer de *cera;* del baño salían jazmines *de verdad.* El fondo del escaparate estaba recubierto con telas de vivos colores. Era una obra muy alegre.	used Once worthy, I got commission hairy bathtub wax real

[6] Salvador Dalí (1904–   ) es un pintor superrealista español de nuestros días. Es famoso por sus pinturas y excentricidades.

	Para la noche puse a una mujer, otro maniquí de cera, durmiendo sobre *ascuas;* *coloqué* también una cabeza de búfalo. El efecto resultaba fantástico.	hot coals I placed
PERIODISTA	*Me lo figuro.*	I can imagine.
DALÍ	*Fue tal el éxito,* que la gente atraída por el escaparate dificultó la circulación, hasta el extremo que la *dirección* de los almacenes decidió bajar las cortinas y quitar las mujeres de cera, poniendo en su lugar maniquíes de pie, vestidos con modelos de los que ellos *confeccionaban.* Cuando pasé por allí, y vi aquello, y vi, además, mi *firma,* entré, me fui a ver al director y protesté, *exigiendo* que quitaran mi firma. La dirección no aceptó mi protesta, diciéndome que me habían pagado muy bien por mi trabajo. Entonces, en un momento impulsivo, salí del *despacho* del director y, sin pensarlo más, *irrumpí por detrás* en el escaparate, *derribé* con un gesto de Sansón los maniquíes, cogí la bañera para *derramar* el agua y, al hacerlo, tuve la *desgracia,* o la gracia, de que se me escapara de las manos y rompiera la *luna.* Por el *agujero* del cristal, ante el estupor de los curiosos que habían presenciado la escena, salté a la calle . . .	Its success was such management made signature demanding office I burst, from the rear I knocked down to pour out misfortune window pane hole
PERIODISTA	Y a la *cárcel,* ¿no?	jail
DALÍ	Sí; fui detenido. Y este suceso me abrió las puertas de Nueva York.	
PERIODISTA	¿Tanto fue el *eco* que tuvo?	repercussion
DALÍ	Sí, porque la *prensa* se ocupó de mí; mientras estuve detenido y se celebró el *juicio,* recibí una multitud de cartas y telegramas de artistas de todas partes, que me felicitaban por haber defendido la integridad de la obra intelectual.	press trial
PERIODISTA	¿Y el *juez* era de la misma opinión?	judge
DALÍ	Sí; tuve suerte, porque se dio cuenta de que yo había *obrado* en defensa de mis legítimos derechos, y sólo me *condenó al abono de* la luna destrozada.	acted sentenced, an indemnity for

Práctica   **I.**   Discuta Ud. los siguientes puntos.

1. Dalí es un pintor y también un actor.
2. Dalí conoce muy bien la importancia de la publicidad.
3. La pintura de Dalí no representa la vida real.
4. Los grandes pintores no pueden producir, por lo general, lo que les piden las casas comerciales.
5. Para ser artista famoso es conveniente hacer algo sensacional, o, por lo menos, fuera de lo común.
6. Comente Ud. esta declaración de Dalí: «Nunca venderé nada barato; precio mínimo $14,000».

II.   Temas por discutir: Posibilidades de acción.

1. Si yo quisiera llamar la atención, sin causar daño a otras personas, yo haría lo siguiente:
2. Si uno quiere ganar mucho dinero en corto tiempo, se podrían seguir varias rutas. Por ejemplo:
3. Si uno quiere estar realmente contento consigo mismo, sin emplear estimulantes de ninguna clase, sería posible hacer esto:
4. Si uno desea excitar la curiosidad del público, podría:
5. Si uno quiere trabajar en los grandes almacenes, el mejor departamento sería el de . . . por las siguientes razones:
6. No se debe modificar el trabajo de los artistas. Mis razones son éstas:
7. No es justificable romper ventanas para expresar una opinión. Otra manera de protestar es:
8. Yo creo que los artistas se defienden unos a otros por una razón muy clara. Voy a explicarme:

COMENTARIO Y TRADUCCIÓN

I.   Examine Ud. el cuadro de Dalí *La persistencia de la memoria* (página 187) y considere Ud. primero cada proposición. Después conteste Ud. la pregunta.

1. Algunos dicen que la memoria del hombre es un depósito de imágenes que podemos revivir en el presente. Otros piensan que el pasado puede pasar a la memoria, pero siempre como algo que ya está muerto.
   Pregunta: ¿Cuál de estas ideas está presente en el cuadro de Dalí?
2. En el cielo no hay nubes que pasan; en una mesa hay un árbol inmóvil; en el mar no hay olas *(waves)*.
   Pregunta: ¿Qué nos dice Dalí acerca del movimiento en el mundo que nos pinta?

3. En el cuadro hay tres relojes doblados *(bent)* y uno cerrado.
   Pregunta: Según Dalí, ¿está el tiempo vivo o muerto?
4. En el cuadro no hay un solo hombre. La única forma animal presente es un extraño pez con la boca abierta y el cuerpo doblado.
   Pregunta: ¿Es posible que Dalí se refiera a una gran catástrofe? ¿Qué posible catástrofe?
5. Han desaparecido (a) la existencia humana, (b) el tiempo, (c) el movimiento y (d) las memorias vivas.
   Pregunta: ¿Cómo debemos interpretar la palabra «persistencia», que hallamos en el título del cuadro?
6. Podemos pensar que el cuadro es (a) un simple juego sin grandes consecuencias, (b) una reproducción pictórica de una pesadilla o (c) una seria meditación.
   Pregunta: ¿Cuál de estas interpretaciones le parece a Ud. más aceptable?

II. Exprese Ud. en español.

1. I am glad that you have come.
2. Is it possible that they were working at that time?
3. I should like to buy a picture that is not expensive.
4. We are sorry that he died so young.
5. If I could only be a famous artist!
6. We realized that his paintings are very significant.
7. I feared that she had not understood it.
8. If I knew it, I would not ask questions.

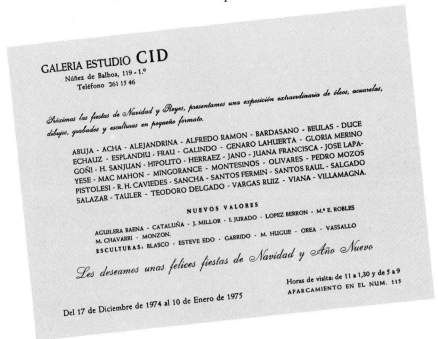

GALERIA ESTUDIO **CID**
Núñez de Balboa, 119 - 1.º
Teléfono 261 15 46

Próximas las fiestas de Navidad y Reyes, presentamos una exposición extraordinaria de óleos, acuarelas, dibujos, grabados y esculturas en pequeño formato.

ABUJA - ACHA - ALEJANDRINA - ALFREDO RAMON - BARDASANO - BEULAS - DUCE ECHAUZ - ESPLANDIU - FRAU - GALINDO - GENARO LAHUERTA - GLORIA MERINO GOÑI - H. SANJUAN - HIPOLITO - HERRAEZ - JANO - JUANA FRANCISCA - JOSE LAPA- YESE - MAC MAHON - MINGORANCE - MONTESINOS - OLIVARES - PEDRO MOZOS PISTOLESI - R. H. CAVIEDES - SANCHA - SANTOS FERMIN - SANTOS RAUL - SALGADO SALAZAR - TAULER - TEODORO DELGADO - VARGAS RUIZ - VIANA - VILLAMAGNA.

NUEVOS VALORES

AGUILERA BAENA - CATALUÑA - J. MILLOR - I. JURADO - LOPEZ BERRON - M.ª E. ROBLES M. CHAVARRI - MONZON.
ESCULTURAS, BLASCO - ESTEVE EDO - GARRIDO - M. HUGUE - OREA - VASSALLO

Les deseamos unas felices fiestas de Navidad y Año Nuevo

Horas de visita: de 11 a 1,30 y de 5 a 9
APARCAMIENTO EN EL NUM. 115

Del 17 de Diciembre de 1974 al 10 de Enero de 1975

APRENDIENDO PALABRAS NUEVAS

The suffix **-ista,** when added to the stem of many nouns, denotes the person (masculine or feminine) who exercises the function associated with that noun. A spelling change is sometimes required in the stem of the word (see, for example, **diente–dentista** below). What do the following pairs of words mean?

1. anarquía–anarquista
2. arte–artista
3. colección–coleccionista
4. derecha–derechista
5. diente–dentista
6. ideal–idealista
7. novela–novelista
8. periódico–periodista
9. piano–pianista
10. teléfono–telefonista

VOCABULARIO ACTIVO

ADJETIVOS

bello, -a / *beautiful*
incapaz / *incapable, unable*
significativo, -a / *significant*

ADVERBIOS

arriba / *above*
hacia — / *up*
jamás / *never, ever*

MODISMOS

a la izquierda (derecha) / *on the left (right)*
¡cómo que . . . ! / *what do you mean . . . !*
¡fíjate! / *look! (observe!)*
junto con / *together with*
¡qué barbaridad! / *how atrocious (awful)!*
¡quién pudiera . . . ! / *if I could only . . . !*

SUSTANTIVOS

el **ala** / *wing*
bombilla / *light bulb*
caballo / *horse*
cuadro / *picture*
fuerza / *force*
la **imagen** / *image*
intento / *attempt*
el **montón** / *pile*
el **ser** / *being*
el **sol** / *sun*
el **visitante** / *visitor*

PREPOSICIÓN

dentro de / *within*

VERBOS

apreciar / *to appreciate*
contener / *to contain, hold*
crear / *to create*
darse cuenta de / *to realize*
deshacer / *to undo*
enterarse de / *to find out, see the point*
medir (i) / *to measure*
oír / *to hear*
permanecer / *to stay, remain*

Self-test III

1. Dé Ud. la forma apropiada del verbo entre paréntesis.

    1. (ser) Tengo un perro que _____ enorme.
    2. (saber) Él dejó instrucciones escritas para que yo _____ qué debo hacer.
    3. (trabajar) ¿Tiene Ud. algún amigo que _____ en una fábrica?
    4. (devolver) Se lo mandaré a condición de que me lo _____ a tiempo.
    5. (llamar) Esperé en casa hasta que me _____ .
    6. (venir) Le hablaré cuando _____ .
    7. (hacer) Vino a vernos aunque _____ mucho frío.
    8. (ponerse) Cuando salgo a la calle siempre _____ el sombrero.
    9. (llevar) No vi a nadie que _____ paraguas.
    10. (saber) Busco una secretaria que _____ contabilidad.

2. Exprese Ud. en español.

    1. Siento que (he hasn't arrived) todavía.
    2. Sabía que (they had been) amigos.
    3. Espero que (they are doing it) ahora mismo.
    4. Mi hermano (died) la semana pasada.
    5. ¡Ojalá (they come) mañana!
    6. Si (I see him), no le hablo.
    7. Ojalá que (she had been) más amable.
    8. Si (we were) ricos, ayudaríamos a los pobres.
    9. Por fin (I realized) quiénes eran.
    10. Si estuviera en Acapulco ahora, (I would swim) en el mar.

3. Exprese Ud. los mandatos indicados.

(a) *afirmativo*

    1. tener / tú
    2. ser / Uds.
    3. dormir / (nosotros)
    4. comenzar / (nosotros)
    5. sentarse / vosotros

(b) *negativo*

    1. ir / tú
    2. venir / tú
    3. traer / Ud.
    4. oír / tú
    5. poner / vosotros

4. ¿Con o sin artículo indefinido?

    1. ¿No usa Ud. _____ reloj?
    2. Mi madre es _____ profesora muy conocida.
    3. ¡Qué _____ cosa!
    4. Yo necesito _____ otro vaso.
    5. Vine a Lisboa sin _____ centavo.

5. ¿Qué palabra de cada grupo no está relacionada con las otras?

    1. (a) óleo (b) dibujo (c) pedazo (d) paisaje
    2. (a) caballo (b) toro (c) bombilla (d) gato
    3. (a) pie (b) ojos (c) oreja (d) nariz
    4. (a) dedo (b) boca (c) mano (d) brazo
    5. (a) pintor (b) periodista (c) azúcar (d) trabajador
    6. (a) ruido (b) guerra (c) ejército (d) sargento
    7. (a) imagen (b) pared (c) cuadro (d) foto
    8. (a) pendiente (b) pulsera (c) anillo (d) cinturón

6. Complete Ud. con la palabra más apropiada.

    1. Para saber qué piensa el público sobre cierto tema, es conveniente hacer una _____ pública.
    2. Es persona seria; no le gusta hacer _____ de sus compañeros.
    3. No es una cosa complicada; al contrario, es muy _____.
    4. Si alguien tiene mucho dinero, decimos que tiene un _____.
    5. Tomo dos aspirinas cuando me _____ la cabeza.
    6. Cuando comprendió que la situación era grave dijo: —Ahora me _____ de que esto es serio.
    7. Un pájaro puede volar porque tiene dos _____.

LESSON TEN / Review Exercises

Reflexive pronouns

	SINGULAR		PLURAL
me	*(to) myself*	nos	*(to) ourselves*
te	*(to) yourself*	os	*(to) yourselves*
se	*(to) himself, herself, itself, yourself*	se	*(to) themselves, yourselves*

Reflexive pronouns are used when the speaker or subject expresses an action whose effects are felt by the subject itself:

Él se critica.   *He criticizes himself.*
Nosotros nos levantamos temprano.   *We get up (raise ourselves) early.*

As in the second example, a verb may be used with the reflexive in Spanish and not in English.

Práctica   I. Dé Ud. el pronombre reflexivo apropiado.

1. Él _se_ considera muy inteligente.
2. Nosotros _nos_ preparamos para el examen.
3. ¿Por qué no _te_ cubres tú con el impermeable?
4. El autor _se_ niega a hablar de su novela.
5. Nosotros _nos_ estableceremos en esa ciudad.

II. Dé Ud. la forma apropiada del verbo.

1. (bañarse) Los niños _____ todos los días.
2. (acercarse) Yo no _____ a su oficina.
3. (desayunarse) Nosotros _____ a las siete.
4. (alegrarse de) Ellos _____ vivir cerca del centro de la ciudad.
5. (quedarse) ¿Por qué no _____ tú en tu asiento un momento más?

Position of reflexive pronouns

Reflexives, like object pronouns, must precede conjugated verbs and negative commands:

> Nos acostamos a las once.   *We went to bed at eleven.*
> No te levantes.   *Don't get up.*

Reflexives follow and are attached to affirmative commands:

> Prepárate bien.   *Prepare well.*

With infinitives and gerunds there are two possible positions:

> Puede levantarse ahora. }
> Se puede levantar ahora. } *He can get up now.*

> Estoy afeitándome. }
> Me estoy afeitando. } *I am shaving (myself).*

When the reflexive pronoun is attached to the verb, a written accent may be necessary to preserve the original pronunciation.

Remember that the reflexive pronoun must always agree with the subject.

Práctica   ¿Dónde debemos poner el pronombre?

1. (se) ¿A qué hora _____ fue _____ ella _____ de aquí?
2. (se) —No es así _____ — dijo él, _____ sentando _____ en la silla.
3. (nos) Nosotros no _____ preferimos _____ lavar _____ con agua caliente.
4. (se) _____ No _____ pongan _____ el sombrero.
5. (nos) Nosotros _____ no _____ olvidamos _____ de Ud.
6. (se) _____ No _____ dirija _____ Ud. al dueño.
7. (se) Ud. _____ ha _____ olvidado _____ del número de su pasaporte.
8. (me) _____ estaba _____ vistiendo _____ cuando él llegó.
9. (te) _____ no _____ quedes _____ aquí.
10. (se) _____ Laven _____ Uds. _____ en seguida.

Lección Diez

Estudiantes de la
Universidad Madre y
Maestra en Santiago,
República Dominicana.

ESCENA DE VIDA

En la Biblioteca Estatal   State

[Read this passage once for comprehension; immediately afterwards take the self-test in Práctica I.]

Como soy extranjero, fui a la Biblioteca Estatal con mi
pasaporte y credenciales. *Mientras* esperaba mi turno,   While
me entretuve leyendo una larga lista de reglamentos.   I whiled away my time
Después de media hora, un señor me pidió una foto.

Como no tenía ninguna, *me dirigí en seguida* al centro   I went, at once
en busca de un *Fotomatón*. Por la tarde volví a la   Photomat
ventanilla, y me informaron que debía dejar *serocopias* de   Xerox copies
mis credenciales. *Por desgracia*, la única máquina de   Unfortunately
reproducciones que allí había *se negó a* funcionar. Nueva   refused to
salida a la calle. Nueva *tentativa*. Nuevo interrogatorio.   attempt

Por fin me dieron un *carnet*[1] de lector. Apenas había   library card
cruzado la puerta central, *me detuvo* otro empleado. Le   crossed, stopped me
mostré mi carnet. Me dio entonces una *placa* diciéndome: metal plate
—Éste es el único *pupitre* en que puede Ud. sentarse: seat
número 77.

Presenté dos *fichas* en la sección «*Servicio de Libros*».   index cards, Circulation Desk
Volví a mi asiento, y esperé más de media hora,
aburriéndome como una *ostra*. Por fin *se acercó* un tercer   oyster, drew near
empleado, y me dijo: —¿Es éste su nombre?

—Sí, señor.

—Pero, ¿no sabe Ud. que el número siete se escribe
con *un palito*? ¡Así, hombre, 7, y no así 7! Ud. ha escrito   a line across
el número uno dos veces.

Como *se había enfadado* un poco, *me apresuré a* confesar   he had become angry,
mi ignorancia. Me devolvió entonces mis dos fichas con   I hastened to
una X frente a la palabra *Falta*. Y se marchó sin decir   Not available (missing)
ni pío.   a single word

Sintiéndome *desconcertado*, me fui a la cafetería. Allí   confused
me tomé un *sabroso* café con leche. Esto era lo que *más*   delicious, I needed the most
falta me hacía.

---

[1]Se pronuncia: **carné**.

Práctica   **I.**   Conteste Ud. diciendo **sí** o **no,** sin consultar el texto.

1. El joven está en una librería. [Bookstore] No
2. Él leyó una lista de libros.
3. Fue al centro a comprar una foto.
4. La máquina de serocopias no funciona.
5. Por fin recibió un carnet de lector.
6. En la puerta central había otro empleado.
7. El joven debe sentarse en el pupitre número once.
8. El joven presentó las fichas en la sección «Servicio de Libros».
9. Otro empleado le habló después muy amablemente.
10. El joven recibió los libros y se fue a casa.

Contestaciones correctas: 1. no   2. no   3. sí   4. sí   5. sí   6. sí   7. no
8. sí   9. no   10. no

NOTE: If you missed more than one of the questions in Práctica I, you should read the Spanish text once again.

USE UNA FICHA PARA CADA OBRA

Autor   *Lacerda, Augusto de*   Signatura   *T*
Título   *Teatro futuro*   *3 27/7*
Año *1924, Coimbra*   Tomo   Pupitre n.°   *77*

Nombre

Sexo   Edad   Profesión

Nacionalidad   Carnet de lector n.°

Domicilio

ESCRIBA SOLO EN ESTE LADO

II.   Preguntas personales.

1. ¿Cómo obtiene Ud. un carnet de lector para usar la Biblioteca Municipal?
2. ¿Cómo encuentra Ud. el número del libro que desea leer? *archivo de tarjetas*
3. ¿Por cuánto tiempo puede Ud. tener el libro en casa?
4. ¿Qué ocurre si no lo devuelve a tiempo? *pagar una multa*
5. Para no molestar a otros, ¿qué no puede Ud. hacer en la biblioteca?
6. ¿Qué pasa si Ud. pierde un libro de la biblioteca?

Exclamaciones comunes

Para dar ánimo:

¡Anda!	*On with it!*	¡Hala!	*Get going!*
¡Ánimo!	*Cheer up!*	¡Vamos!	*Come on!*

Para expresar una emoción:

¡Dios mío!	*Good heavens!*	¡Válgame Dios!	*Heaven help me!*
¡Dios santo!	*Good heavens!*	¡Jesús!	*Heavens!*

These expressions are not considered irreverent in Spanish.

Para expresar disgusto:

¡Canastos!	*Good heavens!*	¡Caray!	*Good heavens!*
¡Caramba!	*Darn it! Good gracious!*	¡Qué va!	*Nonsense!*

Para expresar aprobación:

¡Bravo!	*Hurrah!*	¡Estupendo!	*Excellent!*
¡Eso es!	*That's the way!*	¡Qué bien!	*That's fine!*

Para expresar sorpresa:

¡Figúrese Ud.!	*Imagine!*	¡Pero es posible!	*Is it possible!*
¡No me diga!	*You don't say!*	¡Qué diantre!	*What the dickens!*

Práctica ¿Qué exclamaciones usaría Ud. en estas situaciones?

1. Ud. habla con su amigo Jaime y, viéndole muy triste, le dice: ¡_____!
2. Cuando recibo una agradable sorpresa, exclamo: ¡_____!
3. Busco dinero para pagar una cuenta y veo que he venido sin un centavo. Entonces exclamo: ¡_____!
4. Si alguien me dice que es mejor trabajar antes de las seis de la mañana, protesto y le digo: ¡_____!
5. El pianista termina su programa con una excelente interpretación. Todos exclamamos: ¡_____!

COMENTARIO GRAMATICAL

37. Reflexive verbs

A reflexive verb expresses an action that reverts to the doer of the action (subject). This action can be represented graphically as follows:

Subject   Él **se baña.** *He bathes himself.*

Almost any verb in Spanish can be made reflexive, but among those that are normally used as reflexives are the following:

acostarse (ue)   *to go to bed*
afeitarse   *to shave*
bañarse   *to bathe*
desayunarse   *to eat breakfast*
despertarse (ie)   *to wake up*

divertirse (ie)   *to have a good time*
lavarse   *to wash (oneself)*
levantarse   *to get up*
peinarse   *to comb one's hair*
sentarse (ie)   *to sit down*

Some verbs, when made reflexive, translate the English construction *to get* or *become* + adjective:

aburrirse   *to become bored*
acostumbrarse (a)   *to become accustomed (to)*
cansarse   *to become (get) tired*
casarse   *to get married*

enfadarse   *to become (get) angry*
enfermarse   *to get sick*
enriquecerse   *to get (become) rich*
perderse (ie)   *to get lost*

Nos aburrimos con la conferencia.   *We got bored with the lecture.*
Me enfermé anoche poco después de cenar.   *I became ill last night shortly after eating.*

IMPORTANT: The plural forms **nos, os, se** are also used to express reciprocity, a notion that English conveys through *each other* and *one another*:

Siempre se escriben.   *They always write to each other.*
Nosotros no nos vemos con frecuencia.   *We do not see one another frequently.*

Práctica   **I.**   Exprese Ud. en español.

1. (to sit down) No me gusta _____ en el suelo.
2. (to bathe) Preferiríamos _____ a las siete.
3. (to eat breakfast) Archibaldo y yo queremos _____ en el centro.
4. (to shave) ¿Con qué _____ Ud.?
5. (to wash) Tú sabías que debías _____ las manos antes de comer.
6. (to wake up) ¿A qué hora _____ tú esta mañana?
7. (to become bored) Ella _____ muy fácilmente.
8. (to go to bed) Acostumbramos _____ a las once.
9. (to prepare oneself) ¿Cuándo vas a _____ para el examen?
10. (to get married) Nosotros _____ el verano que viene.
11. (to get up) Habíamos decidido _____ antes de salir el sol.
12. (to get tired) Cuando caminaba demasiado, yo siempre _____.
13. (to get rich) Si trabajas así por diez años, vas a _____.
14. (to comb one's hair) Ellas están _____ ahora.
15. (to get sick) Si comes demasiado, vas a _____.

II. Dé Ud. una contestación personal. [Do not translate!]

1. What time did you go to bed last night?
2. How often do you wash your face every day?
3. What did you do last Saturday night to have a good time?
4. Have you become accustomed to Mexican food? *Jo me he acostumbrado*
5. Why do you want (don't you want) to get rich?
6. When was the last time you became ill?
7. Do you have any plans for today (tomorrow)?
8. What about getting up late Sunday mornings?

III. Exprese Ud. en español.

1. We do not write to each other.
2. Don't they speak to each other?
3. The girls used to help one another a lot.
4. The two sisters called each other every day.
5. You **(Vosotros)** understand one another very well.

Este estudiante
universitario prefiere
leer al aire libre a estudiar
en la biblioteca.

38. Special uses of reflexive verbs

Many verbs are used reflexively in Spanish to add a subjective note of advantage or disadvantage:

NONREFLEXIVE	REFLEXIVE
Bebimos tres cocteles. *We drank three cocktails.*	**Nos bebimos** tres cocteles. *We drank three cocktails (they were very good, we overdid it, etc.).*
Voy a **comprar** un par de botas. *I am going to buy a pair of boots.*	Voy a **comprarme** un par de botas. *I am going to buy "me" a pair of boots.*
¡**Vaya** Ud. ahora mismo! *Go right away!*	¡**Váyase** Ud. ahora mismo! *Go right away (so that they won't catch you, because you are bothering me, etc.)!*
Llevamos las flores a casa. *We took the flowers home.*	**Nos llevamos** las flores a casa. *We took the flowers home (when others weren't looking).*
Murió el niño ayer. *The boy died yesterday.*	**Se murió** el niño ayer. *The boy died yesterday (what a pity, now he does not have to suffer, etc.).*
Él **quedó** solo en la calle. *He stayed in the street by himself.*	Él **se quedó** solo en la calle. *He stayed in the street by himself (all alone, he wanted no company, etc.).*

NOTE: Do not assume that all verbs can be used in this double form. Each verb must be learned as an individual case.

Práctica **I.** Traduzca Ud. al inglés, expresando la diferencia entre (a) y (b).

1. (a) Ayer fumaste sesenta cigarrillos.
   (b) Ayer te fumaste sesenta cigarrillos.
2. (a) Vino a mi casa inmediatamente.
   (b) Se vino a mi casa inmediatamente.
3. (a) ¡Calla, hombre!
   (b) ¡Cállate, hombre!
4. (a) Traiga una botella de agua mineral.
   (b) Tráigase una botella de agua mineral.
5. (a) Comió las sardinas.
   (b) Se comió las sardinas.

6. (a) Fui en busca de una máquina para hacer serocopias.
   (b) Me fui en busca de una máquina para hacer serocopias.
7. (a) Tomamos dos grandes vasos de cerveza.
   (b) Nos tomamos dos grandes vasos de cerveza.
8. (a) Ella guardó (*put away*) un gran pedazo de queso.
   (b) Ella se guardó un gran pedazo de queso.
9. (a) Pasó diez días en el extranjero.
   (b) Se pasó diez días en el extranjero.
10. (a) Él pasea todos los días.
   (b) Él se pasea todos los días.

II. Invente Ud. oraciones originales expresando un sentimiento de satisfacción o disgusto.

1. comerse un sabroso biftec
2. tomarse un vaso de tequila
3. irse a otra ciudad
4. quedarse en casa
5. traerse una buena cantidad de dinero
6. apresurarse a comprar algo de valor
7. morirse de curiosidad
8. venirse temprano
9. fumarse dos cigarros habanos
10. beberse un litro de sangría

BOCETO CULTURAL
Documentos y credenciales

Casi todos nuestros actos más importantes están documentados. *Al nacer*, nuestros padres se consultan el uno al otro para hallar un nombre muy original antes de obtener la *fe de bautismo*. En la escuela nos dan un certificado de *matrícula*. Luego, siendo ya «gente de razón», obtenemos el carnet de identidad, un permiso para *manejar* un coche y *quizá* una *tarjeta de conscripción*. Ahora nos consideramos muy importantes. Más tarde, acumulamos otros documentos, tales como un diploma y la licencia matrimonial. Si nos sentimos cansados, pedimos un pasaporte para *ir al extranjero*. Y, si allí *nos encontramos a gusto*, solicitamos un *permiso de permanencia*.

¡Ah! Se me olvidó el certificado de *defunción*, pero ése importa bien poco, *según dicen*.

At (our) birth

baptismal certificate
registration

to drive, perhaps, draft card

to go abroad, we find it to our liking
residence permit

death
so they say

Práctica   I. Conteste Ud.

1. ¿Qué están casi siempre documentados?
2. ¿Qué obtienen nuestros padres?
3. ¿Dónde recibimos un certificado de matrícula?
4. ¿Cómo se llama el documento que nos identifica?
5. ¿Qué necesitamos para manejar un coche?
6. ¿Qué otros documentos necesitamos, generalmente?
7. ¿Cuándo es necesario obtener un pasaporte?
8. ¿Qué permiso necesitamos para residir en el extranjero?
9. ¿Cuál es el último certificado de nuestra vida?
10. ¿Es realmente importante?

II. Complete Ud. el siguiente formulario *(blank)*.

EXTRANJEROS

Dirección General de Seguridad   Comisaría de _____

PERMANENCIA DE EXTRANJEROS

Apellidos ....
Nombre ....
Fecha de nacimiento ....
Pueblo de naturaleza ....
Nación ....
Profesión ....
Religión ....
Nacionalidad actual ....
Domicilio ....
Solicita del Señor Comisario se le autorice para permanecer en España por ....
meses ....

.... Indicar motivo que tenga para ello ....

.... de ...., de 197......
El interesado,

DOCUMENTOS QUE DEBE ACOMPAÑAR A LA SOLICITUD

1.º—Póliza de 3,00 pesetas.
2.º—Tres fotografías tamaño carnet.
3.º—Pasaporte con visado Consular normal.

Con........ ....la por .... meses.

.... de .... de 197......

Imp. de la D. G. de S.—Mod. 125   El Comisario,

№ 064227

Donativo Montepío C. G, Policía: Una peseta.

COMENTARIO GRAMATICAL

39. **Reflexive verbs and indirect object pronouns**

Spanish makes a distinction between actions caused deliberately by the subject and those for which the subject is not (or does not believe himself to be) responsible. To express the latter, Spanish uses a combination of a reflexive and an indirect object pronoun. Compare:

Rompí la única camisa que tengo.   *I tore the only shirt I have.*
Se me rompió la camisa.   *The shirt got torn.*
Por desgracia, olvidé el libro.   *Unfortunately, I forgot the book.*
Se me olvidó el libro.   *I up and forgot the book (the book forgot itself on me).*

Note that the reflexive pronoun is always **se** and it precedes the indirect object pronoun. The following examples illustrate this usage in all six persons:

Se me rompió la ropa.   *I tore my clothes (but it was not my fault).*
Se te rompió la ropa.   *You tore your clothes (but it was not your fault).*
Se le rompió la ropa.   *He (She) tore his (her) clothes (but it was not his [her] fault).*
Se nos rompió la ropa.   *We tore our clothes (but it was not our fault).*
Se os rompió la ropa.   *You tore your clothes (but it was not your fault).*
Se les rompió la ropa.   *They tore their clothes (but it was not their fault).*

Some of the verbs more commonly found in this construction are:

acabarse: Se me acabó el pan.   *I ran out of bread.*
caerse: Se le cayó el bolso.   *She dropped her purse.*
morirse: Se nos murió Enriquito.   *Little Henry died "on us."*
olvidarse: ¿Se te olvidaron las llaves?   *Did you forget the (your) keys?*
perderse: Se me perdieron las maletas.   *I lost my bags.*
quemarse: Se te quemará la carne.   *The meat will burn "on you."*

Note that the verb is plural when the noun involved is plural:

Se me rompieron los platos.   *I broke the plates.*
but: Se me rompió el vaso.   *I broke the glass.*

Práctica   **I.**   Cambie Ud. según los modelos.

(a) (A mí) se me perdió el dinero.
(A él) _Se le_____.
(A Ud.) _se le_____.
(A nosotros) _se nos_____.
(A Uds.) _se les_____.

(b) (A mí) se me perdieron las llaves.
(A nosotros) _se nos_____.
(A ellos) _se les_____.
(A ti) _se te_____.
(A ella) _se le_____.

II. Exprese Ud. en español.

Modelos: (a él) / perder / el dinero
A él se le perdió el dinero.
(a Juan) / caer / las frutas
A Juan se le cayeron las frutas.

1. (a ella) / romper / el vestido *ella se le rompió*
2. (a él) / morir / sus padres *se le murieron*
3. (a Pedro) / ocurrir / un chiste muy bueno *se le ocurrió*
4. (a ti) / olvidar / los sandwiches *se te olvidaron*
5. (a los niños) / caer / los libros *se les cayeron*
6. (a ti) / olvidar / las cucharas *se te olvidaron*
7. (a nosotros) / dar / menos tiempo *se nos dieron*
8. (a Ud.) / terminar / la paciencia *se le terminó la*
9. (a Uds.) / perder / la llave *se les perdió*
10. (a ti) / olvidar / el azúcar y la leche *se te olvidó*

III. Invente Ud. una oración según el modelo.

Modelo: quemarse / pan
Se le (se te, se nos, etc.) quemó el pan.

1. Perderse / pasaporte
2. acabarse / vino
3. olvidarse / reglamentos
4. morirse / perro
5. romperse / los platos
6. ocurrirse / una idea

40. **Shortening of reflexive commands**

The *let us* command of reflexive verbs drops the final s before adding the reflexive pronoun:

1st person pl. pres. subjunctive

sentemos + nos = sentémonos

Sentémonos a esa mesa. *Let's sit down at that table.*
Lavémonos las manos. *Let's wash our hands.*
Levantémonos a las seis. *Let's get up at six o'clock.*

Observe that a written accent must be added to preserve the original accentuation.

The familiar plural command (vosotros) of reflexive verbs drops the **d** before adding the reflexive pronoun:

sentad + os = sentaos

Sentaos aquí. *Sit down here.*
Lavaos las manos. *Wash your hands.*
Levantaos a las seis. *Get up at six o'clock.*

Exception: **Idos** *(Go!)* does not drop the **d.**

Práctica   Dé Ud. los mandatos según los modelos.

> (a) Modelo: peinarse
> **peinémonos**

1. acostarse
2. afeitarse
3. mirarse
4. levantarse
5. sentarse

> (b) Modelo: prepararse
> **preparaos**

1. desayunarse
2. lavarse
3. bañarse
4. peinarse
5. despertarse

WORD DISCRIMINATION

1. Sentir (ie)

(a) When this verb means *to regret* or *be sorry,* it is often followed by a clause beginning with **que** which contains a subjunctive:

> Siento que Ud. esté enfermo.   *I am sorry that you are ill.*
> Sentían mucho que ella no pudiera venir.   *They regretted very much that she could not come.*

(b) **Sentir** means *to feel* when used with nouns: sense (hear)

> Sentí terror al ver eso.   *I felt horror (was horrified) when I saw that.*
> Siento un dolor de cabeza.   *I have (feel) a headache.*

2. Sentirse (ie)

This verb also means *to feel* but can be <u>employed only with adjectives and adverbs</u>: inner feeling

> Nos sentimos cansados.   *We feel (felt) tired.*
> Ella se sintió incómoda.   *She felt uncomfortable.*
> Me sentí bien.   *I felt good.*
> ¿Te sientes peor?   *Do you feel worse?*

NOTE: The use of **sentirse** with past participles is very common, since all past participles can function as adjectives:

> Él se siente aburrido.   *He feels bored.*

3. **Sentarse (ie)**

This is an **-ar** verb and should not be confused with **sentirse,** which is an **-ir** verb. Compare their present tense:

sentarse *(to sit down)*	sentirse *(to feel)*
me siento te sientas se sienta	me siento te sientes se siente
nos sentamos os sentáis se sientan	nos sentimos os sentís se sienten

Observe that only the first person is identical in both conjugations.

Práctica   I.   Conteste Ud.

1. ¿Se sienta Ud. cuando come?
2. ¿Cómo se siente Ud. hoy?
3. ¿En qué muebles nos sentamos?
4. ¿Se siente Ud. incómodo aquí?
5. ¿Quiénes se sientan poniendo los pies en una mesa?
6. ¿Cómo se siente Ud. antes de un examen?
7. ¿Por qué se sientan muchos en el suelo?
8. ¿Por qué se sienten nerviosos algunos alumnos?
9. ¿Cómo te sientes tú después de tomar cerveza?
10. ¿Por qué no se sientan muchos profesores cuando enseñan?

II.   Invente Ud. preguntas con los verbos **sentir** y **sentirse** según los modelos. [Direct each question to another student.]

Modelos: cansado (adjetivo)
¿Te sientes cansado (-a) hoy?
calor (sustantivo)
¿Sintió Ud. calor ayer?

1. un dolor de cabeza
2. ofendido
3. preocupado
4. curiosidad
5. bien
6. felices
7. mejor
8. aburridos
9. satisfacción
10. nerviosos
11. incómodos
12. sed

Las riquezas americanas viajaron a España, donde se producían altares ornatos como éste.

LECTURA Y DISCUSIÓN

Afluencia y *miseria* en Potosí

poverty

De todas las minas *de plata* del mundo colonial, la más famosa fue el Cerro de Potosí, en lo que es hoy Bolivia. *A mediados del* siglo XVI, un indio descubrió el *mineral,* pero jamás vio riquezas, pues su *amo, aprovechándose de* su ignorancia, le *arrebató* sus derechos por medio de una simple estratagema legal.

silver

in the middle of, ore
master, taking advantage of
wrested

En poco tiempo hubo en Potosí más de 3.000 *bocaminas,* en las que trabajaban *duramente* miles de indios. Durante los primeros cincuenta años, la producción de plata en Potosí ascendió a unos seis mil millones de dólares.[1] Pronto hubo *poderosos* que *se ganaron* considerables fortunas, algunas de las cuales pasaban de los cinco millones. Fue tal la afluencia de los ricos que les fue posible recibir a un nuevo virrey[2] poniendo *planchas* de plata en la calle por donde debía pasar la nueva autoridad.

tunnels, very hard

influential people, amassed

sheets

Para uso de los ricos los *plateros* hacían *bandejas, palilleros, mates, marcos,* candelabros . . . y también sillas de plata *macisa,* mesas, camas y bañeras del mismo metal.

silversmiths, trays
toothpick holders, mate cups, frames
solid

---

[1] Es decir, 6.000.000.000. En español un billón = 1.000.000.000.000.
[2] Virrey *(Viceroy):* representante del rey en las colonias españolas.

Ya en el siglo XVI los ricos adornaban sus ropas con objetos de plata. Lo mismo hacían con el caballo, cuyas *herraduras* eran también de plata. Fue común entonces ver a elegantes señores que se paseaban *a caballo* y exhibían su riqueza con el *tintineo* de sus enormes *espuelas* de plata.

horseshoes
on horseback
jingling
spurs

La extravagancia llegó en Potosí a extremos increíbles. En 1593, la ciudad tenía 36 *casas de juego*, 14 escuelas de baile y un teatro. La gente rica pagaba entre treinta y cuarenta dólares por un solo boleto. Había también otros lugares donde se reunían aventureros y *jugadores*, que se divertían en compañía de ciertas damas que jamás *pertenecieron* a ninguna sociedad para *obras pías*. Una de ellas, la famosa doña Clara, fue la mujer más hermosa de esos días. Tenía esclavos, *encomiendas*, sirvientes blancos, y también una cantidad incalculable de objetos de oro y plata y piedras preciosas. Por desgracia, llegó el día en que *se agotó* el mineral y, *así como* las fabulosas riquezas de Potosí desaparecieron, así también desapareció en la oscuridad la *alegre* doña Clara. Muchos años más tarde, alguien reconoció a la famosa seductora cuando se acercó a una vieja *encogida* que *pedía limosnas* frente a una iglesia.

gambling houses

gamblers

belonged, charitable works

landed estates

gave out, just as

merry

shrunken, begged for alms

Práctica   I.   Conteste Ud.

1. ¿Qué es el Cerro de Potosí?
2. ¿Quién descubrió la mina?
3. ¿Quiénes trabajaban en ella?
4. ¿A cuánto ascendió la producción de plata?
5. ¿Qué sabemos de algunas fortunas de esos días?
6. ¿Cómo fue recibido el Virrey?
7. ¿Qué objetos hacían los plateros para los ricos?
8. ¿Qué hacían algunos caballeros?
9. ¿Qué evidencias de extravagancia se mencionan en el texto?
10. ¿Qué riquezas tenía doña Clara?
11. ¿Qué le pasó a doña Clara cuando se le acabaron sus riquezas?
12. ¿Qué hacía la vieja de nuestra historia?

II.   Use Ud. las siguientes palabras en oraciones originales.

1. el indio / su amo
2. mina / seis mil millones
3. Virrey / planchas
4. plateros / ricos
5. caballeros / espuelas
6. teatro / boleto
7. doña Clara / riqueza

COMENTARIO Y TRADUCCIÓN

I. Examine Ud. la foto de la página 196. Invente Ud. un párrafo o dos sobre esa escena. Tenga Ud. presentes estos puntos.

1. ¿Dónde están los alumnos?
2. ¿Cómo es el sitio? ¿Antiguo, oscuro, feo, etc.?
3. ¿Qué esperan los alumnos? ¿Están todos alegres?
4. ¿Qué examina el joven a la derecha?
5. ¿Qué hay a su izquierda?

II. Examine Ud. el anuncio en esta página, y prepare Ud. un anuncio comercial (para la radio o la televisión). Considere Ud. las siguientes ideas.

1. contenido de la enciclopedia
2. número de volúmenes
3. tamaño y formato de cada volumen
4. precio y cómo hay que pagarlo
5. obsequio (gift) para los que compren la colección ahora

III. Exprese Ud. en español.

1. I crossed the street in search of that foreigner.
2. I broke three glasses last night.
3. Unfortunately, they had to go downtown.
4. The only machine (that) they had refused to function.
5. I got bored and he got tired.
6. The two men helped each other.
7. He forgot his passport.
8. We were sorry she hadn't come.

Moderna Enciclopedia Universal Ilustrada

En los 9 volúmenes de esta utilísima enciclopedia se contiene todo el saber conocido por medio de textos e imágenes de fácil comprensión. Consultar sus páginas no es únicamente una necesidad cultural, es también una grata y amena distracción.

9 volúmenes
formato 17 x 24 cm.
encuadernados en «GUAFLEX» legítimo

obsequio
Globo Terráqueo

30 MAIL

295 pts.
14 PLAZOS DE 295 pts.
CONTADO 3.990 pts.
REF. 128

APRENDIENDO PALABRAS NUEVAS

Exact cognates are words that are spelled alike in both English and Spanish. The Spanish words may have the same meaning as their English counterparts but are pronounced differently. Be careful to give the words in column A a Spanish pronunciation. *Approximate* cognates are Spanish words whose meaning can be guessed because their resemblance to English words is recognizable. Review the Spanish-English correspondences given in column B. *False* or *deceptive* cognates are Spanish words that resemble English words but mean something else. Learn carefully the Spanish meanings for the words in column c.

A

1. colonial
2. considerable
3. incalculable
4. legal
5. metal
6. mineral
7. normal
8. simple

B

1. fabuloso ⎱
2. precioso ⎰ -oso = -ous

3. ignorancia ⎱
4. extravagancia ⎰ -ancia = -ance

5. afluencia ⎱
6. permanencia ⎰ -encia = -ence

7. autoridad ⎱
8. sociedad ⎰ -dad = -ity

C

1. actual   *present*
2. contestar   *to answer*
3. éxito   *success*
4. largo   *long*
5. miseria   *poverty*
6. recordar   *to remember*
7. ropa   *clothing*
8. solicitud   *application*

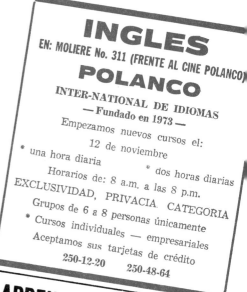

INGLES
EN: MOLIERE No. 311 (FRENTE AL CINE POLANCO)
POLANCO
INTER-NATIONAL DE IDIOMAS
— Fundado en 1973 —
Empezamos nuevos cursos el:
12 de noviembre
* una hora diaria   * dos horas diarias
Horarios de: 8 a.m. a las 8 p.m.
EXCLUSIVIDAD, PRIVACIA. CATEGORIA
Grupos de 6 a 8 personas únicamente
* Cursos individuales — empresariales
Aceptamos sus tarjetas de crédito
250-12-20   250-48-64

APRENDA INGLES FIN DE SEMANAS!
Adultos Quienes Trabajan Pueden Escoger Entre Clases Sabatinas o Dominicales
INSTANT VOCABULARY SYSTEM
NO ES NECESARIO QUE USTED DESPER-DICIE 40 HORAS AL MES PARA APREN-DER INGLES!
INSCRIPCION: $250.00
MENSUALIDAD: $375.00
Cursos Para Principiantes Empiezan
SABADO NOV. 10 Y DOMINGO NOV. 11
Perfeccione su Inglés.
Solicite Informes
Escuela Internacional De Viajes
COLIMA 386 COLONIA ROMA ESTAMOS A MEDIA CUADRA DEL PALACIO DE HIERRO DURANGO. A UNA CUADRA DEL PARQUE ESPAÑA Y TRES CUADRAS DE LA ESTACION SEVILLA DEL METRO
INTERNATIONAL SCHOOL OF TRAVEL
TELEFONO 511-06-70
511-06-70

VOCABULARIO ACTIVO

ADJETIVOS

largo, -a / *long*
sabroso, -a / *delicious*
único, -a / *only*

ADVERBIO

quizá(s) / *perhaps*

MODISMOS

en busca de / *in search of*
en seguida / *immediately*
encontrarse (ue) a gusto / *to be comfortable*
frente a / *opposite, in front of*
por desgracia / *unfortunately*
según dicen / *so they say*

SUSTANTIVOS

asiento / *seat*
centro / *downtown*
extranjero / *foreigner*
  en el — / *abroad*
la **gente** / *people, persons*
matrícula / *registration*
número / *number*
el **pasaporte** / *passport*
reglamento / *regulation*
serocopia / *Xerox copy*
tarjeta / *card*

VERBOS

acercarse a / *to approach, draw near*
apresurarse a / *to hurry to, hasten to*
confesar (ie) / *to confess, admit*
cruzar / *to cross*
detener / *to stop, detain*
devolver (ue) / *to return (a thing)*
funcionar / *to work, function*
manejar / *to drive*
negarse (ie) a / *to refuse to*

LESSON ELEVEN / Review Exercises

Basic uses of the infinitive

A. The construction **el** + *infinitive* has the force and meaning of a noun. Its English equivalent is the present participle (-*ing* form):

> El tener mucho dinero no es necesariamente signo de felicidad.
> *Having a great deal of money is not necessarily a sign of happiness.*
> El querer hacerlo es lo que importa.   *Wanting to do it is what matters.*

B. The construction **al** + *infinitive* expresses a coincidence of two events. Its English equivalent is *on (upon)* + *the present participle*. Another possible English translation is *when* + *past tense*:

> Al salir nos despedimos como buenos amigos.
> *On (Upon) leaving we said goodbye like good friends.*
> Paró frente a mi casa al verme.   *He stopped in front of my house when he saw me.*

Práctica   Exprese Ud. en español.

1. (Studying) es necesario para seguir aprendiendo.
2. Encendí la luz (on entering).
3. (Thinking) no es siempre fácil.
4. (Drinking) puede ser peligroso.
5. (When I saw him), le hablé.
6. Comenzó a llorar (upon receiving) la carta.
7. (On ending) mis estudios, seré muy feliz.
8. (Protesting) de ese modo no sirve para nada.

Comparatives and superlatives

POSITIVE	COMPARATIVE	SUPERLATIVE
elegante	más (menos) elegante	el más (menos) elegante

Éste es un vestido elegante.   *This is an elegant dress.*
Éste vestido es más (menos) elegante que ése.
    This dress is more (less) elegant than that one.
Éste es el vestido más (menos) elegante que tengo.
    This is the most (least) elegant dress I have.
Él corre más rápidamente que yo.   *He runs faster than I (do).*

The comparative requires the use of **más** or **menos** before an adjective or adverb. The superlative of an adjective requires a definite article in addition to **más** or **menos.** Observe that the noun separates the superlative construction into two parts: **el coche más caro, las muchachas más jóvenes,** etc.

The preposition **de** following a superlative in Spanish is usually translated *in* in English:

La ciudad más hermosa del país es Taxco.   *The most beautiful city in the country is Taxco.*

NOTE: The ending **-ísimo (-ísima, -ísimos, -ísimas)** may be added to an adjective to intensify its meaning. This *absolute superlative* corresponds to the English *extremely, exceedingly,* or *most:*

Es un coche carísimo.   *It is an extremely expensive car.*
Sus respuestas siempre son interesantísimas.   *His answers are always most interesting.*

Práctica   Exprese Ud. en español.

1. This is the simplest part of the book.
2. That picture is much more expensive.
3. I drive slower than he (does).
4. This is the shortest month of the year.
5. I am looking for a longer explanation.
6. This is an exceedingly expensive medicine.
7. This is the cheapest suit in the store.
8. This is the least comfortable seat in the house.

Lección Once

Por la costa del
Mediterráneo se
encuentran pueblos
pintorescos.

ESCENA DE VIDA

Una noche en Nerja[1]

Eran las nueve y media. *De repente* al entrar en una curva, apareció bajo la luz de nuestros *faroles* un coche *parado* a la derecha de la *carretera*. Era mucho más grande que el nuestro. Nos fue necesario decidir entre parar, o seguir *de largo. Nos detuvimos.* <small>Suddenly / headlights / stalled, highway / on our way, We stopped.</small>

—¿*Les echamos una mano?*— dijo Carlos, mi amigo español. <small>Can we lend you a hand?</small>

—Hombre, pues, nos vendría *llovido del cielo.* <small>like manna from heaven</small>

—*Una vez* en la *cumbre* será fácil. <small>Once, top</small>

—Sí; de ahí será *cuesta abajo* hasta el pueblo. <small>downhill</small>

—¡Hala! *¡A empujar todos!*— Lo hicimos en medio de *gruñidos* y *gemidos,* y por fin. . . <small>Let us all push! / grunts, groans</small>

—Ya. . . ¡Este coche es *más pesado.* . . que un tanque! <small>heavier</small>

—Sin su ayuda lo más probable es que hubiéramos pasado la noche ahí.

—¿Adónde van? El viajar de noche es siempre incómodo. ¿Por qué no se detienen en Nerja? Yo tengo una pequeña pensión allí, y ya tienen Uds. dos camas, si quieren. . .

—Éste tiene un bar. . . Les recomiendo visitarlo.

—Tiene el mejor *vino casero* del mundo. <small>homemade wine</small>

—Ya verán.

* * * * *

Eran las doce de la noche.

—Juanillo, trae ese otro *jerez* para Roberto, que es extranjero y quiere probarlos todos, antes de acostarse. <small>sherry</small>

—Por favor, ya he tomado más *copas* de las que debiera. . . <small>drinks</small>

—¡Vamos! *No te preocupes.* Si no puedes andar, te llevo a la pensión en brazos, pero tomarás una copita más. ¿Eh? Mira, . . . aquí tienes el mejor vino del mundo. <small>Don't worry.</small>

—Bueno, pero sólo una más.

---

[1]Nerja es un pintoresco pueblo no muy lejos de Málaga, en la costa del Mediterráneo.

* * * * *

A las nueve de la mañana siguiente, partimos para
Málaga. *El despedirnos* de estos nuevos amigos no fue fácil.
¡Vaya una nochecita!

Saying goodbye
What a night!

Práctica Conteste Ud.

1. ¿Cómo ofrecería Ud. ayuda a una persona?
2. ¿Qué diría la persona que realmente necesita esa ayuda?
3. Después de esta ayuda, ¿por qué era más fácil ir hasta el pueblo?
4. ¿Por qué empujamos con gruñidos y gemidos?
5. ¿Qué nos ofrece el dueño de la pensión?
6. ¿Por qué hay un cambio de «usted» a «tú»?
7. ¿Qué excusa podemos dar si no queremos beber más?
8. ¿Cree Ud. que estas expresiones de amistad son probables en los Estados Unidos? ¿Por qué sí (por qué no)?

VOCABULARIO ÚTIL

1. capota *top*
2. carrocería *body*
3. el farol *headlight*
4. freno(s) *brake(s)*
5. guardafango (guardabarros) *fender*
6. el limpiaparabrisas *windshield wiper*
7. llanta (neumático) *tire*
8. el parabrisas *windshield*
9. rueda *wheel*
10. el volante *steering wheel*

Un coche sin frenos

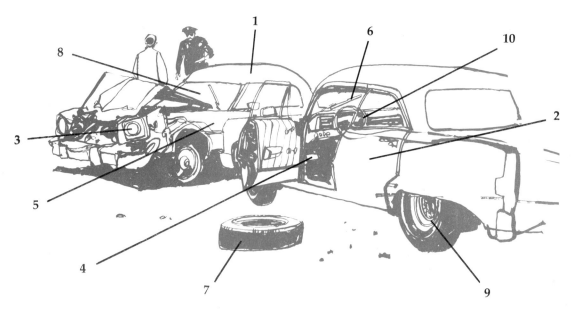

Práctica   I.   Dé Ud. la palabra española que corresponde a cada número, sin consultar la lista anterior.

II.   Complete Ud.

frenos
1. Su coche no pudo parar porque tiene malos _____ .

limpiaparabrisas
2. En días de lluvia siempre uso el _____ .

llantas
3. Para viajar con más seguridad en invierno, es conveniente tener _____ especiales.

4. En muchos coches deportivos la parte menos importante es la _____ .

5. Cuando viajo de noche uso los _____ .

ruedas
6. Los coches (autos) tienen cuatro _____ .

7. Muchos se transforman en personas «importantes» cuando ponen las manos en el _____ .

carrocería
8. Antes de comprar un coche miro el color de la _____ .

COMENTARIO GRAMATICAL

41.   Infinitive versus subjunctive

A. Verbs of command, request, permission, and advice are usually employed with the subjunctive (see Section 22). However, the infinitive is also possible. Compare:

(a) Nos mandó que saliéramos. ⎫
(b) Nos mandó salir.   ⎬ *He ordered us to leave.*

In (a) the emphasis is on the subject **(nosotros);** in (b) the emphasis is on the action **(salir).**

B. After impersonal expressions either the subjunctive or the infinitive may be used. Compare:

(a) Es necesario que (nosotros) lleguemos a la hora exacta.
(b) Nos es necesario llegar a la hora exacta.
   It is necessary for us to arrive (We must arrive) at the exact time.

Again, the infinitive is preferred when the emphasis is on the action (b) and not on the persons involved (a). Observe that the subject in (b) is reduced to an unstressed object pronoun **(nos).**

C. A clear distinction must be made between the use of the subjunctive after conjunctions, and the use of the infinitive after prepositions.

The following conjunctions take a subjunctive:

a fin de que	*so that, in order that*	**hasta que**	*until*
antes (de) que	*before*	**para que**	*so that*
después (de) que	*after*	**sin que**	*without*
en caso de que	*in case that*		

Le hablaré **antes de que** se marche.   *I will talk to him before he leaves.*
Deseaba verle **después de que** terminara.   *I wanted to see him after he finished.*

The use of a conjunction is not affected by the presence of an indicative (see Section 26).

The following prepositions take an infinitive:

a fin de	*to, in order to*	**hasta**	*until*
antes de	*before*	**para**	*to, for*
después de	*after*	**sin**	*without*
en caso de	*in case of*		

Piense **antes de** hablar.   *Think before speaking.*
Saldré **después de** comer.   *I will go out after eating.*

Remember that an infinitive (*not* a subjunctive) must follow all prepositions.

Práctica   **I.**   Cambie Ud. según los modelos.

(a) Modelo: Yo mando que Uds. obedezcan las leyes.
Yo **les** mando **obedecer** las leyes.

1. No permitiré que tú salgas después de las diez.
2. Mandaré que preparen un buen plato.
3. Ordenaron que ellos llevaran todo eso a casa.
4. No aconsejo que traigan Uds. ropas de verano. No les aconsejo traer
5. No permitiré que beban cerveza aquí.
6. Prohibo que hablen durante las sesiones.

(b) Modelo: Es necesario que preparemos el desayuno a las siete.
Nos es necesario **preparar** el desayuno a las siete.

1. Así es posible que ganemos más dinero.
2. Será más práctico que vuelvas en nuestro coche porque es más pesado.
3. Conviene que Ud. respete a ese señor.
4. Será más cómodo que vayamos en taxi.
5. Es imposible que ganemos tanto dinero.
6. Será inútil que protestes.

II. ¿Preposición o conjunción?

1. (antes de, antes de que) Sí, es mejor salir ahora, _____ llueva.
2. (después de, después de que) El conferenciante se sentó _____ terminar su conferencia.
3. (a fin de, a fin de que) Hablaremos con él _____ entendernos.
4. (antes de, antes de que) Un favor: llámame siempre por teléfono _____ venir.
5. (para, para que) Cierre Ud. bien las puertas _____ no entre nadie.
6. (después de, después de que) De repente llegó ella _____ nosotros comimos.
7. (sin, sin que) Salió _____ decir una palabra.
8. (hasta, hasta que) Me quedaré _____ termine el programa.
9. (en caso de, en caso de que) Le pagaré _____ venga.
10. (para, para que) No dijo nada _____ evitar dificultades.

42. Other uses of the infinitive

A. Often you may either use the **el** + *infinitive* construction or a regular noun. Compare:

> **El conocer** es una necesidad humana. *Knowing is a human necessity.*
> **El conocimiento** es indispensable para comprender el mundo.
> *Knowledge is indispensable to understand the world.*
> **El viajar** no es siempre agradable. *Traveling is not always agreeable.*
> **El viaje** no es siempre un descanso. *Travel is not always a respite.*

The infinitive construction is preferred in literary style, especially in poetry. It is usually employed at the beginning of a sentence. When placed in the middle, it is normally reduced to just the infinitive:

> Le molesta **(el) tener** que salir de noche. *Having to go out at night bothers him.*

B. The infinitive is generally used after **hacer** or **mandar** to state that a person has ordered something to be done. This is the so-called causative construction:

> Hicieron preparar el almuerzo al aire libre.
> *They had luncheon prepared in the open air.*
> Mandan cortar el árbol. *They are having the tree cut down.*

C. **A** + *infinitive* has the force of a command:

> ¡A trabajar, muchachos! *Get to work, boys!*
> ¡A callar! *Keep quiet!*

Práctica   **I.**   Exprese Ud. el sentido de las palabras en cursiva empleando otra construcción.

Al entrar   1. *Cuando entré* en mi apartamento vi que alguien me había robado el televisor.
El viajar   2. *El viaje* no es siempre agradable.
  3. *El estudio* de noche no es recomendable.
A trabajar   4. *¡Trabajen,* muchachos!
Ir   5. Me mandó *que fuera* por la mañana.

II.   Invente Ud. una oración según el modelo.

Modelo: poder
El poder salir a cualquier hora es una enorme ventaja.

1. asistir   4. hablar mal de otros
2. escribir cartas   5. mirar
3. llegar tarde   6. morir

III.   Invente Ud. oraciones según el modelo, usando **hacer** en el tiempo indicado. (Importante: Tradúzcalas también al inglés.)

Modelo: (pretérito) traer
Hicieron traer más sillas.   *(They had more chairs brought in.)*

1. *(presente)* copiar   6. *(mandato)* arreglar
2. *(imperfecto)* lavar   7. *(pretérito)* traer
3. *(pretérito)* cerrar   8. *(imperfecto)* destruir
4. *(futuro)* cocinar   9. *(presente perfecto)* pintar
5. *(condicional)* preparar   10. *(imperfecto)* limpiar

el Corte inglés

ABIERTO A MEDIODIA.

222   ¡ADELANTE!

Tomar vino de un botijo no es tan fácil como parece.

BOCETO CULTURAL

Utensilios tradicionales

socialized

¿Es el español un ser gregario? Mucho más *de lo que*   than
Ud. se imagina. *Suele* pasar largos ratos con sus amigos,   He is accustomed to
paseándose por las calles y plazas principales, o charlando   *talking*
en un bar sobre todo y nada, mientras *sorbe* un vino, una   he sips
cerveza o un café.

Una interesante manifestación cultural de su
sociabilidad es el uso de la *vasija* con que varias personas   container
pueden beber vino, cuando desean ser muy *castizos*. *He*   genuinely Spanish, Here are
aquí dos variedades de este utensilio:

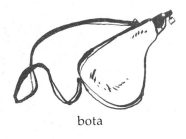

bota

botijo

La bota, o el botijo, se pasa de una persona a otra; cada
una toma un poco sin tocarla con la boca. *Por lo tanto,* no
es necesario usar vasos o *copas.* La bota es de cuero, y el
botijo de *barro.* Este último contiene algo *más de* un litro.

For that reason
wine glasses
clay, more than

damajuana

Cuando el español organiza una excursión o *jira,* lleva
una damajuana, la cual contiene diez o más litros.
Es mucho más grande que el botijo, y está hecha de *vidrio.*
Es conveniente comprar siempre damajuanas que tengan
un *revestimiento de mimbre.* Detalle importante: la mayoría
de los españoles no beben más de lo que su sentido de
dignidad les permite.

picnic

glass

wicker covering

Práctica   **I.**   Conteste Ud.

1. ¿Por qué decimos que el español es un ser gregario?
2. ¿Cómo pasa muchos ratos de su vida?
3. ¿Cuáles son dos variantes de la vasija?
4. ¿Cómo debemos usar la bota y el botijo?
5. ¿De qué material es la bota?
6. Y el botijo, ¿de qué material es?
7. ¿Por qué prefieren los españoles usar la bota y el botijo?
8. ¿Qué es una jira?
9. ¿Qué es una damajuana?
10. ¿De qué está hecha la damajuana?

II. Preguntas personales.

1. ¿Le gusta a Ud. la compañía de otras gentes? Explique.
2. ¿Cuándo y dónde prefiere Ud. estar con sus amigos?
3. ¿Qué expresiones de amistad son comunes entre los norteamericanos?
4. Algunos escritores españoles han dicho que el norteamericano es un ser poco gregario. ¿Qué cree Ud.?
5. ¿Hay algo en la vida norteamericana que limita la vida social? Explique.

COMENTARIO GRAMATICAL

43. Irregular comparisons

There are a few adjectives that have an irregular comparison (a, b) and others that have both a regular and an irregular comparison (c, d):

POSITIVE	COMPARATIVE	SUPERLATIVE
(a) bueno	mejor	el mejor
(b) malo	peor	el peor
(c) grande	∫ mayor (*age*) ⎩ más grande (*size*)	∫ el mayor (*age*) ⎩ el más grande (*size*)
(d) pequeño	∫ menor (*age*) ⎩ más pequeño (*size*)	∫ el menor (*age*) ⎩ el más pequeño (*size*)

The adjectives **grande** and **pequeño,** as shown in the preceding chart, are compared irregularly if they refer to age; they are compared regularly, if they refer to size:

Él es mayor que Juan. *He is older than John.*
Él es el mayor. *He is the eldest.*
También es el más grande de la familia. *He is also the biggest in the family.*

Práctica I. Complete Ud. las siguientes oraciones según el modelo.

Modelo: Esta casa es (newer than) . . .
Esta casa es más nueva que la nuestra.

1. Ese muchacho es (older than) . mayor que
2. Creo que la mayoría de sus parientes son (richer than) . mas ricos
3. Esos apartamentos son (more expensive than) . . mas caros que estos
4. Tu situación es (worse than) . peor que
5. Ella estaba (less tired than) . . .

6. Yo soy (smaller than) . *mas pequeño que*
7. Juanita es (taller than) . *mas alta de*
8. Mi tío es (younger than) . *menor que yo*
9. Su jira fue (less interesting than) . . .
10. Mis amigos son (older than) . *mejores que*

II. Invente Ud. una oración incluyendo las palabras sugeridas.

> Modelo: la más pequeña
> Ella es la muchacha más pequeña del grupo.

1. las más inteligentes
2. los más difíciles
3. los mejores
4. el peor
5. la más grande
6. el más pequeño
7. los más ricos
8. la más elegante
9. las más distinguidas
10. las menores

44. Translations of *than*

The word *than* has the following Spanish equivalents.

A. When two things or persons actually mentioned are compared, *than* is translated by **que**:

Esta cama es más grande **que** la mía.　*This bed is larger than mine.*
Miguel es más inteligente **que** Alberto.　*Michael is more intelligent than Albert.*

B. When a comparison is made between two things or persons and the second element of the comparison is not mentioned but is only understood, Spanish employs one of the following four forms:

SINGULAR	PLURAL
del que	de los que
de la que	de las que

No compre Ud. más pan **del que** necesita.　*Don't buy more bread than (the bread) you need.*

No me traiga Ud. más sopa **de la que** pedí.
Don't bring me more soup than (the soup) I asked for.

Una vez me dieron más paquetes **de los que** podía llevar a casa.
Once they gave me more packages than (the packages) I could carry home.

No corte Ud. más flores **de las que** va a emplear.
Do not cut more flowers than (the flowers) you are going to use.

C. If the second element of the comparison is an idea rather than a specified noun, Spanish employs **de lo que**:

Él es más rico **de lo que** Ud. cree. *He is richer than (what) you think.*
Yo trabajo más rápidamente **de lo que** Ud. se imagina.
I work more quickly than (what) you imagine.
Ellos suelen gastar menos **de lo que** Ud. piensa.
They usually spend less than (what) you think.

D. *Than* is translated by **de** before numerals or numerical expressions:

Tenemos **más de** seis dólares. *We have more than six dollars.*
No tenemos **más de** seis dólares. *We do not have more than six dollars.*

If the speaker wishes to say *only* in place of *no more than*, he may use **no . . . más que**:

No tengo **más que** seis dólares. *I have only six dollars.*

Práctica **I.** ¿Cómo expresaría Ud. *than?*

de lo que 1. Todo eso costaría mucho más (than) tengo.
de la que 2. Había menos nieve (than) esperábamos.
de la que 3. En la fiesta había más gente (than) habíamos invitado.
mas que 4. Ella no puede tener (more than) veinte años.
de lo que 5. Nos resultó más difícil (than) yo pensaba.
que 6. Ud. es más alto (than) su padre.
de lo que 7. Verá Ud. que es menos caro (than) Ud. supone.
mas de 8. Le hemos llamado (more than) cinco veces.
de lo que 9. No compre Ud. más (than) Ud. necesita.
que 10. Ud. es persona mucho más idealista (than) yo.
que 11. Uds. tienen más problemas (than) nosotros.
de las que 12. Nos enviaron más frutas (than) habíamos pedido.

II. Complete Ud. empleando una comparación.

Modelo: Nos mandaron más dinero. . .
Nos mandaron más dinero del que habíamos pedido.

1. Ud. espera de todos nosotros más. . .
2. Esto es mucho más interesante. . .
3. En esa ciudad había menos oportunidades para trabajar. . .
4. Estamos preocupados porque hemos gastado. . .
5. En esta clase hay más. . .
6. En mi coche puedo llevar más personas. . .
7. Vamos a necesitar más platos. . .
8. Llegarán más tarde. . .
9. Para eso es necesario tener más tiempo. . .
10. Estoy más enfermo. . .

WORD DISCRIMINATION

1. Conveniente, recomendable, aconsejable

Conveniente does not mean *convenient,* but *suitable* or *reasonable:*

Escogeremos un lugar conveniente.   *We will select a suitable place.*
Me lo ofrece a un precio conveniente.   *He is offering it to me at a*
reasonable price.

Conveniente also means *advisable;* in this sense it is the equivalent of **recomendable** or **aconsejable:**

No es conveniente (aconsejable) salir a la calle a esa hora.
It is not advisable to go out at that (unusual) hour.

2. He ahí (aquí), aquí tiene Ud., aquí está

He ahí (aquí) is used when one wishes to point out something:

He ahí las consecuencias.   *Those are (Now you can see) the*
consequences.

Aquí tiene Ud. (Aquí tienes tú) are stock expressions employed only when something is delivered or given to another person:

Aquí tiene Ud. su sombrero, señor.   *Here is your hat, sir.*

Aquí está merely tells where a thing is:

Aquí está el azúcar.   *Here is the sugar.*

3. Por consiguiente, por lo tanto, por eso (esto), por esa (esta) razón

All these phrases establish a deduction, but the last two are more colloquial. They can be translated by *therefore, for this (that) reason,* etc.:

Tenía mucha sed; por eso (por esta razón), pedí una cerveza.
I was very thirsty; for that reason, I asked for a beer.
Tú no has trabajado; por consiguiente (por lo tanto), no te daré dinero.
You have not worked; therefore, I shall not give you any money.

Práctica   Exprese en español.

No es aconsejable   1. (It isn't advisable) dejar tu puesto ahora.
Aquí lo tiene   2. —¿Dónde está mi sombrero? —(Here it is.)
He aquí   3. Hablando de mi problema, me dijo: (Here is) la solución.
mas conveniente   4. Ésta es la manera (most suitable) de hablar con nuestros jefes.
Aquí está   5. (Here is) el Centro Cubano.
Por consiguiente   6. No quisieron seguir mi ejemplo; (therefore), no les ayudaré más.
Aquí tiene   7. (Here is) el dinero que Ud. me pidió.
aconsegable   8. Esa solución no es (advisable).
He aquí   9. Refiriéndose a las malas acciones de mi hermano, dijo: (Here is) la causa de todas ellas.
por esa razón   10. Es muy caro y, (for that reason), no lo voy a comprar.

Por todo el mundo hispánico, los amigos se reúnen para charlar, tomar café y jugar al dominó.

LECTURA Y DISCUSIÓN

Una opinión sobre España

Ayer *dictó* una *conferencia* en la Confederación de
Estudiantes nuestro distinguido corresponsal, el Sr.
Eugenio Rivera y Lagos, quien acaba de volver, después
de pasar los dos últimos años en España. El tema de su
charla fue: ¿Es España diferente? Reproducimos *a
continuación* las ideas principales discutidas por nuestro
compañero de trabajo.

gave, lecture

discussion, below

* * * * *

En todo español hay una *fe inconmovible* en los valores
nacionales. Es esta fe la que le lleva a sentirse *igual a
cualquier* otro ciudadano del mundo. Al juzgar la
comunidad mundial lo hace siempre desde el mismo
punto de vista: su tierra. Es de tal naturaleza *dicha* fe que
aun las más violentas críticas de «*los de fuera*» no son
suficientes para destruir su *apego* a lo español.

faith, unshakable

as good as, any

the aforementioned

the outsiders

attachment

Aun aquello que para otros es un defecto puede ser para un español una virtud. Éste es el caso de la indiferencia con que el español mira las demandas del tiempo. Cuando promete llegar «*sobre*» las cinco, y llega a las cinco y media, está diciendo: el hombre es más importante que el reloj.

"around"

El aparecer ante *los demás* como *amo* de sus obligaciones es, para el español, casi una necesidad. En los momentos de más *ajetreo oficinesco* halla tiempo para una *amena* conversación con un visitante. Esta aparente *despreocupación*, claro está, puede obligarle a permanecer en su despacho un buen *trecho de tiempo, por encima de* las horas *reglamentarias*.

the others, master

bustle, office, entertaining

relaxation
while, over and above
regular

El español es, ha sido y será por mucho tiempo un individualista. *No debe extrañarnos,* por lo tanto, que sea muy difícil en España moldear la opinión pública.

It should not be surprising to us

Al español le encanta la discusión, porque *a través de ella,* puede demostrar su originalidad y su *ingenio*.

through it
wit (ingenuity)

El español tiene un marcado respeto de sí mismo. He ahí la fuente primaria de eso que se ha llamado *a través de* los siglos, el «honor español». Éste es un profundo sentido de dignidad personal, al cual todo hombre, aun el de *más ínfima* condición social, tiene derecho.

through

lowest

¿Es España diferente?— se preguntó el conferenciante al terminar. Su contestación fue categóricamente afirmativa.

Práctica   I.   Escoja Ud. el equivalente de la palabra en cursiva.

   1. En todo español hay una fe *inconmovible* en los valores nacionales.
      a. inevitable
      b. firme
      c. increíble

   2. Es de tal naturaleza dicha fe que aun las más violentas críticas de «los de fuera» no son suficientes para destruir su *apego* a lo español.
      a. amor
      b. odio
      c. temor

3. Cuando promete llegar «*sobre*» las cinco, y llega a las cinco y media, está diciendo: el hombre es más importante que el reloj.
   a. detrás de
   b. encima de
   c. a eso de

4. Para el español es casi una necesidad aparecer ante *los demás* como amo de sus obligaciones.
   a. los otros
   b. las visitas
   c. los de fuera

5. En los momentos de más ajetreo oficinesco halla tiempo para una *amena* conversación con un visitante.
   a. bella
   b. divertida
   c. ligera

6. Esta aparente despreocupación, claro está, puede obligarle a *permanecer* en su despacho un buen trecho de tiempo, por encima de las horas reglamentarias.
   a. despedirse
   b. quedarse
   c. callarse

7. No debe extrañarnos, *por lo tanto*, que sea muy difícil en España moldear la opinión pública.
   a. por ejemplo
   b. por favor
   c. por consiguiente

8. Éste es un profundo sentido de dignidad personal, al cual todo hombre, aun el de *más ínfima* condición social, tiene derecho.
   a. más baja
   b. más alta
   c. más famosa

II. Preguntas personales.

1. ¿Mira Ud. las demandas del tiempo con indiferencia? Explique.
2. Algunos dicen que siempre tenemos tiempo para hacer lo que realmente nos importa, y que si no lo hacemos es porque no nos importa mucho. ¿Es verdad? Explique.
3. ¿Critica Ud. mucho su país, sus instituciones, sus tradiciones y sus políticos? ¿Por qué?
4. En nuestro país las encuestas públicas son muy importantes. ¿Qué puede indicar esto con respecto a nuestra personalidad, colectiva e individual?
5. ¿Se considera Ud. un individualista? Explique.

COMENTARIO Y TRADUCCIÓN

I. Exprese Ud. una opinión sobre los siguientes puntos.

1. Explique Ud. por qué mucha gente que no necesita automóvil no puede vivir sin automóvil.
2. ¿Cree Ud. que es un error tener coches (autos) demasiado grandes? ¿Por qué?
3. ¿Es verdad que en la vida moderna es difícil ser una persona gregaria? ¿Por qué?
4. ¿Por qué es la calle un lugar de reunión y de paseo en España, y no en los Estados Unidos?
5. En los países hispánicos el arte de conversar es muy importante. ¿Ocurre lo mismo en los Estados Unidos? Explique.

II. Examine Ud. el dibujo de la página 218, y describa Ud. la escena. Palabras útiles: chocar, frenar, manejar, romper; dueño del coche (auto), policía, puerta, llanta.

III. Exprese Ud. en español.

1. The heaviest cars are not the most practical.
2. They will come at the most suitable hour.
3. There are more people here than you think.
4. Who is the eldest in your family?
5. Sir, here is your umbrella. It was under your chair.
6. I am afraid these beds are worse than the others.
7. He is in the habit of (He is used to) spending many hours with her.
8. We never buy more than we can eat.

centro de estudios decorativos

Reconocido por el Ministerio de Educacion y Ciencia TITULO OFICIAL DE DECORADOR

EXAMENES DE CURSO EN EL CENTRO

Preparación para el ingreso en BELLAS ARTES

DIRECCION: JOSE M.ª BELDARRAIN

SECUNDINO ESNAOLA, 12-1.º - Tlf. 275307 (de 4 a 7)

SAN SEBASTIAN

Secundino Esnaola 12-1   San Sebastián

APRENDIENDO PALABRAS NUEVAS

Many prepositions join with other words to form new words. Study the combinations and translations that begin each of the following series and try to guess the meanings of the remaining compound words.

ante

ante + anoche = anteanoche (*night before last*)
anteayer
anteojo
antepasado – ancestors

para

para + aguas = paraguas (*umbrella*)
paracaídas — Parachute
parachoques— bumpers
parasol — Parasole

sin

sin + fin = sinfín (*endless amount*)
sinnúmero —
sinrazón –unreasonable
sinvergüenza – shamdess

sobre

sobre todo sobretodo (*above all*)
sobrecama — bedspread
sobrenombre — Nickname
sobreviviente —survivor

VOCABULARIO ACTIVO

Know This

ADJETIVOS

castizo, -a / *genuinely Spanish*
nuevo, -a / *new*
pesado, -a / *heavy*

ADVERBIOS

cuesta abajo / *downhill*
sólo / *only*

MODISMOS

de noche / *at night*
de repente / *suddenly*
echar una mano / *to lend a hand*
una vez / *once*
¡vaya una . . . ! / *what a . . . !*

SUSTANTIVOS

ayuda / *help*
cama / *bed*
carretera / *highway*
cerveza / *beer*
cielo / *heaven*
copa / *drink; glass*

curva / *curve*
el **jerez** / *sherry wine*
jira / *picnic*
mayoría / *most of, greater part*
rato / *while (period of time)*
uso / *use*
vidrio / *glass*

PREPOSICIÓN

entre / *between, among*

VERBOS

andar / *to walk*
despedirse (i) / *to say goodbye* Conjugate
empujar / *to push*
parar / *to stop*
preocuparse / *to be concerned (with); to worry*
seguir (i) / *to continue*
 — de largo / *to keep on going*
soler (ue) / *to be accustomed to*
tocar / *to touch; to play (a musical instrument)*
 toqué

LESSON TWELVE / Review Exercises

Active and passive voices compared

The passive construction, in contrast with the active, expresses the process of being acted upon by something or someone (called the agent). Compare:

ACTIVE	PASSIVE
El librero vende el libro.	El libro es vendido por el librero.
The bookseller sells the book.	*The book is sold by the bookseller.*

In the active construction, the center of attention is the person who performs an act *(the bookseller)*; in the passive, attention is shifted to the thing, person, or event acted upon *(the book)*. Observe that the passive construction is formed with **ser** and a past participle and that the agent, if expressed, is introduced by **por.**

Práctica   Cambie Ud. según el modelo.

   Modelo: Ellos pintan el comedor.
   El comedor es pintado por ellos.

1. Él leyó el poema.
2. Ella recibe el periódico.
3. Ud. escribe el examen.
4. Los muchachos escucharán el disco.
5. Ellos envían el boleto.

Past participle as adjective

In the passive construction, the past participle functions as an adjective and must agree in gender and number with the noun to which it refers:

El informe es **leído** por el público.   *The report is read by the public.*
Los informes son **leídos** por el público.   *The reports are read by the public.*
La novela es **leída** por la clase.   *The novel is read by the class.*
Las novelas son **leídas** por la clase.   *The novels are read by the class.*

Práctica   Cambie Ud. según el modelo.

   Modelo: Él examina la máquina.
   La máquina es examinada por él.

1. El dueño entrevista a los nuevos empleados.
2. El pasajero presenta su pasaporte.
3. Un experto maneja el coche.
4. Mis abuelos reciben mis flores con gusto.
5. Preparan los postres.
6. Todos admiran sus costumbres.
7. Examinan su diploma.
8. El profesor critica mi programa de estudios.

Lección Doce

Los estudiantes de la Universidad de Venezuela hacen cola para matricularse.

ESCENA DE VIDA

Época de exámenes

Apreciado Ernesto:

Tengo que contarte algo de mis más recientes *suplicios*.
En todas las *facultades* la mayor parte de los exámenes son
orales, y es costumbre darles a los estudiantes dos
semanas para que puedan repasar sus *materias*. Este
repaso final es llamado, en lengua estudiantil, «*calentar
exámenes*».

Suelo *reunirme* con Juanita Díaz, una de las mejores
alumnas de nuestra clase. No sé cuántos kilómetros hemos
caminado en parques y jardines, *repasando* una *asignatura
tras* otra. Aunque parezca increíble me he acostumbrado a
estudiar caminando.

Mi *lado flaco* era la filosofía porque no me gusta pensar
en abstracto. Por fin llegó la hora fatal. En la mesa *se colocó*
un montón de tarjetas grandes, también llamadas
«cédulas», todas *boca abajo*. Tuve que escoger tres *al azar*.
En cada una de ellas *se incluían* tres temas. Luego fui
examinado por un comité de tres examinadores. Aquí
todo se hace a base de tres. Durante unos veinte minutos
empleé todo mi ingenio para repetir lo que sabía *de
memoria* y evitar lo que no sabía.

	Dear
	tortures
	colleges (of a university)
	courses (fields)
	review, "to cram"
	meet
	reviewing, course
	after
	weak spot
	was placed
	face down, at random
	were included
	by heart

Cuando todos habíamos sido examinados, el bedel[1] recibió la lista de *calificaciones* y la guardó como si fuera un *tesoro*. Los más ansiosos le pagamos—*de malas ganas* —una pequeña cantidad para saber si habíamos sido *aprobados* o no. Me dieron un cinco; Juanita recibió un siete.[2] Comprendo que le hayan dado la nota más alta porque es la más estudiosa de toda la clase.

grades

treasure, unwillingly

passed

Escríbeme a la *residencia*.

dormitory

Un *abrazo* de tu amigo,

embrace

David

Práctica   I.   Conteste Ud.

1. Si un compañero le dice que está estudiando cinco materias, ¿qué entendería Ud.?
2. ¿Qué significa *repasar* una asignatura?
3. ¿Qué entiende Ud. cuando alguien habla de su «lado flaco»?
4. ¿Qué es una «cédula», en el mundo universitario?
5. En lenguaje estudiantil, ¿qué quiere decir «calentar exámenes»?
6. Los alumnos suelen decir que la clase de filosofía es difícil. ¿Por qué?
7. En los exámenes orales, ¿qué evitan siempre los alumnos?
8. ¿Cuánto dura un examen, más o menos?
9. ¿Qué expresión podemos usar para decir que hacemos algo contra nuestra voluntad?
10. ¿Quién es el bedel y qué hace?

---

[1]El bedel es un empleado que hace varios trabajos para los profesores, y da toda clase de información a los alumnos. Viste un uniforme azul con botones de plata. Es muy amable con sus superiores, y un tirano con los alumnos. Una de sus actividades tradicionales es abrir la puerta de la clase y anunciar la terminación de la hora diciendo: —Señor catedrático (*university professor*), ya es la hora—.
[2]Una breve explicación de las notas se halla en la página 246.

II. Dé Ud. los sinónimos de las siguientes palabras.

1. apreciado   (a) tarjeta
2. suplicio   (b) querido
3. asignatura   (c) facultad
4. repasar   (d) curso
5. cédula   (e) poner
6. reunirse   (f) calentar exámenes
7. colocar   (g) nota
8. calificación   (h) sufrimiento
                      (i) encontrarse
                      (j) bedel

VOCABULARIO ÚTIL

CURSOS NOCTURNOS INTENSIVOS

8–10 P.M. Lunes, Miércoles, Viernes
UNIVERSIDAD NACIONAL
Facultad de Letras y Ciencias

—Clases para *principiantes:* Química Orgánica; Física   beginners
Elemental; Elementos de Biología. *Derechos* de   Fees
laboratorio.

—Clases intermedias en Ciencias Sociales: Antropología
Social; Introducción a las Ciencias Políticas. Discusión
y Lecturas Suplementarias; Fundamentos de
Psicología. Requisito: Sociología 1.

—Clases avanzadas: Comercio 20—Administración de
Empresas; Comercio 22—Cálculo de Costos.   Business
Requisito: Matemáticas 1, 2.

—Seminario: Economía del Mercado (Procesos y
orientación de una economía libre).

—Trabajos prácticos: Arte Dramático (*Escenificación* y   Staging
actuación); Pintura al Óleo (sólo para principiantes).   acting

| Posibilidades de *revalidación* | validation |
| *Matrícula* limitada | Enrollment |

Pedir informes a   Request
EXTENSIÓN UNIVERSITARIA
Huérfanos 272 - Of. 12
Tel. 65901

Práctica   Conteste Ud.

1. ¿Qué institución ofrece cursos intensivos?
2. ¿Qué días?
3. ¿A qué hora?
4. ¿Qué clases hay para principiantes?
5. ¿Cuál de las clases intermedias le parece a Ud. más difícil?
6. ¿Quiénes estudiarían las clases avanzadas?
7. ¿Qué ciencia social estudia las varias formas de gobierno?
8. ¿Qué estudian los antropólogos?
9. ¿En qué campo se estudian los fenómenos del espíritu humano?
10. ¿Qué se incluye en la clase de arte dramático?

COMENTARIO GRAMATICAL

45. The passive voice construction

The passive voice construction can be used in all the tenses of the indicative and subjunctive. Observe that when this construction does not have an expressed agent, it is generally understood:

> Los alumnos son (fueron, eran, serán, serían) examinados.
> *The students are (were, were, will be, would be) examined.*
> Dudo que esos paquetes sean (fuesen) demasiado pesados.
> *I doubt that those packages are (were) too heavy.*

The passive voice may also appear as part of a perfect tense. These constructions have an exact counterpart in English:

> Mi amiga ya ha (había,[3] habrá, habría) sido aprobada.
> *My friend has (had, will have, would have) been passed already.*
> ¿Dudas (Dudabas) que haya (hubiera) sido invitado?
> *Do you (Did you) doubt that he has (had) been invited?*

Práctica   **I.** Cambie Ud. según el modelo.

> Modelo: El público aplaudió el programa.
> El programa **fue aplaudido** por el público.

(a) *en pasado*
1. Mis tíos vendieron la casa de campo.
2. La Municipalidad pintó las tres casas.
3. La muchacha recibió el telegrama durante la cena.
4. La universidad admitió a dos jóvenes extranjeros.

---

[3]A preterite perfect is possible but generally not used.

(b) *en futuro*
1. El gobierno no aceptará sus planes.
2. El comité examinará a toda la clase.
3. La policía acompañará a las dos señoritas.
4. Los alumnos escogerán las asignaturas.

(c) *en condicional*
1. El candidato pagaría los derechos de matrícula.
2. Todos estudiarían las mismas asignaturas obligatorias.
3. Los empleados de la biblioteca traerían los libros.
4. El bedel cerraría las puertas.

II. Exprese Ud. en español.

1. Todo (has been explained).
2. Los periódicos (have been read) por toda la clase.
3. Las tartas (had been prepared) el día anterior.
4. Supongo que la fábrica (will have been sold).
5. El trabajo (had been finished).
6. Las chicas (would have been invited).

III. Invente Ud. oraciones según el modelo.

Modelo: (construir) Las casas _____ por. . .
Las casas **son (fueron, serán,** etc.) **construidas** por el arquitecto.

1. (corregir) Los errores _____ por. . .
2. (escribir) Esa carta tan impertinente _____ por. . .
3. (leer) El anuncio _____ por. . .
4. (organizar) Esa tremenda fiesta _____ por. . .
5. (invitar) Las chicas _____ por. . .
6. (preparar) La merluza _____ por. . .
7. (tocar) La sonata _____ por. . .
8. (hacer) El trabajo más difícil _____ por. . .
9. (admitir) Los jóvenes _____ por. . .
10. (explicar) Las obligaciones de los empleados _____ por. . .

46. Substitutes for the passive voice

The true passive voice explained in Section 45 is not as common, in conversational Spanish, as the two substitutes presented here.

A. The third-person plural "they"
The indefinite third-person plural form is preferred to the true passive voice when the agent is not expressed. Compare:

The dishes are washed in the kitchen. Lavan los platos en la cocina.
("They" wash the dishes in the kitchen.)
Those boys were not invited. No invitaron a esos muchachos.
("They" did not invite those boys.)

In each example "they" is unidentified, as in the English sentence "They say you should not eat with your knife" (Who is "they"?).

B. The impersonal passive or **se** construction

The **se** construction is the most frequent substitute for the true passive voice in Spanish. It is used without reference to an agent and usually appears at the beginning of a sentence. This construction requires the use of **se** and a verb, simple or compound:

Se venden (Se vendieron) tarjetas.   *Cards are (were) sold.*
Se ha (Se había) comprado todo lo necesario.
   All that was necessary has been (had been) purchased.
Se estaban haciendo zapatos.   *Shoes were being made.*

Notice that the **se** construction takes either a singular or a plural verb in the third person, depending on whether reference is made to one or more objects:

SINGULAR	PLURAL
Se explica el problema. *The problem is explained.*	Se explican los problemas. *Problems are explained.*
Se presentó el drama. *The drama was presented.*	Se presentaron dos dramas. *Two dramas were presented.*
Se construirá un edificio aquí. *A building will be built here.*	Se construirán tres edificios aquí. *Three buildings will be built here.*

There are many instances when you may use the **-se** construction, the third-person plural "they," or the true passive construction without reference to an agent:

Se construyen las casas en verano. ⎫
Construyen las casas en verano. ⎬ *Houses are built in the summer.*
Las casas son construidas en verano. ⎭

Se recibió el regalo con alegría. ⎫
Recibieron el regalo con alegría. ⎬ *The gift was received with delight.*
El regalo fue recibido con alegría. ⎭

If the agent is not expressed because it is unimportant in your mind, use the **se** construction. If the agent is important, though not expressed, use the true passive construction. The **se** construction and the indefinite "they" prevail in ordinary conversation.

Práctica I. Cambie Ud. según el modelo.

Modelo: El profesor fue invitado.
Invitaron al profesor.

1. Un gran edificio de apartamentos será construido ahí.
2. Mis dos canciones fueron publicadas.
3. El cuento fue leído de malas ganas.
4. Los modelos son mostrados al público.
5. La cena será preparada pronto.
6. Todas las ventanas fueron rotas.

II. Cambie Ud. al plural usando el numeral *dos*. (Traduzca las nuevas oraciones al inglés.)

Modelo: Se estudia un campo en esta asignatura. *(One field is studied . . .)*
Se estudian dos campos en esta asignatura. *(Two fields are studied . . .)*

1. Este mes se recibió una carta.
2. Mañana se preparará una tarta.
3. Ayer se vendió un coche.
4. Aquí se pondrá una mesa.
5. Mañana se presentará una cuenta.
6. El lunes se mandó un cheque al banco.
7. Este verano se hará sólo un viaje.
8. Este mes se terminará una de estas casas.

III. Use Ud. la forma correcta del verbo en los tiempos indicados, empleando la construcción pasiva con **se.**

1. (estudiar) _____ diez páginas en clase. (futuro)
2. (preparar) _____ el pescado en la cocina. (condicional)
3. (poner) _____ los platos en la mesa. (pretérito)
4. (usar) _____ ese cuchillo para cortar la carne. (presente perfecto)
5. (recibir) Ayer _____ malas noticias. (pretérito)
6. (explicar) Ayer _____ todas las dificultades. (pretérito)
7. (comenzar) Mañana _____ el trabajo. (futuro)
8. (pagar) Mañana por la mañana _____ los derechos de matrícula. (futuro)

IV. Conteste Ud. afirmativamente según el modelo.

Modelo: ¿Se recibe la correspondencia todos los días?
(a) Sí, señor, se recibe la correspondencia todos los días.
(b) Sí, señor, la correspondencia es recibida todos los días.
(c) Sí, señor, reciben la correspondencia todos los días.

1. ¿Se venden ahora los automóviles a precios bajos?
2. ¿Se envían los cheques el primero del mes?
3. ¿Se pagarían todas las cuentas a fin de mes?
4. ¿Se lavan aquí las ropas todas las semanas?
5. ¿Se exportarán estos productos en gran cantidad?
6. ¿Se ocupan siempre todos los asientos?
7. ¿Se han traducido las buenas obras al inglés?
8. ¿Se respetan las buenas costumbres?

BOCETO CULTURAL
La *libreta* de notas

booklet

En los *liceos* hispanoamericanos (también llamados institutos, o escuelas secundarias) es costumbre dar notas cada mes, en los diferentes *ramos* que estudian los alumnos.

high schools

fields

Las notas se dan en una libreta que tiene una página para cada mes. Los meses del año escolar van desde abril hasta comienzos de diciembre, con vacaciones de primavera en septiembre. Los alumnos están obligados a mostrar la libreta a sus padres todos los meses. No se permite a los muchachos continuar en la escuela si no devuelven la libreta *firmada dentro de* tres días.

to show

signed, within

Reproducimos aquí la *cubierta* y dos páginas de una libreta de notas.

cover

Liceo Andrés Bello

LIBRETA DE NOTAS

Nombre: <u>Luciano Lecuna, hijo</u>

Montevideo

Página 1

ESCALA DE NOTAS[4]

1. Muy malo
2. Malo
3. Menos que regular

. . . .

4. Regular
5. Bueno
6. Muy bueno
7. Excelente

Importante: La nota más baja para aprobar una asignatura es 4.

---

[4]En algunos países se emplea una escala de notas (calificaciones) que va de 1 a 10. También se emplean diferentes descripciones:

1–4 no aprobado
5–7 aprobado
  8 superior
  9 notable
10 sobresaliente

Página 9

Curso _____*III*_____

Mes de _____*Julio*_____

Asignaturas	Conducta	Aptitud
Arte	5	4
Botánica	6	3
Castellano[5]	6	6
Francés	5	2
Geografía	6	4
Historia	6	5
Inglés	3	2
Matemáticas	6	2
Zoología	7	4

****

Canto	6	6
Educación física	7	7
Trabajos manuales	7	7

Firma del profesor *José O. Ronós* Fecha *7 de agosto*

Firma del *apoderado* *Ma. del Carmelo L. de Machará*   guardian

---

[5]En muchos lugares del mundo hispánico se llama «castellano» al idioma español.

Conteste Ud.

1. ¿Diría Ud., en términos generales, que este alumno es bueno, regular, o malo?
2. ¿En qué asignatura ha recibido las mejores notas?
3. ¿Cuáles son sus asignaturas más difíciles?
4. ¿Qué profesor tiene una mala opinión de la conducta de este alumno?
5. ¿Cuántos meses lleva este alumno estudiando en el tercer curso?
6. ¿Qué observa Ud. en relación con el estudio de lenguas extranjeras?
7. La página 9 de la libreta está firmada por dos personas. ¿Quiénes son?
8. ¿Es verdad que en su escuela suelen suspender a muchos alumnos? ¿Por qué?

COMENTARIO GRAMATICAL

47. The *se* construction versus the impersonal construction

A. As shown in Section 46, the **se** construction may call for a verb in the singular or in the plural when referring to *things*. If the speaker refers to one or more *persons,* the verb of the **se** construction is invariably in the singular; furthermore, the person or persons mentioned are introduced by the preposition **a:**

> **Se recibió a** don Pedro con mucha ceremonia.   *Don Pedro was received most ceremoniously.*
> **Se recibió a** los visitantes ayer.   *The visitors were received yesterday.*

If you think of **se** as meaning "someone," the singular verb will be more readily understood.

NOTE: The use of **se** with pronouns will be presented in Section 68.

B. When a sentence has an indefinite subject, Spanish uses an impersonal **se** with a verb in the third person singular. The common English equivalents of this impersonal subject are *one, people, you,* etc. It is difficult at times to distinguish between a **se** construction (passive voice) and an impersonal **se** construction. Observe the double meaning in the following example:

> Se admira la virtud. $\begin{cases} \textit{Virtue is admired. (passive)} \\ \textit{One admires virtue. (impersonal)} \end{cases}$

However, there are many instances in which only the impersonal construction is possible. This usage is common in notices and posted signs, which are often rendered in English by set expressions. Most of these statements express impersonal directives or warnings:

> Se entra por aquí.   *One enters through here. (Enter here.)*
> Aquí no se fuma.   *One does not smoke here. (No smoking here.)*

Práctica   **I.** Cambie Ud. según el modelo.

        Modelo: (aplaudir) Siempre _____ los niños precoces.
                  Siempre **se aplaude a** los niños precoces.

Se admira a 1. (admirar) _____ los buenos actores. *se admiran a los b°* (reflexive: admire themselves or each other)
se espera a 2. (esperar) _____ los senadores esta tarde.
      3. (apreciar) _____ *a* las personas de ingenio.
Se invita a 4. (invitar) Siempre _____ la mayor parte de los vecinos.
      5. (reconocer) _____ los grandes maestros.
Se criticaron 6. (criticar) En la reunión de ayer _____ los malos periodistas.
      7. (entrevistar) Mañana sólo _____ los candidatos con título universitario.
      8. (recibir) _____ los más ansiosos en la sala de recibo.
consultará a 9. (consultar) En el futuro _____ los expertos.
      10. (enviar) El año pasado _____ cinco investigadores especializados en ciencias.

II. Exprese Ud. en español.

1. You do not (One does not) drink here.
2. You cannot (One cannot) enter without paying.
3. You do not (One does not) talk during the written examination.
4. People live (One lives) well in this country.
5. No singing (One does not sing) at night.
6. You eat well (One eats well) here.
7. No driving (One does not drive) at less than thirty miles per *(por)* hour.
8. No smoking (One does not smoke) in class.

48. Resultant state construction

The true passive construction answers the question, "By whom is it (was it) done?" For example:

    La silla fue pintada **por mi padre.**   *The chair was painted by my father.*

When the past participle follows the verb **estar** it no longer denotes action but a resultant state:

    La silla está pintada.   *The chair is painted.*

The resultant state construction *is not a true passive.* It answers the question, "In what state or condition is it now (was it before)?" Note that the past participle still must agree with the noun to which it refers:

    Mi trabajo está hecho.   *My work is done.*
    Los libros están terminados.   *The books are finished.*

Práctica   **I.**   Complete Ud.

1. El libro está escrito en español.
   La novela _____. *está escrta*
   Los recientes informes _____. *están escritos*
   Las dos primeras partes _____. *están escritas*

2. La casa estará terminada este verano.
   Los edificios _____. *estarán terminados*
   El piso _____.
   El museo _____.

3. La ropa está bien hecha.
   Los vestidos _____.
   Su traje _____. *hecho*
   Las blusas _____.

4. El dibujo está bien reproducido.
   Las páginas _____.
   Los documentos _____.
   El artículo _____.

5. La fiesta estaba bien organizada.
   Las reuniones _____.
   El programa _____.
   Sus conferencias _____.

II.   Complete Ud. con **ser** o **estar**.

1. Hemos terminado nuestro trabajo. Nuestro trabajo... *está terminado*
2. Vendían flores en el mercado todos los días. Las flores. *eran vendidas*
3. Mi madre preparó el pescado. Luego anunció: El pescado. *está preparado*
4. Ella tenía que escribir cinco cartas. Después de escribirlas, dijo: Las cartas.. *están escritas*
5. Las alumnas preguntaron: ¿corrigió Ud. los exámenes? Y el profesor contestó: Sí, los exámenes ya. *están corregidos*
6. —¿Quiere Ud. venderme este cuadro? —No puedo, el cuadro ya. *está vendido*
7. —Abra Ud. la ventana, señorita. —No es necesario, señor, porque Juanito lo está haciendo. La ventana. *está abierta*
8. —¿Por qué no ha hecho Ud. su trabajo? —Ud. no tiene razón, señor. Mi trabajo ya. *está hecho*
9. ¿Es verdad que el profesor leerá todas las composiciones? —Sí, así es. Todas las composiciones.. *serán leídas*
10. ¿A qué hora recibirán ellas la correspondencia? —La correspondencia... *ya está recibida*

WORD DISCRIMINATION

1. Asignatura, curso

An **asignatura** is a course. In many Spanish-American countries the common word for *course* is **curso**, although the noun **asignatura** is also used in the same sense. In Spain the noun **curso** designates the total number of courses taken in one year, most of them required. A college career may consist, for example, of four or five **cursos**, called **1er curso**, **2^0 curso**, **3er curso**, etc.:

> El Álgebra, el Francés y la Dinámica de la Conducta Social son asignaturas obligatorias.   *Algebra, French, and Dynamics of Social Behavior are required courses.*
> Roberto comienza el tercer curso ahora.   *Robert is beginning his third year now.*

2. Conferencia, lectura

A **conferencia** is an oral exposition, a lecture; **lectura** refers to a reading or the process of reading:

> ¡Qué conferencia tan erudita!   *What a learned lecture!*
> Su lectura es vacilante.   *His (manner of) reading is hesitating.*

3. Residencia, dormitorio

A **residencia** is a building in which students live. **Dormitorio** is the equivalent of **alcoba** (bedroom). In some Spanish-American countries the word **dormitorio** is now being used to mean **residencia**:

> Estoy viviendo en una residencia de estudiantes.   *I am living in a dormitory.* (Spain)
> ¿Cuál es su dormitorio?   *Which is your dormitory?* (Spanish America)
> Su dormitorio no es muy grande.   *His (bed)room is not very large.*

inlingua
ESCUELA DE IDIOMAS
371-6214

UD. SABE INGLES

pero comprende que

NECESITA perfeccionarlo
NECESITA hablarlo con soltura en sus actividades profesionales, de negocios y sociales.
NECESITA nuestros cursos intensivos,
dos a sus necesidades y nivel de
con profesores

CURSOS INTENSIVOS DE INGLES CON INSTRUCCION PRIVADA

Práctica   **I.**   Dé Ud. una definición de las siguientes palabras en español.

1. lectura
2. conferencia
3. asignatura
4. dormitorio
5. curso

II.   Preguntas personales.

1. ¿Qué persona famosa da conferencias muy interesantes? ¿Sabes cúanto dinero recibe por cada conferencia?
2. ¿Cuántas asignaturas tiene Ud. este semestre? ¿Cuál es su asignatura favorita?
3. ¿Dónde vives, en un apartamento o en una residencia? ¿Cuál prefieres? ¿Por qué?
4. ¿Cuántos años hace que estudias aquí? ¿Vas a continuar aquí? ¿Por qué (no)?
5. ¿Qué lecturas modernas te gustan especialmente? ¿Por qué?
6. ¿Qué vas a hacer dentro de tres o cuatro años?
7. ¿Sabes el libro de memoria? Explica.
8. ¿En qué fecha tendremos el examen final?

LECTURA Y DISCUSIÓN

Ocurrencias de un sabio

Eccentricities

Don Marcelino Menéndez y Pelayo, el famoso *catedrático* español, era muy respetado por su *indiscutible* erudición. Todos sus alumnos conocían, *al menos de* nombre, sus voluminosas obras, muchas de las cuales eran leídas sólo por expertos y especialistas.

(university) professor, unquestionable
at least, by

Sus conferencias tenían la reputación de ser un poco *fatigosas,* por estar *recargadas de fechas,* títulos y referencias a lecturas *raras.* Los alumnos tomaban notas con toda la prisa posible, y daban un *respiro* cuando la frase del profesor terminaba con un «etcétera», o con dos. A veces eran tres.

tedious, overloaded with dates
strange (odd)
sigh of relief

Esta práctica del maestro dio *origen* a un curioso *entretenimiento* entre los que estaban sentados en las últimas *filas* de la clase—el juego de «*pares y nones*»: cuando el catedrático decía «etcétera, etcétera», ganaban los pares; con un solo «etcétera», o con tres, ganaban los nones.

rise
pastime
rows, even and odd (numbers)

Uno de los bedeles—gran admirador del «*sabio maestro*»—miró por la ventana más de una vez y, levantando un *índice*, dio a entender a los *jugadores* que eso era feo y desconsiderado. Pero las *apuestas* siguieron *ganando* en popularidad. En esa «infame *casa de juego*»—como decía el bedel—se ofrecían y aceptaban apuestas haciendo indicaciones con los dedos, siempre en el más absoluto silencio.

learned

index finger, gamblers
bets
growing, gambling house

Eso no se podía tolerar más. Un día se acercó el bedel al catedrático y le dijo:

—Don Marcelino: es mi *deber* informarle que en las últimas filas de su clase hay unos *desvergonzados* que *apuestan* a pares y nones.

duty
rascals
bet

—¡Canastos! ¿Y cómo?

—Según el número de veces que Ud. dice «etcétera».

El catedrático le dio las gracias y prometió poner *remedio* a tales abusos.

(a) stop

Pasaron varios días y, cuando menos se esperaba, don Marcelino dijo, al terminar su conferencia:

—España ha sido un *crisol* de razas. En nuestra tierra *se han fundido* celtas e iberos, fenicios, griegos, cartagineses, romanos, visigodos, árabes, etcétera, etcétera,... etcétera,... etcétera,... etcétera—. Y, *dando un fuerte golpe en* la mesa, añadió: —¡Ganan los nones, y *al cuerno* con los pares!

melting pot
have been fused
   (there has been a fusion of)

banging

to blazes

En la Universidad de los Andes (Bogotá, Colombia), unos conversan, mientras que otros se reúnen para calentar exámenes a última hora.

Práctica   **I.**   Conteste Ud.

1. ¿Por qué hacían apuestas los alumnos de D. Marcelino?
2. ¿Qué reputación tenía el catedrático?
3. ¿Qué costumbre tenía el profesor?
4. ¿Dónde se hacían las apuestas?
5. ¿Qué pensaba el bedel de los jugadores?
6. ¿Qué le dijo el bedel al profesor?
7. ¿Qué prometió éste?
8. ¿Por qué es España un crisol de razas?
9. ¿Por qué ganan los nones?

II.   Invente Ud. preguntas según el modelo.

Modelo: catedrático / erudición
   ¿Quién era un catedrático de gran erudición? *or*
   ¿Cómo sabemos que Menéndez y Pelayo tenía mucha
      erudición?

1. conferencias / fechas
2. alumnos / respiro
3. origen / entretenimiento
4. filas / juego
5. bedel / juego
6. índice / desconsiderado
7. se ofrecían / dedos
8. prometió / abusos

COMENTARIO Y TRADUCCIÓN

I.   Escriba Ud. una carta a un amigo. Dígale algo sobre los siguientes puntos:

1. sus asignaturas (¿cuáles son?, ¿cuántas sigue?, ¿cómo son?)
2. «calentando» exámenes finales (¿dónde?, ¿con quién?, ¿durante cuántos días?)
3. sus notas (¿nota mínima?, ¿cuál es la peor nota?, ¿la mejor?)
4. cursos nocturnos (¿cuáles son para principiantes?, ¿hay clases intermedias?, ¿qué clases hay en comercio?, ¿cuáles son cursos prácticos?)

II.   Exprese Ud. en español.

1. One can leave through (*por*) here.
2. The beds were already sold.
3. All the foreign students will be received.
4. The cups are being sold now.
5. Have you been passed (in your courses) or not?
6. Your work is not done well.
7. Here everything is done on the basis of three.
8. I have become accustomed to studying with her.

APRENDIENDO PALABRAS NUEVAS

You can increase your vocabulary by learning related forms. Study the following words and complete the second and third columns.

Ciencia	Científico	Adjetivo
1. antropología	antropólogo	antropológico, -a
2. arqueología		
3. astrología		
4. biología		
5. geología		
6. psicología		
7. sociología		
8. zoología		

VOCABULARIO ACTIVO

ADJETIVOS

ansioso, -a / anxious
flaco, -a / thin, weak
reciente / recent
regular / fair

MODISMOS

a base de / on the basis of
de malas ganas / unwillingly
de memoria / by heart
la mayor parte / most, the majority

SUSTANTIVOS

abrazo / embrace
asignatura / course
la **calificación** / grade
la **cantidad** / quantity
comienzos / first days
la **facultad** / college
fecha / date
firma / signature
el **jardín** / garden
nota / grade
página / page
el **parque** / park
ramo / area, field
repaso / review
tesoro / treasure
las **vacaciones** / vacation

PREPOSICIONES

dentro de / within, inside of
tras / after

VERBOS

acostumbrarse a / to become accustomed to
aprobar (ue) / to pass (a course)
colocar / to place
escoger / to choose
guardar / to keep
incluir / to include
mostrar (ue) / to show
repasar / to review
reunirse / to meet

Self-test IV

1. Complete Ud. con la forma correcta del verbo reflexivo entre paréntesis.

   1. (lavarse) Ella estaba _lavándose_ las manos.
   2. (sentarse) Nosotros _nos_ en la primera fila.
   3. (levantarse) Oye, Juan ¿a qué hora _____ ayer?
   4. (casarse) Ellos desean _____ en seguida.
   5. (acostarse) Yo _____ demasiado tarde.

2. ¿Sentir, sentirse o sentarse?

   1. Yo _____ olvidado.
   2. Ellos _____ mucha hambre.
   3. Todos nosotros _____ felices durante las próximas vacaciones.
   4. ¿Por qué _____ tú en el suelo anoche durante la fiesta?

3. Exprese Ud. en español.

   1. (Traveling) resulta muy caro hoy día.
   2. (On arriving) al aeropuerto, me informaron que se había cancelado el vuelo.
   3. (Upon leaving) me entregó todos los paquetes.
   4. Nos mandó que (to leave).
   5. Piense (before) hablar.
   6. Le hablé (after) salieron los otros.
   7. Le ordené (to sit down).
   8. Como no estudiaba, (they had [made] him) estudiar.
   9. Señor, (here are) sus boletos.
   10. (Here is) la solución del problema.
   11. (She refused to) hacerlo.
   12. (It is necessary for us to see) al médico. (*Give one of two possible translations.*)
   13. Es (the worst) alumno de la clase.
   14. Ella es (older) que yo.
   15. Tú eres mucho más (smaller) que él.
   16. ¿Cuál es (the best) plato aquí?
   17. No me traiga más café (than) pedí.
   18. Ella trabaja más (than) Ud. piensa.

4. Cambie Ud. a la voz pasiva.

1. Él hará el trabajo.
2. Mi prima recibió las flores.
3. Habían examinado el coche.
4. Juan abrió la carta.

5. Dé Ud. la forma correcta de **ser** o **estar.**

1. Cierran la biblioteca a las 4:00; son las 4:05. La biblioteca _____ cerrada.
2. —¿Quién abrió la ventana? —_____ abierta por Tomás.
3. Es una novela muy interesante. _____ bien escrita.
4. Sus deudas _____ pagadas ayer.

6. ¿Qué palabras de A corresponden a las de B?

A		B
1. calificación	(a)	cédula
2. dormitorio	(b)	calentar exámenes
3. excelente	(c)	nota
4. tarjeta	(d)	poner
5. catedrático	(e)	curso
6. camino	(f)	alcoba
7. en seguida	(g)	sobresaliente
8. colocar	(h)	profesor
9. asignatura	(i)	carretera
10. repasar	(j)	inmediatamente

7. Exprese Ud. en español.

1. (I lost my) maletas.
2. (She combed her) pelo.
3. (He dropped) el plato.
4. (I became ill) anoche.
5. Los dos (look at each other) con miedo.

LESSON THIRTEEN / Review Exercises

Este – right here
Ese
Aguel

Possessive adjectives: Short forms

Possessive adjectives agree in number and gender with the nouns they modify. The short forms always precede the noun:

WITH SINGULAR NOUN		WITH PLURAL NOUN	
mi	*my*	mis	*my*
tu	*your*	tus	*your*
su	*his, her, its, your*	sus	*his, her, its, your*
nuestro, nuestra	*our*	nuestros, nuestras	*our*
vuestro, vuestra	*your*	vuestros, vuestras	*your*
su	*their, your*	sus	*their, your*

Note that only **nuestro** and **vuestro** have feminine forms.

Práctica   Exprese Ud. en español.

1. Déme Ud. (your) dirección.
2. Eres un muchacho poco diligente; ¿dónde dejaste (your) sombrero?
3. Ud. entiende (our) problemas.
4. Este informe es útil; ¿qué piensa Ud. de (its) conclusiones?
5. (Our) instrucciones son muy claras.
6. ¿Cuándo serán (his) vacaciones?
7. Voy a explicarle a Ud. (our) planes.
8. (Their) opinión no es muy razonable.
9. Señor: ésta es (your) cuenta.
10. ¿Va a aceptar (their) invitación?

Possessive adjectives: Long forms

The long form (or stressed) possessive adjectives follow the noun. They agree in gender and number with the nouns they modify:

WITH SINGULAR NOUN	WITH PLURAL NOUN
mío, mía *of mine*	míos, mías *of mine*
tuyo, tuya *of yours*	tuyos, tuyas *of yours*
suyo, suya *of his, of hers, of yours*	suyos, suyas *of his, of hers, of yours*
nuestro, nuestra *of ours*	nuestros, nuestras *of ours*
vuestro, vuestra *of yours*	vuestros, vuestras *of yours*
suyo, suya *of his, of hers, of yours*	suyos, suyas *of theirs, of yours*

Be aware that the preposition *of* is never carried over into Spanish:

Es un amigo suyo.   *He is a friend of hers.*
Estas maletas nuestras son pesadas.   *These bags of ours are heavy.*

Práctica   Diga Ud. en español.

1. an employee of his
2. two friends of mine
3. some clothes of theirs
4. two books of hers
5. a house of mine
6. a student of yours
7. a portrait of mine
8. an uncle of ours

Possessive pronouns

The possessive pronouns have the same forms as the long possessive adjectives, but they are preceded by the definite article:

INSTEAD OF SINGULAR NOUN	INSTEAD OF PLURAL NOUN
el mío, la mía *mine*	los míos, las mías *mine*
el tuyo, la tuya *yours*	los tuyos, las tuyas *yours*
el suyo, la suya *his, hers, yours*	los suyos, las suyas *his, hers, yours*
el nuestro, la nuestra *ours*	los nuestros, las nuestras *ours*
el vuestro, la vuestra *yours*	los vuestros, las vuestras *yours*
el suyo, la suya *theirs, yours*	los suyos, las suyas *theirs, yours*

NOTE: After **ser** the definite article may be omitted:

Éstos son (los) míos.   *These are mine.*
¿Es (la) tuya?   *Is it yours?*

Práctica   Complete Ud. en español.

1. Mi casa es blanca; ¿de qué color es (yours)? *la tuya*
2. Yo traje todos mis papeles; ¿trajiste tú (yours)? *los tuyos*
3. Su padre ya está aquí; (ours) vendrá más tarde. *el nuestro*
4. Voy a vender mi bicicleta; ¿venderá Ud. (yours)? *la suya*
5. Su billete es bastante barato; (mine) es más caro. *el mío*
6. En mi familia no hay niños pequeños; en (hers) hay dos niñitas. *la suya*
7. Tu coche es tan viejo como (mine). *el mío*
8. Prefiero esta bicicleta; (yours) es demasiado pequeña. *la tuya*
9. Mis abuelos son ya viejos; (yours) son jóvenes todavía. *los suyos*
10. Aquí están mis ropas; ¿dónde están (yours)? *las tuyas*

Common uses of the definite article

A. With hours. Use **la** for one o'clock and **las** for all the others. The feminine forms of the article are required because they refer to **hora(s)**:

> Volvió a la una.   *She returned at one o'clock.*
> Me marcharé a las nueve y media.   *I shall go away at nine thirty.*

B. With days of the week, if they function as a subject, or if the word *on* is understood:

> El lunes es mi día fatal.   *Monday is my worst (bad luck) day.*
> Vendrá el jueves.   *He will come (on) Thursday.*
> *but:* Hoy es martes.   *Today is Tuesday.*

C. With parts of the body and articles of clothing when there is no possible confusion regarding the possessor:

> Sírvanse no usar las manos.   *Please do not use your hands.*
> Dejó la chaqueta a bordo del avión.   *She left her jacket on board the airplane.*
> *but:* Su sombrero es elegante.   *Her hat is elegant.*

The statement **El sombrero es elegante** makes no reference to the possessor.

D. With nouns used in a general sense:

> Los niños son un encanto.   *Children are a delight.*

E. With abstract nouns:

> El descanso es necesario para vivir.   *Rest (Relaxation) is necessary in order to live.*
> El honor es muy importante para los españoles.
>   *Honor is very important for Spaniards.*

F. With titles, except in direct address:

El profesor Rodríguez no ha llegado todavía.   *Professor Rodríguez has not arrived yet.*

Hablaré con el General Medina.   *I will talk with General Medina.*
but: Señora García, escúcheme Ud.   *Mrs. García, listen to me.*

G. With the following names of countries:

la Argentina	la India
el Brasil	el Japón
el Canadá	el Paraguay
el Ecuador	el Perú
los Estados Unidos	el Uruguay

NOTE: In conversational Spanish, the article may often be omitted.

H. With fields of knowledge when used as subjects:

La medicina es indispensable.   *Medicine is indispensable.*
La economía tiene ahora más importancia que nunca.
   Economics is now more important than ever.
but: Quiero estudiar antropología.   *I want to study anthropology.*

NOTE: For a review of the definite article see Sections 1 and 2.

Práctica   **I.**   Exprese Ud. en español.

1. (All men) saben que tienen que morir.
2. Entregó la moneda que tenía en (her hand). la mano
3. Todos amamos (comfort). la comodad
4. Ella está lavándose (her hair). el pelo,
5. (Italians) aman la ópera. Los italianos
6. Ella llegó (at a quarter to eleven). a las diez y
7. Va a la piscina (on Thursdays). en los jueves
8. Se quitó (his shoes). los zapatos

II.   ¿Con o sin artículo definido?

CON 1. ¿Dónde está __el__ Capitán Ruiz?
SIN 2. ____ señorita Morales, venga Ud. acá por favor.
SIN 3. Mañana es ____ viernes.
CON 4. Me acosté a __las__ once y media.
CON 5. __La__ justicia es necesaria en toda sociedad.
CON 6. Mi abuela vive en __el__ Canadá.
CON 7. __los__ estudiantes no son siempre felices.
SIN 8. ____ Francia es un país inolvidable.

Lección Trece

¡Qué decisión tan difícil de hacer: 8 días en Ibiza, u 8 días en las Canarias!

ESCENA DE VIDA

Viajando *en avión*

by plane

PILOTO	Señores pasajeros: *Se ruega* no fumar y *abrocharse* el cinturón.	Please fasten
AZAFATA	El *vuelo* por los Andes durará media hora. Serviremos el almuerzo después de cruzar las *cimas* más altas. Hoy tenemos *pato al horno.*	Stewardess, flight peaks, roast duck

El avión se mueve lentamente, y se coloca en la *pista.*
Cuando está a punto de *despegar,* se oye este anuncio:

runway
to take off

PILOTO	Señores pasajeros: Las autoridades *aduaneras* abordarán el avión por segunda vez. *Sírvanse* tener sus documentos a la mano.	customs Please
SR. GONZÁLEZ	¿Por qué *tanta inspección?* Esto *tiene mala cara.* ¿Se imaginarán que hay a bordo algún guerrillero peligroso?	so many inspections (so much inspecting), does not look good
SRA. GONZÁLEZ	Pascual, ¡por Dios! Tus chistes me ponen nerviosa.	

Todos se preparan para algo y se miran unos a otros queriendo saber quién tiene cara de bandido, y quién, no. Se oyen breves diálogos: —*Aquí tengo* mi pasaporte. ¿Dónde tienes el tuyo?— Hay también conversaciones *sordas, cargadas de* sospechas: —Mira cómo *se secretean ésos... ¿Ves a esa señora rubia? Me dijo que llevaba varios regalos debajo de la falda—. Alguien hace un chiste sobre la posibilidad de ser llevado al camarín de registro.[1] Por fin entran tres hombres, dos policías armados y un empleado de la compañía. Por el interfono la azafata pregunta:—¿Está a bordo el Sr. Pascual González González?—

Here is

muted, loaded with, whisper into each other's ears, those two

Don Pascual contesta con voz *débil:* —Soy yo—. El   weak
empleado se acerca y le dice: —Sus documentos, señor—.
Don Pascual busca en varios bolsillos: —¿Éstos?—*Entrega*   He hands over
su pasaporte, su boleto y otros papeles. —Los suyos
también, señora—. Los pasajeros *escuchan.* Uno de los   listen
policías se queda con dos documentos, y luego pide mil
excusas. Cuando los *revisores* se han marchado, todos   inspectors
quieren saber qué ha ocurrido. Don Pascual explica que,
al salir, el representante de la *Aduana* no les pidió el   Customs
certificado de salida. Eso es todo.   exit permit

PASAJERO   ¡Caramba! *Cualquiera* pensaría que esos   Anyone
                borricos del aeropuerto saben lo que están   idiots
                haciendo.

SR. GONZÁLEZ   Ésta es la primera vez en mi vida que me
                he sentido importante. ¡He *trancado* todo   stopped (blocked)
                un avión!

Los pasajeros *se echan a reír,* quitándose un enorme peso   burst out laughing
de encima.   off their shoulders (their minds)

Práctica   **I.**   Conteste Ud.

1. ¿Qué anuncia el piloto?
2. ¿Qué promete la azafata?
3. ¿Por qué no puede despegar el avión inmediatamente?
4. ¿Cómo reaccionan los pasajeros al oír el anuncio?
5. ¿Qué piden al señor González los revisores?
6. ¿Por qué se echan a reír todos los pasajeros?

II.   Complete Ud. el diálogo dando oraciones originales para el personaje B.

1. A. No sé por qué cuando viajo siempre me dan malas comidas.
   B. _____.

2. A. Hoy día puede ser peligroso viajar en avión.
   B. _____.

3. A. En algunos aeropuertos hay dos camarines de registro.
   B. _____.

4. A. Hay personas que traen artículos prohibidos.
   B. _____.

5. A. No me gusta tener que llevar tanto documento.
   B. _____.

---

¹Camarín de registro: habitación pequeña donde, en casos
extremos, el pasajero debe quitarse toda la ropa.

VOCABULARIO ÚTIL

1. Consultar el horario de aviones = Comparar las horas de diferentes vuelos para escoger el más conveniente.
2. Hacer reserva de boletos = Pedir asientos para estar seguros de que podremos viajar.
3. Comprar (sacar) los boletos = Ir a una agencia de viajes para obtener los boletos.
4. Hacer las maletas = Poner en las maletas todo lo necesario para el viaje en la forma más compacta posible.
5. Revalidar el boleto = Presentarse en el aeropuerto poco antes de partir y pedir una confirmación.
6. Hacer la contrarreserva = Tener asiento en el viaje de regreso.
7. Facturar el equipaje = Hacer pesar las maletas y recibir una contraseña *(baggage check)*.
8. Ir a la sala de embarque = Pedir el número del asiento y esperar el momento de subir a bordo.

Práctica **I.** Complete Ud. con palabras del Vocabulario útil.

He decidido ir a Edmonton, en el oeste del Canadá. Primero voy a ____ el horario de aviones, para ver si hay un ____ el sábado por la mañana. Tendré que ir a una ____ de viajes y comprar ahí un ____. También debo reservar un ____. El viernes por la noche haré las ____, poniendo en ellas todo lo ____ y nada más. Para estar seguro, voy a ____ el boleto en el aeropuerto. Allí haré una ____ para el viaje de regreso. Como llevo una maleta grande, sé que la van a ____ y que tendré que pagar una cantidad extra. Ahí me darán una ____. Si hay tiempo seguiré leyendo mi novela en la ____. Ahí esperaré hasta el momento de subir ____.

EXCURSIONES EXTRAORDINARIAS
FINES de SEMANA

		PTAS.
VIERNES SABADO DOMINGO Y LUNES	**Londres** (Viaje en avión, hotel de 4 estrellas)	6.700
	París DESDE (Viaje en avión, hoteles de 1, 2, 3, ó 4 estrellas)	6.250
	Roma DESDE (Viaje en avión hoteles de 2 ó 4 estrellas)	7.990

MAGNIFICA OPORTUNIDAD PARA CONOCER LAS MAS BONITAS Y SENSACIONALES CIUDADES EUROPEAS.

CLUB DE TURISMO CAMPIMAR

INFORMACION Y RESERVAS
VIAJES CUSPIDE, S. L.
Ave María, 44 - Teléfs. 468 29 10 · 227 31 79 - Madrid 12

G. A. T. 215

II. Haga el favor de examinar el dibujo de la página 276. Suponiendo que uno de los pasajeros le hace las siguientes preguntas, ¿qué contestaría Ud.?

—¿Qué es lo primero que debo hacer si estoy cerca de la puerta?
—¿Que hago si estoy frente a una ventana?
—¿Qué me recomienda Ud. con respecto a los zapatos?
—¿Qué debo hacer si hay mucha distancia entre la puerta y la tierra?
—Si estoy cerca de una de las alas, ¿cómo puedo bajar?

COMENTARIO GRAMATICAL

49. Possessive pronouns

The possessive adjectives (short or long forms) are always used with a noun. If the noun is omitted, a pronoun is then required. Compare:

POSSESSIVE ADJECTIVE (SHORT FORM)	POSSESSIVE ADJECTIVE (LONG FORM)	POSSESSIVE PRONOUN
Mi amigo es inglés. *My friend is English.*	**Un amigo mío** es inglés. *A friend of mine is English.*	**El mío** es inglés. *Mine is English.*

Possessive pronouns have four forms in all six persons. Each form must agree in gender and number with the noun it represents:

Mis sillas son nuevas. > **Las mías** son nuevas.
Tus parientes vienen con frecuencia. > **Los tuyos** vienen con frecuencia.
Sus dramas son muy conocidos. > **Los suyos** son muy conocidos.

Práctica   I.   Use Ud. pronombres posesivos según el modelo.

Modelo: *Mis tíos* viven en la Ciudad de México.
Los míos viven en la Ciudad de México.

La nuestra 1. *Nuestra salida* fue desagradable.
El suyo 2. *Su apartamento* (de María) está cerca de la puerta principal.
Las Suyas 3. *Sus maneras* son poco corteses.
El suyo 4. *Su vuelo* será inolvidable.
5. *Sus documentos* estaban todos en inglés.
6. *Tus respuestas* le confundían.
7. *Sus ropas* son de lana.
8. *Vuestros asientos* están en la primera fila.
9. *Sus chistes* no me gustan nada.
10. *Mis costumbres* les parecieron mal.

II.   Exprese Ud. en español.

1. Here are my tickets; where are yours? *[handwriting]*
2. His parents sent us several gifts.
3. What did yours send?
4. She is an employee of mine. *El la es una empleada mía*
5. My trip will cost $100. And yours?
6. I don't like these seats. Are yours *(familiar pl.)* better?
7. That program of theirs was very interesting. *Ese programa suyo*
8. She always took (made) her trips in the winter.
9. Our policemen are very polite.
10. Several invitations of his were not received.

Este es mi (viego) amigo (viejo)
old friend   old image

COMENTARIO GRAMATICAL

50.   Demonstrative adjectives and pronouns

Demonstrative adjectives point out objects according to their proximity to
the speaker, the person spoken to, or the person spoken of. They must agree
in number and gender with the nouns they modify.

A. Close to me, us:

este	*this (m.)*	**Este** avión es muy cómodo.
esta	*this (f.)*	**Esta** señorita ha pedido café.
estos	*these (m. pl.)*	**Estos** pasajeros se quedaron sin sus documentos.
estas	*these (f. pl.)*	**Estas** empleadas se ríen mucho.

B. Close to you:

ese	*that (m.)*	**Ese** técnico parece inteligente.
esa	*that (f.)*	**Esa** señora está preocupada.
esos	*those (m. pl.)*	**Esos** policías me ponen nervioso.
esas	*those (f. pl.)*	**Esas** azafatas son simpáticas.

C. Close to him, her, them:

aquel	*that (m.)*	**Aquel** caballero no tiene sus documentos.
aquella	*that (f.)*	El agente está en **aquella** sala.
aquellos	*those (m. pl.)*	**Aquellos** tiempos eran difíciles.
aquellas	*those (f. pl.)*	**Aquellas** carreteras eran muy malas.

The last four demonstrative adjectives may point to objects that are quite
removed in time and space. They are used primarily when the speaker relates
them to phrases like *over yonder, way over there*, etc. They are not as common
as the other demonstrative adjectives.

Demonstrative pronouns are exactly like the adjective forms discussed in the previous section except for the written accent they carry: **éste, ésa, ésos, aquéllas,** etc. These pronouns are used, of course, when no noun is mentioned:

Estos pasajeros van a Montevideo.   *These passengers are going to Montevideo.*
Ésos van a Santiago.   *Those are going to Santiago.*
Aquel avión viene de Córdoba.   *That plane is coming from Cordoba.*
Aquél viene de Lima.   *That (one) is coming from Lima.*

Esto, eso, and **aquello** are the neuter demonstratives. They refer, not to a noun, but to an idea, and often express the English phrases *this matter, that business,* etc.:

Esto es desagradable.   *This (business) is unpleasant.*
Hablaremos de eso.   *We will talk about that (matter).*

Para viajar en el extranjero, hay que obtener un certificado de salida además de un pasaporte.

Práctica **I.** Cambie Ud. según el modelo.

> Modelo: Este coche es nuevo.
> Estos coches son nuevos.

1. Esa señora es amiga nuestra.
2. Aquel edificio es muy antiguo.
3. Esta iglesia es muy moderna.
4. Aquella señorita es amiga mía.
5. Ese señor vivía en Boston antes.
6. ¿Dónde compraste este cuchillo?

II. Cambie Ud. según el modelo.

> Modelo: (plumas) _____ son mías, ¿no?
> Éstas (Ésas, Aquéllas) son mías, ¿no?

1. (programa) _____ es de Juan.
2. (trajes) _____ son para ti.
3. (pulsera) _____ es de plata.
4. (documentos) ¿Todos _____ son necesarios?
5. (joven) _____ es extranjero.
6. (explicaciones) _____ son mejores.

III. Exprese Ud. en español.

1. Who said that? *Quien lodijo?*   4. That is not true. *Eso no fue la verdad*
2. I don't like this business.   5. That is unbelievable.
3. Let's not talk about that.   *Eso es increíble*
   No hablemos de eso.

IV. Invente una oración usando la forma correcta del demostrativo indicado.

> Modelo: este, esta, estos, estas: museo
> **Este museo** tiene pinturas famosas.

(a) este, esta, estos, estas: (b) ese, esa, esos, esas:
   1. viaje   1. almacenes
   2. pensión   2. carreteras
   3. médicos   3. pintor
   4. trabajadores   4. poemas
   5. caballeros   5. billetes

(c) aquel, aquella, aquellos, aquellas:
   1. sucesos
   2. paquetes
   3. tiempos
   4. tierras
   5. actrices

San Juan, Puerto Rico, es un puerto de incomparable belleza semitropical.

BOCETO CULTURAL

Travesía por el Mar Caribe[2]

Cruise

> ¡Los hombres necesitan *descanso…*
> y las mujeres también!

rest

¡Experiencia inolvidable! ¡Oportunidad como ésta no hallará en ninguna parte! La libertad y la alegría máxima son posibles a bordo del *Neptuno,* nuestro *vapor* de lujo. Nada le faltará: seis comidas *diarias* de la mejor «cuisine», bailes, fiestas, *programa* de variedades todas las noches, películas de primera calidad, televisor en cada *camarote,* tres amplias *piscinas.*

steamer
a day (daily)
show
stateroom
swimming pools

Le fascinarán la atmósfera de comodidad, el espíritu alegre, la total *ausencia* de cuidados. ¡Todos necesitamos, en nuestros tiempos, alegría en *el corazón!*

absence
our hearts

---

[2]También llamado Mar de las Antillas.

Escala en ocho puertos, con tiempo suficiente para   Stops
visitar lugares de incomparable *belleza* semitropical, y   beauty
hacer compras a precios razonables. Temperatura ideal.
En días de *desembarque*, comida gratis en *cajas portátiles*.   outings ashore, lunch boxes
Los interesados en excursiones adicionales podrán hacer
arreglos a bordo.   arrangements

* * * * *

Salida de Chicago: diciembre 20, en avión. Todos los
viajeros deberán tomar el mismo avión, *el de* la Compañía   the one belonging to
Intercontinental—Vuelo 126—a las 9:00 A.M.

Regreso: enero 3, a las 6:00 P.M.   Return

PRECIO INCREÍBLE: $900.00. Este precio incluye el viaje en
avión desde Chicago a Miami, pero no las bebidas
alcohólicas. Pida Ud. el *folleto* descriptivo a: brochure

Compañía Marítima del Caribe
Apdo. No. 100. Miami, Fla.   *Apartado:* Box

Práctica   I.   Conteste Ud.

1. ¿Qué es una travesía?
2. ¿De cuántos días es la travesía?
3. ¿Cuánto cuesta esta travesía?
4. ¿Qué hay en todos los camarotes?
5. ¿Qué atractivos tiene esta travesía?
6. ¿Por qué se hacen travesías en diciembre y en enero especialmente?
7. ¿Qué da gratis la compañía en días de excursión?
8. ¿Cuál es el propósito del folleto descriptivo?

II.   Complete Ud. las siguientes oraciones. (¿Tiene Ud. buena memoria?)

1. Si viajo por el aire, voy en _____ .
2. Si voy por mar, hago una travesía en _____ .
3. Si viajo por las carreteras, uso mi _____ .
4. Si duermo en un coche-cama cuando viajo, voy en _____ .
5. Si no tengo coche, ni mucho dinero, puedo viajar por las carreteras con
   treinta o más pasajeros usando un _____ .
6. Si quiero emplear un animal, entonces viajo a _____ .
7. Si no tengo dinero para comprar un billete, ni tengo coche, puedo viajar
   en un vehículo de dos ruedas, esto es, mi _____ .
8. Si quiero hacer ejercicio físico, viajo a _____ .
9. Si me canso, hago una señal con un dedo (hago autostop) y viajo en _____ .
10. Por fin, si no quiero viajar, _____ .

51. Special uses of the definite article

A. The articles **el, la, los, las** combined with the preposition **de** have the force of demonstratives. In English, this construction calls for the use of either *that of, those of,* or a noun in the possessive case *(John's)*:

> Ya tengo un libro. No necesito **el (libro) de** Juan.   *I already have a book. I don't need John's.*
>
> Sus defectos quizá sean serios, pero **los (defectos) de** sus hijos son peores.   *His defects are serious, perhaps; but those of his children are worse.*

B. The definite article is used before many adjectives to form nouns:

> **Los pobres** necesitan nuestra ayuda.   *The poor need our help.*
>
> **Los interesados** deben consultar al señor Juárez.
>   *Those (persons) who are interested should consult Mr. Juarez.*
>
> **Los fracasados** siempre protestan.   *The ones who (Those who) are failures always protest.*

C. The singular forms **todo, toda** are used without a definite article to mean *every,* and with the article to mean *all of, the whole, the entire:*

> **Todo ser humano** necesita comer para vivir.
>   *Every human being needs to eat in order to live.*
>
> **Toda la escuela** fue destruida.   *The whole school was destroyed.*
>
> **Toda la sociedad** temió por su vida.   *All of society feared for his life.*

The plural forms **todos, todas** always require the use of the plural article, whether introducing a specific plural noun, or one denoting a generalization:

> **Todos los niños** (de esta escuela) irán en coche.
>   *All the children (of this school) will go by car.*
>
> **Todas las culturas** han hecho lo mismo.   *All cultures have done the same.*

Práctica   I. Exprese Ud. en español.

Toda la 1. (The entire) comida fue un fracaso.
el de Juan 2. Mi televisor es muy antiguo, pero (Joe's) es aún más antiguo.
Los incapables 3. (The incapable ones) no deben intentarlo.
Los jóvenes 4. (The young ones) no salen hasta muy tarde.
Toda la 5. (Every) mujer tiene derecho a protestar.
la de Juan 6. Ésta es la mía; ¿cuál es (John's)?
Toda la humanidad 7. (All of humanity) hará un esfuerzo para evitar las guerras.
Los ricos 8. (The rich) pueden ser simpáticos también, ¿no?
Toda la clase 9. (The whole class) fue invitada.
Los de Helen 10. (Helen's) son buenos, pero los nuestros son mejores.
Todas las naciones 11. (All nations) tienen el mismo deber moral.
Cada 12. (Every) profesor debe leer esto.

II. ¿Con o sin artículo?

1. Quiero hablar con _____ profesora Medina. *CON*
2. ¿Vendrá ella _____ jueves? *CON*
3. _____ vida no es siempre agradable. *CON*
4. Hoy es _____ domingo. *SIN*
5. Volveremos a _____ nueve. *CON*
6. _____ señora González: ¿puede Ud. explicarme esto? *SIN*
7. Nunca ayuda a _____ pobres. *CON*
8. Todos _____ niños comerán aquí. *CON*
9. Mis problemas son increíbles; _____ de Francisco, también. *CON*
10. _____ azúcar es dulce. *CON*
11. Muchachos: pongan *LAS* manos sobre la mesa. *CON*
12. Éste es mi paraguas; ¿dónde puso Ud. _____ suyo? *CON*

52. Use of nouns in the singular

A. A singular noun is used in Spanish to refer to those parts of the body of which there is only one of each kind (head, neck, chest, heart, etc.). The same principle applies to articles of clothing of which only one of a kind is worn at a time (hat, tie, skirt, etc.):

Los señores se quitaron **el sombrero.**   *The gentlemen removed their hats.*

Todos tenían la misma expresión de sorpresa en **la cara.**
They all had the same expression of surprise on their faces.

B. A singular noun may be used after **tanto, tanta** when a speaker wishes to express surprise, even though the idea is plural:

¿Para qué compra Ud. **tanto libro?**   *Why do you buy so many books?*
No veo la necesidad de **tanta cosa** de plata.   *I don't see the need of so many things made of silver.*

C. Phrases including two nouns are treated as singular, if the components make a single unit of thought:

La oferta y demanda **determina** los precios.   *Supply and demand determine prices.*

El ir y venir de esta gente **interrumpe** el tráfico.
The comings and goings of these people interfere with the traffic.

Among the more common phrases of this type are:

el abrir y cerrar   *the opening and closing*
el cobro y pago   *the collection and payment*
la compra y venta   *the purchase and sale*
la ida y vuelta   *the departure and return*
el recibo y pago   *the receipt and payment*
la subida y bajada   *the climb and descent*

If a second article is added, these phrases are treated as plural:

La oferta y la demanda **determinan** los precios. *Supply and demand determine prices.*

El ir y el venir de esta gente **interrumpen** el tráfico.
The comings and goings of these people interfere with the traffic.

Práctica

Exprese Ud. en español.

1. We took off our jackets. *Nos quedamos el jaqueta*
2. The children washed their faces. *Los niños se lauen la cara*
3. Listen, who taught you so many jokes? *Oye; quien te enseña tortachiste*
4. The visitors left their umbrellas near the door. *Los visitantes se quedan el paraaguas cerca la puerta.*
5. They put their feet on the table. *Pongan las pies en la mesa*
6. Their stomachs hurt them. *Se duelen el estamago*
7. The purchase and the sale of those properties will be difficult. *La compra y venta de los pro. será dificil.*
8. Gentlemen, where did you put your overcoats?
9. How can you eat so many desserts? *Como puedes comer tanto postre*
10. During the conversation the two boys did not open their mouths. *Durante la converisación, los dos niños no abrieron la boca.*

WORD DISCRIMINATION

Tiempo, hora, vez, época

Tiempo means *time* in general:

> Pasó el tiempo.   *Time passed.*

Hora is clock time:

> ¿Qué hora es?   *What time is it?*

Vez means an instance or instances within a series:

> Lo veré por segunda vez.   *I'll see it for the second time.*

Época is a period of time:

> En esa época hubo disturbios.   *At that time there were disturbances.*

Práctica

Diga Ud. qué palabra emplearía para decir *time*. (No traduzca Ud. la oración.)

1. What a *time* that was!   *Que tiempo fue eso.*
2. Now let us place this event within a framework of *time*.
3. It seems harder every *time*! *Se parece mas dificil cada vez*
4. Please tell me the *time*. *Sirvanse me dig que hora es*
5. To pack takes *time*. *? pack tiene tiempo*
6. That was a *time* of economic difficulties! *Ese fue un época de ...*
7. That was the only *time* he spent money.
8. Tell me the *time* and the place, and I'll be there.
9. That is *time* wasted.
10. It took a long *time* for us to validate our tickets.

Respuestas correctas:

1. **época;** could be **tiempo,** if no time limits are thought of   2. **tiempo**
3. **vez** 4. **hora** 5. **tiempo** 6. **época** 7. **vez** 8. **hora** 9. **tiempo**
10. **tiempo**

LECTURA Y DISCUSIÓN

La *lucecita* roja   little light

I

En lo alto, asentada en una *meseta,* está la casa. La   On top, nestled, plateau
rodean viejos *olmos;* dos cipreses elevan sobre la *fronda*   elms, foliage
sus *cimas* rígidas, puntiagudas.   tips

Cuando la noche llega, la casa *se va sumiendo* poco a   sinks
poco en la oscuridad. Ni una luz, ni un ruido. Los muros
desaparecen en la negrura. A esta hora, allá abajo, se
escucha un formidable *estruendo* que dura un breve   uproar
momento. Entonces, casi inmediatamente, se ve una
lucecita roja que aparece en la negrura de la noche y
desaparece en seguida. Es un tren que todas las noches, a
esta hora, en este momento, cruza el *puente* de hierro que   bridge
cruza el río, y luego *se esconde* tras una *loma.*   disappears, low hill

II

La casa está animada. Viven en ella. La habitan un
señor pálido, *delgado,* con una barba gris, una señora y   thin
una niña. Tiene el pelo flotante y de oro la niña.

Sobre la mesa de este hombre delgado y pálido se ven
montones de papeles y libros con cubiertas amarillas, rojas
y azules. Este hombre, todas las mañanas, se sienta a la
mesa y *va llenando* con su *letra* chiquita las *cuartillas.*   fills, handwriting, sheets of pages
Cuando pasa así dos o tres horas, entran la dama y la niña.
La niña pone *suavemente* su mano sobre la cabeza de este   gently
hombre; él *se yergue* un poco y entonces ve una dulce,   straightens up
ligeramente melancólica sonrisa en la cara de la señora.

III

En el jardín. De noche. Se percibe el aroma suave de las
rosas. Los dos cipreses destacan sus *copas* alargadas en el   tops
cielo transparente. Brilla un *lucero* entre las dos manchas   evening star
negras.

—Ya no tardará en aparecer la lucecita.

—Pronto escucharemos el ruido del tren al pasar por el
puente.

—Todas las noches pasa a la misma hora. Alguna vez
se retrasa dos o tres minutos.   is late

—Me atrae la lucecita roja del tren.

—Es cosa siempre la misma y siempre nueva.

—Para mí tiene un atractivo que casi no sabré definir.

Es esa lucecita como algo fatal. *Haga el tiempo que haga,*   Whatever the weather (may be)
invierno, verano, llueva o nieve, la lucecita aparece todas
las noches a su hora, brilla un momento y luego
desaparece. *Lo mismo da* que los que la contemplen desde   It's all the same
alguna parte estén alegres o tristes. Lo mismo da que sean
los seres más felices de la tierra, o los más *desgraciados:*   unfortunate
la lucecita roja aparece a su hora y después desaparece.

IV

La estación del pueblo está a media hora del *caserío.*   hamlet
Rara vez desciende algún viajero del tren o sube en él. Allá
arriba queda la casa. Ya está cerrada, *muda.*   silent

Esta noche, a la estación han llegado dos viajeras: son
una señora y una niña. La señora lleva un ancho manto
de luto; la niña viste un traje también de luto. Casi no se   mourning
ve, a través del velo, la cara de esta dama. Pero, si la
pudiéramos examinar, veríamos que sus ojos están
enrojecidos y que alrededor de ellos hay un círculo de
sombra. También tiene los ojos enrojecidos la niña. Las
dos permanecen silenciosas esperando el tren. Algunas
personas del pueblo las acompañan.

El tren *silba* y se detiene un momento. Suben a un   whistles
coche las viajeras. Desde allá arriba, desde la casa ahora
cerrada, muda, si esperáramos el paso del tren, veríamos
cómo la lucecita roja aparece, y luego, *al igual que* todas las   the same as
noches, todos los meses, todos los años, brilla un
momento y luego desaparece.

Práctica   **I.**   Reconstruya Ud. un segmento o más de *La lucecita roja* usando las siguientes
palabras.

       I.   1. lo alto
           2. la noche
           3. lucecita

      II.   1. un señor
           2. la mesa
           3. la niña

     III.   1. el jardín
           2. la misma hora
           3. algo fatal

     IV.   1. la estación
           2. dos viajeras
           3. la casa ahora cerrada

II. Conteste Ud. dando opiniones personales. (Importante: este ejercicio sólo pide simples especulaciones.)

1. ¿Puede Ud. decir cuál es la profesión del padre?
2. ¿Por qué hace tanto ruido el tren al llegar?
3. ¿Qué insinuación parece estar contenida en los adjetivos *pálido* y *delgado*?
4. ¿Cree Ud. que la esposa y la hija saben que algo va a pasar? Diga Ud. cómo llega a esta conclusión.
5. ¿Cree Ud. que el autor quería comunicarnos algo indirectamente al describir el intenso trabajo del padre?
6. ¿Qué ha ocurrido en la familia al final de la historia?
7. En su opinión, ¿qué simboliza la lucecita roja?
8. ¿Por qué se refiere el autor una vez más, hacia el final, al tren que pasa siempre a la misma hora?

COMENTARIO Y TRADUCCIÓN

I. Escoja Ud. (a) o (b).

(a) Prepare Ud. una lista de todo lo que Ud. debe hacer antes de comenzar su viaje a Venezuela. Use Ud. el Vocabulario útil como guía.

(b) Supongamos que Ud. es agente de la Compañía Marítima del Caribe. ¿Cómo presentaría Ud. al Club Español los muchos atractivos de una travesía por el Mar Caribe?

II. Exprese Ud. en español.

1. Are they washing their faces? ¿Están lavando la cara?
2. Who is coming on Thursday? ¿Quién vendrá el jueves?
3. A friend of yours called you this afternoon. Un amigo tuyo
4. I am handing over to you two books of his.
5. I should like to wash my hair. Querría lavar el pelo
6. Do you need so many bags? *(two ways)* Necesitas tanta bolsa
7. Have you seen Professor Cifuentes? Has visto el
8. Do not talk to me about that.
   No me digas sobre eso.

APRENDIENDO PALABRAS NUEVAS

Many nouns, adjectives, and prepositions have related verbs that incorporate the prefix **a-**, the basic form of the root word, and the infinitive ending. If you know **breve** *(short, brief)*, for example, you should be able to guess **abreviar** *(to shorten, abbreviate)*. What do the following words mean?

1. calor–acalorarse
2. cerca–acercarse
3. cierto–acertar
4. claro–aclarar
5. cómodo–acomodar
6. delante–adelantar
7. largo–alargar
8. lejos–alejar

VOCABULARIO ACTIVO

ADJETIVOS

débil / *weak*
diario, -a / *daily*
inolvidable / *unforgettable*
razonable / *reasonable*

MODISMOS

a bordo / *on board*
hacer compras / *to make purchases*
sírva(n)se / *please*

SUSTANTIVOS

aduana / *customs (house)*
aeropuerto / *airport*
anuncio / *announcement*
apartado / *post office box*
arreglo / *arrangement*
el **avión** / *airplane*
azafata / *stewardess*
el **baile** / *dance*
bebida / *drink*
descanso / *rest*
película / *film*
piscina / *swimming pool*
puerto / *port*
regreso / *return*

salida / *departure, exit*
sospecha / *suspicion*
el **vapor** / *steamer*
viajero, -a / *traveler*
vuelo / *flight*

VERBOS

despegar / *to take off*
durar / *to last*
echarse a / *to start*
entregar / *to hand over*
escuchar / *to listen to*
fumar / *to smoke*
marcharse / *to go away*
moverse (ue) / *to move*
quedarse con / *to keep*
reír (i) / *to laugh*
  reírse de / *to laugh at*

LESSON FOURTEEN / Review Exercises

Prepositional pronouns

Prepositional pronouns (pronouns that follow a preposition) are the same as the subject pronouns except for the first and second persons singular:

mí	*me*	**nosotros**	*us*
ti	*you*	**vosotros**	*you*
él	*him, it*	**ellos**	*them (m.)*
ella	*her, it*	**ellas**	*them (f.)*
Ud.	*you*	**Uds.**	*you*

Common prepositions used with these pronouns are: **a, de, en, contra** (*against*), **para, por, sobre** (on top), **hacia** (toward).

Me escriben **a mí.**   *They write to me.*
No hable Ud. **contra ella.**   *Do not speak against her.*
Lo he hecho **por ellos.**   *I have done it for their sake.*
Mira: estoy hablando **de ti.**   *Look here: I am talking about you.*
¡Qué casa! No entremos en ella.   *What a house! Let us not enter it.*

Práctica   Exprese Ud. en español.

1. Estaban hablando (of me).
2. Ésos son (for you).
3. Ésa es mi maleta. Ponga todas mis ropas (in it).
4. Entonces ella vino (toward me).
5. No quiero decir nada (against her).

6. Hago su trabajo (for him) porque está muy ocupado.
7. Esta carta viene dirigida (to you).
8. ¿Iban andando (near her)?
9. Ésas son mis cosas. Ponga Ud. las suyas (on top of them).
10. ¿Son estos regalos (for you, *familiar sing.*)?

Pronouns after *con*

There are two sets of forms which can follow the preposition **con:**

WITH REFLEXIVE PRONOUNS		WITH NONREFLEXIVE PRONOUNS	
conmigo	*with myself*	**conmigo**	*with me*
contigo	*with yourself*	**contigo**	*with you*
consigo	*with himself* / *with herself* / *with yourself*	con **él** / con **ella** / con **Ud.**	*with him* / *with her* / *with you*
con **nosotros**	*with ourselves*	con **nosotros**	*with us*
con **vosotros**	*with yourselves*	con **vosotros**	*with you*
consigo	*with themselves (m.)* / *with themselves (f.)* / *with yourselves*	con **ellos** / con **ellas** / con **Uds.**	*with them (m.)* / *with them (f.)* / *with you*

Remember that English often uses the shorter forms (*with him, with them,* etc.) when the meaning is really reflexive (*with himself, with themselves,* etc.):

Él se lo llevó consigo.   *He took it along with him (with himself).*

Práctica   Exprese Ud. en español.

1. Él trajo sus ropas (with him).
2. ¿Por qué no van Uds. al cine (with him)?
3. Hablaré (with her), si hace falta.
4. Ella estaba hablando (with herself).
5. Iré al mercado (with them) al mediodía.
6. Se llevaron todas las frutas (with themselves).
7. ¿Quiere Ud. sentarse aquí (with me)?
8. ¿Le gustaría a Ud. comer (with us)?
9. Ella siempre trae un bolso muy lindo (with her).
10. Haga Ud. esto, si quiere estar en paz (with yourself).

Lección Catorce

Una reunión familiar en la Ciudad de México.

ESCENA DE VIDA

Una fiesta

El Sr. Pedrell y su esposa, doña Alicia, discuten el
almuerzo con que celebrarán el *bautizo* de su hijita.   baptism

ÉL   Invitaremos a los abuelos, a tío Hernando y a tía
       Julia, a los *padrinos*, al *compadre* Nicanor y a   godparents, special friend
       Esperanza, a mi jefe y a su señora. Con nosotros
       dos, seremos doce.

ELLA   El almuerzo podría consistir en tres platos,
       ensalada y postre... y tres clases de vinos, *¿te*   okay?
       parece?

ÉL   Excelente. ¿Dónde *pondríamos* la mesa?   would we set

ELLA   Debajo del *parral (parrón)*. Allí será más agradable.   grape arbor
       Además, así podré ir más rápidamente a la cocina.   Besides

ÉL   ¿Quieres *que yo me encargue* de recibir a los   me to take care of
       invitados?

ELLA	Sí. Yo estaré demasiado ocupada para estar con ellos al principio. Habrá mucho que hacer, y quiero estar segura de que todo marcha bien.	
ÉL	Entonces todo está *arreglado*.	arranged (ready)
ELLA	No. Nos hemos olvidado de la mesa de los niños. ¡Eso va a ser una *jaula de monos!*	monkey cage
ÉL	Los pondremos en el corredor, bajo la vigilancia de la muchacha.[1]	
ELLA	Lo malo es que cuando todos están *juntos hacen maldades*.	together, they horse around
ÉL	No te preocupes. *Si hace falta,* yo iré a calmarlos contándoles un cuento.	If necessary

Práctica   I.   Complete Ud.

1. Los padres van a celebrar _____ .
2. Ellos van a invitar a _____ .
3. El almuerzo consistirá en _____ .
4. Van a servir tres clases de _____ .
5. Además, será más agradable poner la mesa _____ .
6. La señora no podrá recibir a los invitados porque _____ .
7. Los padres han olvidado _____ .
8. Los niños estarán bajo la vigilancia de _____ .
9. Cuando están muchos niños juntos _____ .
10. El padre va a calmarlos _____ .

II.   Considere Ud. las siguientes prácticas hispánicas y **trate de explicarlas en** relación con las prácticas norteamericanas.

1. En Hispanoamérica es costumbre celebrar un bautizo con una gran fiesta. ¿Por qué se da tanta importancia a esta fiesta?
2. Los padrinos son considerados personas importantes dentro de la familia hispánica. ¿Qué ventajas tiene esta costumbre?
3. Cuando hay visitas, los niños deben sentarse a otra mesa. ¿Por qué? ¿Le parece a Ud. que ésta es una práctica recomendable?
4. En algunos países está prohibido por la ley usar las palabras *criada* o *sirvienta*. ¿Cómo se puede explicar esta ley?
5. ¿Por qué se sirven tres vinos diferentes en esta ocasión?

---

[1]En varios países hispánicos se evitan las palabras *sirvienta* y *criada*.

parentesco
parientes - relative

VOCABULARIO ÚTIL

sobrinos
~~brother intows~~
~~niece~~ nephew

nietos grandkids
~~nieces~~
~~nephews~~

compadres
godfather

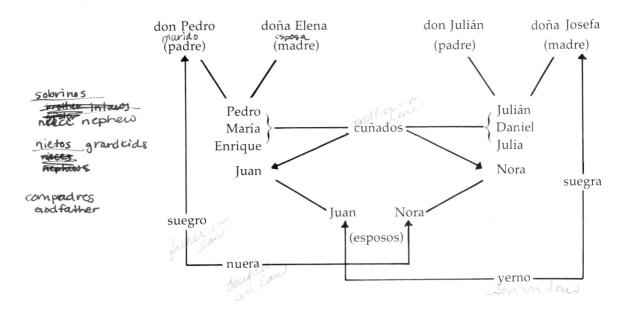

Relaciones de amistad, a través del bautizo

Cuando los padres de Nora Alicia llevan a su hijita a la iglesia para ser bautizada, necesitan dos testigos *(witnesses)*. Éstos son el padrino y la madrina. Desde este momento los padres y los padrinos son compadres.

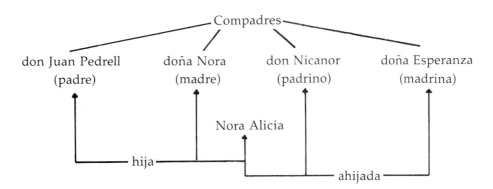

Práctica   Preguntas personales.

1. Dicen que las suegras son personas «difíciles». ¿Es verdad o no?
2. ¿Tiene Ud. padrinos? ¿Son personas especiales para Ud.? ¿Por qué?
3. ¿Tiene Ud. hermanos casados? ¿Le gustan sus cuñados?
4. Cuando hay una reunión familiar en su casa, ¿hay muchos niños? Qué hacen?
5. ¿En qué ocasiones se reúne toda su familia?
6. ¿Le interesaría a Ud. preparar el árbol genealógico de su familia? Explique Ud.
7. ¿Cuál es la persona más extraña entre sus parientes, vivos o muertos?
8. Si Ud. quisiera ser como algún miembro de su familia, ¿a quién imitaría Ud.?

COMENTARIO GRAMATICAL

53.   Common uses of the preposition _a_

A. To introduce all indirect objects:

> Dio **a** la universidad toda su fortuna.   _He gave the university all his fortune. (He gave all his fortune to the university.)_

B. To introduce the direct object, if it refers to a definite person or personified thing:

> Siempre saludo **a** mis vecinos.   _I always say hello to my neighbors._
> Respetemos **a** la naturaleza.   _Let us respect nature._

C. With verbs of beginning when followed by an infinitive:

> Comenzó (Principió, Empezó) **a** trabajar.   _He began to work._

D. With verbs of motion:

> Llegamos **a** Miami.   _We arrived in Miami._
> Fue (Vino) **a** Caracas.   _He went (came) to Caracas._
> _Exception:_ Entró **en** la habitación.   _He entered the room._

E. With the verbs **aprender, ayudar, enseñar,** and **invitar,** when followed by an infinitive:

> Aprendió **a** cantar.   _He learned to sing._
> Le ayudó (enseñó) **a** cocinar.   _She helped (taught) him to cook._
> Le invitó **a** comer.   _She invited him to eat._

F. Before **alguien, nadie, alguno,** and **ninguno,** when used as direct objects:

> No veo **a** nadie (ninguno).   _I do not see anybody (anyone)._
> Se lo daré **a** alguien (alguno de ellos).   _I will give it to someone (one of them)._

Práctica   ¿Con o sin **a**?

1. Deseo _____ acompañar a mi compadre.   *SIN*
2. Empezó _a_ discutir con los invitados.   *CON*
3. Estoy seguro de que no comprendieron _____ la película.   *SIN*
4. Quiero invitarle _a_ jugar al tenis.   *CON*
5. Voy a llamar _a_ mis padrinos inmediatamente.   *CON*
6. Esperamos _____ llegar a las cuatro.   *SIN*
7. No puedo _____ olvidar a mis parientes.   *SIN*
*8. Después entró _en_ la cocina.   *EN*   *sin - bring in*
9. Me ayudó _a_ escribir el cuento.   *CON*
10. Me encargaré de calmar _a_ los niños.   *CON*

54. Idiomatic uses of *de*

A. **De** appears commonly in adjectival phrases following a noun. The English equivalent of this construction involves two nouns, one of which functions as an adjective: *possession & origin*

Me dio un reloj **de** oro.   *He gave me a gold watch.*
Estaba en el laboratorio **de** química.   *She was in the chemistry lab.*

B. The misuse of **en** for **de** in some adjectival phrases arises from the fact that English employs an *adverbial* phrase (of place) where Spanish calls for an adjectival statement:

Cómprelo Ud. en la tienda **de** la esquina.   *Buy it in the store on the corner.*
Los árboles **del** parque son enormes.   *The trees in the park are enormous.*

C. **De** is used instead of **por** to introduce an agent if the verb refers to mental or emotional phenomena:

Es amado de todos.   *He is loved by all.*   *por todos - physical*
Es respetada del pueblo.   *She is respected by the people.*

D. **De** is found in impersonal expressions followed by an infinitive alone:

Es difícil de imaginar.   *It is difficult to imagine.*
Es fácil de calcular.   *It is easy to calculate.*
but: Es fácil calcular el costo.

E. **De** is also found in numerous adverbial expressions:

de buen (mal) humor   *in a good (bad) mood*
de memoria   *by heart*
de pie   *standing up*
de pronto (de repente)   *suddenly*
de todos modos   *in any case*

Práctica   Exprese Ud. en español.

de todos 1. Nuestros vecinos son respetados (by all).

de memoria 2. Tenemos que aprender el poema (by heart).

de explicar 3. Es el problema más difícil (to explain).

de todos 4. Ella fue siempre admirada (by all).

sopa de tomate 5. No me gusta la (tomato soup).

de su casa 6. El jardín (in her house) es enorme. ✗

De todos modos 7. (In any case) lo haré.

De la esquina plaza 8. La iglesia (on the square) es viejísima. ✗

de pie 9. Estaba (standing) cerca de la puerta.

faciles de vender 10. Todas estas marcas de vino son (easy to sell).

De pronto 11. (Suddenly) comenzó a llorar.

Clase de Frances 12. Ella también está en mi (French class).

CHANCHO EN PIEDRA

1. Salsa de tomates y pimientos verdes
2. Salsa de pimientos rojos con ajo y cebolla
3. Salsa de avocado (palta)
4. Escabeche molido (picalilli)
5. Escabeche de coliflor
6. Salsa de aceitunas con mantequilla

CORDERO AL PALO

TARTA DE MANJAR BLANCO

PLATO DE MARISCOS

Contiene camarones, almejas,
cangrejos y langosta

En el mundo hispánico, el bautizo tiene gran importancia. Los padrinos sirven de testigos y, desde entonces, son considerados parte de la familia (Barcelona, España).

BOCETO CULTURAL
Una reunión familiar en Chile

Varios miembros de la familia Pedrell se han reunido al mediodía para celebrar el bautizo de Nora Alicia, la primera hija en una familia que ya *cuenta* tres niños.

Se inicia el almuerzo con un plato de mariscos en mayonesa, *remojado en* vino blanco. Viene después *cordero «al palo»*, acompañado de un *chancho en piedra*. Empiezan a circular ahora varias botellas de vino *tinto*. Cada botella es *descorchada anunciándose* el año de la *cosecha* y la *marca*.

Ahora la reunión es ruidosa. Los jóvenes *aprovechan* la ocasión para *bromear con* unas lindas muchachas, parientes del Sr. Pedrell, y los mayores hablan del gobierno, la política y lo que dicen los periódicos.

has

washed down with
barbecued lamb, a bowl with varied sauces
red
uncorked, being announced
vintage, brand

take advantage of
to "kid around" with

Como todos han comido demasiado, casi no tocan el tercer plato, la ensalada y el postre, aun cuando éste es una hermosa tarta de *manjar blanco*. Durante la sobremesa,[2] todos toman pisco[3] y una tacita de café. Por fin, a las cuatro, se dispersa el grupo, llevándose consigo, como *recuerdo*, el carnet de bautizo.

cake filling of milk and sugar

memento

CARNET DE BAUTIZO

Éste es un hermoso librito de unos 5 × 7 centímetros, cuyas hojas dicen lo siguiente:

Recuerdo de mi bautizo	*Nací el 23 de septiembre de 1969*	*Me bauticé el 18 de marzo de 1970*	*Mi nombre es* NORA ALICIA
Mis padres son Juan J. Pedrell *y* Nora Durruti	*Mis padrinos son* Nicanor Fuentes *y* Esperanza de Fuentes	*Mis deseos son: tener una bicicleta, una muñequita[4] y guantes de boxeo.*	*Soy una niña moderna. No me vengan con cuentos chinos.[5]*

---

[2]La sobremesa es la conversación que sigue al almuerzo.

[3]Pisco es una bebida alcohólica, común en el Perú y Chile.

[4]muñequita = *little doll*.

[5]cuentos chinos = *funny stories*.

Práctica Conteste Ud.

1. ¿Qué va a celebrar la familia Pedrell?
2. ¿Cuántos niños hay en esa familia?
3. ¿Qué comen primero los invitados?
4. ¿Qué hacen los jóvenes?
5. ¿De qué hablan las personas mayores?
6. ¿Por qué no toman ensalada algunos invitados?
7. ¿Qué hay de postre?
8. ¿Qué es un Carnet de Bautizo?
9. ¿Cuáles son los deseos de Norita?
10. ¿Por qué cree Ud. que se incluyen guantes de boxeo en la lista de regalos?

COMENTARIO GRAMATICAL

55. **The prepositions *por* and *para***

A. Motive versus objective (ultimate purpose)

POR

1. To express for the benefit of, on behalf of, for the sake of:

    Lo hizo por su padre. *He did it for (the sake) of his father.*

PARA *Destined for*

1. To point out a recipient (for):

    Éste es para su padre.
    This one is (reserved) for your father.

2. With infinitives, to express inner motives (with the intent of, trying to):

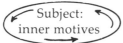

Se sacrifica por ayudarnos.
He sacrifices himself trying (intending) to help us.

2. With infinitives, to express aim or purpose (in order to)

Salió corriendo para llegar a tiempo. *He came out running in order to arrive on time.*

B. Concepts of time

POR

1. Span of time, or duration (for)

Time in days

Estuvo pensando en eso por tres días. *He thought about it for three days.*

2. Approximate time period (around, about):

Segments of time:

 enero   febrero   marzo

Por enero comienza la estación de las uvas. *The grape season begins around January.*

PARA

1. Specific moment in time (for)

jueves

Line of time

Ésta es la lección para el jueves. *This is the lesson for Thursday.*

2. Approximate deadline (for, by):

Segments of time:

primavera   verano   otoño

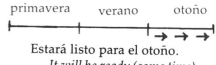

Estará listo para el otoño. *It will be ready (some time) in (by) the fall.*

C. Concepts of motion

POR

1. Motion through space (through, along):

Van por el parque. *They are going through the park.*
Paseaba por la calle. *He was walking along the street.*

PARA

1. Motion in the direction of a particular place (for, toward):

 (Lima)

Salieron para Lima. *They left for Lima.*
Los gitanos se irán pronto para el sur. *The gypsies will soon go (toward the) south.*

D. Other uses of *por*

1. To imply replacement (instead of, in place of):

Hoy tocaré el piano **por** mi madre.   *Today I will play the piano in place of my mother.*

2. With infinitives, to refer to an unfinished state:

Tengo dos capítulos **por** leer.   *I have two chapters to read.*

3. To introduce the agent in the passive construction:

Fue recibido **por** el Sr. Pedrell.   *He was received by Mr. Pedrell.*

4. To express rate (per) and means (by):

Eso va a costar catorce dólares por día.   *That is going to cost fourteen dollars per day.*

Lo envió **por** correo aéreo.   *He sent it (by) airmail.*

5. To express exchange (in exchange for):

Te cambio esta pintura **por** la tuya.   *I'll exchange this painting for yours.*

6. With an infinitive, to express a reason (on account of):

No pudo trabajar aquí **por** ser demasiado joven.
He could not work here on account of his being too young.

E. Other uses of *para*

1. To refer to professions in elliptical sentences (i.e., with a verb omitted):

Estudia **para** abogado (para ser abogado).   *He's studying to be a lawyer.*

2. To express proportion (considering):

Para extranjero no habla tan mal el español.
For a foreigner he does not speak Spanish too badly.

3. With a noun, to indicate anticipated usage:

Ésta es una taza **para** café.   *This is a coffee cup (a cup intended to be used for coffee).*

Éstos son los sobres **para** los informes oficiales.
These are the envelopes for the official reports.

Práctica **I.** **¿Por o para?**

POR 1. No comimos nada _____ dos días enteros.
(along) → POR 2. Caminaban _____ la carretera cuando fueron atacados.
PARA 3. Hay que salir temprano _____ llegar con tiempo.
POR 4. ¿Puedo pasar _____ aquí?
PARA 5. Este vestido lo compré _____ María Luisa.
POR 6. ¿Cuánto pagó Ud. _____ su bicicleta?
PARA 7. ¿Es éste el texto _____ la clase de biología?
PARA 8. Salió _____ Nueva York ayer por la tarde.
POR 9. Daría mi vida _____ ti.
PARA 10. Habremos terminado el curso _____ el 1° de junio.
POR 11. El niño fue defendido _____ su madrina.
PARA 12. Aprovecharon la ocasión _____ bromear con las muchachas.

II. Complete Ud. usando **por** o **para**.

Modelo: Iré a la ciudad…
Iré a la ciudad para cancelar mis deudas.

PARA 1. Es el dinero que necesitamos…
2. Me queda una carta… POR ESCRIBIR
3. Hay que tomar el tren de las ocho… PARA LLEGAR
4. Soy un poco raro: creo que puedo trabajar mejor…POR MAS DINERO
5. El anuncio fue enviado…POR EL SR. GARCÍA
6. Me gusta tu sombrero; te doy cinco dólares…POR EL
7. Voy a ponerme ropas viejas…PARA TRABAJAR
8. Como el profesor estaba enfermo, una señorita vino a enseñar…POR EL
9. Si Ud. quiere ver al jefe, pase…POR AQUÍ
10. Pienso partir… Madrid… el jueves.
          PARA   POR

56. Other prepositions

Some prepositions consist of two words, which must be learned as single units. These are the most frequently encountered:

alrededor de	*around*	dentro de	*within*
a través de	*through*	detrás de	*behind*
cerca de	*near*	encima de	*on top of, above*
debajo de	*below*	fuera de	*outside of*
delante de	*in front of*	lejos de	*far from*

Normally *on* and *upon* are translated by **sobre**. **Encima de** (*above*) usually implies a distance, but is often confused with **sobre**.

You may find it easier to remember these prepositions by pairing them off as follows:

alrededor de	a través de	dentro de	fuera de
cerca de	lejos de	encima de	debajo de
delante de	detrás de		

Several compound prepositions employ another preposition as the first word. Think of these prepositions as set expressions and learn to use them actively:

a causa de *on account of, because of*
a pesar de *in spite of*
en cuanto a *as for*
en vez de *instead of*

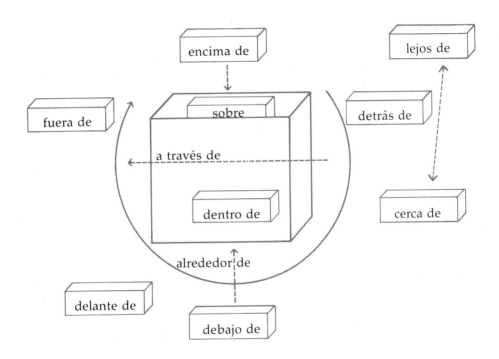

Práctica I. Complete Ud. con una de las expresiones presentadas en la sección anterior.

DELANTE DE 1. Si me pongo en frente de la clase, digo: Estoy...

DENTRO DE LA CASA 2. No sale nunca a la calle; siempre está...

ACERCA DE
   (about) 3. Si quiero explicar cómo ocurrió el accidente, digo: Voy a decirle
         a usted algo...

CERCA DE 4. Como no hay mucha distancia entre mi casa y la oficina, digo: Vivo...

A TRAVÉS DE 5. Las cortinas son casi transparentes; por eso, es posible ver...

ALREDEDOR DE 6. Para ver bien la escultura, dimos varias vueltas...

SOBRE 7. Como venía con tantos paquetes, y en mi mesa había espacio para ellos,
         le dije: —¿Por qué no pone Ud....?

A CAUSA DE 8. Si quiero dar la causa de algo, digo: No trabajo mucho... mi enfermedad.

II. Exprese Ud. en español.

EN VEZ DE 1. Le traeré té (instead of) café.
ENCIMA DE 2. Dejaré el paquete (on top of) la silla.
DEBAJO DE 3. Póngalo Ud. (underneath) la cama.
A CAUSA DE 4. Nos reuniremos (because of) el bautizo de su hija. ✳
EN CUANTO A 5. (As for) Enrique, mejor es invitarlo. ✳
DETRÁS DE 6. Mi impermeable estaba (behind) el sofá.
A PESAR DE 7. Le perdonaremos (in spite of) su mala conducta.
A TRAVÉS DE 8. El ruido nos llegaba (through) las paredes.

III. Diga Ud. qué preposición describe la posición de los objetos numerados.

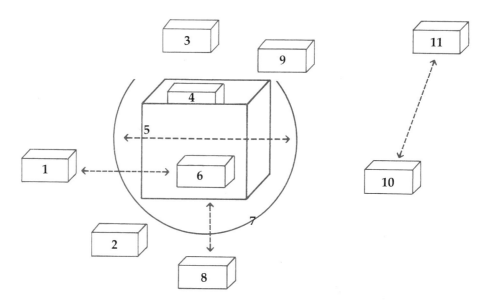

WORD DISCRIMINATION

1. Esposa, mujer, señora

The word *wife* is translated by *esposa* when the speaker wishes to be formal. Among friends the usual term is **mujer.** In Spanish America **señora** is as common as **esposa** when referring to one's wife:

  Se lo diré a mi esposa. *I'll tell it to my wife.*
  Ahora cuéntaselo a mi mujer. *Now tell (it to) my wife.*
  Quiero presentarle a mi señora. *(Spanish America)* *I wish to introduce my wife to you.*

2. **Visita, visitante**

Visita can be the occasion of a visit and also the person who visits:

Su última visita no fue muy agradable.   *His last visit was not very*
pleasant.

Recibió a dos visitas.   *He received two visitors.*

The noun **visitante** does not imply social relations. It can refer to anyone
—an official, a politician, a stranger—who makes an appearance at a given
place:

El visitante era un desconocido.   *The visitor was an unknown person.*

Práctica   Exprese Ud. en español.

1. (The visitor) resultó ser un poco molesto.
2. Pepe, dile a tu (wife) que le agradecemos su regalo.
3. Señor Calderón, ¿conoce Ud. a mi (wife)?
4. Con motivo de la enfermedad, hemos tenido muchas (visitors).
5. (His wife) es una dama muy aristocrática.
6 Esa (woman) no es su esposa.

LECTURA Y DISCUSIÓN

«Blup»

—Papá, Mercedes dice que hoy almorzaremos
pescado.

—Claro, hijo mío, es viernes.

—Pero, papá, ¿qué es un pescado?

—¡Hm! El pescado es un animalito que vive bajo el
agua.

—Y ¿cómo? ¿Vive bajo el agua y *no respira?*   does not breathe

—Sí, mi amor. Respira con unos *pulmoncitos*   tiny lungs
especiales; se llaman *branquias.*   gills

—¡Cuéntame un cuento de branquias!

—Ahora no, hijito.

—Cuéntame uno de pescaditos.

—¡Hm!... *Había una vez* un pescadito...   Once upon a time there was

—¿Cómo se llamaba?

—Se llamaba Blup.

—¿Por qué?

—Porque al hablar *echaba gorgoritos* que hacían: blup, blup, blup.   *he let out little bubbles*

—¿Y cómo era?

—Era suave y *plateado. Se deslizaba* por el agua *aleteando* feliz.   *silvery, He glided / moving his fins*

—¿Tenía ojitos?

—Sí, mi amor, un ojo a cada lado de la cabeza.

—¿Como Mercedes?

—No, lindo. Y no le vayas a decir eso a Mercedes, porque *se va a enojar.*   *she is going to get angry*

—¿Porque le digo que tiene cara de pescado?

—Sí.

—¿Son feos los pescados?

—No. Y hay que *tenerles cariño.* Tal vez todos fuimos pescados en un tiempo.   *to be affectionate to them*

—¿La mamá también?

—Es mejor que no se lo preguntes... Blup vivía feliz y contento bajo el agua, jugaba en la *arena* y les *llevaba de comer* a los *caracoles.*   *sand, fed / snails*

—¿Quiénes son esos señores caracoles?

—Otros animalitos que viven en el mar.

—¿Cómo son?

—Parecen orejas. Orejas grandes y orejitas.

—¿Y Blup les lleva de comer?

—Blup les llevaba *ramitas,* algas y otras yerbas raras que allí *crecen.*   *twigs / grow*

—Blup era bueno, ¿verdad?

—Muy bueno.

—¿Y qué comía Blup?

—Blup comía... otros pescaditos más chicos.

—¡Ah! Entonces no era tan bueno. Si yo me como a mi hermanito, mi mamá se enoja, ¿verdad?

—Pero *claro que* se enojaría. Es que Blup no sabía nada, hasta que, un día que corría tras una *medusa* para comérsela, ésta *se dio vuelta* y le dijo: Blup, señor pescadito, no me coma por favor; soy más chiquita que usted, pero también quiero vivir.   *of course / jellyfish / turned around*

—¿Y qué hizo Blup entonces?

—A Blup *le dio pena* y *se puso a* llorar.   *was very sad, started to*

—¿Con los dos ojos?

—Con los dos ojos.

—¿Y no se la comió?

—No se la comió. La medusa le dio un *beso* y se fue *echando chispitas* de felicidad.   *kiss / letting off little sparks*

—Y ¿qué hizo Blup entonces?

—Blup se quedó pensando, pensando, hasta que otro pescado más grande se lo *tragó.*   *swallowed*

—¿Se lo tragó?

—Es decir, se lo iba a tragar, cuando Blup se dio vuelta y le dijo: —¡Blup! Señor pescado, no me coma, por favor; soy más chiquitito que usted, pero también quiero vivir. ¿No ve que por todos lados hay cosas *ricas?* No es necesario que nos comamos los unos a los otros.

delicious

—¿Y ahora todos son buenos?

—Casi todos... los amigos de Blup. Blup y sus amigos dan el ejemplo. Ahora anda, anda a almorzar.

* * * * *

—Señor, el niño está llorando; dice que él no es malo, que no quiere comerse a *un tal* Blup.

somebody called

—¡Por Dios! ¿Es que *no se le puede* contar un cuento a un niño?

one cannot

Práctica I. Invente Ud. una posible explicación, suponiendo que el niño es A y Ud. (padre o madre) es B.

1. A ¿Por qué vamos a comer pescado hoy?
   B _____.
2. A ¿Qué es un pescado?
   B _____.
3. A ¿Cómo se llamaba el pescadito?
   B _____.
4. A ¿Cómo era Blup?
   B _____.
5. A ¿Tienen ojos los pescados?
   B _____.
6. A ¿Dónde jugaba Blup?
   B _____.
7. A ¿Qué comía?
   B _____.
8. A ¿Pero no es verdad entonces que Blup no era muy bueno?
   B _____.
9. A ¿Y Blup no se comió a la medusa?
   B _____.
10. A ¿Y qué hizo Blup entonces?
    B _____.
11. A ¿El pescado más grande se comió a Blup?
    B _____.
12. A ¿Y ahora todos los pescados son buenos?
    B _____.

II. Conteste Ud.

1. ¿Qué ley de la vida está implícita en la afirmación de que los pescados se comen unos a otros?
2. ¿Qué pensamiento está implícito en el hecho de que Blup lleva ramitas a otros animalitos?
3. ¿Qué teoría de la vida nos comunica el autor al decir Blup: «Yo también quiero vivir»?
4. ¿Qué contradicción hay entre la lección moral del cuento y la realidad de la vida?
5. ¿En qué se parecen los hombres a los pescados?

COMENTARIO Y TRADUCCIÓN

I. Haga Ud. el árbol geneológico de su familia. Indique Ud. el parentesco *(relationship)* de cada pariente (abuelo, primo, etc.), sus fechas de nacimiento y muerte, y, por fin, describa Ud. un incidente relacionado con algún miembro de su familia.

II. Escriba Ud. un breve cuento o anécdota; puede incluir los siguientes puntos:

1. un pez o un animal
2. en qué se parece a una persona
3. qué hace para vivir (jugar, descansar, etc.)
4. qué hábitos o costumbres especiales tiene
5. qué problemas o peligros encuentra por lo común

III. Exprese Ud. en español.

1. My brother-in-law died yesterday morning.
2. His mother-in-law is the nicest person in the world.
3. They never learned (how) to sing.
4. He will be in charge of receiving the guests. *a cargo de*
5. In any case, he will bring the wine with him.
6. At noon he left this bottle for you.
7. The church on the square is very old.
8. She was very busy in the kitchen.

APRENDIENDO PALABRAS NUEVAS

The suffix -anza, when added to the stems of some verbs, forms abstract nouns. For example, adivinar (to guess) becomes adivinanza (guess, riddle). If you know the following infinitives, you should be able to guess their corresponding nouns:

1. alabar—alabanza
2. confiar—confianza
3. enseñar—enseñanza
4. esperar—esperanza
5. tardar—tardanza
6. matar—matanza

VOCABULARIO ACTIVO

ADJETIVOS

arreglado, -a / arranged
lindo, -a / pretty
ocupado, -a / busy
ruidoso, -a / noisy

ADVERBIOS

además / besides
juntos / together

MODISMOS

al mediodía / at noon
hacer falta / to need, be needed;
si hace falta / if necessary
poner la mesa / to set the table

SUSTANTIVOS

almuerzo / luncheon
botella / bottle
la **clase** / kind
cocina / kitchen
el **compadre** / friend, godfather
cordero / lamb
cuento / story
ensalada / salad
invitado, -a / guest
madrina / godmother
marca / brand
mayonesa / mayonnaise
los **mayores** / elders
padrino / godfather; pl. godparents
el **pariente** / relative

el **postre** / dessert
salsa / sauce
vino / wine
—**tinto** / red wine

VERBOS

aprovechar,—se de / to take advantage of
bromear / to joke
celebrar / to celebrate
consistir en / to consist of
discutir / to discuss
encargarse de / to be in charge of
iniciar / to begin, initiate

LESSON FIFTEEN / Review Exercises

Basic uses of adjectives

Differentiating adjectives, i.e., those that distinguish things or persons from others of the same class, follow the noun. They include adjectives of shape, color, and nationality, as well as scientific and technical adjectives:

Es una casa **grande (roja, cara).**   *It is a large (red, expensive) house.*
Es un chico **francés.**   *He is a French boy.*
Es una máquina **eléctrica.**   *It is an electric machine.*

Limiting adjectives precede the noun. These include possessive adjectives (short forms), indefinites, demonstrative adjectives, articles, and numerical modifiers:

Tengo **muchos** amigos.   *I have many friends.*
Esos señores son **sus** padres.   *Those people are his parents.*
Lo encontrará Ud. en **cualquier** librería.   *You will find it in any bookstore.*
Tengo **algunos** amigos ahí.   *I have some friends there.*
Examinaré **los** informes.   *I shall examine the reports.*
Tiene **cinco** hermanos.   *He has five brothers.*

Práctica   **I.**   Termine Ud. la oración con la forma apropiada del adjetivo.

    1. (conocido) Ayer vi a dos actrices muy _____.
    2. (rojo) En los caminos habían puesto luces _____.
    3. (gracioso) Son unas escenas muy _____.
    4. (malo) ¡Qué composiciones tan _____!
    5. (largo) ¡Cuánto me gustaría tener vacaciones más _____!
    6. (famoso) Eran ciudades _____.

II.   ¿Dónde pondría Ud. los adjetivos?

    1. (horribles, aquellos) En _____ días _____ todos estábamos tristes.
    2. (españoles, sus) Presénteme Ud. a _____ amigos _____.
    3. (irlandesas, esas) Quisiera hablar con _____ chicas _____.
    4. (famosos, pocos) Tengo _____ amigos _____.
    5. (certificados, varios) Vi en la mesa _____ paquetes _____.
    6. (nuevos, ocho) Tenía _____ pares de zapatos _____.

Shortening of adjectives

The following adjectives lose the final **o** before a masculine singular noun:

uno > un	**bueno > buen**
alguno > algún	**malo > mal**
ninguno > ningún	**primero > primer**
	tercero > tercer

Tengo algún dinero.   *I have a little money.*
Es mi primer (tercer) viaje.   *It is my first (third) trip.*
Nos sirvió un buen postre.   *He served us a good dessert.*

A few adjectives drop an entire syllable:

grande > gran before a noun of either gender
Santo > San before a masculine name. *Exceptions:* Santo Tomás, Santo Domingo

    Martí fue un gran cubano.   *Martí was a great Cuban.*
    Estamos a punto de ir a San Martín.   *We are about to go to St. Martin.*

Práctica   Exprese Ud. en español.

    1. Este es el (third) caso excepcional.
    2. Son (good) compañeros.
    3. ¿Quién fue su (first) maestro?
    4. ¿Es, realmente, una (great) oportunidad?
    5. Una famosa autoridad fue (St. Thomas) de Aquino.
    6. Me pareció un (bad) examen.
    7. ¿Ha leído Ud. (any) buen cuento?
    8. No, señor. No he leído (none).

Lección Quince

Las tarjetas postales para los Estados Unidos se echan en el buzón que dice: «Aéreo».

ESCENA DE VIDA

Servicio postal

Una simpática joven norteamericana va a la *Casa de Correo*   Post Office
y pide información a un empleado.

JOVEN	Quisiera *enviar* esto en paquete certificado a Nueva York.	to send
EMPLEADO 1	*Así no podrá ser.* Este paquete no está bien hecho.	It won't be possible this way.
JOVEN	¿No?	
EMPLEADO 1	Vea Ud. Está *a punto de deshacerse*. Use Ud. un buen *cartón* y *átelo* con una *cuerda* fuerte y *gruesa*.	about to become undone cardboard, tie it, string thick
JOVEN	¿Y dónde puedo comprar el cartón y la cuerda?	
EMPLEADO 1	En cualquier *papelería*.	stationery shop
JOVEN	*¿Qué más* debo hacer?	What else?
EMPLEADO 1	Escriba Ud. el nombre del *destinatario* con *letra* grande y legible. Ponga también el nombre del *remitente,* con su dirección, en la *esquina* superior izquierda.	recipient (addressee) handwriting sender corner
JOVEN	¿Y dónde lo certifico?	
EMPLEADO 1	Donde está ese *letrero* grande que dice "Certificados".	sign
JOVEN	Muchas gracias. Adiós.	
EMPLEADO 1	*No hay de qué.*	You are welcome
	El empleado habla con un nuevo compañero de trabajo.	
EMPLEADO 2	Yo hubiera preferido poner todas las oficinas juntas para *atender* al público más rápidamente.	to serve

EMPLEADO 1   *¡Qué va!* ¡Eso sí que está mal pensado!   Nonsense!
              ¡Estaríamos *inundados* de trabajo! Ahora,   flooded
              por lo menos, tenemos algún tiempo *libre* y   free
              podemos darnos un pequeño descanso,
              mientras la gente *anda por ahí* ...   while, are wandering about
              buscándonos.

Práctica   Conteste Ud.

1. Si Ud. desea enviar un paquete al extranjero, ¿cómo debe Ud. hacer el paquete?
2. ¿Por qué es siempre mejor poner el nombre del remitente?
3. ¿Por qué es importante certificar algunas cartas?
4. ¿Como puede Ud. justificar el envío de anuncios y otros papeles puramente informativos?
5. ¿En qué casos prefiere Ud. asegurar *(to insure)* un paquete?
6. ¿Sería mejor tener un servicio postal de tipo privado? ¿Por qué?
7. ¿Qué objetos no se pueden enviar por correo?
8. ¿Qué prefiere el segundo empleado? ¿Y que dice el primero?

VOCABULARIO ÚTIL

A	B
el buzón *mailbox*	acusar recibo de *to acknowledge receipt of*
la carta urgente (de entrega inmediata) *special delivery letter*	asegurar un paquete *to insure a package*
el cartero *letter carrier*	contestar a vuelta de correo *to answer by return mail*
el franqueo (tasa postal) *postage*	echar al correo *to mail*
el sello (estampilla) *postage stamp*	repartir (entregar) la correspondencia *to distribute the mail*
el sello de goma *rubber stamp*	
el sobre *envelope*	

Práctica   I.   ¿Qué se describe en las siguientes oraciones?

1. Enviar una contestación inmediatamente después de recibir una carta.
2. Carta que se lleva inmediatamente al destinatario al ser recibida.
3. El receptáculo donde se echan las cartas.
4. Obtener un certificado que nos permite recibir en dinero el valor de un paquete en caso de perderse en tránsito.
5. Llevar las cartas al buzón.
6. Contestar a un amigo diciendo que fue recibida su carta.
7. El individuo que nos trae la correspondencia.
8. Cubierta en que escribimos el nombre y dirección del destinatario.

II. Los sellos hispánicos de los últimos años se distinguen por su valor artístico. Algunos de ellos son excelentes reproducciones de obras pictóricas famosas. Otros son magníficos retratos de grandes personajes —hombres y mujeres— que recuerdan algo importante en la historia del país. Diga Ud. todo lo que pueda acerca de cada uno de los siguientes sellos.

COMENTARIO GRAMATICAL

57. Position of non-differentiating adjectives

A. DIFFERENTIATING	B. NON-DIFFERENTIATING
Es un amigo generoso. *He is a generous friend.*	Es un generoso amigo. *He is a generous friend.*
Es una novela fascinante. It is a fascinating novel.	Es una fascinante novela. It is a fascinating novel.

A. A differentiating adjective, which follows a noun, makes a clear distinction between that noun and others in its class. For example, **un amigo generoso** distinguishes a generous friend from other types of friends; **una novela fascinante** is understood as being different from other novels.

B. A non-differentiating adjective, which precedes the noun, expresses a quality generally associated with the noun. No contrast is made between the noun and others of its kind. For example, **un generoso amigo** establishes a relationship between the quality *generous* and the person mentioned, with no reference to any other type of friend. In other words, *generosity* and *friend* are intimately bound together in one single thought: When we think of this friend we are automatically thinking of generosity. Similarly, **una fascinante novela** is conceived as a single unit: **fascinante** is an inherent quality of **novela.**

This type of fusion is comparable to the one present in English compound nouns: *real estate, ready money, reference book*, etc.

Práctica   ¿Dónde pondría Ud. el adjetivo? Si hay dos posibilidades, escoja siempre la más plausible.

1. (extraordinario) En la última película de Disney se presentó la historia de un _____ perro _____.
2. (agresivo) Me han dicho que ese señor es un _____ hombre _____.
3. (enormes) En el Amazonas hay _____ árboles _____.
4. (trágica) En realidad fue una _____ escena _____.
5. (baratos) Teniendo tan poco dinero, tenemos que contentarnos con _____ artículos _____.
6. (peligroso) Todos creen que es un _____ individuo _____.
7. (hermosísimo) En la ciudad de Banff, del oeste canadiense, hay un _____ jardín _____.
8. (elegantes) Las muchachas que cantaron en el Gran Salón llevaban _____ vestidos _____.
9. (prácticas) Siempre prefiero las _____ soluciones _____.
10. (estudiantil) En la primavera siempre organizan una _____ fiesta _____.

Respuestas correctas: 1. Both: it precedes if one assumes that most animals in Disney films are extraordinary; it follows if the intent is to distinguish this dog from other dogs.   2. hombre agresivo   3. Both: it precedes if we take for granted that Amazonian trees are usually big; otherwise, it follows.
4. escena trágica   5. artículos baratos   6. individuo peligroso   7. Both: it precedes if we mean that beauty is normally associated with garden; otherwise, it follows.   8. Both: as in previous cases the adjective may or may not be differentiating.   9. soluciones prácticas   10. fiesta estudiantil

58.   Uses of non-differentiating adjectives

Non-differentiating adjectives, which generally precede the noun, state qualities conceived as part of the noun itself. They are used:

A. In poetry:

un melancólico (callado, sereno) paisaje   *a melancholy (silent, serene) landscape*

B. In complimentary statements:

una distinguida (elegante, graciosa) joven   *a distinguished (elegant, graceful) young woman*

C. To express inherent qualities, i.e., qualities always implied in the noun itself:

un terrible huracán   *a terrible hurricane*
la blanca nieve   *the white snow*
un violento terremoto   *a violent earthquake*

D. To express usual qualities, i.e., those qualities frequently implied in the noun:

las hermosas flores   *the beautiful flowers*
esos molestos exámenes   *those bothersome examinations*

Práctica   **I.**   Complete Ud. las oraciones con un adjetivo de la lista que sigue. Use Ud. solamente un adjetivo (no dos).

aburrido	simpático
amable	solemne
científico	tinto
gracioso	tremendo
hermoso	viejo
malo	vulgar

1. Ella recibe _____ cartas _____ .
2. Aprecio sinceramente sus _____ palabras _____ .
3. Siempre he preferido el _____ vino _____ .
4. Su hija es una _____ niñita _____ de cinco años.
5. Cuando gané la lotería tuve una _____ sorpresa _____ .
6. Daré mis _____ ropas _____ al Ejército de Salvación.
7. El matrimonio fue una _____ ceremonia _____ .
8. Tenía que enviar un paquete con _____ materiales _____ .
9. Yo creo que el invierno siempre es una _____ estación _____ .
10. Es un compañero de _____ maneras _____ .

   II.   Invente Ud. oraciones que incluyan sustantivos y adjetivos. Preste especial atención a la posición del adjetivo.

1. Hable Ud. de un amigo suyo (una amiga suya) usando el adjetivo *simpático, -a* para indicar una cualidad comúnmente asociada a dicha persona.
2. Exprese Ud. un pensamiento personal sobre la primavera, empleando uno o dos adjetivos, tales como *alegre, agradable, hermosa*.
3. Compare Ud. su casa (o la de un amigo) con otra, usando diferentes adjetivos, tales como *cómoda, alegre, simpática, o triste, solitaria, oscura*.
4. Use Ud. varios adjetivos para referirse a un automóvil deportivo.
5. Use Ud. por lo menos dos adjetivos hablando de una maleta (*hermosa, grande, azul, pesada*).
6. Hable Ud. bien o mal de la familia de otra persona, usando dos adjetivos.
7. Dé Ud. una opinión personal de algún hombre público, usando adjetivos para referirse a sus características más importantes.
8. Dé Ud. información a la clase sobre alguna experiencia horrible en su vida. Use dos o más adjetivos para describirla.

En varios pueblos españoles, hay notarios públicos que ofrecen toda clase de servicios al aire libre.

BOCETO CULTURAL

Grafología[1]

Para españoles e hispanoamericanos, toda firma debe llevar una *rúbrica*. Una firma sin rúbrica es como una comida sin sal.

flourish accompanying a signature

Se dice que ya a los 9 ó 10 años el muchacho hispánico empieza a *trazar* líneas para adornar su firma. Históricamente, estas líneas eran una manera de hacer difícil la falsificación de la firma.

to draw

Hay gentes de mente clara que prefieren las líneas *rectas*, otros tienen pretenciones artísticas y *tienden* a las líneas curvas, y otros son tipos laberínticos, pues es difícil saber dónde comienza la firma y dónde termina.

straight, show preference for

Los grafólogos creen que hay una relación directa entre el tipo de línea y el *modo de ser* del que escribe.

character

---

[1]Grafología = study of handwriting.

TIPOS DE LÍNEAS	INDICACIONES PSICOLÓGICAS
1. Líneas enérgicas	Firmeza y vitalidad
2. Líneas cursivas	Buena disposición
3. Líneas ilegibles	Hipocresía
4. Líneas elementales	Poca cultura
5. Líneas elegantes	Buen gusto
6. Líneas oblicuas	Intelectualidad
7. Líneas entrelazadas	Habilidad, seducción
8. Líneas exóticas	Perversidad, extravagancia
9. Líneas angulosas	Animosidad, rencor
10. Líneas con punto final	Pesimismo

EJEMPLOS

Curvas entrelazadas: habilidad manual

Un punto detrás del nombre: pesimismo

Línea horizontal debajo del nombre:
deseo de un pedestal

Rasgos oblicuos: espíritu combativo

Líneas incomprensibles: mal carácter

Curvas elegantes y graciosas: genio

Hay firmantes que hasta hacen un dibujo de su persona.
Contenido indiscutible: deseo de notoriedad

Práctica   **I.**   Conteste Ud.

1. ¿Qué es una firma sin rúbrica?
2. ¿Qué líneas prefieren ciertas personas?
3. ¿Cuándo decimos que una firma es laberíntica?
4. ¿Cuándo comienza el muchacho hispánico a trazar líneas en su firma?
5. ¿Por qué lleva la firma tantas líneas?
6. ¿Qué puede expresar la firma también?
7. ¿Qué significan las líneas nerviosas e incomprensibles?
8. ¿Qué indican las líneas elegantes y graciosas?
9. ¿Qué indican las líneas elementales?
10. ¿Qué hacen algunos firmantes con deseo de notoriedad?

II.   ¿Qué cualidades, en su opinión personal, revelan las siguientes firmas?

COMENTARIO GRAMATICAL

59.   Position of two adjectives

A. When a noun is modified by a limiting adjective and also a differentiating adjective, the former precedes the noun and the latter follows it:

Tengo **muchos** clientes **venezolanos.**   *I have many Venezuelan clients.*

B. If both adjectives are differentiating, both follow the noun and may be joined by **y:**

Fue una ceremonia **inútil y cansada.**   *It was a useless and tiresome ceremony.*

C. If a non-differentiating and a differentiating adjective are used, the non-differentiating adjective precedes the noun and the differentiating adjective follows it:

Esta noche oiremos una *magnífica* **ópera italiana.**   *Tonight we will hear a magnificent Italian opera.*

Here the entire thought **ópera italiana** is modified by the adjective **magnífica.** Some other examples are:

En su oficina tiene una *hermosa* **porcelana china.**   *In his office he has a beautiful Chinese porcelain.*
Estaba leyendo una *larga* **novela** histórica.   *He was reading a long, historical novel.*

Here it is assumed that all historical novels are long.

D. If there are two differentiating adjectives and one of them is more integrally related to the noun, it generally follows the noun immediately. A second adjective would follow subsequently without the conjunction **y:**

Tengo una **lavadora automática** *moderna.*   *I have a modern automatic washer.*

Here **moderna** modifies the unit **lavadora automática.** If the speaker had wanted to emphasize each differentiating quality he would have said: **Tengo una lavadora automática y moderna.**

Práctica   **I.**   ¿Dónde ponemos los adjetivos? (¡Ojo! En algunos casos hay doble posibilidad.)

1. (muchos, carísimos) Sé que ella tiene vestidos.
2. (largas, difíciles) Tengo que preparar dos lecciones.
3. (roja, nueva) Vive en una casa.
4. (dramática, española) Ayer vi una película.
5. (elegante, nuevo) Me gustaría comprar un coche.
6. (pocas, baratas) En la tienda había ropas.
7. (largas, confusas) No me dé Ud. explicaciones.
8. ʻinteresantes, varios) Espero recibir catálogos.
9. (italiano, cómodo) Fuimos a comer en un restaurante.
10. (hermosos, árabes) La Alhambra es un grupo de edificios.

II. Emplee Ud. dos adjetivos de la columna B con los sustantivos de la columna A. (¡Ojo! Algunos adjetivos deben ir antes, y otros, después del sustantivo.)

A	B
1. problemas	aburrido
2. viaje	alegre
3. película	bello
4. novelas	difícil
5. fiestas	inolvidable
	interesante
	larguísimo
	nuevo
	policíaco
	reciente
	ruidoso
	significativo

60. Adjectival meaning according to position

There are certain adjectives whose meaning changes according to whether they precede or follow the noun. Observe the difference in meaning in each of the following pairs:

antiguo: Era un **antiguo** amigo.   *He was a friend of long standing.*
Era una casa **antigua**.   *It was an old (ancient) house.*

cierto: **Cierto** día se lo enviaré.   *Some (a certain) day I'll send it to you.*
Era un informe **cierto**.   *It was a reliable report.*

gran(de): Fue un **gran** hombre.   *He was a great (famous) man.*
Era un hombre **grande**.   *He was a large man.*

mismo: Así llegaremos el **mismo** día.   *Thus, we will arrive the same day.*
Vendió la casa **misma**.   *He sold the house itself.*

nuevo: Usaremos un **nuevo** utensilio.   *We will use a different utensil.*
Tengo un utensilio **nuevo**.   *I have a new utensil.*

pequeño: Necesito un **pequeño** descanso.   *I need a little (short) rest.*
Vino con un niño **pequeño**.   *She came with a small child.*

pobre: El **pobre** hombre perdió a sus tres hijos.
The poor (unfortunate) man lost his three sons.
Perdió su fortuna y ahora es un hombre **pobre**.
He lost his fortune and now is a poor (penniless) man.

puro: Fue **pura** buena suerte.   *It was sheer good luck.*
Beba Ud. agua **pura**.   *Drink pure water.*

simple: Era un **simple** parecido.   *It was mere resemblance.*
Es una persona **simple**.   *He is a simple-minded person.*

Práctica   ¿Dónde ponemos el adjetivo?

1. (antiguo) Juan es un _____ amigo _____ .
2. (misma) Él se ríe de la _____ muerte _____ .
3. (pura) Fue _____ coincidencia _____ .
4. (cierta) Después de mucho estudio pudo darnos _____ información _____ .
5. (antiguos) Había ahí una colección de _____ vestidos _____ .
6. (nuevo) Miguel hablaba con un _____ compañero _____ .
7. (simple)—¡Qué va! Ésa no era una _____ cuestión _____ de dinero.
8. (puras) Hay que comprar _____ sustancias químicas _____ .
9. (nuevos) Voy a ponerme _____ zapatos _____ .
10. (mismo) Tuve que estudiar otra vez el _____ libro _____ .

WORD DISCRIMINATION

1. Si

The word **si** (without an accent) is used in various constructions.

A. To express a condition:

Si viene, dígale que no estoy.   *If he comes, tell him I am not at home.*

B. To reinforce an affirmation:

Si no son tan malos.   *(I am telling you) they are not so bad.*
Si ya lo saben.   *(I am sure) they already know it.*

When used in this sense, **si** can be the equivalent of the English expletive *why:*

¡Si no sabe de estas cosas!   *Why, he does not know about these things!*

C. To express *whether:*

No sabe si contestar o no.   *He does not know whether to answer or not.*

2. Sí

The word **sí** (the accented form) can be used (with or without **que**) to reinforce a statement. Its English equivalent is *indeed, surely:*

Esos muchachos sí que son inteligentes.   *Those boys are indeed intelligent.*
Eso sí lo entiende.   *That he surely understands.*

Práctica   Dé Ud. la traducción inglesa de las palabras en cursiva.

1. ¡*Si* ya no sirvo para esto!
2. De esas cosas *sí* que puedo hablar.
3. Pronto sabremos *si* dice la verdad o no.
4. ¡Pero *si* estamos muriéndonos de hambre!
5. De esto *sí* que como.
6. *Si* beben demasiado, se van a enfermar.
7. ¡*Si* no lo digo porque ella es rica!
8. A ver *si* me lo dices.
9. Eso *sí* que fue interesante.
10. ¡*Si* no son como tú dices!

En España el correo llega dos veces por día.

LECTURA Y DISCUSIÓN

Una carta de amor

Cuando por primera vez llevé pantalones largos, conocí a una simpática vecinita de ojos verdes que se llamaba Brunilda. Pepe, mi compañero de aventuras, me explicó que Brunilda era el nombre de una famosa «barquiria».[2]

—¿Una… qué?—le pregunté con *ansiedad*.   anxiety

—*Si* no es nada malo—se apresuró a explicar mi sabio   I'm sure
informante. —Creo que Brunilda aparece en una ópera: es una linda muchacha… que viaja en barco.

Mi admiración por Brunilda coincidió con algo que acababa de aprender en mi clase de química: haciendo una solución con una sustancia blanca, se podía escribir en forma invisible. Sólo era necesario poner la *hoja* sobre   sheet
una *llama* y aparecía el mensaje escrito. *Al enfriarse* el   flame, when . . . got cold
papel, desaparecía todo *rastro* de escritura. ¡Maravilla de   trace
maravillas!

Con la ayuda de un libro muy *manoseado* que me   dog-eared
prestó Pepe, *logré* componer esta carta: I managed

    Adorada Brunilda:

      Vivo con la esperanza de que Ud. pueda amarme. Una sola palabra de sus divinos labios me *bastaría*.   would be enough

                Panchito

El domingo siguiente, cuando vi a Brunilda a la puerta de su casa, le entregué el «papelito», explicándole rápidamente cómo debía leerlo.

Pasaron dos días, tres, cuatro, y no recibía contestación *alguna*. Por fin llegó el domingo. A eso de las once vi   any
que Brunilda y su madre volvían de la iglesia. Las saludé cortésmente diciéndome *para mis adentros*: «¡*Qué diantre!*   inaudibly (inwardly), What the dickens!
No hay más remedio que esperar hasta que *se despeje el*   There is nothing else
campo». Media hora después, cuando nadie nos veía, le   to do but, the coast is clear
pregunté a Brunilda por qué no me contestaba. Me miró entonces con sus grandes ojos verdes y me dijo: —Porque puse el papel sobre la llama, y *se me quemó*.   I burned it

---

[2]Alusión a la ópera wagneriana «Die Walküre». La ignorancia del que habla le lleva a asociar una palabra rara con algo conocido—un barco, un barquero—, y así resulta *barquiria*. Las *valquirias* son divinidades de la mitología escandinava.

Me quedé sin resuello. Pero recobré la calma cuando   I was breathless
Brunilda añadió:

—Panchito, ¿por qué no me escribe una cartita que yo
pueda leer ... sin quemarme los dedos?

Entonces comprendí que el destino había compensado
generosamente mi *fracaso* como químico.   failure

Práctica **I.** Use Ud. un adjetivo apropiado para completar cada oración. ¿Debe preceder
o seguir?

1. Me dijo que Brunilda era el nombre de una _____ vecinita _____.
2. Brunilda era una _____ muchacha _____.
3. Así me lo explicó mi _____ informante _____.
4. Para escribir la carta consulté un _____ libro _____.
5. Era necesario emplear una _____ sustancia _____.
6. Con esa sustancia se podía escribir en _____ forma _____.
7. Entonces aporecía el _____ mensaje _____.
8. Espero una palabra de sus _____ labios _____.
9. Era una muchacha que tenía _____ ojos _____.
10. Pasaron varios días y no recibí _____ contestación _____.

II. Lea Ud. las siguientes cartas y dé una opinión o un consejo sobre cada una.

1. Querida Dorotea:

    Tengo 14 años y creo ser persona madura. Mis padres me dicen que no puedo tener un solo amigo favorito. ¿No cree Ud.[3] que esto es cruel?

    Desesperada

2. Querida Dorotea:

    Soy un hombre mayor. Mi vecina es una extraordinaria persona. Es divorciada y tiene dos hijas. ¿Cree Ud. que sería imprudente proponerle matrimonio?

    Interesado

3. Querida Dorotea:

    Mi tía Eufrasia vive con nosotros. Tiene la mala costumbre de escuchar todas mis charlas por teléfono. ¿Cómo puedo decirle que no necesito su «cooperación»?

    Juanita

4. Querida Dorotea:

    Mis padres insisten en que yo siempre vuelva a casa a las once. Esto me causa serios problemas porque mi novio trabaja hasta las nueve y, por eso, nos quedan sólo dos horas. ¿Cómo puedo convencerles de que no son justos? Tengo 16 años.

    Alicia

5. Querida Dorotea:

    Mis vecinos suelen pasar los fines de semana en su casa de campo, y no saben que, durante su ausencia, sus dos hijos mayores (que tienen 16 y 18 años) invitan a todos sus amigos y están toda la noche de fiesta. Yo estoy muy preocupado. ¿Debo decirles algo a sus padres?

    Preocupado en Miami

COMENTARIO Y TRADUCCIÓN

I. Escoja Ud. (a) o (b).

(a) Haga Ud. recomendaciones sobre la manera de hacer y enviar un paquete al extranjero;

(b) Examine la fotografía de la página 312 y después, *sin mirar la foto,* diga qué hace Onofre para ganar dinero.

---

[3]Observe that with **no creer** one can use the indicative if there is no doubt in the speaker's mind.

II. Exprese Ud. en español.

1. You can buy it in any store.
2. Some (A certain) man explained it to me.
3. I saw that in several Spanish towns.
4. Write it on the upper right-hand corner.
5. Why, he does not know (how) to write!
6. I am now reading an interesting French novel.
7. Your signature is indeed beautiful and elegant.
8. Use a strong and thick string.

APRENDIENDO PALABRAS NUEVAS

Pay close attention to the prefix *des-* which, when added to a verb, noun, or adjective, creates a new word with the opposite meaning. For example, *atar—desatar* mean *to tie* and *to untie,* respectively. Sometimes the word with *des-* may be more familiar to you. Do you know what the following verbs and nouns mean?

VERBS	NOUNS
1. aparecer—desaparecer	1. ayuno—desayuno
2. arreglar—desarreglar	2. conocido—desconocido
3. conectar—desconectar	3. gracia—desgracia
4. cubrir—descubrir	4. honra—deshonra
5. cuidar—descuidar	5. igualdad—desigualdad
6. esperar—desesperar	6. interés—desinterés
7. hacer—deshacer	7. orden—desorden
8. obedecer—desobedecer	8. preocupación—despreocupación

VOCABULARIO ACTIVO

ADJETIVOS

cualquier(a) / *any*
curvo, -a / *curved*
gracioso, -a / *graceful*
grueso, -a / *thick*
inútil / *useless*
libre / *free*
recto, -a / *straight*
superior / *upper, superior*

ADVERBIOS

así / *so, that way*
a punto de / *about*

CONJUNCIONES

mientras / *while*

MODISMOS

a los nueve / *at the age of nine*
no hay de qué / *you are welcome, don't mention it*
por lo menos / *at least*
¿qué más? / *what else*
¡qué va! / *nonsense!*

SUSTANTIVOS

el **carácter** / *character*
    mal — / *bad temper*
compañero / *companion*
    — de trabajo / *co-worker*
cuerda / *string*
la **dirección** / *address*
esquina / *corner*
letra / *handwriting*
letrero / *sign*
línea / *line*
modo de ser / *character*
el **nombre** / *name*
oficina / *office*
el **remitente** / *sender*

PREPOSICIONES

debajo de / *under*
detrás de / *behind*

VERBOS

atender a / *to serve*
buscar / *to look for*
certificar / *to register (a letter)*
enviar / *to send*

Self-test V

1. Exprese Ud. en español.

    1. Pepe, dame (your) dirección, por favor.
    2. Esa amiga (of hers) es muy interesante.
    3. ¿Qué casa pintaron? ¿(Ours)?
    4. Los boletos (his) son demasiado caros.
    5. Tu coche es mucho más nuevo que (mine).
    6. Aquí están mis papeles; ¿qué habéis hecho vosotros con (yours)?
    7. Tengo el mío; no necesito (John's).
    8. Este hombre tiene tantas cosas en (his head).
    9. (Every) mujer debe protestar contra eso.
    10. (All) las culturas han hecho lo mismo.

2. ¿*Tiempo, hora, vez* o *época?*

    1. ¿Que _____ era cuando él llegó?
    2. ¿Por qué no lo hizo bien la primera _____?
    3. Hace mucho _____ que no los veo.

3. Exprese Ud. en español.

    1. (This) mapa es muy interesante.
    2. ¿Qué contienen (those) papeles?
    3. Ella estaba hablando (to [with] herself).
    4. Echó las cartas en el (mailbox).
    5. ¿Por qué no quieres ir (with me)?
    6. Alberto (needs) un abrigo nuevo para el invierno.
    7. Hice una (cruise) por el Caribe, en un vapor de lujo.

4. Dé Ud. antónimos.

1. cerca de
2. detrás de
3. dentro de
4. debajo de

5. *¿Por* o *para?*

1. ¿Es ésta taza _____ Josefita?
2. Trabajaron allí _____ dos semanas.
3. Mi padre no podía ir; entonces yo fui _____ él.
4. ¿Pueden Uds. volver _____ octubre?
5. Hay que comer _____ vivir.
6. Salieron _____ Los Ángeles ayer.

6. ¿Qué preposición necesitamos?

1. Yo me encargué _____ los niños.
2. El señor se rió _____ mi firma.
3. El señor Pedrell atendió _____ los invitados.
4. Me quedan dos capítulos _____ leer.
5. —Señorita, me quedaré _____ esta camisa.

7. ¿Dónde ponemos el adjetivo?

1. (rojas) En los caminos habían puesto _____ luces _____.
2. (aquellos) No sabía qué hacer durante _____ días _____.
3. (misma) Voy a leer la _____ novela _____ que Juana.
4. (cómodo, árabe) Fuimos a un _____ restaurante _____.
5. (antiguo) Él es un _____ amigo _____. Le conozco desde hace **veinte años**.

8. ¿Necesitamos la preposición *a* o no?

1. Nos ayudó _____ abrir la ventana.
2. Sé muy bien que no comprendieron _____ la novela.
3. ¿Cuándo van Uds. _____ Bogotá?
4. No puedo _____ olvidarle.
5. Le voy a enseñar _____ tocar el piano.

9. Complete Ud. con la palabra más apropiada.

1. El hermano de mi esposa es mi _____.
2. Soy la _____ de mis padrinos.
3. La madre de mi esposo es mi _____.
4. Mi esposa es la _____ de mis padres.
5. Comparamos las horas de diferentes vuelos en el _____ de aviones.

LESSON SIXTEEN / Review Exercises

The relatives *que* and *quien(es)*

A. Que *(that, which, who, whom)*
This relative pronoun, which is the one most commonly used in Spanish, refers to persons or objects, masculine or feminine, singular or plural:

> Éstos son los señores **que** vimos en la calle.
> *These are the gentlemen (whom) we saw in the street.*
> ¿Dónde está la guitarra **que** te di?   *Where is the guitar (that) I gave you?*

Que is often used after the prepositions **a, de, en,** and **con** to refer to things:

> Éste es el diccionario de **que** le hablé.   *This is the dictionary of which I spoke to you.*
> Ése es el trabajo a **que** se ha dedicado.   *That is the work to which he has dedicated himself.*

B. Quien, quienes *(who, whom)*
This relative pronoun refers only to persons:

> Hablaré con los empleados, **quienes** me informarán.
> *I'll talk to the employees, who will inform me.*
> Mi padre, **quien** es abogado, puede ayudarnos.
> *My father, who is a lawyer, can help us.*

Quien or **quienes** can also be used after any preposition, particularly the longer ones, to refer to persons (see Section 62):

> Éstos son los niños para **quienes** compramos los regalos.
> *These are the children for whom we bought the presents.*
> Ella es la amiga de **quien** te hablé.   *She is the friend of (about) whom I spoke to you.*

Práctica   ¿Qué relativo debemos usar?

con que 1. Ésta es la pluma (with which) se firmó el documento.
que 2. El telegrama (that) recibimos hoy es alarmante.
de quien 3. Ahí está el caballero (about whom) he oído decir muchas cosas.
2. de quienes 4. Las señoras (of whom) Ud. nos habló son organizadoras del grupo «Pro Liberación Femenina».
quien 5. Es don Pedro (whom) debo llamar por teléfono.
quienes 6. Las muchachas (whom) visitamos ayer son amigas de mi hermana.
que 7. Aquí tiene las cartas (which) Ud. esperaba.
con quienes 8. Éstos son los jóvenes (with whom) viajaré este verano.

More specific relatives

When a clarification is needed as to gender and number, two sets of relative pronouns can be used in place of **que** and **quien(es).** They are:

el que		el cual	
la que	*that, which,*	la cual	*that, which,*
los que	*who, whom*	los cuales	*who, whom*
las que		las cuales	

Las amigas de la Sra. García, **las cuales** son muy amables, nos
  ayudarán a preparar el almuerzo.
Mrs. García's friends, who are very kind, will help us prepare the lunch.
Los hijos de ese Sánchez, a **los que** Ud. dio dinero esta mañana, son
  perezosos.
*The sons of that fellow Sánchez, to whom you gave money this morning,
  are lazy.*

Generally speaking, the two sets are very close in meaning, but **el cual (la
cual, los cuales, las cuales)** is more commonly found in literary style.

Práctica   ¿Qué relativo debemos usar?

1. Ésta es la máquina (to which) me referí en mi libro.
2. Éstos son los zapatos (with which) pienso escalar las montañas.
3. Han llegado las maletas de María, (which) yo estaba esperando.
4. Las hijas de los señores Gómez, (who) son muy listas, vendrán a la fiesta.
5. Éste es el capítulo (of which) pienso hablar hoy.
6. Son unos muchachos perezosos (with whom) no quiero hablar.
7. Éste es el dinero (with which) iré a México.
8. Son los libros de los expertos (of whom) le escribí en mi última carta.

Lección Diez y Seis

Muchos jóvenes de hoy
prefieren tener una
ceremonia religiosa
sencilla cuando se casan.

ESCENA DE VIDA

Matrimonio al estilo moderno

Los padres de Serafín—don Guillermo y doña Eugenia—saludan muy cortésmente a don José y a doña Clarisa—los padres de Finita. La visita tiene *por objeto* discutir un suceso muy grave: los jóvenes acaban de anunciarles que *se casarán*, lo cual nada tiene de malo, pero lo harán sin enviar invitaciones, sin ceremonia religiosa y sin recepción.

as its purpose

they are getting married

—Desde que Serafín volvió de los Estados Unidos, *no ha hecho otra cosa que* darnos dolores de cabeza. Ahora siempre hace *lo que menos se espera*.

he has done nothing but
what is least expected

—*¡Figúrense!* —explica doña Eugenia. —*Le ha dado por* llevar una chaqueta de varios colores, con la cual *se ve* como un *payaso*.

Imagine!, He has taken to
he looks
clown

—Y Finita, para ser moderna, no quiere llamarse ni «señora», ni «señorita», sino «*Sa*».

Ms.

—Hace dos días nos anunció Serafín, como si nada ocurriese: «¡Me caso!»

—Finita ha hecho *otro tanto* —añade doña Clarisa. —Como yo suponía que *algo había en el aire,* le pregunté varias veces si su *amistad* con Serafín era en serio. Y ¿qué creen Uds. que dijo? No me contestó mi pregunta sino que exclamó: —Mamá, todo lo que tú haces es en serio… una tragedia griega.—

the same thing
something was up
friendship

La conversación *se extiende* por más de media hora   goes on
entre protestas y lamentaciones, con las cuales los padres
sólo *han logrado complicarse la vida.*   have managed to complicate their lives

—¡Jamás *me pasó* nada de esto *por la cabeza!* —exclama   occurred to me
la madre de Serafín.

—Cálmate, Eugenia.

—¡El mundo *se ha vuelto* loco!   has gone

Los visitantes se despiden, y salen a la calle como
personas que han asistido a un *velorio.* Don Guillermo por   wake
fin se consuela diciendo:

—*¡Menos mal!* Habrá una ceremonia civil. *Algo es algo.*   It could have been worse!,
          That's better than nothing.

Práctica   Dé Ud. una opinión personal.

1. En su opinión, ¿qué papel deben tener los padres cuando se casan sus hijos?
2. ¿Le interesan a Ud. los matrimonios al estilo moderno? ¿Por qué?
3. ¿Qué le parece a Ud. la práctica femenina de usar la abreviatura *Sa?*
4. ¿Por qué evitan muchos jóvenes todo tipo de ceremonia al casarse?
5. ¿Cree Ud. que el mundo se ha vuelto loco?
6. En el mundo hispánico la novia conserva su apellido. Por ejemplo, María Ramírez, después de casarse con Hernando Rosa, se llama María Ramírez de Rosa. ¿Qué le parece a Ud. esta costumbre?
7. ¿Es importante casarse hoy día? ¿Por qué(no)?
8. ¿Qué opinión tiene Ud. del divorcio? ¿Por qué hay tantos divorcios?
9. ¿Es mejor casarse cuando uno es joven, o esperar algunos años?
10. ¿Qué debe Ud. tener presente *(keep in mind)* antes de casarse?

VOCABULARIO ÚTIL

el anillo de boda   *wedding ring*
la boda   *wedding*
casarse con (contraer matrimonio con)   *to marry*
la dama de honor   *maid of honor*
los esposos   *husband and wife*
estar comprometido, -a   *to be engaged*
fugarse   *to elope*
la luna de miel   *honeymoon*
el novio, la novia   *fiancé, fiancée*
el padrino   *best man*
proponer matrimonio   *to propose*

Práctica   Explique Ud. en español.

1. ¿Qué es un padrino?
2. ¿Qué hace la dama de honor?
3. ¿Cuándo está un joven oficialmente comprometido?
4. ¿Qué significa *fugarse?*
5. ¿Por qué no quieren algunos jóvenes informar a sus padres antes de casarse?
6. ¿Cuándo piensa Ud. contraer matrimonio?
7. ¿Dónde pasaría Ud. su luna de miel?
8. ¿Qué se acostumbra decir al proponer matrimonio?

COMENTARIO GRAMATICAL

61. Relative pronouns: *que* versus *quien(es)*

Since both **que** and **quien** can refer to persons, it is necessary to distinguish between them. Normally, **que** is the preferred form if no clarification is needed. However, in written Spanish, **quien** is used if the relative introduces a statement set between commas. Compare:

Éste es el muchacho **que** trajo el regalo.   *This is the boy who brought the present.*
Ese muchacho, **quien** trajo el regalo, es su sobrino.   *That boy, who brought the present, is his nephew.*

The speaker's mind can, therefore, follow either one of two patterns:

(a) no interruption between the subject and the clause:

El muchacho **que** acaba de hablarnos tan cortésmente / es su hermano.

(b) a clear interruption between the subject and the clause:

Ese muchacho, /   / estuvo muy enfermo.

quien vino hoy en taxi,

Práctica   I. ¿Que o quien(es)?

que 1. Ése es el visitante _____ desea hablar con Ud.
que 2. Son unos norteamericanos _____ no entienden nuestra lengua.
quienes 3. Mis tíos, _____ están ahora en Montreal, lograron ver la Exposición.
que 4. Conozco a un cartero _____ es muy amable.
quien 5. Acabo de hablar con mi compañero de trabajo, _____ le dirá a Ud. qué debe hacer.

que 6. La gente _____ tiene indigestión toma píldoras estomacales.

que 7. La visita era una señora vieja _____ nos conocía a todos.

que 8. Ésa es la señorita _____ anunció el vuelo.

quienes 9. Mis vecinos, _____ no hablan español, siempre me saludan diciéndome «Don».

que 10. ¿Dónde están los jóvenes _____ van a cantar?

II. Invente Ud. una oración que contenga una frase entre comas.

> Modelo: Mi hermano, quien _____, _____.
> Mi hermano, quien estudia ingeniería, está ahora en los Estados Unidos.

1. Mis abuelos, quienes _____, _____.
2. El presidente, quien _____, _____.
3. Mi amigo (-a) favorito (-a), quien _____, _____.
4. Mi madre, quien _____, _____.
5. El Ratoncito Miguel (Mickey Mouse), quien _____, _____.
6. El Sr. Martin Luther King, quien _____, _____.
7. La famosa Greta Garbo, quien _____, _____.
8. Los hermanos Wright, quienes _____, _____.
9. Sigmund Freud, quien _____, _____.
10. Picasso, quien _____, _____.

62. *El que* and *el cual* contrasted with *quien*

When there is a compound subject containing two nouns referring to persons of different gender, **quien(es)** normally refers to the second of these nouns. However, if the speaker wishes to designate the first one, he must identify it clearly through **el cual, la cual, los cuales, las cuales.** Compare:

> La hija del Sr. Acevedo, quien es dentista, está ahora visitando a sus abuelos.   *The daughter of Mr. Acevedo, who (= Mr. Acevedo) is a dentist, is visiting her grandparents now.*
> La hija del señor Acevedo, la cual (la que) es dentista, está visitando a sus abuelos ahora.   *Mr. Acevedo's daughter, who (= the daughter) is a dentist, is visiting her grandparents now.*

El cual, la cual, los cuales, las cuales are usually preferred to **el que, la que, los que, las que** when the reference is to things in parenthetical statements, i.e., between commas:

> El periódico de nuestra ciudad, el cual representa el pensamiento izquierdista, no me interesa.   *The newspaper of our city, which represents leftist thought, does not interest me.*

Remember: **que** is replaced by **quien** after a comma when the reference is to persons; **que** is replaced by **el cual, la cual, los cuales, las cuales** after a comma when the reference is to things. Never overspecify with relatives; if **que** is sufficient, do not use **quien, el cual,** etc.

El cual, la cual, los cuales, las cuales are also preferred after **por, sin** and the longer prepositions and prepositional phrases, such as **contra, para, hacia, acerca de, delante de, con respecto a, debido a,** etc.:

> Ésta es la iglesia delante de la cual había una cantina.
> *This is the church in front of which there was a cheap bar.*
> Son argumentos falsos, contra los cuales nada puedo decir.
> *They are false arguments, against which I can say nothing.*

Práctica   **I.**   ¿Que o el cual, la cual, los cuales, las cuales (el que, la que, los que, las que)?

1. Éstos son los zapatos de _____ yo hablaba.
2. Hay circunstancias contra _____ es mejor no hacer nada.
3. Las sobrinas de los señores Gómez, _____ son muy inteligentes, vendrán a visitarnos mañana.
4. Eran unos conocidos poemas sobre _____ se ha escrito mucho.
5. Es una afirmación en _____ yo no creo.
6. Se llevaron mis notas, _____ me son indispensables para seguir escribiendo.
7. Fui a varias sesiones durante _____ no se dijo nada importante.
8. Ésas son malas costumbres, a _____ yo me opongo.
9. El padre de Elena, _____ es ingeniero, tiene su oficina en el centro.
10. Le prestaré cien pesetas, _____ Ud. deberá devolverme el mes próximo.
11. Ud. me ha traído un documento según _____ ésta es propiedad del estado.
12. Ésa es la cocina _____ los técnicos querían venderle a mi vecina.
13. Hay enfermedades para _____ no hay remedio.
14. Son documentos sobre _____ no puedo dar una opinión.
15. Es la muerte, hacia _____ todos vamos.

II.   Preguntas personales.

1. ¿Con quién habla Ud. cuando se siente triste?
2. ¿A quién admira Ud. en particular? ¿Por qué?
3. ¿En quiénes piensa Ud. con frecuencia? ¿Por qué?
4. ¿De quiénes depende la paz del mundo?
5. ¿Contra quiénes ha luchado nuestro país en este siglo?
6. ¿Con quiénes no discute Ud. nunca?
7. ¿Entre quiénes se siente Ud. a gusto?
8. ¿Para quiénes escriben los poetas?
9. ¿Qué le dice Ud. a un amigo a quien le ha dado por decir chistes tontos?
10. ¿Es verdad que en los exámenes encontramos a veces lo que menos se espera? ¿Por qué?

Los volcanes y el maguey son muy típicos del paisaje mexicano. Al pie del volcán Ixtacihuatl se cultivan bananas, naranjas y mangos.

BOCETO CULTURAL

Una canción popular

Para aprender a cantar una canción en español es necesario *tener presentes* las siguientes consideraciones: to bear in mind

1. Hacer uniones entre palabras. Las uniones más comunes son:
   (a) consonante final y *vocal* inicial de otra palabra: vowel
   y que me traigan aquí > y-que-me-trai-ga-na-quí

   (b) dos vocales, una final y otra inicial de otra palabra:
   quiero cantar la alegría > quie-ro-can-tar-laa-le-grí-a

2. Cambiar la acentuación de algunas palabras, según la música:

   que son como talismanes > que-son-co-mó-ta-lis-ma-nes

3. Hacer más largas algunas vocales, según la música:

   del amor de mis amores > de-la-mor-deeee-mi-sa-mo-res

México Lindo

Canción Ranchera

Letra y Música de CHUCHO MONGE. (JESÚS MONGE) S.M.A.C.E.M. DE MEXICO.

(Voz) 1. Voz de la guitarra mía......... al desper_tar la ma_ña_na.........
Quie_ro can_tar sus vol _ca_nes......... y sus pra_de_ras y flo_res.........

quie_ro can_tar la a_le _grí_a......... [1] de mi tie _rra mexi _ca_na.........
que son co _mo ta_lis_manes.......

[2] del a_mor de......... mis a _ mo_res.........

MÉXICO LINDO by Chucho Monge. Copyright 1945 by Promotora Hispano Americana de Música S.A. Copyright Renewed. Sole Selling Agent Peer International Corporation. Used by Permission. All Rights Reserved.

-2-

Que me entierren en la sierra
al pié de los magueyales
y que me cubra la tierra
que es cuna de hombres cabales.

Voz de la guitarra mía
al despertar la mañana
quiero cantar la alegría
de mi tierra mexicana.

MEXICO LINDO Y QUERIDO......... etc.

«México lindo»

Voz de la guitarra mía,	(The) voice of my guitar,
al despertar la mañana,	when the morning awakes,
quiero cantar la alegría	I want to sing the joy
de mi tierra mexicana.	of my Mexican (native) land.
Quiero cantar sus volcanes,	I sing to your volcanoes,
y sus praderas y flores,	and to your fields and flowers,
que son como talismanes	which are like charms
del amor de mis amores.	of the (very) love of my loves.
México lindo y querido,	Mexico, beautiful and beloved,
si muero lejos de ti,	if I die far from you
que digan que estoy dormido,	let them say I am (just) asleep,
y que me traigan aquí.	and let them bring me here.
Que digan que estoy dormido,	Let them say I am (just) asleep,
y que me traigan aquí.	and let them bring me here.
México lindo y querido,	Mexico, beautiful and beloved,
si muero lejos de ti.	if I die far from you.
Que me entierren en la sierra,	Let them bury me in the sierra,
al pie de los magueyales,	at the foot of the maguey plants,
y que me cubra la tierra,	and let the earth cover me,
que es cuna de hombres cabales.	for it is the cradle of honorable men.
Voz de la guitarra mía,	(The) voice of my guitar,
al despertar la mañana,	when the morning awakes,
quiero cantar la alegría	I want to sing the joy
de mi tierra mexicana.	of my Mexican (native) land.
México lindo y querido, etc.	Mexico, beautiful and beloved, etc.

Práctica Conteste Ud.

1. ¿Qué instrumento toca la persona que está cantando?
2. ¿Qué aspecto de México se menciona en la canción?
3. ¿Cuándo cantará él la alegría de México?
4. El cantante no quiere estar muerto. ¿Cómo quiere estar?
5. ¿Qué elementos de la naturaleza admira el cantante?
6. ¿Cree el cantante que morirá en México?
7. ¿Dónde prefiere ser enterrado?
8. ¿Qué país es tierra de hombres cabales?

COMENTARIO GRAMATICAL

63. Relatives with an implied antecedent

All the relative pronouns discussed in Sections 61 and 62 introduce a statement which refers to something actually mentioned before:

> El hombre **que** me trajo el paquete es mi vecino.
> *The man who brought me the package is my neighbor.*

In this sentence, **que me trajo el paquete** refers to **el hombre.** This noun is called the *antecedent.*

When the antecedent is not actually mentioned but implied, the following forms are used:

quien = el que, la que   *he who, the one who*
quienes = los que, las que   *they who, the ones who, those who*
> **Quienes (Los que, Las que)** tienen dinero no son siempre felices.
> *Those (The ones) who have money are not always happy.*
> **El que (Quien)** estudia, aprende.   *The one (He) who studies, learns.*

Note how the relatives **quien** or **el que** imply a noun such as **el (hombre) que, los (individuos) que,** or some other noun of the same type.

There are also two neuter relatives: **lo que,** which is used to refer to some implied object or idea, and **lo cual,** which points to an antecedent actually mentioned before. Both relatives are translated by *what* or *which* in English:

> (a) **Lo que** me disgusta es su carácter.   *What displeases me is his character.*
> (b) Él nunca malgasta su dinero, **lo cual** yo admiro.
> *He never squanders his money, which I admire.*

In (a) there is an implied antecedent: **La cosa que me disgusta;** in (b) the antecedent of **lo cual** is the entire statement, **Él nunca malgasta su dinero.**

Práctica   I. Reemplace Ud. las palabras en cursiva empleando dos relativos diferentes.

> Modelo: *El hombre que* come demasiado generalmente toma píldoras.
> (a) **Quien** come demasiado generalmente toma píldoras.
> (b) **El que** come demasiado generalmente toma píldoras.

1. *Los hombres que* fueron a pescar olvidaron sus preocupaciones.
2. *La persona que* sonríe demasiado es artificial.
3. *Los individuos que* no saben escuchar son mala compañía.
4. *El muchacho que* no trabaja, no aprende.
5. *Las personas que* beben demasiado mueren jóvenes.
6. *Los jóvenes que* salen mal tienen serios problemas.
7. *Las señoritas que* tengan un sobresaliente recibirán un premio.
8. Sólo entrevistaremos a *las candidatas que* tengan su documentación completa.

II. ¿Lo que o lo cual?

Lo que 1. _____ yo deseo es hacer una travesía por el Mar de las Antillas.

lo que 2. Esto es _____ yo no logré comprender.

lo cual 3. Ese individuo no lleva zapatos, _____ no es muy extraño hoy día.

lo cual 4. Siempre habla en voz baja, _____ me desagrada.

lo cual 5. Ellos nunca tienen presentes nuestros problemas, _____ me sorprende.

lo que 6. Ahí tiene Ud. _____ recibimos ayer.

lo cual 7. Ella gana muy poco, _____ parece increíble.

lo cual 8. Ud. no saludó a nadie, _____ nos llamó la atención.

64. Diminutives and augmentatives

Diminutives and augmentatives, respectively, may express small or large size and also affection or disrespect. Therefore, great care must be exercised in using them. The following guidelines cover the use of the most basic ones.

A. Diminutives

1. **-ito, -ita, -itos, -itas.** These endings are attached to nouns ending in **-o, -a** and **-l.**

árbol—arbolito	*little tree*	plato—platito	*little plate*
casa—casita	*little house*	silla—sillita	*little chair*
niña—niñita	*little baby girl*	ventana—ventanita	*little window, ticket window*

2. **-illo, -illa, -illos, -illas** are quite common in peninsular Spanish. In Latin America, however, diminutives in **-illo** have virtually lost the implication of small size, while acquiring a new meaning: casilla (post office box), masilla (putty), tortilla (corn meal cake).

dinero—(dinerito) dinerillo	*small amount of money*	pájaro—(pajarito) pajarillo	*little bird*
falta—(faltita) faltilla	*slight error*	pobre—(pobrecito) pobrecillo	*poor little thing*

3. **-cito, -cita, -citos, -citas** are attached to nouns ending in **n** or **r**; they are also attached to nouns of more than one syllable ending in **-e:**

amor—amorcito	*nice girl (boy) friend*	café—cafecito	*small cup of coffee*
dolor—dolorcito	*slight pain*	calle—callecita	*tiny street*
capitán—capitancito	*little captain*	coche—cochecito	*toy car*
cartón—cartoncito	*small piece of cardboard*	madre—madrecita	*mommy*

NOTE: Some nouns require a change in spelling when an ending is added:

cerveza—cervecita	*short beer*	pedazo—pedacito	*little piece*
muñeca—muñequita	*little doll*	periódico—periodiquito	*insignificant newspaper*

B. Augmentatives

The most common augmentative endings are **-ón, -ona.**

1. masculine nouns

    el muchacho—el muchachón   el jarro—el jarrón   *big vase*
       the big boy
    el papel—el papelón   *large piece of paper*

2. feminine nouns

    la familia—el familión   *huge*   la viola—el violón   *bass*
       family
    la botella—el botellón   *big*
       carafe

Observe that feminine nouns take masculine endings, unless a distinction as to sex is needed:

    el soltero—el solterón—la solterona   *bachelor, old bachelor, spinster*

Práctica   **I.** *Dé Ud. el diminutivo de* los siguientes sustantivos.

pescadita 1. el pescado *padrecito* 5. el padre   9. la vecina *vecinita*
animalito 2. el animal *joven* 6. el joven ?10. el vapor *vapor*
viajito 3. el viaje   7. el jardín   11. la taza *tacita*
cartita 4. la carta *farolito* 8. el farol   12. la cuchara *cucharadita*

II. *Dé Ud. el aumentativo de* los siguientes sustantivos.

(a) masculine nouns

  señón
1. el señor   3. el zapato *zapatón*
2. el sargento 4. el hombre *hombrón*
  sargentón

(b) feminine nouns

1. la pizarra   3. la copa *copón*
2. la guitarra 4. la mujer *mujerón*
  pizarrón
  guitarrón

¿Próxima a Casarse?
Celebre su matrimonio en
el mirador
4300 W. North Ave. 772-0450
DESDE
60
HASTA
500
PERSONAS

WORD DISCRIMINATION

1. Avisar, aconsejar

Avisar means *to advise* only in the sense of informing someone or letting someone know:

> Me avisaron que estaba en la estación de policía.
> *They informed me that he was at the police station.*

Aconsejar means *to advise, counsel:*

> Aconséjele Ud., señor, porque a mí no me escucha.
> *Sir, you advise him, because he won't listen to me.*

The verb *to advise*, as used in business, is translated by **notificar.**

2. Informe, información

In the singular, **informe** means *report;* in the plural, it means *data:*

> Necesito leer el informe para poder juzgar.   *I need to read the report to be able to judge.*

> Ahora, ¿qué vamos a hacer con estos informes?
> *Now, what are we going to do with these data?*

Información refers to a collection of data:

> El periódico trae una información completa sobre este asunto.
> *The newspaper has a full account of this question.*

3. Suceso, éxito

The most common meaning of **suceso** is *event:*

> Ha sido todo un suceso.   *It has been quite an event.*

The usual word for *success* is **éxito:**

> Trabaja allí con mucho éxito.   *He is working there with a lot of success.*

Práctica   Exprese Ud. en español.

1. El (event) más impresionante fue la celebración de la Independencia.
2. Necesita que un buen psiquiatra (advise him).
3. Por favor, (let me know) cuando llegue.
4. Quiero ver (the data) que Ud. ha recogido.
5. Voy a escribir (my report) en lenguaje técnico.
6. ¿Dónde puedo hallar (the information) que necesito?
7. Si Ud. hace un verdadero esfuerzo, tendrá mucho (success).
8. Si quiere Ud. que le hagamos el envío esta semana, haga Ud. el favor de (advise us).

LECTURA Y DISCUSIÓN

Cupido

Cupid

Cuando yo era estudiante universitario, mi mejor amigo fue un muchacho de provincia llamado Floridor. Era tan tímido que uno pensaría que había pasado sus diez y nueve años en un barco perdido en medio del océano. Era hombre de muy pocas palabras; no le gustaba hablar con la gente, y menos con las señoritas. Al pasar junto a ellas, siempre bajaba la cabeza, o miraba a otra parte. Y al encontrarse a solas con una compañera de clase, ni siquiera podía hablar.

Una tarde, con gran sorpresa mía, Floridor me reveló que se había enamorado de Hortensia, una chica *trigueña,* un poco *pálida,* pero no *flaca,* que trabajaba en la panadería *de enfrente.* Mi compañero decidió ir a comprar pan una vez por día. Así podía, por lo menos, mirar a Hortensia. Como no se atrevía a hacerle una «declaración», le aconsejé que le enviara una cartita de amor, lo cual le pareció a Floridor imposible, pues era un anarquista en composición. Me pidió, pues, que yo la escribiera; luego él la enviaría con su firma, por supuesto. *Me lancé* a llenar líneas con frases bonitas: «mi abril florido», «dulce jazmín», *«mi sueño azul»...* Creo *no equivocarme:* escribí maravillas.

olive skinned

pale, thin

across (the street)

I rushed

my dreamboat

I am not mistaken

Tres días después recibió mi amigo una notita color rosa, en la cual Hortensia exhibía su modestia, pero sin decir ni sí ni no. Pensé entonces que mi «creación» no tendría mayores consecuencias.

Me quedé estupefacto cuando Floridor me propuso un día que le dijera algo a Micaela, la compañera favorita de Hortensia, una muchacha bonita y simpática, que trabajaba en la misma panadería. —Podríamos salir todos juntos. ¡Sería *es-tu-pen-do!*

terrific

Por esos días tenía yo que escribir dos largos informes para dos asignaturas. Francamente, *no me sentía con ganas* para iniciar aventuras amorosas. Pero continué ayudando a Floridor con varias cartas, cada una de ellas a más alta temperatura. Ya era un verdadero Cupido. Mis cartas fueron siempre contestadas, pero lo curioso era que en las respuestas de Hortensia venían insinuaciones raras, algunas de las cuales tenían muy *poco que ver con* Floridor.

I was in no mood

little to do with

Un día subí al *tranvía* que va a la universidad, pagué los veinte centavos y *eché una mirada* hacia *adentro.* Vi

streetcar

cast a glance, inside

entonces a Micaela, sola, sentada *al fondo*. La saludé   in the rear
cortésmente. Ella *se corrió* hacia la ventanilla,   moved over
indicándome el asiento libre. —*Tenga Ud. la amabilidad de*   Please
acompañarme,— me dijo.

Me senté a su *lado* y traté de hablar naturalmente, pero   side
sin *éxito*. Poco a poco la conversación *fue deslizándose hacia*   success, gradually turned to
los amores de Hortensia, a los cuales llamó «poesía pura».
Bajó la voz, y entonces me confesó lo que menos esperaba: She lowered
todas las cartas a Floridor no eran creación de Hortensia
sino suya, y su contenido no era todo para Floridor sino
que parte de él estaba dirigido a mí.

—¡Canastos! ¿A mí?

—Sí— añadió. —Yo estaba muy enamorada de Ud.,
pero Ud. *no se dio cuenta de nada*, aunque iban muchas   did not "catch on" at all
alusiones a su persona. Fue una *maniobra* muy divertida.   maneuver
—¿No cree Ud. que mis cartas… debieran ser publicadas?
—me preguntó sonriendo.

Me sentí muy incómodo, y sólo pude decir: —¡Ahora
comprendo!

—Sí, pero un poco tarde, porque ya tengo un novio…
mucho más listo que Ud.

Me quedé con la boca abierta. ¿Sabía ella que yo era el
autor de toda esa «literatura» que Floridor había enviado
a su nueva amiga? Viendo a Micaela tan alegre y
satisfecha, pedí excusas y bajé del tranvía rápidamente.
Me sentía muy pequeño, como un Cupido inútil, que
había perdido su arco y sus alas. *¡Santa madre!*   Holy mackerel!

La lluvia interrumpe
el paseo de estos novios
barceloneses

I. Trate Ud. de reconstruir, sin consultar el texto de la *Lectura,* los pasajes que se refieren a los siguientes puntos.

1. Floridor: persona; su problema.
2. Descripción de Hortensia.
3. «Creación» del autor.
4. Encuentro con Micaela.
5. Sorpresa contenida al final del cuento.

II. Preguntas personales.

1. ¿Ha tenido Ud. alguna experiencia interesante en un autobús, tren o avión? Explique.
2. ¿Cómo puede Ud. comenzar una conversación con un pasajero a quien Ud. no conoce?
3. ¿Es Ud. una persona muy tímida? ¿Siempre o sólo en ciertos momentos? ¿En qué momentos?
4. ¿Ha sido Ud. un «Cupido» alguna vez? ¿En qué circunstancias? ¿Con qué resultados? Explique.
5. Si durante un viaje Ud. desea conocer mejor a un extraño, ¿cómo puede Ud. saber qué clase de persona es?

COMENTARIO Y TRADUCCIÓN

I. Aprenda Ud. la canción de la página 333—334, para cantarla en la clase.

II. Lea Ud. la descripción de cualquier boda en un periódico. Después, siguiendo la forma de ese artículo, describa Ud. esa boda en español. Hay que decir quiénes son los novios, qué hacen, cómo se visten, etc., etc.

III. Exprese Ud. en español.

1. He greeted me very politely, which surprised me.
2. He has only given me a very small amount of money.
3. I finally managed to write a love letter.
4. The one who just entered is my favorite clown.
5. Keep in mind that he has just married.
6. The world has gone crazy.
7. They have been living in that huge house for thirty years.
8. This letter has as its purpose to inform you of *(sobre)* my decision.

APRENDIENDO PALABRAS NUEVAS

Many verbs can be changed to nouns or adjectives by adding *-ante* to their stem. If you know **visitar** *(to visit),* for example, you should be able to figure out **visitante** *(visitor).* What do the following nouns and adjectives mean?

VERBOS	SUSTANTIVOS	VERBOS	ADJETIVOS
1. amar	amante	1. abundar	abundante
2. ayudar	ayudante	2. brillar	brillante
3. cantar	cantante	3. chocar	chocante
4. estudiar	estudiante	4. dominar	dominante
5. habitar	habitante	5. fascinar	fascinante
6. hablar	hablante	6. importar	importante
7. informar	informante	7. incitar	incitante
8. representar	representante	8. irritar	irritante

VOCABULARIO ACTIVO

ADJETIVOS

común / *common, usual*
dormido, -a / *asleep*
serio, -a / *serious*

ADVERBIOS

cortésmente / *courteously*

CONJUNCIONES

desde que / *since*

MODISMOS

algo hay en el aire / *something is up*
¡figúre(n)se! / *imagine!*
le ha dado por / *he has taken to*
lo que menos se espera / *what one least expects*
menos mal / *it could have been worse*
no hacer otra cosa que / *to do nothing but*
no tener nada de malo / *to be all right (to have nothing wrong with)*
otro tanto / *the same thing*
pasar por la cabeza / *to occur (to someone)*
tener por objeto / *to have as its purpose*
tener presente / *to keep (bear) in mind*
volverse loco, -a / *to go crazy*

SUSTANTIVOS

alegría / *happiness, joy*
la **amistad** / *friendship*
la **consonante** / *consonant*
el **dolor de cabeza** / *headache*
la **flor** / *flower*
guitarra / *guitar*
protesta / *protest*
suceso / *event*
velorio / *wake*
la **vocal** / *vowel*
la **voz** (pl.: **voces**) / *voice*

VERBOS

anunciar / *to announce*
casarse (con) / *to marry*
cubrir / *to cover*
enterrar (ie) / *to bury*
lograr / *to achieve, manage, succeed in*
saludar / *to greet*

LESSON SEVENTEEN / Review Exercises

Verbs that require a preposition

A few Spanish verbs are reflexive and also require a preposition. However, the English equivalents of these verbs are not reflexive, and may or may not require a preposition. Study the following verbs carefully:

alegrarse de *to be glad (of)*

> **Me alegro de** que Ud. esté bien. *I am glad you are in good health.*

atreverse a *to dare (to)*

> **Se atrevió a** exigirnos datos sobre nuestro empleo. *He dared to demand information regarding our jobs.*

encargarse de *to take charge (of)*

> Yo **me encargo de** los invitados. *I will take care of the guests.*

olvidarse de *to forget (to)*

> No **se olvide** Ud. **de** su bolso. *Don't forget your purse.*

The following stem-changing verbs are also reflexive and require a preposition:

acordarse (ue) de *to remember (to)*

> No **me acuerdo de** su apellido. *I don't remember his family name.*

despedirse (i) de *to say goodbye (to)*

> **Se despidió de** nosotros a las siete. *He said goodbye to us at seven o'clock.*

reírse (i) de *to laugh (at)*

> Yo no **me río de** vuestras creencias. *I don't make fun of (laugh at) your beliefs.*

servirse (i) de *to make use of*

> **Se sirvieron del** periódico para vender la compañía. *They used (availed themselves of) the newspaper in order to sell the company.*

Práctica Use Ud. la forma correcta del verbo entre paréntesis en vez de las palabras en cursiva.

1. (atreverse a) Don Julián *deseaba* protestar.
2. (olvidarse de) El Sr. Pedrell y su esposa *no han pensado en* todos los detalles.
3. (servirse de) *Emplearé* mis títulos para hallar un empleo.
4. (encargarse de) Ud. *tendrá a su cargo a* los invitados.

5. (despedirse de) Los invitados *dicen «adiós» a* los señores Pedrell.
6. (reírse de) D. Nicanor *hace chistes a expensas del* gobierno.
7. (alegrarse de) Él *está contento de* poder venir.
8. (acordarse de) Ud. *trae a la memoria* algunos incidentes de su vida estudiantil.

Verbs with unexpected prepositions

The following Spanish verbs require a preposition, while their English counterparts either do not or, if they do, use a different preposition. These verbs should be learned as single units:

asistir a   *to attend*

> ¿Por qué no **asiste** Ud. **a** clases?   *Why don't you attend classes?*

consentir (ie) en   *to agree (to)*

> Por suerte, su padre **consintió en** su matrimonio.
> *Fortunately, her father consented to her marriage.*

consistir en   *to consist (of)*

> ¿**En** qué **consiste** el examen?   *What does the exam consist of?*

convenir en   *to agree (to)*

> **Convino en** hacerlo.   *He agreed to do it.*

depender de   *to depend (on)*

> No **dependía de** mí.   *It did not depend on me.*

pensar (ie) en   *to think (about)*

> Estaba **pensando en** el entrenamiento necesario para ese empleo.
> *I was thinking about the training necessary for that job.*

soñar (ue) con   *to dream (of)*

> **Sueño con** una blanca Navidad.   *I am dreaming of a white Christmas.*

tratar de   *to try (to)*

> No **trates de** ser chistoso.   *Don't try to be funny.*

Práctica   Exprese Ud. en español.

1. (I am thinking about) mi futuro.
2. Los muchachos (did not attend) las conferencias.
3. (I have dreamed of going) al norte del Canadá.
4. Y ese programa: ¿(what does it consist of)?
5. Francamente, ahora (all depends on you).
6. (Try to learn) el nuevo vocabulario.
7. ¿Por qué (won't you consent to) visitarles?
8. (I agree to) ayudarles.

Lección Diez y Siete

Muchos negocios norteamericanos buscan empleados bilingües.

ESCENA DE VIDA
Buscando empleo en Nueva York

Hablan una joven y un empleado de la Oficina del Servicio
de Investigaciones.

EMPLEADO	¿Su nombre?
JULIA	Julia Sanfuentes.
EMPLEADO	Voy a ver cuál de éstas es su *solicitud*. ¡Ah, sí! Ésta. Veamos … Edad … 24; estado civil … *soltera;* título de bachiller en Comercio … ¿Cuál fue el *campo* de su especialización?
JULIA	Administración Comercial.
EMPLEADO	¡Qué coincidencia! Ésa es también mi especialización.
JULIA	¿Cuáles son las obligaciones del nuevo empleado?
EMPLEADO	El puesto vacante es para un Investigador o Investigadora de *Reclamaciones* Menores.
JULIA	¡Qué magnífica oportunidad!
EMPLEADO	En ese *ramo* representamos a tres grandes compañías de *seguros.* ¿Qué ha hecho Ud. en ese campo?
JULIA	Francamente, hasta ahora, nada. Hasta hace poco, fui *contadora ayudante* en Maine.
EMPLEADO	Y este otro documento, ¿para qué es?
JULIA	Es mi *expediente universitario:* contiene detalles sobre otros estudios.
EMPLEADO	Bien. Como Ud. sabrá, todo *solicitante* tiene que pasar por tres meses de *entrenamiento* a medio *sueldo*.

application

single
field

Claims

area
insurance

accountant, assistant

transcript

applicant
training
salary (pay)

JULIA	Sí, señor.
EMPLEADO	¿Trajo Ud. su carnet de identidad consigo?
JULIA	Aquí lo tiene Ud.
EMPLEADO	El puesto *exige* un conocimiento *cabal* del español hablado por puertorriqueños, cubanos y mexicanos … Ud. sabrá lo diferentes que son. ¿Qué preparación tiene Ud. en este campo?
JULIA	He vivido entre hispanos muchos años.
EMPLEADO	Eso es todo. Le devuelvo su carnet.
JULIA	¿Me podría decir cuándo sabría yo la decisión de la compañía?
EMPLEADO	*Se le informará* después de que *se reúna* el Comité Ejecutivo.
JULIA	Comprendo. Muchas gracias.
EMPLEADO	No hay de qué.

(margin notes: requires, perfect / You will be informed, meets)

Práctica **I.** Conteste Ud.

1. ¿Cómo se llama la oficina?
2. ¿Qué desea ver otra vez el empleado?
3. ¿Qué título tiene la joven?
4. ¿Cuál es su especialización?
5. ¿Qué puesto vacante hay?
6. ¿A quiénes representa la oficina?
7. ¿Cómo debe prepararse todo solicitante para el puesto de investigador?
8. ¿Qué exige el puesto?
9. ¿Por qué cree estar bien preparada la solicitante?
10. ¿Cuándo le informarán sobre el puesto?

II. ¿Qué preguntaría (a) el solicitante, y (b) el jefe de la oficina, sobre los siguientes puntos?

(a) *solicitante:*
1. obligaciones
2. horas de trabajo
3. sueldo y otros beneficios
4. posibilidades de ascenso

(b) *jefe de la oficina:*
1. estudios
2. experiencia previa
3. conocimientos del español
4. aspiraciones personales

VOCABULARIO ÚTIL

los archivos   *filing cabinets*
la calculadora   *calculating machine*
el calendario   *calendar*
la carpeta de escribir   *writing pad*
el cesto de los papeles   *wastepaper basket*
el escritorio   *desk*
el fichero   *card file*
la máquina de escribir   *typewriter*
el multicopista   *mimeograph*
la silla giratoria   *swivel chair*

Práctica   Identifique Ud. cada uno de los objetos indicados por los números.

65. Interrogatives

A. When expressing *whom?* Spanish requires either **¿a quién?** or its plural, **¿a quiénes?**:

> **¿A quién** vio Ud. en la Prefectura?   *Whom did you see in the police station?*
> **¿A quiénes** invitó Ud.?   *Whom did you invite?*

B. The interrogative **¿de quién(es)?** *(whose?)* is always followed by a verb in Spanish and not by a noun, as in English:

> **¿De quién** es esta chaqueta?   *Whose jacket is this?*

C. The interrogative **¿qué?** means *what? (which?)* when used with nouns and verbs. If followed by a form of the verb **ser**, it calls for a definition or an identification through rank, profession, nationality, etc.:

> **¿Qué** libro escogió Ud.?   *Which (What) book did you choose?*
> **¿Qué** recibió Ud. ayer?   *What did you receive yesterday?*
> **¿Qué** es el panteísmo?   *What is pantheism?*
> **¿Qué** es su padre?   *What is your father?* (a lawyer? a captain? a Frenchman?)

D. The interrogative **¿cuál(es)?** translates *what?* when a form of the verb **ser** is followed by either a definite article or a possessive:

> **¿Cuál es** la base de esta teoría?   *What is the basis of this theory?*
> **¿Cuál es** su dirección?   *What is your address?*

¿Cuál(es) + de calls for a selection:

> **¿Cuál de** éstos quiere Ud.?   *Which of these do you want?*

E. The interrogative **¿dónde?** refers to a place. However, with all verbs indicating a point of arrival and particularly with verbs of motion, **¿adónde?** is required:

> **¿Dónde** es la fiesta?   *Where is the party?*
> **¿Adónde** debo enviar esto?   *Where shall I send this?*
> **¿Adónde** va Ud.?   *Where are you going?*

F. The interrogative **¿por qué?** calls for a reason; **¿para qué?** inquires about the purpose of a given action:

> **¿Por qué** trae Ud. esa canasta?   *Why are you bringing that basket?*
> **¿Para qué** trae Ud. esa canasta?   *What are you bringing that basket for?*

G. Interrogative words appearing in the middle of a sentence bear a written accent just as they do when they appear at the beginning of questions:

> No sé **dónde** dejé mi impermeable.   *I don't know where I left my overcoat.* (Understood: *Where did I leave my overcoat?*)

If *what* appearing in the middle of a sentence implies a question it is rendered in Spanish by **qué;** if it does not imply a question, it is translated by the relative **lo que:**

> Dígame **qué** dijo su madre.   *Tell me what your mother said.*
> No oí **lo que** dijo.   *I did not hear what she said.*

In the first example **qué** implies: *"What did your mother say?"* In the second example no question is understood.

Práctica   **I.** Exprese Ud. en español.

1. —Traeré dos abrigos. —(What for?)
2. Al salir preguntó: ¿(Whose) es este sombrero?
3. —Dicen que Ud. suspendió a tres alumnos. —¿(Whom) suspendió Ud.?
4. No sé (what) decirles.
5. Dígame (where) irán ellos esta tarde.
6. Quiero saber (with whom) hemos de viajar.
7. Sé que Ud. escribe para ciertos lectores. Pero dígame, ¿(for whom) escribe Ud.?
8. ¿(With which one) de estas plumas va Ud. a firmar?
9. Dígame (where) puedo dejar mis maletas.
10. Quiero ver (what) Ud. compró.

II. ¿**Qué?** o ¿**cuál?** (¡Ojo! *What* + **ser** + artículo definido o posesivo = **cuál[es]**.)

1. ¿_*Cuál*_ es la diferencia entre estas dos palabras?
   cual 2. ¿_____ es el mejor lugar para estudiar?
   que 3. ¿_____ flores prefiere Ud.?
   cual 4. ¿_____ es el sueldo del ayudante?
   cuales 5. ¿_____ serán las consecuencias?
   cual 6. ¿_____ prefiere Ud., carne o pescado?
   Cual 7. ¿_____ es la traducción correcta de este verbo?
   Que 8. ¿_____ viajeros pagaron ya sus boletos?
   cual 9. ¿_____ es su estación favorita?
   Que 10. ¿_____ es el marxismo?

66. Exclamations

A. The exclamation **¡qué!** is the equivalent of English *how!*:

> ¡**Qué** alegres estábamos!   *How happy we were!*
> ¡**Qué** extraño es ese hombre!   *How strange that man is!*
> ¡**Qué** bien baila!   *How well he (she) dances!*

B. The exclamation *what a + adjective + noun* can be constructed with **qué!** in two ways:

    (a) with an intensifier **(tan, más):**

        ¡Qué jardín **tan (más)** hermoso!   *What a beautiful garden!*
        ¡Qué título **tan (más)** inútil!   *What a useless degree!*

    (b) without an intensifier:

        ¡Qué hermoso jardín!   *What a beautiful garden!*
        ¡Qué fascinante libro!   *What a fascinating book!*

Observe that the indefinite article in *what a . . . !* is not expressed in Spanish.

C. **Lo** + *adj.* (or *adv.*) + **que** is the equivalent of the English exclamation *how!*:

    ¡Lo hermosas **que** son!   *How beautiful they are!*
    ¡Lo bien **que** recuerda Ud. estos datos!   *How well you remember this information!*

D. A colloquial exclamation expressing disbelief can be constructed with an initial **si,** whose meaning is the equivalent of the English expletive *why:*

    ¡Si será loco!   *Why, he is out of his mind!*
    ¡Si no tiene un centavo!   *Why, he hasn't a cent!*

Práctica   **I.** Exprese Ud. una exclamación empleando las palabras indicadas según los modelos.

    (a) con **¡qué!:**

        Modelo: simpática
                ¡Qué simpática señorita!

    1. maravillosas
    2. enorme
    3. encantadora
    4. magnífico
    5. extraordinario

    (b) con **¡qué + ser!:**

        Modelo: monótonas
                ¡Qué monótonas son estas novelas!

    1. caros
    2. trágico
    3. incómodos
    4. vulgares
    5. fascinantes

(c) con **¡qué + tan (más)!**:

Modelo: inteligente
¡Qué muchacho tan (más) inteligente!

1. graciosas
2. aburridos
3. divertida
4. amables
5. típicos

BOCETO CULTURAL
El carnet de identidad

En los países hispánicos el carnet de identidad es indispensable para *probar mayoría de edad* y *gozar de* los derechos reconocidos por la ley.

to prove, adulthood (being of age)
to enjoy

En el carnet aparecen, por lo común, los siguientes datos:

1. Número del carnet;
2. Nombre y *apellido;*
3. *Domicilio;*
4. Firma del ciudadano;
5. Lugar y fecha de *nacimiento;*
6. Profesión;
7. Altura;
8. *Señales* distintivas;
9. *Peso;*
10. Fotografía con número y *timbre de presión;*
11. *Impresión digital;* dedo *pulgar* derecho;
12. Firma del Prefecto de Policía.

family name, seal
Home address

fingerprint
thumb
birth

marks
weight

* * * * *

En cierta ocasión iba yo en auto con mi hermano Miguel para asistir al matrimonio de nuestra prima Amalia. Como Miguel *maneja* muy mal, muy pronto *nos detuvo* una policía. —¡*Carápita!*—exclamó mi hermano, al recordar que venía sin su carnet. Tuvimos que ir a la *Prefectura.* Ahí *se le obligó* a probar que era «persona honorable». *Una vez hecha la comprobación, se le impuso* una doble *multa.* Terminado este desagradable encuentro, fuimos a la ceremonia casi volando, porque Miguel y yo estábamos encargados de recibir a los invitados. *Por suerte* llegamos a tiempo, *con sólo media hora de retraso.*

drives
we were stopped by, Good heavens!

Police Station, he was forced
After confirming his identity, he was given
fine

Fortunately, only (a) half hour late

Práctica   **I.**   Conteste Ud.

1. ¿Qué es indispensable en muchos países hispánicos?
2. ¿Por qué es indispensable?
3. ¿Adónde vamos si nos detiene un(a) policía?
4. ¿Cuándo debemos mostrar también nuestro carnet?
5. ¿Qué ocurre si uno no tiene carnet?

II.   Preguntas personales.

1. ¿Qué entiende Ud. por *impuestos*?
2. ¿Qué otra palabra hay para referirnos a la dirección de nuestra casa?
3. ¿Cuál podría ser «una señal distintiva» suya?
4. ¿Por qué se emplea un timbre de presión sobre la fotografía?
5. ¿Qué entiende Ud. por *dedo pulgar*?
6. ¿Cree Ud. que el carnet constituye una intromisión en la vida privada de un ciudadano?
7. ¿Quiénes son, en su opinión, los que menos desean estar obligados a llevar un carnet?
8. ¿Cómo puede Ud. probar que es persona honorable?

Un banco de Lima, Perú.

COMENTARIO GRAMATICAL

67. Uses of the past participle

A. A past participle functioning as an adjective can be used at the beginning of a statement to imply a completed action. The English equivalent of this construction is a clause beginning with *as soon as, after, when,* or *having:*

> Concertado el convenio, firmamos dos contratos.
> *Having reached an agreement, we signed two contracts.*
> Terminada la casa, nos mudamos.   *After (When) the house was finished, we moved (into it).*

A variant of this construction employs the time expression **una vez:**

> Una vez hecha la elección, le escribiremos.
> *Once (After) the selection has been made, we will write to you.*

B. The past participle, again functioning as an adjective, can be used after **tener** and **llevar** to point out a resultant state. Compare:

> He escrito el informe. *I have written the report.*
> **Tengo** escrita la solicitud. *I have my application all written.*

The first statement contains an action **(he escrito)**; the second **(tengo escrito)** tells the state resulting from that action.

> He revisado dos capítulos. *I have reexamined two chapters.*
> **Llevo revisados** dos capítulos. *I have reexamined two chapters so far.*

The second statement points out a completed intermediate state of a process.

C. Quedar can be used in a similar construction but without a personal subject to emphasize finality. Compare:

> He terminado todas las negociaciones. *I have finished all negotiations.*
> **Quedaron** (Quedarán, Quedarían) **terminadas** todas las negociaciones.
> *All the negotiations were (will be, would be) definitely over.*

Práctica **I.** Exprese Ud. una acción según el modelo.

> Modelo: Después de discutir esa cuestión, podré marcharme.
> **Una vez discutida** esa cuestión, podré marcharme.

1. Después de abrir las ventanas, me puse a trabajar.
2. Después de morir don Pedro, la familia se fue a la Florida.
3. Después de pagar diez pesos, recibirá su carnet.
4. Después de hacer las investigaciones necesarias, escribiremos el informe.
5. Después de asistir al concierto, volvimos al hotel.
6. Después de cancelar todas mis deudas, podré marcharme de esta ciudad.
7. Después de escribir las instrucciones, se las llevé al jefe.
8. Después de poner su firma, quedó cerrado el contrato.

II. Invente Ud. una oración original usando **tener, quedar** o **llevar** y el participio.

> Modelo: He escrito mi testamento.
> **Tengo escrito** mi testamento.

1. He cubierto las flores del patio.
2. Hemos depositado quinientos pesos a su nombre en el banco.
3. He leído tres capítulos de esa novela.
4. He cerrado ya las maletas.
5. Hemos recibido nuestra primera multa.
6. Hemos hecho varios convenios con esa compañía.
7. Han tomado las impresiones digitales.
8. Han vendido una buena parte de la biblioteca.

III. Use Ud. **llevar** o **quedar** con el verbo entre paréntesis.

> Modelo: (traducir) _____ diez capítulos.
> **Llevo traducidos** diez capítulos.

1. (hacer) _____ la mayor parte de este trabajo.
2. (terminar) _____ ocho capítulos.
3. (escribir) _____ tres páginas.
4. (estudiar) _____ cinco posibles programas de acción.
5. (publicar) _____ dos artículos.
6. (preparar) _____ las primeras secciones en español.
7. (revisar) _____ dos tercios de ese estudio.
8. (copiar) _____ tres ejercicios.

COMENTARIO GRAMATICAL

68. More on the *se* construction

A. The **se** construction can be used with a *direct* object, noun or pronoun. Compare:

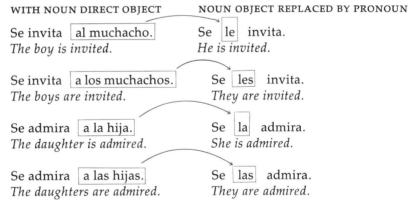

WITH NOUN DIRECT OBJECT	NOUN OBJECT REPLACED BY PRONOUN
Se invita al muchacho. *The boy is invited.*	Se le invita. *He is invited.*
Se invita a los muchachos. *The boys are invited.*	Se les invita. *They are invited.*
Se admira a la hija. *The daughter is admired.*	Se la admira. *She is admired.*
Se admira a las hijas. *The daughters are admired.*	Se las admira. *They are admired.*

Note that the forms of the third person pronouns are **le, les** for the masculine and **la, las** for the feminine.

The complete series of **se** + object pronouns is as follows:

Se **me** despidió.	*I was dismissed. (Someone dismissed me)*
Se **te** despidió.	*You were dismissed.*
Se **le (la)** despidió.	*He (She) was dismissed.*
Se **nos** despidió.	*We were dismissed.*
Se **os** despidió.	*You were dismissed.*
Se **les (las)** despidió.	*They were dismissed.*

Note: Remember to think of **se** as meaning "someone."

B. The **se** construction can also be used in conjunction with a noun *indirect* object in sentences which also contain a direct object. Compare:

Se da *a las alumnas* poco tiempo. *The students are given little time.*

Se *les* da poco tiempo. *They are given little time.*

Se reservarán *a los señores Ruiz* dos asientos. *Two seats will be reserved for Mr. and Mrs. Ruiz.*

Se *les* reservarán dos asientos. *Two seats will be reserved for them.*

The resulting series, this time, is: **se me, se te, se le** (not **se la**), **se nos, se os, se les** (not **se las**).

Práctica   **I.**   Use Ud. un pronombre en lugar del objeto directo.

> Modelo: Se respeta *al buen ciudadano.*
> Se **le** respeta.

1. Se envió *a los muchachos* al campo.
2. Se nombrará *a Juan* este mes.
3. Se llamó *a los empleados* a la oficina principal.
4. Se ayudó *a las señoritas* a evitar el peligro.
5. Se enterró *a las víctimas* ayer.
6. Se invitará *a toda la familia.*
7. Se recibió *al presidente* con mucha pompa.
8. Se recomendó *a los recién llegados.*
9. Se recordó *a todos los miembros de la familia.*
10. Se condenó *a los ladrones* a cinco años de cárcel.

II.   Use Ud. el pronombre en lugar del objeto *indirecto.*

> Modelo: Se comunicó *a la familia* la noticia.
> Se *le* comunicó la noticia.

1. Siempre se da *a todos los camareros* una propina.
2. Se explicó *a los jóvenes* el problema.
3. Se trajo *a cada niño* un buen regalo.
4. Se dirá *a los periódicos* toda la verdad.
5. Se prometió *a todos los presentes* una compensación.
6. Se ofrecerá *al público* una nueva comedia.
7. Siempre se pedía *a los empleados* una pequeña contribución.
8. Se ruega *a los pasajeros* abrocharse el cinturón.

III. Cambie Ud. a la construcción con **se**.

(a) en presente:

> Modelo: Ellos son criticados.
> Se les critica.

1. Ellas son invitadas siempre.
2. Él es conocido como actor.
3. Ella es admirada.
4. Eres recibido en todas partes.
5. Ellos son tratados con consideración.
6. Es recordado constantemente.

(b) en pasado:

> Modelo: Yo fui nombrado.
> Se me nombró.

1. Él fue admitido hoy.
2. Ellas fueron llamadas a la oficina.
3. Uds. fueron recordados con afecto.
4. Ella fue aprobada por unanimidad.
5. Fueron condenados a cinco años de prisión.
6. Fui insultado ante el público.

WORD DISCRIMINATION

1. **Extranjero, forastero**

   As nouns, **extranjero** means *foreigner* (person from another country), while **forastero** means *outsider* (person from another place within the same country):

   > Veinte millones de extranjeros visitan nuestro país cada año.
   > *Twenty million foreigners visit our country each year.*
   > Un forastero vino a pedirme tus señas.
   > *A man from another town (stranger) came to ask me for your address.*

2. **Particular, privado**

   Particular means *private* in the sense of being owned by a specific individual or group; **privado** refers to the personal, nonpublic character of something:

   > ¿Ésa? Es una casa particular.   *That one? It's a private home.*
   > Es un asunto privado.   *It is a private matter.*

3. **Pedazo, trozo, pieza**

Pedazo means *piece*, the part of a whole that has been broken up; **trozo** also means *piece*, but in the sense of fragment since **trozar** carries the meaning of cutting up, destroying. If no importance is attached to the particular shape of the piece, the two words are interchangeable:

Necesito un pedazo de papel.   *I need a piece (scrap) of paper.*
Del documento sólo quedaban algunos trozos.
    Of the document there remained only a few fragments (shreds).
Dame un pedazo (trozo) de pan.   *Give me a piece of bread.*

Trozo may also refer to a passage of a literary composition:

Lean Uds. este trozo del ensayo.   *Read this passage from the essay.*

Pieza means *piece* in the sense of a functional part of something, a machine, for example:

El ventilador tiene rotas dos piezas.   *The electric fan has two broken pieces.*

In a restricted sense, **pieza** is used to refer to a literary or artistic composition:

Ayer presentaron una extraordinaria pieza dramática.   *Yesterday they staged an extraordinary dramatic piece.*
No me gusta esa pieza musical.   *I don't like that musical selection.*
La escultura era, sin duda, una pieza fuera de lo común.   *The sculpture was, unquestionably, an unusual piece.*

Práctica   **I.**   Complete Ud. con una de las palabras estudiadas en la sección anterior.

1. Dicen que en algunos países no dan entrada a los ____.
2. Escucha esta ____. Te van a gustar las trompetas especialmente.
3. El motor no funciona porque le falta una ____.
4. Se cayó la estatua y quedó convertida en ____.
5. ¿Quién es? Algún ____. No es de nuestro pueblo.
6. Quédate un ratito más. Te voy a leer un ____ de mi informe.
7. A mí no me gustan los ____ que no saben hablar mi idioma.
8. ¿Quién puso este ____ de papel aquí?
9. Muchos jóvenes que no van a la escuela pública asisten a instituciones ____.
10. Fuimos al teatro y vimos una ____ muy buena.

II. Preguntas personales.

1. ¿Qué piezas musicales te gustan especialmente?
2. ¿Es importante conocer la vida privada de los políticos? Explique Ud.
3. ¿Vienen a nuestro país muchos extranjeros? ¿Por qué?
4. ¿Prefiere Ud. vivir en una casa particular, en un apartamento, o en un condominio? ¿Por qué?
5. ¿Qué haces tú para que un forastero se sienta «en casa» cuando te visita?

LECTURA Y DISCUSIÓN
Alegrías y tristezas de Pablo Casals[2]

Hace ochenta años que comienzo la *jornada* de la misma manera. *No se trata de* una rutina, ni de una serie de gestos maquinales, sino de algo esencial en mi vida *cotidiana*. Me siento al piano y toco dos preludios y dos fugas de Bach. Es como *una suerte de* bendición que quiero *atraer* hacia mi casa. Pero para mí en particular es, además, otra cosa: el descubrimiento diario de un mundo al que me siento feliz de pertenecer. Estos *acordes* musicales me hacen *palpar* cada mañana el *milagro* de la vida y la increíble *dicha* de existir. Y cada día son nuevos, fantásticos, *inauditos*. ¡Es el milagro de Bach, que es también el milagro de la naturaleza!

Desde mi más *tierna* infancia viví rodeado de música, como un pececito que nada en un océano. Me quedaba extasiado oyendo a mi padre tocar el piano. Las notas musicales me fueron tan familiares, o más, que las palabras; de tal forma que aprendí a cantar antes que a hablar correctamente.

Fue mi padre quien me enseñó piano, y quien me dio las primeras lecciones de composición. También me enseñó a cantar. A los cinco años ya era segundo soprano en el coro de la iglesia.

day's work
It is not a question of

daily
a sort of
bring

chords
feel, miracle
happiness
extraordinary (never heard before)

tender (young)

---

[2]Pablo Casals (1876–1973) fue un famoso violoncelista español, que pasó los últimos años de su vida en Puerto Rico.

Me *apasionaban* todos los instrumentos y quería
aprender a tocarlos todos. A los siete años *ejecuté* un solo
de violín durante un concierto que tuvo lugar en Vendrell.[3]
Pero, *sobre todo*, me moría con las ganas de aprender el
órgano. Me fascinaba. Mi padre me prohibió acercarme a
él, *mientras* mis pies no llegasen a los pedales. ¡Qué lejano
me parecía ese día!

Cuando estaba solo en la iglesia, corría a sentarme en el
taburete, y estiraba las piernas haciendo todos los esfuerzos
que podía para *alcanzar* los pedales. En vano. No lo
lograba. Por fin, poco antes de *cumplir* los nueve años,

vino el *ansiado* día. Llamé precipitadamente a mi padre y
le dije: —Papá, *ya llego* a los pedales. —A ver—,
respondió. Extendí las piernas— yo no era muy alto,
nunca lo he sido—y *rocé muy justo* los pedales con las
puntas de los pies. —Bueno—dijo mi padre—,
desde ahora te dejaré tocar el órgano.—Era un viejo
instrumento encantador, de la misma época que el que
había usado Bach en Leipzig. Todavía está en la iglesia de
Vendrell.

enraptured
I performed

especially

as long as

bench, stretched
reach
turning

long-awaited
I can now reach

barely brushed

---

[3]Vendrell es un pueblo que está al suroeste de Barcelona, en la provincia
de Cataluña.

En poco tiempo aprendí lo suficiente para poder
sustituir a mi padre cuando estaba enfermo, o tenía otra
cosa que hacer. Un día, al salir de la iglesia, me encontré
a un *zapatero* amigo de la familia, que me dijo: —¡Qué   cobbler
bien ha tocado hoy tu padre!— Por entonces, los zapateros
trabajaban *en plena* calle, sentados en un taburete. Aquél   right in (the)
se había instalado cerca de la iglesia y había oído mi
interpretación al órgano. Le expliqué que mi padre no se
encontraba bien, y que yo le había reemplazado aquella
vez. Al principio no quiso creerme, pero yo le insistí en
que era verdad. Entonces llamó a su mujer y muy agitado
le dijo: —¡No era Carlos quien tocaba, sino Pablito!—
Me cogieron en brazos y me besaron, y después me
hicieron entrar en su casa y me dieron vino y *bizcochos*.   pastries

    Fue a los once años cuando oí por primera vez un
violoncelo *de verdad*. Con él iba a comenzar una larga y   real
maravillosa asociación. Había venido a Vendrell un trío:
un pianista, un violinista y un violoncelista. Mi padre me
llevó al concierto, que tuvo lugar en el Centro Católico,
ante un público de *aldeanos,* de pescadores y de   villagers
campesinos *endomingados.*   in their Sunday best

    Desde las primeras notas me quedé fascinado, y como
sin respiración. ¡Qué *sonido* tan bello, tan tierno, tan   sound
humano, tan terriblemente humano! Era la primera vez
que oía algo *semejante.* Lo sentí en *lo más hondo* de mi   like that, the depths
corazón, y cuando terminaron el primer fragmento, le dije
a mi padre: —Papá, éste es el instrumento más bello que
he oído *nunca.* Quiero aprender a tocarlo.—   ever

Práctica   **I.** ¿Sabe Ud. observar los detalles? Traduzca las palabras en inglés. (¡Ojo!
Hay varias preposiciones inesperadas.)

1. Me quedaba extasiado oyendo (my father) tocar el **piano.**
2. Mi padre me dio las primeras lecciones (in) composición.
3. También él me enseñó (to sing).
4. Yo quería aprender (to play) todos los instrumentos.
5. Llamé precipitadamente (my father).
6. Por fin, un poco (before) cumplir los nueve años, vino el ansiado **día.**
7. Yo corrí a (to sit) en el taburete.
8. Pronto pude sustituir (my father) cuando estaba enfermo.
9. El zapatero estaba instalado (near) la iglesia.
10. Me hicieron entrar (their home).

II. Conteste Ud.

1. ¿Por qué toca Casals cuatro piezas de Bach al comenzar cada día?
2. ¿Cómo sabe Ud. que Casals fue un niño precoz?
3. ¿Por qué le fue posible al niño progresar en música?
4. ¿Por qué no pudo tocar el órgano antes de los nueve años?
5. ¿Dónde trabajaban los zapateros del pueblo?
6. ¿Cómo felicitó uno de ellos al niño?
7. ¿Qué instrumentos de un trío oyó un día el niño?
8. ¿Por qué se quedó fascinado?

III. Preguntas personales.

1. ¿Qué tipo de música prefiere Ud.?
2. ¿Qué instrumento toca Ud.?
3. ¿Cuál es el instrumento más bello, en su opinión? ¿Por qué?
4. ¿Le parece a Ud. importante adquirir un mínimo de educación musical? ¿Por qué?
5. ¿Por qué escuchan algunas personas programas de música en completa oscuridad?
6. ¿Por qué tocan música clásica o semiclásica en algunos restaurantes de lujo?
7. ¿Qué instrumento se emplea, comúnmente, en las iglesias?
8. ¿Cuál es su opinión sobre la práctica de tocar música estereofónica a todo volumen?

COMENTARIO Y TRADUCCIÓN

I. Examine Ud. el dibujo de la página 349 y diga qué hace la secretaria con los siguientes objetos.

1. el teléfono 2. la pluma 3. el multicopista 4. la máquina de escribir
5. la silla giratoria

II. Examine Ud. el carnet de identidad de la página 356 y diga qué datos contiene.

1.   3.
2.   4.

III. Exprese Ud. en español.

1. You do not know how thin he is.
2. Whose tie are you wearing?
3. We do not dare apply for the job (position).
4. I have written two chapters (two ways).

5. We never laugh at him.
6. What an amusing film!
7. Did you say goodbye to the family?
8. The house having been sold, we went (away) to another city.

APRENDIENDO PALABRAS NUEVAS

Nouns referring to a person or machine may be derived from many infinitives by replacing the final **r** of the infinitive with **-dor, -dora.** Using the first one as an example, can you translate the words in column B to English?

	A	B	
1.	beber	bebedor, -a	drinker
2.	calcular	calculador, -a	
3.	contar	contador, -a	
4.	computar	computador, -a	
5.	distribuir	distribuidor, -a	
6.	investigar	investigador, -a	
7.	luchar	luchador, -a	
8.	pescar	pescador, -a	
9.	vender	vendedor, -a	
10.	ventilar	ventilador	

VOCABULARIO ACTIVO

MODISMOS

por suerte / *fortunately*

SUSTANTIVOS

altura / *height*
apellido / *family name*
el **ayudante** / *assistant*
el (la) **ciudadano(-a)** / *citizen*
compañía / *company*
    —de seguros / *insurance company*
conocimiento / *knowledge*
el (la) **contador(-a)** / *accountant*
los **datos** / *data, information*
derecho / *right*
domicilio / *home address*
la **edad** / *age*
empleo / *job*
entrenamiento / *training*
el **expediente universitario** / *transcript*
la **impresión digital** / *fingerprint*

multa / *fine*
nacimiento / *birth*
prefectura (de policía) / *police station*
retraso / *delay*
la **señal** / *sign, mark*
el **solicitante** / *applicant*
la **solicitud** / *application*
el (la) **soltero(-a)** / *single man (woman)*
el **sueldo** / *salary*
título / *degree*
    —de bachiller / *bachelor's degree*

VERBOS

asistir a / *to attend*
exigir / *to demand, require*
gozar / *to enjoy*
obligar / *to force*
recordar (ue) / *remember*
volar (ue) / *to fly*

LESSON EIGHTEEN / Review Exercises

Comparisons of equality

To establish comparisons involving adjectives or adverbs, Spanish employs **tan . . . como:**

> No es **tan** grande **como** el mío.   *It is not as large as mine.*
> Lo sabe **tan** bien **como** yo.   *He knows it as well as I.*

When the comparison is between nouns, **tanto (tanta) . . . como** and **tantos (tantas) . . . como** are used to compare in amount and in number, respectively:

> Tengo **tanto** dinero **como** ellos.   *I have as much money as they do.*
> Reciben **tantas** tarjetas **como** nosotros.   *They receive as many cards as we do.*

When comparing verbs, use **tanto:**

> Da tanto como recibe.   *He gives as much as he receives.*

Práctica   Exprese Ud. en español.

1. Sus problemas no son (as difficult as) los míos.
2. En nuestra universidad no hay (as much ceremony as) en la tuya.
3. Él puede correr (as fast as) tú.
4. En Navidades hay (as many travelers as) en primavera.
5. Sus manos son (as small as) las de su madre.
6. Tendremos (as many debts as) el año pasado.
7. En esta calle hay (as much noise as) en el centro.
8. Hoy no me siento (as bad as) ayer.
9. No creo que tengamos hoy (as many difficulties as) ayer.
10. Ella es (as happy as) su esposo.

Special uses of indefinites and negatives

A. Algunos, algunas (*some, a few*) used as adjectives are somewhat more specific than **unos, unas:**

> Tengo **algunos** amigos ahí.   *I have a few friends there.*
> Vi **unos** pájaros enormes.   *I saw some enormous birds (I saw enormous birds).*

B. Algunos, algunas can also be indefinite pronouns that refer to people the speaker has thought of previously. **Alguien** (*somebody, someone*) refers to anyone at all:

> ¿Queda **alguno** (de los invitados) en el patio?
>   *Are there any (guests) left in the courtyard?*
> ¿Hay **alguien** aquí?   *Is (there) anybody here?*

C. Ninguno, ninguna (*no, not . . . any*) used as adjectives are hardly ever used in the plural:

> No tengo referencias sobre él.   *I don't have any references*
> No tengo **ninguna** referencia sobre él.   *on him.*

D. Ninguno, ninguna (*nobody, none*) are also indefinite pronouns that refer to people the speaker has thought of previously. **Nadie** (*no one, nobody, none*) bears no reference to anyone previously considered:

> **Ninguna** (de las personas invitadas) me ha contestado.   *None (of the persons invited) has answered me.*
> **Nadie** podrá ayudarle.   *Nobody will be able to help you.*

Práctica   Exprese Ud. en español.

1. (Someone) vendrá a buscarnos.
2. (No one) ha visitado la iglesia hoy.
3. Tengo (a few) conocidos en Saltillo.
4. En la calle había (some) individuos de mala cara.
5. (Some of them) son hombres peligrosos.
6. ¿Ha venido (anyone) a preguntar por mí?
7. Esperamos unas diez visitas; (none) ha llegado.
8. No tengo (any) plan para el año próximo.
9. Tengo (a few) pesos en mi bolsillo.
10. De sus alumnos, (none) ha venido.

Lección Diez y Ocho

Gabriela Mistral,
escritora chilena, vivió
siempre preocupada
con los problemas del
hombre.

ESCENA DE VIDA

Una charla con Gabriela Mistral

Gabriela Mistral, escritora chilena (1889–1957) fue una
mujer de gran inteligencia y fina *sensibilidad,* que vivió   sensitivity
siempre *preocupada* con los problemas del hombre. En la   concerned
entrevista reconstruida *a continuación* están insertas las   below
ideas de la Mistral, expresadas al corresponsal de *La
Nación,* en 1947, dos años después de recibir el Premio Nóbel.

CORRESPONSAL	¿Cree Ud. que la Segunda Guerra Mundial nos enseñará una lección *provechosa?*

beneficial

MISTRAL	Debería enseñarnos algo, pero tengo serias dudas. Las guerras son todas actos de barbarie, y nos dejan ver, por desgracia, que el hombre *sigue* siendo incapaz de gobernarse por altas *miras,* excepto *en uno que otro caso.*

continues
ideals
on rare occasions

CORRESPONSAL	¿Puede Ud. mencionar algún caso específico?

MISTRAL	¿Quién no conoce la figura del nobilísimo Schweitzer, o la de Gandhi? ¿Quién no recuerda al gran cubano, José Martí, que ofreció su vida por la libertad de Cuba? También pienso en José Vasconcelos, ese gran mexicano que creó un nuevo tipo de escuela rural en su país.

CORRESPONSAL	Todos sabemos que Ud. ha predicado la necesidad de dignificar a la maestra, de *socorrer* al niño y que, en tiempos más recientes, Ud. ha sido la defensora de los pobres y los *oprimidos.* ¿Cómo explica estas orientaciones de su vida?

helping (protecting)

oppressed

MISTRAL	Se trata de algo muy sencillo: siempre he aspirado a hacer de las palabras de Cristo el *norte* de mi existencia. Yo creo que todos tenemos que guiarnos por altos ideales.	aim
CORRESPONSAL	¿Por qué tiene Ud. una opinión poco favorable de la vida *actual?*	present-day
MISTRAL	La vida de hoy ha perdido en profundidad. *No cabe duda alguna.* El hombre vive *al día,* sin horizontes. La familia se deshace, el matrimonio se convierte en aventura incierta, los gobiernos están en manos de políticos inexpertos…	There is no doubt whatsoever / from day to day
CORRESPONSAL	¿Cree Ud. que la labor de los literatos es también inútil?	
MISTRAL	*En modo alguno.*	Not at all.
CORRESPONSAL	Pero, ¿no es verdad que Ud. acostumbraba *tirar* a un *pozo* muchos libros malos?	to throw, well
MISTRAL	Sí, es verdad. Hay que distinguir los escritores nobles de… los otros, los *negociantes* de la literatura. El verdadero artista ha de escribir siempre sin pensar en *ganancias,* y con *insobornable* sentido de responsabilidad.	businessmen / profits, uncompromising

Práctica I. Invente Ud. preguntas (a base de A), y respuestas (a base de B), según el modelo.

> Modelo: A ¿pensar / sociedad contemporánea?
> B toda la vida / problemas
> A ¿Qué piensa Ud. de la sociedad contemporánea?
> B Toda la vida he estado muy preocupada con los problemas del hombre.

1. A ¿Guerra Mundial / lección provechosa?
   B serias dudas / actos de barbarie
2. A ¿hombres incapaces de gobernarse / tener altas miras?
   B José Martí: libertad / José Vasconcelos: escuela rural
3. A ¿orientaciones de su vida / defensora de los pobres?
   B palabras de Cristo / norte de mi existencia
4. A ¿opinión poco favorable / la vida actual?
   B perder en profundidad / vivir al día
5. A ¿labor de los literatos / tirar libros al pozo?
   B distinguir / al verdadero artista

II. Conteste Ud.

1. ¿Cómo define Gabriela Mistral las guerras?
2. ¿Cree Ud. que el hombre es realmente incapaz de gobernarse?
3. En su opinión, ¿cuáles deben ser algunos ideales de todos los hombres?
4. ¿Cuál es la persona en nuestro país (en todo el mundo) que Ud. más admira? ¿Por qué?
5. ¿Cuáles son, en su opinión, los programas sociales (políticos, culturales, etc.) de más urgencia ahora?
6. ¿Cree Ud. que la vida ahora ha perdido en profundidad? ¿Qué dicen sus padres (abuelos)?
7. ¿Cuáles son las diversiones favoritas de los jóvenes de hoy?
8. ¿Qué clase de libros son bien recibidos hoy día?

VOCABULARIO ÚTIL

El mundo de los periódicos

I. Personas

el corresponsal (colaborador) *correspondent*
el editor, la editora   *editor*

el, (la) periodista   *newspaperman (woman)*
el reportero   *reporter*

II. Tipo de artículos

artículo de fondo   *feature story*
el boletín   *bulletin*

el editorial   *editorial*
las noticias (el reportaje)   *news story*

III. Secciones

avisos clasificados   *classified ads*
informaciones del extranjero   *foreign news*

los ecos (notas) de sociedad   *society page*

avisos clasificados   *classified ads*
los ecos (notas) de sociedad   *society page*
informaciones del extranjero   *foreign news*

la necrología   *obituary*
la página deportiva   *sports page*
la tira cómica (historieta gráfica)   *comic strip*

IV. Miscelánea

la columna   *column*
el diario   *daily*

el quiosco   *(newspaper) stand*
el titular   *headline*

Práctica   Preguntas personales.

1. ¿Cuál de todos los trabajos periodísticos es el más interesante? ¿Por qué?
2. ¿Qué secciones del periódico lee Ud. con más frecuencia? Explique.
3. ¿En qué secciones da su opinión el periódico?
4. ¿Cree Ud. que el periodista debe dar opiniones?
5. ¿Prefiere Ud. recibir las noticias por la radio, la televisión o el periódico? ¿Por qué?
6. ¿Qué cualidades son necesarias para ser un buen (una buena) periodista?

COMENTARIO GRAMATICAL

69. Verbs of obligation

There are three basic verbs of obligation in Spanish: **tener que, deber,** and **haber que.**

A. With **tener que** the Spanish speaker states a simple obligation:

Tienen que ver al alcalde.   *They have to see the mayor.*
Tenemos que pagar varias cuentas.   *We have to pay several bills.*

Observe that a slight change in word order gives us a new meaning:

Tenemos varias cuentas que pagar.   *We have several unpaid bills (bills to be paid).*

When using this word order the speaker emphasizes what has to be done rather than the obligation itself.

B. The verb **deber** implies a moral obligation:

Debemos respetar a nuestros padres.   *We must (ought to) respect our parents.*
Ud. debe obedecer sus órdenes.   *You must obey his orders.*

C. Haber que also expresses obligation, but it is used only in the impersonal form:

Hay que cumplir con los requisitos de siempre.   *It is necessary to meet the usual requirements.*
Habría que cambiar el sistema.   *It would be necessary to change the system.*

Práctica   I. Invente Ud. una oración afirmativa o negativa, pero usando **tener que** o **deber.**

1. _____ socorrer a los pobres para...
2. _____ votar en todas las elecciones porque...

3. _____ mencionar todo esto a...
4. _____ respetar las ideas del maestro, si...
5. _____ ganar bastante dinero para...
6. _____ fumar en casa de nuestros amigos...
7. _____ llevar un vestido de baile en...
8. _____ buscar un apartamento barato, pues...

II. Complete Ud. las oraciones empleando una forma del verbo **haber que;** añada Ud. una terminación apropiada.

> Modelo: En caso de llover,...
> En caso de llover, habrá (habría) que llevar paraguas.

1. Como ésta es una situación muy seria,...
2. La semana pasada vino mucha gente a visitarnos en casa y, por eso,...
3. Se anuncia un verano de mucho calor; si lo es,...
4. En caso de que no hubiera ganancias,...
5. Como no había suficientes sillas,...
6. Cuando hace mucho frío,...
7. Yo no creo que...
8. Como allí no había agua,...

70. *Deber de* and *haber de*

A. When *must* or *ought to* imply expectation or probability, **deber de** + an infinitive may be used in place of the future of probability (see Section 17):

> Él **debe de** tener su primera entrevista hoy. *He must have (probably has) his first interview today.*
> Ellos **debían de** estar aquí ya. *They ought to be here by now.*

The preposition **de** may be omitted before **ser:**

> Ellos **deben (de) ser** los corresponsales que esperábamos. *They must be the correspondents we were expecting.*

B. **Haber de** can have several meanings, some of them highly idiomatic.

(a) Expectation, as with **deber de.** When used in this sense, its English equivalent is *to be expected to:*

> Él **ha de** dar su conferencia hoy. *He is (expected) to lecture today.*

(b) Simple future:

Todos **hemos de** morir (Todos moriremos).   *We shall all die.*
Ha de llegar (Llegará) el día en que te arrepientas.   *The day will when you will be sorry.*

Some sentences can have two possible meanings:

Él **ha de** traerlo esta tarde.   *He is (expected) to bring it this afternoon.*
He will bring it this afternoon.

(c) Probability:

Ellos **han de** saberlo.   *They must (probably) know it.*

NOTE: The correct way to say "What will be, will be" is "Lo que ha de ser, será."

C. As indicated in the previous discussion, **haber de** and **deber de** may coincide in meaning with the future of probability. Thus, the idea of probability may be expressed in three ways.

(a) Probability in the present:

Él **ha de** tener dinero.
Él **tendrá** dinero.
Él **debe de** tener dinero.
    He must have (probably has) money.

(b) Probability in the past:

Él **había de** saberlo.
Él lo **sabría.**
Él **debía de** saberlo.
    He must have known (probably knew) it.

Práctica   I.   Exprese Ud. la idea de probabilidad en tres formas.

Modelo: Supongo que ella está enferma.
    (a) Ella estará enferma.
    (b) Ella ha de estar enferma.
    (c) Ella debe de estar enferma.

1. Supongo que es republicano.
2. Supongo que van a llegar a las seis.
3. Supongo que está en casa.
4. Supongo que tiene un dolor de cabeza.
5. Supongo que sabe todo lo ocurrido.
6. Supongo que está ocupada.
7. Supongo que son ricos.
8. Supongo que tiene más de cuarenta años.

II.   Emplee Ud. el verbo **haber de** según los modelos.

(a) Modelo: Probablemente lo saben.
                      Han de saberlo.

1. Probablemente lo tienen en su casa.
2. Probablemente me conocen.
3. Probablemente salen también sin zapatos.
4. Probablemente ellos también dicen lo mismo.
5. Probablemente te quieren mucho.

(b) Modelo: Llegaré hoy.
                      He de llegar hoy.

1. Él explicará ese asunto a continuación.
2. Me cortaré el pelo antes de ir a la fiesta.
3. Le esperaremos en el bar «Los dos bandidos».
4. Le darás una explicación inmediatamente.
5. Ellos le devolverán el dinero este fin de semana.

BOCETO CULTURAL

«El viaje definitivo», de Juan Ramón Jiménez[1]

Juan Ramón debió de pensar *a menudo* sobre el destino del hombre, pues éste es el tema de muchas de sus composiciones. — often

El famoso poemita titulado "El viaje definitivo" trata el tema de la muerte. «Yo sé que *he de morir* —dice el lírico— y que la naturaleza seguirá *en* su ritmo *de siempre*, como si nada hubiera ocurrido». Pero el poeta no se resigna a morir totalmente, y piensa que su espíritu *permanecerá* en lugares favoritos en busca de belleza y de *paz*. — I will die / with, usual / will keep on dwelling / peace

El poema comienza y termina repitiendo el mismo pensamiento, para indicar que la preocupación del poeta es *honda* y obsesiva. Además, la mayoría de los verbos están en el futuro. Todos ellos representan un mundo de hechos inevitables. — deep

---

[1]Juan Ramón Jiménez (1881–1958), fue un famoso poeta español que recibió el Premio Nóbel de Literatura en 1956.

En estos versos hay un intenso amor por las cosas del mundo—el *pozo*, el árbol verde, el *huerto*—, y también una resignada melancolía. Este último sentimiento es el que da a la composición un tono dramático sostenido, y nos acerca al poeta, pues todos tenemos que hacer el mismo «viaje definitivo».

well, orchard

«El viaje definitivo»

1 … Y yo me iré. Y *se quedarán* los pájaros cantando,
   y se quedará mi huerto, con su verde árbol,
   y con su pozo blanco.

will stay on

5 Todas las tardes, el cielo será azul y plácido,
   y *tocarán*, como esta tarde están tocando,
   las campanas del *campanario*.

will ring
bell tower

   Se morirán aquellos que me amaron,
   y el pueblo *se hará nuevo* cada año,
10 y en *el rincón* aquel de mi huerto *florido* y *encalado*,
   mi espíritu *errará*, nostálgico…

will renew itself
corner, (now) in bloom, whitened (with white-washed walls)
will wander

   Y yo me iré; y estaré solo, sin *hogar*, sin árbol verde, sin pozo blanco,
   sin cielo azul y plácido…
15 Y se quedarán los pájaros cantando.

home

Práctica

Conteste Ud.

1. ¿Qué es «el viaje definitivo»?
2. ¿Qué cosas desearía poseer siempre el poeta?
3. ¿A qué hora tocan las campanas comúnmente?
4. ¿Cree el poeta que morirá totalmente?
5. ¿Qué emoción está presente en todo el poema?

71. Verbs of obligation in the preterite

The verbs **deber** and **deber de** can be used with an infinitive as equivalents of English constructions containing *should, ought,* and *must:*

> **Debo** hablarle.   *I should talk to her (I must speak to her).*
> **Debe de** saberlo.   *He must know it (probably knows it).*

English uses a combination of verbs with the auxiliary *to have,* because these verbs do not have a preterite: *I should have talked, I must have talked, I ought to have talked.*

In Spanish, however, **deber** and **deber de** have complete conjugations, so their regular preterite forms are used:

Ellos **debieron** permanecer aquí un poco más.   *They should have remained here a little longer.*
Ella **debió de** saberlo.   *She must have known it.*

In summary: Where English requires three verbs to form the preterite tense, Spanish simply uses the preterite tense followed by the infinitive.

Práctica   **I.**   Cambie Ud. al pretérito según el modelo.

> Modelo: Él debe decidir cuál será su actitud.
> Él **debió** decidir cuál **sería** su actitud.

1. Ud. debe decirle cómo se hará.
2. Nosotros debemos anunciar cuándo vendrá.
3. Uds. deben confesar que será bastante provechoso.
4. Mis compañeros deben prometer que lo traerán.
5. Ese muchacho debe comunicarnos si lo venderá o no.
6. Ellos deben calcular cuidadosamente cuánto costará el viaje.
7. Las chicas deben determinar si nos acompañarán o no.
8. Él debe decirles que lo comprará.

Los héroes de la revolución mexicana han sido admirados no sólo por los muralistas, sion también por los ciudadanos ricos y pobres.

II. Conteste Ud. empleando en (a) el pretérito, y en (b) el imperfecto de **deber de.**

(a) Modelo: ¿A qué hora llegó ella?
Debió de llegar a las cinco.

1. ¿A qué hora se despertó Ud. esta mañana?
2. ¿Cuánto dinero gastó Ud., aproximadamente, el verano pasado?
3. ¿Cuándo recibió ella la carta de su madre?
4. ¿A quiénes visitaron ellos el verano pasado?

(b) Modelo: ¿Cuándo veía a su familia?
Debía de ver a su familia todos los veranos.

1. ¿Cuánto costaba una buena cena antes?
2. ¿Cuántos años tenía su padre cuando se casó?
3. ¿Qué edad tenía, aproximadamente, Churchill cuando murió?
4. ¿Qué población tenía esta ciudad cuando vivía aquí su abuelo?

72. *Shall, will* (future); *should* and *would* (conditional).

Aside from being the auxiliaries needed for the future and the conditional, respectively, these verbal signs can express various ideas which Spanish translates in different ways.

A. *Shall,* as a verb, denotes duty. Spanish uses a simple future:

You shall leave this house. Te marcharás de esta casa.

B. *Will,* as a verb, inquires whether a person is willing to do something. Spanish employs the verb **querer:**

Will you open the door for me? ¿Quiere Ud. abrirme la puerta?

C. *Should,* as a verb, is the equivalent of *must.* In Spanish, **deber:**

You should do it today. Ud. debe (debiera) hacerlo hoy.

D. *Would* has two special functions:

1. Like *will,* it inquires about someone's willingness to do something. In Spanish, **querer:**

Would you explain this to me? ¿Quiere Ud. explicarme esto?

2. At times *would* is the sign of a repeated action. In Spanish, use the imperfect tense:

They would swim in the pool almost every day. Nadaban en la piscina casi todos los días.

Práctica   Exprese Ud. las palabras inglesas en español.

1. (You shall love) a tu padre y a tu madre.
2. (We would go downtown) los sábados.
3. ¿(Would you repeat) lo que acaba de decir?
4. (You should not go) si no le invitan.
5. (Will you tell me) si ha llegado el Sr. Orgaz?
6. Supongo que Ud. estará cansado. (Will you sit down?)

WORD DISCRIMINATION

Tratar, tratar de, tratarse de

Tratar has three common meanings: (a) to have dealings with someone; (b) to treat a person or persons in a particular manner; (c) to cover a subject either orally or in writing:

> No trato a esa gente.   *I have nothing to do with those people.*
> Trate Ud. bien a sus semejantes.   *Treat your fellow beings well.*
> Ese ensayo trata un asunto muy difícil.
> *That essay covers (treats) a very difficult subject.*

Tratar de commonly means: (a) to try to do something and (b) to deal with, referring to the contents of a book, or other types of written materials:

> No cabe duda de que trató de fugarse.
> *There is no doubt that he tried to run away.*
> ¿De qué trata ese libro? Trata de la vida de los animales.
> *What does that book deal with? It deals with animal life.*

Tratarse de inquires about something or explains an action or event:

> ¿De qué se trata?   *What is it all about?*
> Se trata de algo que Ud. va a condenar.
> *It involves something you are going to condemn.*

NOTE: The two meanings most often confused are **tratar** and **tratar de** when they refer to written materials. **Tratar** implies a much more thorough coverage of a given subject; **tratar de** expresses a superficial reference to the contents of something. Compare:

> Esta obra trata el problema existencial del hombre.
> *This work treats (covers) man's existential problem.*
> *El Tesoro de la Juventud* trata de asuntos que interesan a los niños.
> The Book of Knowledge *deals with topics that interest children.*

Práctica   Exprese Ud. en español.

1. Es un libro que (deals with) los problemas del matrimonio.
2. (She treats) a todos sus empleados con verdadero afecto.
3. Entonces me dijo: (I don't have many social dealings with them).
4. Es un documento que (attempts to explain) el misterio.
5. Hay mucho ruido en la calle, pero no sé (what it is all about).
6. En su último trabajo Ud. (treat, cover) un tema muy amplio.

LECTURA Y DISCUSIÓN
Pablo Neruda recuerda...

El gran poeta chileno, Pablo Neruda (Premio Nóbel, 1973),
fue siempre un soñador de bienes materiales y espirituales
para todos los hombres de la tierra. ¿Cómo nació su amor
al desconocido? El propio poeta nos lo ha dicho.

* * * * *

Una vez, buscando los pequeños objetos y los
minúsculos seres de mi mundo en el fondo de mi casa en
Temuco,[2] encontré un *agujero* en una *tabla* del *cercado*.   hole, board, fence
Miré a través del *hueco*, y vi un terreno igual al de mi casa,   opening
baldío y *silvestre*. Me retiré unos pasos, porque vagamente   uncultivated, wild
supe que iba a pasar algo. De pronto apareció una mano.
Era la mano pequeñita de un niño de mi misma edad.
Cuando *acudí* no estaba la mano, porque *en lugar de* ella   I rushed (to it), in place of
había una maravillosa *oveja* blanca.   (toy) lamb

Era una oveja de lana *desteñida*. Las ruedas se habían   discolored
escapado. Todo esto la hacía más verdadera. Nunca había
visto yo una ovejita tan linda. Miré por el agujero, pero el
niño había desaparecido. Fui a mi casa y volví con un
tesoro, que le dejé en el mismo sitio: una *piña* de pino,   cone
entreabierta, olorosa y balsámica, que yo adoraba. La dejé   half open
en el mismo sitio, y me fui con la oveja.

Nunca más vi la mano, ni el niño. Nunca tampoco he
vuelto a ver una ovejita como aquélla. La perdí en un
incendio. Y aún ahora, en este 1954, muy cerca de los   fire
cincuenta años, cuando paso por una *juguetería*, miro   toy shop
furtivamente a las ventanas. Pero es inútil. Nunca más se
hizo una oveja como aquélla.

---

[2] Temuco es un pintoresco pueblo del sur de Chile, en el centro de lo que
antes fue territorio de los indios araucanos.

Yo he sido un hombre afortunado. Conocer la fraternidad de nuestros hermanos es una maravillosa acción de la vida. Conocer el amor de los que amamos es el fuego que *alimenta* la vida. Pero sentir el cariño de los que no conocemos, de los desconocidos que están *velando* nuestro sueño y nuestra soledad, nuestros peligros, o nuestros *desfallecimientos*, es una sensación aún más grande y más bella, porque extiende nuestro ser y *abarca* todas las vidas.

nurtures

watching over

weak moments

encompasses

Aquella ofrenda traía por primera vez a mi vida un tesoro que me acompañó más tarde: la solidaridad humana. La vida iba a ponerla en mi camino, *destacándola* contra la adversidad y la persecución.

presenting it as a bulwark

No sorprenderá entonces que yo haya tratado de pagar con algo balsámico, oloroso y terrestre la fraternidad humana. Así como dejé allí aquella piña de pino, he dejado en la puerta de muchos desconocidos, de muchos prisioneros, de muchos solitarios, de muchos *perseguidos*, mis palabras.

victims of persecution

Ésta es la gran lección que recogí en el patio de una casa solitaria, en mi infancia. Tal vez sólo fue un juego de dos niños, que no se conocían, y que quisieron comunicarse los *dones* de la vida. Pero este pequeño intercambio misterioso se quedó tal vez depositado como un sedimento indestructible en mi corazón, *encendiendo* mi poesía.

gifts

kindling (igniting)

Isla Negra, 1954.

Pablo Neruda recibe el Premio Nobel del rey de Suecia.

Práctica   Asocie Ud. partes de la *Lectura* con los siguientes detalles, expresándose siempre en oraciones completas.

1. un agujero
2. terreno
3. una mano
4. la ovejita
5. una piña de pino
6. una juguetería
7. el cariño de los que no conocemos
8. pagar una deuda

Un poema de Pablo Neruda

El siguiente poema fue escrito cuando Neruda tenía unos veinte años. En él está claramente expresada la melancolía de un joven que aún no ha encontrado un sentido en la vida.

«Sensación de olor»

1 Fragancia	
de lilas...	
Claros atardeceres de mi lejana infancia,	cloudless evenings
que *fluyó* como el *cauce* de unas aguas tranquilas.	flowed, stream
5 Y después un pañuelo temblando en la distancia.	
Bajo el cielo de seda la estrella que *titila*.	trembles
Nada más. Pies cansados en las largas *errancias*,	wanderings
y un dolor, un dolor que *remuerde* y *se afila*.	brings remorse, becomes sharper yet
... Y a lo lejos campanas, canciones, penas, ansias,	
10 *vírgenes* que tenían tan dulces las pupilas.	maidens
Frangancia	
de lilas...	

COMENTARIO Y TRADUCCIÓN

I.   Aprenda Ud. de memoria «El viaje definitivo» o «Sensación de olor».

II.   Lea Ud. los siguientes versos de Manuel Gutiérrez Nájera y diga Ud. qué palabra escogería Ud. para llenar los espacios en blanco. [Guidelines: Keep in mind the number of syllables involved, the rhyme, and the degree of uncommonness of the words chosen.]

Quiero morir cuando _____ el día (a) se acabe; (b) decline; (c) se termine
en alta mar y con la cara _____, (a) fría; (b) al cielo; (c) entre mis manos
donde parezca un sueño la _____, (a) muerte; (b) alegría; (c) agonía
y el alma un _____ que remonta el vuelo (a) pajarito; (b) avión; (c) ave

After you have tried your hand as a poet, compare your version with the poet's own words, which follow:

Verso 1: decline; Verso 2: al cielo; Verso 3: agonía; Verso 4: ave.

Nota: Si Ud. ha escogido las mismas palabras, Ud. merece una corona de laurel.

III. Exprese Ud. en español.

1. I should not have mentioned that.
2. There is no doubt that today life is more complicated.
3. Society must help its children.
4. He will stay (not quedarse) here one week.
5. She was to attend every meeting.
6. Will you sign this (bank) draft, please?
7. You should resign yourself to paying it.
8. We are expected to be good teachers.

APRENDIENDO PALABRAS NUEVAS

The suffix *-ecer*, added to the stems of certain adjectives and nouns, forms verbs that signify the becoming or expansion of a certain characteristic or condition. The root word may acquire a prefix (*em-, en-,* or *a-,* for example) or undergo a spelling change to preserve the sound of the stem's final consonant. By focusing on the root word in italics, can you guess what these words mean? The first one is given as an example.

1. a*noche*cer   *to become night*
2. a*tarde*cer
3. em*belle*cer
4. em*pequeñe*cer
5. em*pobre*cer
6. en*grande*cer
7. en*rique*cer
8. en*triste*cer
9. en*veje*cer
10. *oscure*cer

VOCABULARIO ACTIVO

ADJETIVOS

actual / *present-day*
hondo, -a / *deep*
incierto, -a / *uncertain*
provechoso, -a / *beneficial*
verdadero, -a / *real, true*

ADVERBIO

a menudo / *often*

MODISMOS

a continuación / *below, following*
al día / *from day to day*
de siempre / *usual*
en uno que otro caso / *on rare occasions*
no cabe duda / *there is no doubt*

SUSTANTIVOS

aventura / *adventure*
el **corresponsal** / *correspondent*
entrevista / *interview*
ganancia / *profit*
la **labor** / *work*

literato / *literary person, writer*
maestro, -a / *teacher*
matrimonio / *marriage*
pájaro / *bird*
la **paz** / *peace*
pensamiento / *thought*
político / *politician*
la **profundidad** / *depth*
el **rincón** / *corner*
la **sensibilidad** / *sensitivity*
el **tema** / *theme, topic*

VERBOS

amar / *to love*
convertirse (ie) en / *to become*
gobernar (ie) / *to govern*
mencionar / *to mention*
resignarse a / *to resign oneself to, be resigned to*
socorrer / *to help*
tirar / *to throw*

Self-Test VI

1. Exprese Ud. en español.

1. El telegrama (that) recibí hoy me desconcertó.
2. ¿(Whom) viste en el mercado?
3. Ésta es la entrevista (to which) me refería antes.
4. Las fotos de la revista, (which) son muy buenas, fueron tomadas por mi tío.
5. El más pequeño del grupo, (who) acaba de levantar la mano, es el que nos gritó.
6. Ése es un poema (that) escribió mi madre.
7. Son cuentos sobre (which) nadie ha escrito nada todavía.
8. (What) más me interesa del drama son los actores.
9. (Those who) realmente desean hacer algo, lo hacen.
10. Ellos nunca me explicaban nada, (which) me estrañaba mucho.

2. ¿Qué preposición necesitamos?

1. Él no se acordó _____ sus promesas.
2. ¿Por que se ríe Ud. _____ todo?
3. ¿Cómo se atrevió Ud. _____ decir eso?
4. Yo sueño _____ un viaje a las cataratas del Iguazú.
5. Él ha _____ prepararse bien para los exámenes.
6. Se recibieron _____ los paquetes.

3. Complete Ud. con la palabra apropiada.

    (a) ¿*avisar* o *aconsejar*?
       1. Me _____ que el avión no llegaría a tiempo.
       2. Te _____ que escuches a tus padres.

    (b) ¿*suceso* o *éxito*?
       3. —No sé hacer nada bien. —¿No haces nada con _____?
       4. Algunos cantantes de hoy tienen un _____ muy discutible.

    (c) ¿*informe* o *información*?
       5. ¿Quiénes han leído mi _____?
       6. Todavía no han publicado una _____ completa sobre el asunto.

4. Cambie Ud. a la construcción con *se* y un pronombre.

    1. Ellas son admiradas.   4. La puerta fue cerrada.
    2. Yo fui invitado.   5. Fueron enviadas a Buenos Aires.
    3. Él es respetado.

5. ¿*Qué* o *cuál(es)*?

    1. ¿_____ significa esa palabra?   4. ¿_____ es su nombre?
    2. ¿_____ alumnos han pagado ya?   5. ¿_____es el psicoanálisis?
    3. ¿_____ serán las modas preferidas este verano?

6. Complete Ud. según el sentido de la frase en inglés.

    1. (We are all to die.) Todos _____ de morir.
    2. (He probably has a lot of money.) Él _____ tener mucho dinero.
    3. (I should have talked to her yesterday.) _____ hablarle ayer.
    4. (He is expected to lecture today.) Él _____ dar una conferencia hoy.
    5. (I have to go.) Yo _____ que ir.

7. Exprese Ud. en español.

    1. ¡(How) bien baila ella!
    2. ¡(Why), no es mi hermano!
    3. (I have) escritos dos capítulos.
    4. Puedo cantar (as well as) él.
    5. En aquellos días (they would visit me) muy a menudo.
    6. Tienes (as much money as) ella.
    7. No tengo (any opinion) sobre él.
    8. (Nobody) ha llamado todavía.
    9. (Someone) vendrá a buscarnos.
    10. ¿Ha venido (any) de tus primas?
    11. ¿Quieres decirme (what that book is about)?
    12. ¿(Whose) es ese escritorio?
    13. Yo no sé (where) viven.

Appendices

Appendix I Answers for Review Exercises

LESSON ONE / COMMON IRREGULAR VERBS IN THE PRESENT TENSE

1. (yo) tengo 2. (Uds.) tienen 3. (nosotros) estamos 4. (yo) estoy
5. (vosotros) sois 6. (tú) eres 7. (nosotras) venimos 8. (él) viene
9. (yo) voy 10. (ellas) van 11. (ella) hace 12. (yo) hago 13. (nosotros) vemos 14. (Uds.) ven

POLITE COMMANDS

1. abra, abran 2. conteste, contesten 3. escriba, escriban 4. haga, hagan 5. lea, lean 6. pase, pasen 7. ponga, pongan 8. traduzca, traduzcan

LESSON TWO / IRREGULAR IMPERFECTS AND PRETERITES

1. Él trajo pan. 2. Nosotros íbamos. 3. ¿Vino él? 4. Estuve aquí ayer.
5. Puso el impermeable aquí. 6. Él veía mejor. 7. Ellos fueron a Chicago. 8. ¿Dijo eso ella? 9. Ellos eran ricos. 10. ¿Quién dio el dinero?

PRETERITE AND GERUND OF STEM-CHANGING VERBS

I. 1. Sintió un gran dolor. 2. Morimos un poco cada instante.
3. Preferiste comer solo. 4. ¿Nunca durmieron la siesta? 5. ¿Cuánto pidió Ud.?

II. 1. pidiendo 2. muriendo 3. sintiendo 4. subiendo
5. sirviendo 6. durmiendo 7. prefiriendo 8. contando

UNACCENTED *i* > *y*

1. destruyendo, destruyó 2. creyendo, creyó 3. construyendo, construyó 4. oyendo, oyó 5. cayendo, cayó 6. leyendo, leyó

SPELLING CHANGES IN THE PRETERITE

1. empecé 2. busqué 3. pagué 4. jugué 5. expliqué 6. comencé

LESSON THREE / THE PRESENT, IMPERFECT, AND PRETERITE OF *SER*

I. 1. fuimos, fue, fui 2. soy, son, somos 3. eras, éramos, erais

II. 1. Sí, soy también estudiante de francés. (No, no soy también estudiante de francés.) 2. Sí, fui un buen alumno (una buena alumna) en mi clase de matemáticas. 3. El presidente de los Estados Unidos durante la Segunda Guerra Mundial era Franklin Delano Roosevelt (o Harry S. Truman). 4. Somos demócratas (republicanos). 5. Sí, fui la persona más popular en mi escuela secundaria. (No, no fui la persona más popular en mi escuela secundaria.) 6. Walt Whitman fue un poeta norteamericano (del siglo XIX).

THE PRESENT, IMPERFECT, AND PRETERITE OF *ESTAR*

I. 1. estás, estáis, estoy 2. estábamos, estabas, estaba 3. estuve, estuviste, estuvieron

II. 1. Juan está en casa. 2. Estamos en la sala. 3. Estoy contento (contenta). 4. Estaba hablando con el profesor. 5. Estuve en un cine. 6. Estábamos en México este verano. 7. Estuve en la fábrica. 8. No, ayer estuve muy cansado (cansada).

LESSON FOUR / OBJECT PRONOUNS

1. le 2. los 3. le 4. nos 5. le (lo) 6. te 7. las 8. le 9. lo 10. le 11. la 12. nos

CLARIFYING AND EMPHASIZING OBJECT PRONOUNS

1. Le di el reloj a él. 2. Nunca me trae regalos a mí. 3. Le di este dinero a Ud. 4. No nos digas eso a nosotros. 5. No les explicaron la noticia a ellos. 6. Ella se lo mandó a él. 7. Él te lo envió a ti. 8. Señorita, quiero hablarle ahora a Ud.

THE VERB *GUSTAR*

1. Te gustan las botas. 2. (A ella) le gustan los bailes. 3. Nos gusta el vino blanco. 4. Me gusta el aceite español. 5. (A Ud.) le gustan los edificios nuevos. 6. Os gustan las flores. 7. (A ustedes) les gusta el comedor. 8. Te gusta la sopa caliente. 9. (A Ud.) le gusta mi apartamento. 10. Me gusta la cebolla. 11. (A él) le gustan las películas para adultos. 12. (A Uds.) les gustan los niños.

LESSON FIVE / IRREGULAR FUTURES AND CONDITIONALS

(a) 1. tendré, tendrá, tendremos 2. harás, harán, hará 3. habrá, habrá, habremos 4. explicarán, explicarás, explicaré 5. saldré, saldremos, saldréis

(b) 1. podrías, podría, podría   2. querría, querríamos, querría
3. dirían, diría, diríamos   4. sabría, sabríais, sabrías   5. pondrían, pondría, pondríamos

PERFECT TENSES AND IRREGULAR PAST PARTICIPLES

1. Han escrito.   2. Hemos vuelto.   3. Habrá llegado.   4. Lo habría hecho.   5. Habían abierto las puertas.   6. No los (las) he visto.   7. Ha vendido su coche.   8. Lo (La) habían puesto ahí.

TIME EXPRESSIONS WITH *HACER*

(a) 1. Hace un año que trabajo en una oficina.   2. Hace un mes que Uds. no me escriben.   3. Hace tres semanas que ella no viene a visitarnos.   4. Hace una semana que tú no me llamas.
(b) 1. Hacía dos meses que vivía en esa ciudad.   2. Hacía una semana que ella esperaba la carta.   3. Hacía un año que ellos no nos escribían.   4. Hacía un mes que tú no trabajabas.
(c) 1. Hace una semana que estuvo en Acapulco.   2. Hace una semana que fuimos a la Argentina.   3. Hace una semana que visité el museo.   4. Hace una semana que vinieron a verme.

LESSON SIX / REGULAR FORMS OF THE PRESENT SUBJUNCTIVE

1. desee, deseen   2. escribas, escribamos   3. visite, visiten
4. comprenda, comprendamos   5. cante, cantéis   6. viva, vivamos
7. leas, lean   8. abra, abra

IRREGULAR PRESENT SUBJUNCTIVES

1. traigas, traigamos   2. salga, salgáis   3. haga, hagan   4. tenga, tengan   5. estés, estemos   6. sea, sean   7. haya, hayamos   8. des, deis

OTHER CHANGES IN THE PRESENT SUBJUNCTIVE

1. duerma   2. cuenten   3. prefiera   4. pidamos   5. alcance   6. pague
7. saquen   8. comiences   9. mueran   10. toquemos

LESSON SEVEN / REGULAR FORMS OF THE IMPERFECT SUBJUNCTIVE

1. vendiera[1]   2. aceptaras   3. llegáramos   4. escribiera   5. discutieran
6. apareciera   7. comiera   8. volviera   9. comprendieran   10. cambiara

---

[1]It is understood that all the **-se** forms are as legitimate as the ones given.

IRREGULAR IMPERFECT SUBJUNCTIVES

1. pusiéramos 2. hiciéramos 3. trajera 4. fuera 5. pudiera
6. supiera 7. dijera 8. hubiera 9. fuera 10. tuviera

SEQUENCE OF TENSES WITH THE SUBJUNCTIVE

1. Me alegraba (Me alegré) de que Uds. no vinieran. 2. Le aconsejaron
(Le aconsejaban) que diera su contestación ahora. 3. Les pedí (Les pedía)
que supieran esto de memoria. 4. Ella les rogó (rogaba) que dijeran si van
a venir o no. 5. Era (Fue) necesario que fuérmos justos con las clases
bajas. 6. Dudaba (Dudé) que él hubiera terminado. 7. Era (Fue) posible
que tuviera Ud. razón. 8. Temía (Temí) que ellos no pudieran asistir a la
fiesta. 9. No permití (permitía) que Uds. hicieran eso. 10. Era (Fue)
conveniente que ellos trajeran ropa de invierno.

LESSON EIGHT / RELATING POLITE COMMANDS TO THE PRESENT SUBJUNCTIVE

(a) 1. prepare Ud., preparen Uds. 2. aprenda Ud., aprendan Uds.
3. escríbame Ud., escríbanme Uds. 4. crea Ud., crean Uds.
5. reciba Ud., reciban Uds. 6. señale Ud., señalen Uds. 7. trabaje
Ud., trabajen Uds. 8. escúchenos Ud., escúchennos Uds.
(b) 1. no deje Ud., no dejen Uds. 2. no viva Ud., no vivan Uds. 3. no
las abra Ud., no las abran Uds. 4. no vea Ud., no vean Uds. 5. no
llame Ud., no llamen Uds. 6. no corra Ud., no corran Uds. 7. no
suba Ud., no suban Uds. 8. no lo rompa Ud., no lo rompan Uds.

POLITE COMMANDS OF STEM-CHANGING VERBS

1. piense Ud., piensen Uds. 2. pague Ud., paguen Uds. 3. no pierda
Ud., no pierdan Uds. 4. no duerma Ud., no duerman Uds. 5. despierte
Ud., despierten Uds. 6. siga Ud., sigan Uds. 7. pida Ud., pidan Uds.
8. no empiece Ud., no empiecen Uds. 9. cuente Ud., cuenten Uds.
10. sirva Ud., sirvan Uds.

LESSON NINE / SUBJUNCTIVE IN PERFECT TENSES

1. hayas 2. haya 3. hayan 4. haya 5. hayamos 6. haya 7. hayas
8. hayáis 9. hubiera 10. hubiera 11. hubieras 12. hubieran
13. hubiera 14. hubieran 15. hubieras 16. hubierais

SUBJUNCTIVE IN PROGRESSIVE FORMS

1. estén 2. esté 3. estés 4. esté 5. estemos 6. esté 7. estés
8. esté 9. estuvieran 10. estuvierais 11. estuvieran 12. estuviera
13. estuvieran 14. estuviera 15. estuvieras 16. estuviera

LESSON TEN / REFLEXIVE PRONOUNS

I. 1. se 2. nos 3. te 4. se 5. nos

II. 1. se bañan 2. me acerco 3. nos desayunamos 4. se alegran de
5. te quedas

POSITION OF REFLEXIVE PRONOUNS

1. ¿A qué hora se fue ella de aquí? 2. —No es así— dijo él, sentándose
en la silla. 3. Nosotros no preferimos lavarnos con agua caliente. 4. No
se pongan el sombrero. 5. Nosotros no nos olvidamos de Ud. 6. No se
dirija Ud. al dueño. 7. Ud. se ha olvidado del número de su pasaporte.
8. Me estaba vistiendo (Estaba vistiéndome) cuando él llegó. 9. No te
quedes aquí. 10. Lávense Uds. en seguida.

LESSON ELEVEN / BASIC USES OF THE INFINITIVE

1. El estudiar 2. al entrar 3. El pensar 4. El beber 5. Al verle 6. al
recibir 7. Al terminar 8. El protestar

COMPARATIVES AND SUPERLATIVES

1. Ésta es la parte más simple (sencilla) del libro. 2. Ese cuadro es mucho
más caro. 3. Manejo más lentamente que él. 4. Éste es el mes más corto
del año. 5. Busco una explicación más larga. 6. Ésta es una medicina
carísima. 7. Éste es el traje más barato de la tienda. 8. Ésta es la silla
menos cómoda de la casa.

LESSON TWELVE / ACTIVE AND PASSIVE VOICES COMPARED

1. El poema fue leído por él. 2. El periódico es recibido por ella. 3. El
examen es escrito por Ud. 4. El disco será escuchado por los muchachos.
5. El boleto es enviado por ellos.

PAST PARTICIPLE AS ADJECTIVE

1. Los nuevos empleados son entrevistados por el dueño. 2. El pasaporte
es presentado por el pasajero. 3. El coche es manejado por un experto.
4. Mis flores son recibidas con gusto por mis abuelos. 5. Los postres son
preparados. 6. Sus costumbres son admiradas por todos. 7. Su diploma
es examinado. 8. Mi programa de estudios es criticado por el profesor.

LESSON THIRTEEN / POSSESSIVE ADJECTIVES: SHORT FORMS

1. su 2. tu 3. nuestros 4. sus 5. Nuestras 6. sus 7. nuestros
8. Su 9. su 10. su

POSSESSIVE ADJECTIVES: LONG FORMS

1. un empleado suyo, una empleada suya   2. dos amigos míos, dos amigas mías   3. algunas ropas suyas   4. dos libros suyos   5. una casa mía   6. un estudiante suyo (tuyo), una estudiante suya (tuya)   7. un retrato mío   8. un tío nuestro

POSSESSIVE PRONOUNS

1. la suya (la tuya)   2. los tuyos   3. el nuestro   4. la suya   5. el mío 6. la suya   7. el mío   8. la suya (la tuya)   9. los suyos (los tuyos)   10. las suyas (las tuyas)

COMMON USES OF THE DEFINITE ARTICLE

I.   1. Todos los hombres   2. la mano   3. la comodidad   4. el pelo 5. Los italianos   6. a las once menos cuarto   7. los jueves   8. los zapatos

II.   1. el   2. none   3. none   4. las   5. La   6. el   7. Los   8. none

LESSON FOURTEEN / PREPOSITIONAL PRONOUNS

1. de mí   2. para Ud., para ti   3. en ella   4. hacia mí   5. contra ella 6. por él   7. a Ud., a ti   8. cerca de ella   9. sobre ellas (encima de ellas) 10. para ti

PRONOUNS AFTER *CON*

1. consigo   2. con él   3. con ella   4. consigo   5. con ellos (ellas) 6. consigo   7. conmigo   8. con nosotros (nosotras)   9. consigo 10. consigo

LESSON FIFTEEN / BASIC USES OF ADJECTIVES

I.   1. conocidas   2. rojas   3. graciosas   4. malas   5. largas   6. famosas

II.   1. En aquellos días horribles (En aquellos horribles días) todos estábamos tristes.   2. Presénteme Ud. a sus amigos españoles. 3. Quisiera hablar con esas chicas irlandesas.   4. Tengo pocos amigos famosos.   5. Vi en la mesa varios paquetes certificados.   6. Tenía ocho pares de zapatos nuevos.

SHORTENING OF ADJECTIVES

1. tercer   2. buenos   3. primer   4. gran   5. Santo Tomás   6. mal 7. algún   8. ninguno

LESSON SIXTEEN / THE RELATIVES *QUE* AND *QUIEN(ES)*

1. con que 2. que 3. de quien 4. de quienes 5. a quien 6. a quienes 7. que 8. con quienes

MORE SPECIFIC RELATIVES

1. a que (a la cual) 2. con que (con los cuales) 3. las cuales 4. quienes (las cuales) 5. del cual (de que) 6. con los cuales (con quienes) 7. con que (con el cual) 8. de quienes

LESSON SEVENTEEN / VERBS THAT REQUIRE A PREPOSITION

1. se atrevía a 2. se han olvidado de 3. Me serviré de 4. se encargará de 5. se despiden de 6. se ríe (del) 7. se alegra de 8. se acuerda de

VERBS WITH UNEXPECTED PREPOSITIONS

1. Estoy pensando en 2. no asistieron a 3. He soñado con ir 4. ¿en qué consiste? 5. todo depende de Ud. (de ti) 6. Trate Ud. de aprender 7. no consentirá Ud. en 8. Convengo en

LESSON EIGHTEEN / COMPARISONS OF EQUALITY

1. tan difíciles como 2. tanta ceremonia como 3. tan rápidamente como 4. tantos viajeros como 5. tan pequeñas como 6. tantas deudas como 7. tanto ruido como 8. tan mal como 9. tantas dificultades como 10. tan feliz como

SPECIAL USES OF INDEFINITES AND NEGATIVES

1. Alguien 2. Ninguno (Nadie) 3. algunos 4. algunos 5. Algunos de ellos 6. alguien 7. ninguna 8. ningún 9. algunos 10. ninguno

Appendix II   Answers for Self-tests

SELF-TEST I

1. 1. es 2. está 3. son 4. está 5. eran 6. estoy 7. está 8. están 9. está 10. es
2. 1. resultó 2. Tengo mucha sed. 3. no viene 4. trae 5. No sé
3. 1. vamos 2. volvéis 3. digo 4. sirven 5. siguen
4. 1. la 2. el 3. los (las) 4. la 5. el
5. 1. durmió 2. sintieron 3. prefirió 4. construyeron
6. 1. entré 2. puse 3. dijo 4. estaba 5. sabía (supe)
7. 1. cayendo 2. viniendo 3. yendo
8. 1. debajo de 2. lenguaje 3. faltan 4. abajo 5. pedir
9. 1. impermeable 2. lluvias 3. puertorriqueños 4. paraguas 5. rebaja 6. pinturas 7. bolsa 8. pescados

SELF-TEST II

1. 1. Él no sabrá qué hacer. 2. Viviré en un piso. 3. ¿Qué harás? 4. No lo diremos nosotros. 5. No querrán ir.
2. 1. ¿No irías a esa tienda? 2. ¿Dónde pondrían los boletos? 3. Saldría solo. 4. No escribiríamos nada. 5. ¿No podría Ud. hacerlo?
3. 1. Quiere 2. nadie 3. Estará 4. ningún 5. Lo dicho 6. Lo difícil 7. lo es 8. Habríamos 9. no le gusta (a ella) 10. Habría visto
4. 1. escribas 2. deja (dejan) 3. volvamos 4. traigas 5. van 6. leamos 7. llegue 8. salir 9. diga 10. vaya 11. estemos 12. venga
5. 1. de 2. de 3. none 4. a 5. a
6. 1. he cubierto 2. han muerto 3. has puesto 4. hemos dicho
7. 1. Yo se las envié. 2. ¡No se lo des! 3. ¿Por qué vas a mandárselas? 4. Pepe, mándaselo en seguida. 5. ¡No me digas que todavía no la has visto!
8. 1. Hacía 2. hace 3. Hace 4. hace

SELF-TEST III

1. 1. es 2. supiera 3. trabaje 4. devuelva (devuelvan) 5. llamó (llamaron) 6. venga 7. hacía (hizo) 8. me pongo 9. llevara 10. sepa
2. 1. no haya llegado 2. habían sido 3. lo hagan (estén haciéndolo) 4. murió (ha muerto) 5. vengan (vinieran) 6. le (lo) veo 7. hubiera sido 8. fuéramos 9. me di cuenta de 10. nadaría
3. (a) 1. ten 2. sean 3. durmamos 4. comencemos 5. sentaos (b) 1. no vayas 2. no vengas 3. no traiga 4. no oigas 5. no pongáis
4. 1. none 2. una 3. none 4. none 5. un
5. 1. (c) 2. (c) 3. (a) 4. (b) 5. (c) 6. (a) 7. (b) 8. (d)
6. 1. encuesta 2. burlas 3. sencilla 4. dineral 5. duele 6. doy cuenta 7. alas

SELF-TEST IV

1. 1. lavándose 2. nos sentamos 3. te levantaste 4. casarse 5. me acuesto (me acosté)
2. 1. me siento 2. sienten 3. nos sentiremos 4. te sentaste
3. 1. El viajar 2. Al llegar 3. Al salir 4. saliéramos 5. antes de 6. después de que 7. que se sentara 8. le hicieron 9. aquí tiene Ud. (aquí están) 10. He aquí 11. (Ella) se negó a 12. Nos es necesario ver (Es necesario que veamos) 13. el peor 14. mayor 15. pequeño 16. el mejor 17. del que 18. de lo que
4. 1. El trabajo será hecho por él. 2. Las flores fueron recibidas por mi prima. 3. El coche había sido examinado. 4. La carta fue abierta por Juan.
5. 1. está 2. Fue 3. Está 4. fueron
6. 1. (c) 2. (f) 3. (g) 4. (a) 5. (h) 6. (i) 7. (j) 8. (d) 9. (e) 10. (b)
7. 1. Se me perdieron las (Perdí las) 2. Se peinó el 3. Se le cayó 4. Me enfermé 5. Se miran

SELF-TEST V

1. 1. tu 2. suya 3. ¿La nuestra? 4. suyos 5. el mío 6. los vuestros 7. el de Juan 8. la cabeza 9. Toda 10. Todas
2. 1. hora 2. vez 3. tiempo
3. 1. Este 2. esos (aquellos) 3. consigo (misma) 4. buzón 5. conmigo 6. Alberto necesita (A Alberto le hace falta, A Alberto le falta) 7. travesía
4. 1. lejos de 2. delante de 3. fuera de 4. encima de (sobre)
5. 1. para 2. por 3. por 4. por 5. para 6. para
6. 1. de 2. de 3. a 4. por 5. con

7. 1. En los caminos habían puesto luces rojas.   2. No sabía qué hacer durante aquellos días.   3. Voy a leer la misma novela que Juana. 4. Fuimos a un cómodo restaurante árabe.   5. Él es un antiguo amigo. Le conozco desde hace veinte años.

8. 1. a 2. none 3. a 4. none 5. a

9. 1. cuñado 2. ahijada 3. suegra 4. nuera 5. horario

SELF-TEST VI

1. 1. que 2. A quién(es) 3. a que 4. las cuales 5. el cual 6. que 7. los cuales 8. Lo que 9. Los que 10. lo cual

2. 1 de 2. de 3. a 4. con 5. de 6. none

3. (a) 1. avisó 2. aconsejo
(b) 3. éxito 4. éxito
(c) 5. informe 6. información

4. 1. Se las admira.   2. Se me invitó.   3. Se le respeta.   4. Se (la) cerró.   5. Se las envió a Buenos Aires.

5. 1. Qué 2. Qué 3. Cuáles 4. Cuál 5. Qué

6. 1. hemos 2. debe de 3. Debí 4. ha de 5. tengo

7. 1. Qué 2. Si 3. Tengo (Llevo) 4. tan bien como 5. me visitaban 6. tanto dinero como 7. ninguna opinión (ningún parecer) 8. Nadie 9. Alguien 10. alguna 11. de qué se trata ese libro 12. De quién 13. dónde

Appendix III   Verbs

A.   REGULAR VERBS

INFINITIVE

hablar, *to speak*   aprender, *to learn*   vivir, *to live*

PRESENT PARTICIPLE

hablando, *speaking*   aprendiendo, *learning*   viviendo, *living*

PAST PARTICIPLE

hablado, *spoken*   aprendido, *learned*   vivido, *lived*

INDICATIVE MOOD/SIMPLE TENSES

PRESENT

I speak, do speak, am speaking, etc.	*I learn, do learn, am learning, etc.*	*I live, do live, am living, etc.*
hablo	aprendo	vivo
hablas	aprendes	vives
habla	aprende	vive
hablamos	aprendemos	vivimos
habláis	aprendéis	vivís
hablan	aprenden	viven

IMPERFECT

I was speaking, used to speak, spoke, etc.	*I was learning, used to learn, learned, etc.*	*I was living, used to live, lived, etc.*
hablaba	aprendía	vivía
hablabas	aprendías	vivías
hablaba	aprendía	vivía
hablábamos	aprendíamos	vivíamos
hablabais	aprendíais	vivíais
hablaban	aprendían	vivían

PRETERITE

I spoke, did speak, etc.	*I learned, did learn, etc.*	*I lived, did live, etc.*
hablé	aprendí	viví
hablaste	aprendiste	viviste
habló	aprendió	vivió
hablamos	aprendimos	vivimos
hablasteis	aprendisteis	vivisteis
hablaron	aprendieron	vivieron

FUTURE

I shall (will) speak, etc.	*I shall (will) learn, etc.*	*I shall (will) live, etc.*
hablaré	aprenderé	viviré
hablarás	aprenderás	vivirás
hablará	aprenderá	vivirá
hablaremos	aprenderemos	viviremos
hablaréis	aprenderéis	viviréis
hablarán	aprenderán	vivirán

CONDITIONAL

I should (would) speak, etc.	*I should (would) learn, etc.*	*I should (would) live, etc.*
hablaría	aprendería	viviría
hablarías	aprenderías	vivirías
hablaría	aprendería	viviría
hablaríamos	aprenderíamos	viviríamos
hablaríais	aprenderíais	viviríais
hablarían	aprenderían	vivirían

SUBJUNCTIVE MOOD

PRESENT

(that) I (may) speak, etc.	*(that) I (may) learn, etc.*	*(that) I (may) live, etc.*
hable	aprenda	viva
hables	aprendas	vivas
hable	aprenda	viva
hablemos	aprendamos	vivamos
habléis	aprendáis	viváis
hablen	aprendan	vivan

IMPERFECT

(that) I might speak, etc.	(that) I might learn, etc.	(that) I might live, etc.
hablara	aprendiera	viviera
hablaras	aprendieras	vivieras
hablara	aprendiera	viviera
habláramos	aprendiéramos	viviéramos
hablarais	aprendierais	vivierais
hablaran	aprendieran	vivieran
hablase	aprendiese	viviese
hablases	aprendieses	vivieses
hablase	aprendiese	viviese
hablásemos	aprendiésemos	viviésemos
hablaseis	aprendieseis	vivieseis
hablasen	aprendiesen	viviesen

IMPERATIVE MOOD

speak	learn	live
habla tú	aprende tú	vive tú
hablad vosotros	aprended vosotros	vivid vosotros

INDICATIVE MOOD/PERFECT TENSES

PERFECT INFINITIVE

to have spoken	to have learned	to have lived
haber hablado	haber aprendido	haber vivido

PERFECT PARTICIPLE

having spoken	having learned	having lived
habiendo hablado	habiendo aprendido	habiendo vivido

PRESENT PERFECT

I have spoken, etc.	I have learned, etc.	I have lived, etc.
he hablado	he aprendido	he vivido
has hablado	has aprendido	has vivido
ha hablado	ha aprendido	ha vivido
hemos hablado	hemos aprendido	hemos vivido
habéis hablado	habéis aprendido	habéis vivido
han hablado	han aprendido	han vivido

PLUPERFECT

I had spoken, etc.

había hablado
habías hablado
había hablado
habíamos hablado
habíais hablado
habían hablado

I had learned, etc.

había aprendido
habías aprendido
había aprendido
habíamos aprendido
habíais aprendido
habían aprendido

I had lived, etc.

había vivido
habías vivido
había vivido
habíamos vivido
habíais vivido
habían vivido

PRETERITE PERFECT

I had spoken, etc.

hube hablado
hubiste hablado
hubo hablado
hubimos hablado
hubisteis hablado
hubieron hablado

I had learned, etc.

hube aprendido
hubiste aprendido
hubo aprendido
hubimos aprendido
hubisteis aprendido
hubieron aprendido

I had lived, etc.

hube vivido
hubiste vivido
hubo vivido
hubimos vivido
hubisteis vivido
hubieron vivido

FUTURE PERFECT

I shall (will) have spoken, etc.

habré hablado
habrás hablado
habrá hablado
habremos hablado
habréis hablado
habrán hablado

I shall (will) have learned, etc.

habré aprendido
habrás aprendido
habrá aprendido
habremos aprendido
habréis aprendido
habrán aprendido

I shall (will) have lived, etc.

habré vivido
habrás vivido
habrá vivido
habremos vivido
habréis vivido
habrán vivido

CONDITIONAL PERFECT

I should (would) have spoken, etc.

habría hablado
habrías hablado
habría hablado
habríamos hablado
habríais hablado
habrían hablado

I should (would) have learned, etc.

habría aprendido
habrías aprendido
habría aprendido
habríamos aprendido
habríais aprendido
habrían aprendido

I should (would) have lived, etc.

habría vivido
habrías vivido
habría vivido
habríamos vivido
habríais vivido
habrían vivido

SUBJUNCTIVE MOOD

PRESENT PERFECT

(that) I may have spoken, etc.	*(that) I may have learned, etc.*	*(that) I may have lived, etc.*
haya hablado	haya aprendido	haya vivido
hayas hablado	hayas aprendido	hayas vivido
haya hablado	haya aprendido	haya vivido
hayamos hablado	hayamos aprendido	hayamos vivido
hayáis hablado	hayáis aprendido	hayáis vivido
hayan hablado	hayan aprendido	hayan vivido

PLUPERFECT

(that) I might have spoken, etc.	*(that) I might have learned, etc.*	*(that) I might have lived, etc.*
hubiera hablado	hubiera aprendido	hubiera vivido
hubieras hablado	hubieras aprendido	hubieras vivido
hubiera hablado	hubiera aprendido	hubiera vivido
hubiéramos hablado	hubiéramos aprendido	hubiéramos vivido
hubierais hablado	hubierais aprendido	hubierais vivido
hubieran hablado	hubieran aprendido	hubieran vivido
hubiese hablado	hubiese aprendido	hubiese vivido
hubieses hablado	hubieses aprendido	hubieses vivido
hubiese hablado	hubiese aprendido	hubiese vivido
hubiésemos hablado	hubiésemos aprendido	hubiésemos vivido
hubieseis hablado	hubieseis aprendido	hubieseis vivido
hubiesen hablado	hubiesen aprendido	hubiesen vivido

B. IRREGULAR VERBS

andar   *to walk, go*

Preterite   anduve, anduviste, anduvo, anduvimos, anduvisteis, anduvieron
Imperfect subj.   anduviera, anduvieras, etc.
                    anduviese, anduvieses, etc.

caer   *to fall*

Present participle   cayendo
Past participle   caído
Present indicative   caigo, caes, cae, caemos, caéis, caen
Preterite   caí, caíste, cayó, caímos, caísteis, cayeron
Present subj.   caiga, caigas, caiga, caigamos, caigáis, caigan
Imperfect subj.   cayera, cayeras, etc.
                    cayese, cayeses, etc.

conducir *to conduct, drive*

Present indicative conduzco, conduces, conduce, conducimos, conducís, conducen
Preterite conduje, condujiste, condujo, condujimos, condujisteis, condujeron
Present subj. conduzca, conduzcas, conduzca, conduzcamos, conduzcáis, conduzcan
Imperfect subj. condujera, condujeras, etc.
 condujese, condujeses, etc.

dar *to give*

Present indicative doy, das, da, damos, dais, dan
Preterite di, diste, dio, dimos, disteis, dieron
Present subj. dé, des, dé, demos, deis, den
Imperfect subj. diera, dieras, etc.
 diese, dieses, etc.

decir *to say, tell*

Present participle diciendo
Past participle dicho
Present indicative digo, dices, dice, decimos, decís, dicen
Preterite dije, dijiste, dijo, dijimos, dijisteis, dijeron
Present subj. diga, digas, diga, digamos, digáis, digan
Imperfect subj. dijera, dijeras, etc.
 dijese, dijeses, etc.
Future diré, dirás, etc.
Conditional diría, dirías, etc.
Imperative di

estar *to be*

Present indicative estoy, estás, está, estamos, estáis, están
Preterite estuve, estuviste, estuvo, estuvimos, estuvisteis, estuvieron
Present subj. esté, estés, esté, estemos, estéis, estén
Imperfect subj. estuviera, estuvieras, etc.
 estuviese, estuvieses, etc.

haber *to have*

Present indicative he, has, ha, hemos, habéis, han
Preterite hube, hubiste, hubo, hubimos, hubisteis, hubieron
Present subj. haya, hayas, haya, hayamos, hayáis, hayan
Imperfect subj. hubiera, hubieras, etc.
 hubiese, hubieses, etc.
Future habré, habrás, etc.
Conditional habría, habrías, etc.
Imperative he

hacer   *to do, make*

Past participle   hecho
Present indicative   hago, haces, hace, hacemos, hacéis, hacen
Preterite   hice, hiciste, hizo, hicimos, hicisteis, hicieron
Present subj.   haga, hagas, haga, hagamos, hagáis, hagan
Imperfect subj.   hiciera, hicieras, etc.
                    hiciese, hicieses, etc.
Future   haré, harás, etc.
Conditional   haría, harías, etc.
Imperative   haz

ir   *to go*

Present participle   yendo
Past participle   ido
Present indicative   voy, vas, va, vamos, vais, van
Imperfect indicative   iba, ibas, iba, íbamos, ibais, iban
Preterite   fui, fuiste, fue, fuimos, fuisteis, fueron
Present subj.   vaya, vayas, vaya, vayamos, vayáis, vayan
Imperfect subj.   fuera, fueras, etc.
                    fuese, fueses, etc.
Imperative   ve

oír   *to hear*

Present participle   oyendo
Past participle   oído
Present indicative   oigo, oyes, oye, oímos, oís, oyen
Preterite   oí, oíste, oyó, oímos, oísteis, oyeron
Present subj.   oiga, oigas, oiga, oigamos, oigáis, oigan
Imperfect subj.   oyera, oyeras, etc.
                    oyese, oyeses, etc.
Imperative   oye

poder   *to be able, can*

Present participle   pudiendo
Present indicative   puedo, puedes, puede, podemos, podéis, pueden
Preterite   pude, pudiste, pudo, pudimos, pudisteis, pudieron
Present subj.   pueda, puedas, pueda, podamos, podáis, puedan
Imperfect subj.   pudiera, pudieras, etc.
                    pudiese, pudieses, etc.
Future   podré, podrás, etc.
Conditional   podría, podrías, etc.

poner   *to put, place*

Past participle   puesto
Present indicative   pongo, pones, pone, ponemos, ponéis, ponen
Preterite   puse, pusiste, puso, pusimos, pusisteis, pusieron
Present subj.   ponga, pongas, ponga, pongamos, pongáis, pongan
Imperfect subj.   pusiera, pusieras, etc.
                    pusiese, pusieses, etc.
Future   pondré, pondrás, etc.
Conditional   pondría, pondrías, etc.
Imperative   pon

querer   *to wish, want*

Present indicative   quiero, quieres, quiere, queremos, queréis, quieren
Preterite   quise, quisiste, quiso, quisimos, quisisteis, quisieron
Present subj.   quiera, quieras, quiera, queramos, queráis, quieran
Imperfect subj.   quisiera, quisieras, etc.
                    quisiese, quisieses, etc.
Future   querré, querrás, etc.
Conditional   querría, querrías, etc.
Imperative   quiere

reír   *to laugh*

Present participle   riendo
Past participle   reído
Present indicative   río, ríes, ríe, reímos, reís, ríen
Preterite   reí, reíste, rió, reímos, reísteis, rieron
Present subj.   ría, rías, ría, riamos, riáis, rían
Imperfect subj.   riera, rieras, etc.
                    riese, rieses, etc.
Imperative   ríe

saber   *to know*

Present indicative   sé, sabes, sabe, sabemos, sabéis, saben
Preterite   supe, supiste, supo, supimos, supisteis, supieron
Present subj.   sepa, sepas, sepa, sepamos, sepáis, sepan
Imperfect subj.   supiera, supieras, etc.
                    supiese, supieses, etc.
Future   sabré, sabrás, etc.
Conditional   sabría, sabrías, etc.

salir   *to go out, leave*

Present indicative   salgo, sales, sale, salimos, salís, salen
Present subj.   salga, salgas, salga, salgamos, salgáis, salgan
Future   saldré, saldrás, etc.
Conditional   saldría, saldrías, etc.
Imperative   sal

ser *to be*

Present indicative soy, eres, es, somos, sois, son
Imperfect indicative era, eras, era, éramos, erais, eran
Preterite fui, fuiste, fue, fuimos, fuisteis, fueron
Present subj. sea, seas, sea, seamos, seáis, sean
Imperfect subj. fuera, fueras, etc.
　　　　　　　　fuese, fueses, etc.
Imperative sé

tener *to have*

Present indicative tengo, tienes, tiene, tenemos, tenéis, tienen
Preterite tuve, tuviste, tuvo, tuvimos, tuvisteis, tuvieron
Present subj. tenga, tengas, tenga, tengamos, tengáis, tengan
Imperfect subj. tuviera, tuvieras, etc.
　　　　　　　　tuviese, tuvieses, etc.
Future tendré, tendrás, etc.
Conditional tendría, tendrías, etc.
Imperative ten

traer *to bring*

Present participle trayendo
Past participle traído
Present indicative traigo, traes, trae, traemos, traéis, traen
Preterite traje, trajiste, trajo, trajimos, trajisteis, trajeron
Present subj. traiga, traigas, traiga, traigamos, traigáis, traigan
Imperfect subj. trajera, trajeras, etc.
　　　　　　　　trajese, trajeses, etc.

valer *to be worth*

Present indicative valgo, vales, vale, valemos, valéis, valen
Present subj. valga, valgas, valga, valgamos, valgáis, valgan
Future valdré, valdrás, etc.
Conditional valdría, valdrías, etc.
Imperative vale

venir *to come*

Present participle viniendo
Present indicative vengo, vienes, viene, venimos, venís, vienen
Preterite vine, viniste, vino, vinimos, vinisteis, vinieron
Present subj. venga, vengas, venga, vengamos, vengáis, vengan
Imperfect subj. viniera, vinieras, etc.
　　　　　　　　viniese, vinieses, etc.
Future vendré, vendrás, etc.
Conditional vendría, vendrías, etc.
Imperative ven

ver   *to see*

Past participle   visto
Present indicative   veo, ves, ve, vemos, veis, ven
Imperfect indicative   veía, veías, veía, veíamos, veíais, veían
Preterite   vi, viste, vio, vimos, visteis, vieron
Present subj.   vea, veas, vea, veamos, veáis, vean

C.   STEM-CHANGING VERBS

1. e > ie and o > ue

comenzar   *to begin*

Present indicative   comienzo, comienzas, comienza, comenzamos,
comenzáis, comienzan
Present subj.   comience, comiences, comience, comencemos, comencéis,
comiencen
Imperative   comienza

volver   *to return*

Present indicative   vuelvo, vuelves, vuelve, volvemos, volvéis, vuelven
Present subj.   vuelva, vuelvas, vuelva, volvamos, volváis, vuelvan
Imperative   vuelve

Some other common verbs of this type are:

acordarse (ue) *to remember*	**jugar (ue)** *to play*
acostarse (ue) *to go to bed*	**llover (ue)** *to rain*
cerrar (ie) *to close*	**mostrar (ue)** *to show*
contar (ue) *to count, tell*	**negar (ie)** *to deny*
costar (ue) *to cost*	**nevar (ie)** *to snow*
doler (ue) *to hurt*	**pensar (ie)** *to think*
empezar (ie) *to begin*	**perder (ie)** *to lose*
encontrar (ue) *to meet*	**sentarse (ie)** *to sit down*
entender (ie) *to understand*	

2. e > ie, i and o > ue, u

preferir   *to prefer*

Present participle   prefiriendo
Present indicative   prefiero, prefieres, prefiere, preferimos,
preferís, prefieren
Preterite   preferí, preferiste, prefirió, preferimos, preferisteis, prefirieron
Present subj.   prefiera, prefieras, prefiera, prefiramos, prefiráis, prefieran
Imperfect subj.   prefiriera, prefirieras, etc.
prefiriese, prefirieses, etc.
Imperative   prefiere

dormir   *to sleep*

Present participle   durmiendo
Present indicative   duermo, duermes, duerme, dormimos, dormís, duermen
Preterite   dormí, dormiste, durmió, dormimos, dormisteis, durmieron
Present subj.   duerma, duermas, duerma, durmamos, durmáis, duerman
Imperfect subj.   durmiera, durmieras, etc.
                    durmiese, durmieses, etc.
Imperative   duerme

Other verbs with similar changes are:

divertirse (ie, i)   *to enjoy oneself*
mentir (ie,i)   *to lie*
morir (ue, u)   *to die*
sentir (ie, i)   to feel

3. **e > i**

pedir   *to ask for*

Present participle   pidiendo
Present indicative   pido, pides, pide, pedimos, pedís, piden
Preterite   pedí, pediste, pidió, pedimos, pedisteis, pidieron
Present subj.   pida, pidas, pida, pidamos, pidáis, pidan
Imperfect subj.   pidiera, pidieras, etc.
                    pidiese, pidieses, etc.
Imperative   pide

Other **-ir** verbs of this type are:

repetir (i)   *to repeat*
seguir (i)   *to follow*
servir (i)   *to serve*
vestirse (i)   *to dress oneself*

D.   VERBS WITH ORTHOGRAPHIC CHANGES

1. **c > qu**

buscar   *to look for*

Preterite   busqué, buscaste, buscó, etc.
Present subj.   busque, busques, busque, busquemos, busquéis, busquen

Like **buscar: explicar** *(to explain)*, **sacar** *(to take out)*, **significar** *(to mean)*, **tocar** *(to play music)*.

2. z > c

comenzar   *to begin*

Preterite   comencé, comenzaste, comenzó, etc.
Present subj.   comience, comiences, comience, comencemos, comencéis, comiencen

Like **comenzar: empezar** *(to begin)*, **organizar** *(to organize)*.

3. g > gu

llegar   *to arrive*

Preterite   llegué, llegaste, llegó, etc.
Present subj.   llegue, llegues, llegue, lleguemos, lleguéis, lleguen

Like **llegar: jugar** *(to play a game)*, **negar** *(to deny)*, **pagar** *(to pay)*, **rogar** *(to beg)*.

4. g > j

coger   *to seize, take*

Present indicative   cojo, coges, coge, etc.
Present subj.   coja, cojas, coja, cojamos, cojáis, cojan

Like **coger: corregir** *(to correct)*, **dirigir** *(to direct)*, **escoger** *(to choose)*.

5. gu > g

seguir   *to follow*

Present indicative   sigo, sigues, sigue, etc.
Present subj.   siga, sigas, siga, sigamos, sigáis, sigan

Like **seguir: distinguir** *(to distinguish)*.

Appendix IV Useful Vocabulary

CARDINAL NUMBERS

0	cero	28	veinte y ocho (veintiocho)
1	uno *(m.)*, una *(f.)*	29	veinte y nueve (veintinueve)
2	dos	30	*treinta*
3	tres	31	treinta y uno, -a[2]
4	cuatro	40	cuarenta
5	cinco	50	cincuenta
6	*seis*[1]	60	sesenta
7	*siete*	70	setenta
8	ocho	80	ochenta
9	nueve	90	noventa
10	*diez*	100	ciento (cien)
11	once	101	ciento uno, -a
12	doce	110	ciento diez
13	trece	200	doscientos, -as
14	catorce	300	trescientos, -as
15	quince	400	cuatrocientos, -as
16	diez y seis (dieciséis)	500	*quinientos, -as*
17	diez y siete (diecisiete)	600	seiscientos, -as
18	diez y ocho (dieciocho)	700	*setecientos, -as*
19	diez y nueve (diecinueve)	800	ochocientos, -as
20	*veinte*	900	*novecientos, -as*
21	veinte y uno, -a (veintiuno, -a)	1000	mil
22	veinte y dos (veintidós)	1110	mil ciento diez
23	veinte y tres (veintitrés)	1200	mil doscientos, -as
24	veinte y cuatro (veinticuatro)	2000	dos mil
25	veinte y cinco (veinticinco)	100.000	cien mil
26	veinte y seis (veintiséis)	200.000	doscientos, -as mil
27	veinte y siete (veintisiete)	1.000.000	un millón (de)

---

[1]Pay particular attention to the spelling of italicized items.
[2]The one-word forms are not used after 29.

ORDINAL NUMBERS

1st	primer(o), -a	6th	sexto, -a
2nd	segundo, -a	7th	sé(p)timo, -a
3rd	tercer(o), -a	8th	octavo, -a
4th	*cuarto, -a*	9th	noveno, -a
5th	quinto, -a	10th	décimo, -a[3]

SEASONS *(ESTACIONES)*

(la) primavera	*spring*	(el) otoño	*fall*
(el) verano	*summer*	(el) invierno	*winter*

MONTHS *(MESES)*

enero	*January*	julio	*July*
febrero	*February*	agosto	*August*
marzo	*March*	se(p)tiembre	*September*
abril	*April*	octubre	*October*
mayo	*May*	noviembre	*November*
junio	*June*	diciembre	*December*

el primero de mayo   *the 1st of May (May 1st)*
el dos de abril   *April 2nd*
el quince de diciembre   *December 15*

DAYS OF THE WEEK *(DÍAS DE LA SEMANA)*

(el) lunes	*(on) Monday*
(el) martes	*(on) Tuesday*
(el) miércoles	*(on) Wednesday*
(el) jueves	*(on) Thursday*
(el) viernes	*(on) Friday*
(el) sábado	*(on) Saturday*
(el) domingo	*(on) Sunday*

TIME OF DAY *(HORA)*

¿Qué hora es?   *What time is it?*
Es la una.   *It is one o'clock.*
Son las dos y media.   *It is two thirty.*
Eran las tres y cuarto en punto.   *It was 3:15 on the dot.*
a las seis menos cuarto de la tarde   *at 5:45 in the afternoon*
a las siete de la mañana   *at 7:00 in the morning*
a las once de la noche   *at 11:00 at night*
al mediodía   *at noon*
a (la) medianoche   *at midnight*

---

[3]Cardinal numbers are ordinarily used after **décimo:** . . . **noveno, décimo, once, doce,** etc.

Appendix V Punctuation, Capitalization, and Syllabication

A. PUNCTUATION

Generally speaking, Spanish uses punctuation marks very much as English does. Note, however, the following exceptions.

1. The comma is used more frequently in Spanish to separate adjectival and adverbial phrases of more than three or four words:

> Más hermosa que nunca, se presentó en la recepción, acompañada por su hermana.

2. Spanish uses dashes, and not quotation marks, to separate the discourse of different speakers:

> —Se lo daré ahora mismo—dijo el vendedor.

3. Spanish reserves quotation marks for words or phrases that are not being used in their normal sense, or to indicate that a passage is being quoted textually. In all such instances all punctuation marks go outside the second quotation marks:

> Luego afirmó: «Reformarse es vivir».

4. Spanish uses inverted initial interrogation and exclamation marks:

> ¿Cómo se llama Ud.?
> ¡Qué clase!

B. CAPITALIZATION

The main differences between Spanish and English capitalization are:

1. Spanish does not capitalize adjectives of nationality, days of the week, or names of months. In some Spanish American countries, however, the names of months are capitalized:

> Era un señor uruguayo.
> Vendrá el lunes, 24 de noviembre.

2. In Spanish only the first letter of a title is capitalized:

> *Elogio de la inteligencia y la imaginación*

C. DIVIDING WORDS INTO SYLLABLES

This type of syllabication has a limited use. It permits us to determine where to cut words at the end of a line and which syllable is to bear a written accent.

1. Single consonants form a new syllable with the following vowel(s). Remember that **ch, ll,** and **rr** are single consonants in Spanish:

    ca-ma   gui-ta-rra
    mu-cho   ca-ba-llo

2. Most consonants plus **l** or **r** form an indivisible consonantal group, which counts as one consonant:

    la-bra-dor   Pe-dro
    a-pli-ca-ción   ha-blo

3. Groups of two consonants are divided in the middle. Remember that **bl, br, pl, pr, tl, tr,** etc., count as one consonant:

    Car-men   es-tu-dia
    Al-fre-do   Mar-ga-ri-ta

4. If more than two consonants occur between vowels, the last consonant or consonantal group forms a new syllable with the following vowel(s):

    cons-truc-ción   pers-pec-ti-va

SUMMARY

v = vowel; c = consonant (consonantal group)

    v—c v   Mó-ni-ca
    v c—c v   Mi-ran-da, li-bro
    v c c—c v   ins-ti-tu-ción

A consonantal group involving **l** or **r** is, in most cases, left to start the following syllable: li-bro, Pa-blo, me-tro.

Glossaries

Glossary Spanish/English

A

a at, to, for, on, upon, in, into, from; not translated when used to indicate a personal direct object

abajo *adv.* down, below, underneath; **boca —** face down; **cuesta —** downhill; **más —** farther down 11

abandonar to abandon

abandono neglect

abarcar to encompass

abierto, -a open, opened; frank

abogado lawyer

abolir to revoke, repeal

abono credit, installment, voucher; **al — de** an indemnity for

abordar to approach, undertake; to board (said of one ship with respect to another)

abrazo embrace 12

abreviatura abbreviation

abrigo coat, overcoat

el **abril** April

abrir to open

abrocharse to fasten

absolutamente absolutely

absoluto, -a absolute

abstracto, -a abstract

la **absurdidad** absurdity

absurdo, -a absurd

abuela grandmother

abuelo grandfather; *pl.* grandparents

abundante abundant

abundar to abound

aburrido, -a bored, boring; **estar —** to be bored; **ser —** to be boring; **— como una ostra** to be bored to death

aburrir to bore; **—se** to be bored

abuso abuse

acá here, around here

acabar to end, finish; to end up by; **— con** to put an end to; **— de +** *inf.* to have just; **—se** to finish, put an end to; **—sele a uno** to run out of 5

acalorar(se) to get (become) warm

el **accidente** accident

la **acción** action

accionista (*m.* or *f.*) shareholder, stockholder

el **aceite** oil, olive oil 2

aceituna olive

acento accent

la **acentuación** accentuation

acentual accentual

acentuar to accentuate

aceptable acceptable

aceptar to accept

acera sidewalk

acerca de *adv.* about, concerning, with regard to

acercarse (a) to approach, draw near 10

acero steel; **— inoxidable** stainless steel

acertar (ie) to do (figure, guess) something right

aclarar to clarify

acomodar to find room for something

acompañado, -a, (de) accompanied (by)

acompañar to accompany

aconsejable advisable

aconsejar to advise, counsel 6

acordarse (ue) de to remember

el **acorde** accord, harmony; chord

acostarse (ue) to go to bed

acostumbrar to accustom; **—se (a)** to be accustomed (to) 12

la **actitud** attitude 8

la **actividad** activity

activo, -a active

acto act

el **actor** actor

la **actriz** actress

la **actuación** acting, role

actual present day 18

acuarela water color (picture)

Acuario Aquarius

acuático, -a aquatic

acudir (a) to rush (to)

acuerdo agreement; **de — con** in accordance with

acumular to accumulate

acusar to accuse; **— recibo de** to acknowledge receipt of

adaptar to adapt

adecuado, -a adequate

adelantar to move ahead

adelante *adv.* ahead, forward; **¡—!** let's move on!

The numbers following the definitions refer to the lesson in which the word appears in the active vocabulary list.

además *adv.* moreover, besides; **— de** in addition to, besides 14

adentro *adv.* inside, within; **para mis —s** inaudibly, inwardly

adicional additional

adiós goodbye

adivinar to guess

adjetivo adjective

la **administración** administration

la **admiración** admiration

el **admirador** admirer

admirar to admire

admitir to admit

adonde *conj.* where

¿adónde? *adv.* where?

adoptar to adopt

adorar to adore, worship

adornar to adorn, decorate

adquirir to acquire 6

aduana customhouse, customs 13

aduanero, -a (pertaining to the) customhouse; *m.* customhouse officer

la **adversidad** adversity

adverso, -a adverse

advertencia warning, notice

advertir (ie) to warn

aéreo, -a aerial, (pertaining to) air; **correo —** airmail

aeromoza stewardess

aeropuerto airport 13

afectar to affect

afecto affection

afeitar(se) to shave (oneself)

aficionado fan; amateur

afilar to sharpen; **— se** to become sharp (sharpened)

la **afirmación** affirmation

afirmar to affirm

afirmativamente affirmatively

afirmativo, -a affirmative

afluencia affluence

aforismo aphorism

afortunadamente fortunately, luckily

afortunado, -a fortunate, lucky

afrocubano, -a Afro-Cuban

afuera *adv.* outside

agencia agency; **— de viajes** travel agency

agente (*m.* or *f.*) agent

la **agilidad** agility

agitar to agitate, shake, stir; to excite

agonía agony

agosto August

agotarse to give out

agradable agreeable, pleasant

agradar to please

agradecido, -a grateful, thankful

agravio offense, wrong

la **agresividad** aggressiveness, self-assertion

agresivo, -a aggressive

agrícola agricultural

agricultura agriculture

agrio, -a sour

el **agua** (*f.*) water; **— blanda** soft water; **— corriente** running water

aguacero downpour, squall

aguamarina aquamarine

el **águila** (*f.*) eagle

agujero hole, opening

ahí *adv.* there; **he —** here (there) is

ahijada goddaughter

ahijado godson

ahora *adv.* now; **— mismo** right now

ahorros savings

el **aire** air; **— acondicionado** air conditioning; **al — libre** in the open air

ajetreo bustle

ajo garlic 2

al (contraction of **a** and **el**) to (at) the; **al +** *inf.* upon (doing something)

el **ala** (*f.*) wing 9

alabar to praise

alargar to lengthen, extend

alarmante alarming

el **albañil** bricklayer, mason

el **alcalde** mayor

alcanzar to reach

alcoba bedroom

alcohólico, -a alcoholic

alcoholismo alcoholism

aldeano, -a *adj.* village, country; *noun* villager

alegoría allegory

alegrar to cheer, brighten, enliven; **—se (de)** to be glad (of); **—se de +** *inf.* to be glad to

alegre glad, cheerful, merry; **estar —** to feel good; **ser —** to be of a happy disposition

alegremente merrily, happily

alegría happiness, joy 16

alejar to keep at a distance

alemán, -mana German; *m.* German (language)

aletear to flutter, flap wings or fins

alfombra carpet, rug

alga algae

algo something; *adv.* somewhat, rather, a little; **— hay en el aire** something is up 16

el **algodón** cotton

alguien somebody, someone

algún shortened form of **alguno**

alguno, -a some, any; **— -a vez** ever; **en modo —** in no way at all

alimentar to feed, sustain, maintain

alimento food

aliviar   to lighten, alleviate
el **alma** (*f.*)   soul, spirit
el **almacén (almacenes)**   department store
almeja   clam
almorzar (ue)   to have lunch
almuerzo   lunch, luncheon   14
alondra   skylark
alongado, -a   elongated
alpinismo   mountain climbing
alquilar   to rent
alrededor *adv.*   around; **— de** *prep.*   around
alterar   to alter, disturb
alto, -a   tall; high; lofty; **en voz — -a**   aloud, out
   loud; *adv.* high up; *noun* height; **de —**   tall;
   en lo —   on top; ¡ **—** !   stop!
altura   height; **a la — de**   equal to   17
alumno, -a   student
la **alusión**   allusion
allá *adv.*   there, yonder; **— arriba**   up there
allí *adv.*   there
la **amabilidad**   amiability; **tener la — de**   to be
   so kind to
amable   amiable, kind, pleasant   4
amablemente   amiably, kindly, pleasantly
el **amante**   lover
amapola   poppy
amar   to love   18
amargar   to embitter, make bitter, spoil
amarillo, -a   yellow
amatista   amethyst
el **Amazonas**   Amazon River
amazónico, -a   Amazon
el **ambiente**   atmosphere; environment
ambos, -as   both
amenazar   to threaten; **— con** + *inf.*   to threaten
   to
ameno, -a   entertaining, pleasant, agreeable
americano, -a   American
amigo, -a   friend
la **amistad**   friendship   16
amistoso, -a   friendly
amo   master
el **amor**   love, beloved, darling
amorcito   nice girl friend
amoroso, -a   amorous, loving, affectionate
amplio, -a   ample, roomy
anarquía   anarchy
anarquista (*m.* or *f.*)   anarchist; *adj.* anarchistic
anciano, -a   old, aged; *noun* old person
ancho, -a   broad, wide; **a sus — -as**   in comfort,
   as one pleases, to their heart's content
andaluz, -a   Andalusian
andanza   fate, fortune, occurrence
andar   to go, walk; **¡anda!**   get going!, on with
   it!   8, 11
el **andén**   railway platform

los **Andes**   Andes
andino, -a   Andean
anécdota   anecdote
anecdotario   collection of anecdotes
anfibio, -a   amphibian, amphibious
ángulo   angle
anguloso, -a   angular
angustia   anguish
angustiado, -a   anguished   12
anillo   ring; **— de boda**   wedding ring
animado, -a   alive, lively
el **animal**   animal; ¡ **—** !   blockhead!
animalito   little animal
animar   to animate, enliven; to drive, impel,
   urge on
ánimo   soul, spirit, state of mind; ¡ **—** !   cheer
   up!
anoche *adv.*   last night
anochecer   to get dark (become dark)
anónimo, -a   anonymous
anotar   to annotate, note, jot down, comment on
el **ansia**   anxiety, yearning, anguish, longing
ansiado, -a   long-awaited
la **ansiedad**   anxiety
ansioso, -a   anxious, anguished
ante   before; in the presence of
anteayer   day before yesterday
anteanoche   night before last
anteojos   reading glasses
antepasado   forefather
anterior   anterior, previous, preceding; **— a**
   previous to, prior to; **el día —**   the day before
antes *adv.*   before, formerly, previously, rather;
   — de *prep.*   before (in time); **— (de) que**
   conj. before; **— que**   rather than
anticuado, -a   antiquated, obsolete
antiguo, -a   old, ancient, antique   4
la **antítesis**   antithesis
antropología   anthropology
antropológico, -a   anthropological
antropólogo   anthropologist
anunciar   to announce   16
anuncio   sign, announcement, advertisement   8,
   13
anverso, -a   reverse, other side
añadir   to add   2
año   year; **el — pasado**   last year; **tener . . .
   — s**   to be . . . years old
apagar   to put out, turn off
aparato   apparatus, device
aparecer   to appear   7
aparente   apparent, evident
la **aparición**   apparition
apariencia   appearance, aspect
apartado   post office box   13
apartamento   apartment

apartar   to separate
aparte *adv.*   apart, aside
apasionar   to appeal deeply to; to make enthusiastic
apego   attachment, fondness
apellido   name, surname, last name, family name   17
apenas *adv.*   scarcely, hardly   6
apetito   appetite
aplaudir   to applaud
aplicable   applicable
aplicar   to apply, assign
apoderado   guardian
apostar (ue)   to bet, wager, compete
apreciado, -a   dear (greeting in a letter)
apreciar   to appreciate; to calculate   9
aprender   to learn
apresurar   to hasten, hurry; — se a + *inf.*   to hurry or hasten to   10
aprobado   successful candidate for a degree
aprobar (ue)   to approve; to pass (a student, an exam, or a class)   12
apropiado, -a   appropriate, suitable, fitting
aprovechar   to take advantage; — se de   to take advantage of   14
aproximadamente *adv.*   approximately
la aptitud   aptitude
apuesta   bet
aquel, aquella (-os, -as)   that, those
aquél, aquélla (-os, -as)   that (one), those; the former
aquello   that, that matter
aquí *adv.*   here: — tiene Ud.   here is; he — here is   2
árabe   Arab, Arabian
el árbol   tree   1
el arca *(f.)*   ark; — de Noé   Noah's ark
arco   arc, bow; — iris   rainbow
archivo   archives, file(s); filing cabinet
arena   sand
el arete   earring
argentino, -a   Argentine, Argentinean
argumento   argument; plot
aristocracia   aristocracy
aristocrático, -a   aristocratic
armado, -a   armed
armamento   armament
armario   closet, wardrobe
armonía   harmony
armonizar   to harmonize
aromático, -a   aromatic, nice smelling
arqueología   archaeology
arquitecto   architect
arquitectura   architecture
arrastrar(se)   to drag, drag along, creep along
arrebatar   to snatch, wrest, carry away

arreglado, -a   fixed, repaired, arranged   14
arreglar(se)   to fix, arrange, repair
arreglo   adjustment; arrangement   13
arrepentirse (ie)   to repent, be sorry for; to be repentant for
arriba *adv.*   up, above, upward, upstairs; allá — up there, upstairs; hacia — up   9
arrobamiento   ecstasy
arrobo   ecstasy
arrogante   arrogant, majestic
arrojar   to throw, hurl
el arroz   rice
arrugar   to wrinkle
arruinar   to ruin, destroy
el arte   art; las bellas —s   fine arts
artefacto   artifact
artesanía   craftsmanship; curios
artículo   article; —de fondo   leading article, editorial
artista *(m.* or *f.)*   artist
artístico, -a   artistic
asado, -a   roasted; *m.* roast
ascender (ie)   to ascend
ascua   ember, hot coal
asegurar   to secure, assure, insure; —se   to make oneself sure, secure
asentado, -a   nestled, settled
así *adv.*   so, thus; así así   so-so; — es   that's true; — que   so that   15
asiento   seat   10
asignatura   course, subject; call number   12
asimilar   to assimilate
asistente   assistant
asistir (a)   to attend   17
la asociación   association
asociar   to associate
asonante   assonant
aspecto   aspect   4
la aspiración   aspiration; inhalation
aspirar   to aspire; to inhale
aspirina   aspirin
astro   star
astrología   astrology
astrológico, -a   astrological
astrólogo   astrologer
asunto   subject, matter
asustar   to frighten
atacar   to attack
atar   to tie; — cabos   to put two and two together
el atardecer   late afternoon, evening; *(v.)* to be late afternoon
la atención   attention; prestar — to pay attention
atender (ie)   to attend to; to treat   15
atento, -a   courteous
aterrador, -a   frightful, terrifying

Atlántico Atlantic
atleta (*m.* or *f.*) athlete
atlético, -a athletic
atmósfera atmosphere
atractivo attraction
atraer to attract
atrás *adv.* back, previously, ago
atrasado, -a underdeveloped
atreverse a to dare to
atribuir to attribute
el **atún** tuna
audaz audacious, daring; *noun* audacious person
aumentar to increase, augment
aun *adv.* still, even; — **cuando** although, even though
aún *adv.* still, yet
aunque *conj.* although, even though
ausencia absence
auténtico, -a authentic
el **autobús** bus
autogobernarse (ie) to be self-governing
el **autómata** automaton
automáticamente automatically
automático, -a automatic
el **automóvil** car, automobile
automovilístico, -a (pertaining to an) automobile
autor, -a author
la **autoridad** authority
autorizar to authorize
el **autostop** hitchhiking; **hacer —** to hitchhike
avanzar to advance
el **ave** (*f.*) bird 6
aventura adventure 18
aventurero, -a adventurous, adventuresome; *noun* adventurer
averiguar to find out
el **avión** airplane 13
avisar to warn, inform, advise
aviso advice, information, notice, warning; **—s clasificados** classified ads
avocado green (avocado color)
ayer yesterday
ayuda help 11
el **ayudante** assistant 17
ayudar to help
ayuno fasting
ayuntamiento municipality, city hall
azafata stewardess 13
el **azar** chance, fate; **al —** at random
azteca (*m.* or *f.*) Aztec
el **azúcar** sugar 7
azucarado, -a sweetened, sugary
azul blue

B

bacalao codfish
el **bachiller** bachelor (degree) 17
bailar to dance
bailarín, -ina dancer
el **baile** dance; **vestido de —** party dress 13
bajada descent
bajar to lower, go down, descend, get off
bajo, -a short; low; *adv.* down, low; *prep.* under; **las clases bajas** lower classes 7
el **balcón** balcony
baldío, -a uncultivated
balsámico, -a soothing, healing
bamboleante swaying
banco bank
bandada flock
bandeja tray
bandido bandit
el **banquete** banquet
bañar(se) to bathe (oneself)
bañera bathtub
baño bathroom; **traje de —** bathing suit
barato, -a cheap, inexpensive
barba beard
la **barbaridad** nonsense; **¡qué —!** what nonsense! good gracious, no! 9
la **barbarie** barbarism, barbarity
barbero barber
barbería barber shop
barco boat
barquero boatman
barrer to sweep
barrera barrier
barrio neighborhood 3
barro clay
basar to base; **—se** to rely on
la **base** base, basis; **a — de** on the basis of 12
bastante enough; *adv.* enough, rather, quite
bastar to be enough; to suffice
bata dressing gown, uniform
bautismo baptism; **fe de —** baptismal certificate
bautizar to baptize
bautizo baptism
baza trick; **meter — en** to butt in
beber to drink
bebida drink 13
el **bedel** beadle (employee who assists in universities)
el **béisbol** baseball
belleza beauty
bello, -a beautiful 9
beneficio beneficence, benefit, profit
beneficioso, -a beneficial, profitable
besar to kiss

beso kiss
bíblico, -a biblical
biblioteca library
bicicleta bicycle
bien *adv.* well, all right; very, indeed; **— poco** very little; **— puede ser** it may well be; **más —** rather; **o —** or, otherwise; **los —es** *noun* wealth, riches 7
el **bienestar** well-being
el **biftec** beefsteak
bilingüe bilingual
el **billar** billiards
el **billete** bill (of money); ticket (in Spain); **— de ida y vuelta** round-trip ticket; **— sencillo** one-way ticket
el **billón** trillion (in U.S.)
biología biology
bizcocho pastry, cake, sponge cake
blanco, -a white; **en —** blank
blancura whiteness
blusa blouse
boca mouth; **— abajo** face downward 8
bocamina tunnel, mine entrance
boceto sketch
boda wedding; **anillo de —** wedding ring
bodega wine cellar
el **boletín** bulletin
boleto ticket (in Spanish America) 4
bolígrafo ball-point pen
boliviano, -a Bolivian
bolsa purse, shopping bag; stock exchange, stock market 2
bolsillo pocket 5
bolsita small purse
bolsito small purse or bag
bolso bag, purse
bombardeo bombardment, bombing
bombero fireman
bombilla light bulb; sipper 9
el **bombón** bonbon
la **bondad** kindness, goodness; **tener la — de +** *inf.* to be so kind as to
bonito, -a pretty
bordado embroidery
el **borde** edge, border; shore
bordo: a — on board (a ship, a plane, etc.) 13
bota boot; drinking utensil; **ponerse las —s** to strike it rich, be in luck
botánico, -a botanical
botella bottle 14
botijo drinking utensil
el **botín** high shoe, boot
el **botón** button
bóveda dome, vault; cave
el **boxeador** boxer
boxeo boxing; **guantes de —** boxing gloves

branquia gill
brasileño, -a Brazilian
bravo, -a brave, great; **¡—!** hurrah!
brazo arm 4
brecha crack
breve short, brief 6
la **brevedad** brevity, briefness
brillante brilliant, bright, shiny
brillar to shine
brisa breeze
el **broche** brooch
bromear to "kid around" 14
bruñido, -a burnished, polished
brusco, -a brusque, sudden
la **brutalidad** brutality
bruto, -a brutish, rough, crude
buen shortened form of **bueno**
bueno, -a good, kind
búfalo buffalo
bufanda scarf
burla joke, trick; **hacer —s** to make jokes 8
busca search, hunt; **en — de** in search of 10
buscar to look for, seek 15
el **buzón** mailbox

C

cabal perfect; just, exact
caballero gentleman 5
caballo horse; **montar a —** to ride horseback 9
el **cabaret** cabaret, nightclub
cabecera head (of a bed), bedside; **médico de —** family doctor
cabello hair
caber to fit, have room for
cabeza head; **dolor de —** headache; **pasarle a uno por la —** to occur 16
cabida space, room; **dar — a** to insert, make room for
cabina: — telefónica telephone booth
cabo end; **al —** finally, after all; **atar —s** to put two and two together; **— suelto** loose end; **jazmín del —** gardenia
cabuya drawstring
cacerola casserole, saucepan 2
cada each
el **cadete** cadet
caer to fall; **—se** to fall, fall down; **dejar —** to drop 1, 4
el **café** coffee; café
cafetería coffee shop, cafeteria
caída fall
caja box; **— portátil** lunchbox

el **cajón** large box, drawer

la **calamidad** calamity; **¡qué —es!** what slobs!

el **calcetín** sock 5

calculadora calculating machine

calcular to calculate

cálculo calculation, calculus

la **calefacción: — central** central heating

calendario calendar

el **calentador de agua** water heater

calentar (ie) to heat, warm; **— exámenes** to cram (for an exam)

la **calidad** quality

caliente warm, hot

la **calificación** grade 12

calma calmness, tranquility

calmar to calm, quiet; **—se** to calm, calm down

el **calor** heat; **hacer —** to be warm (weather); **tener —** to be (feel) warm

caluroso, -a warm, hot

los **calzoncillos** shorts

los **calzones** shorts, underwear 5

callar to quiet, hush up, silence; **—se** to be silent, become silent 8

la **calle** street 3

callejero, -a (pertaining to) street

callejuela narrow street, alley

cama bed; **— de matrimonio** double bed; **coche- —** sleeping car 11

camarero, -a waiter, waitress

el **camarín** side room, dressing room; **— de registro** police search room

el **camarón** shrimp

el **camarote** stateroom

cambiar to change, exchange; **— de** to change (buses, clothes, etc.) 6

cambio change 6

caminar to travel, walk, go 1

camino road, way; **en —** on the way

camisa shirt 5

camiseta undershirt 5

campana bell

campanario bell tower

campanero bell ringer

campesino, -a peasantlike; *noun* peasant, farmer

campo field; **— de labranza** farmland; **casa de —** country home

canadiense Canadian

el **canal** channel

canario canary

canasto hamper; **¡—s!** confound it!

cancelar to cancel

la **canción** song

candelabro candle holder

candidato candidate

cangrejo crab

cansado, -a tired, worn-out; tiresome; **estar —** to be tired; **ser —** to be tiresome

cansancio tiredness, fatigue

cansar to tire; **— le a uno** to tire one out; **—se** to tire, get tired

cantante *(m. or f.)* singer

cantar to sing

cántico canticle, song

la **cantidad** quantity; amount 12

cantina bar room, canteen

cantinflada nonsense

canto song, chant

cañería pipe

la **capacidad** ability, capacity

capaz capable, competent

capital *(adj.)* deadly

el **capitán** captain

capitular: salas —es meeting rooms

capítulo chapter

capota top

Capricornio Capricorn

captar to attract, capture, catch

cara face; **costar un ojo de la —** to be very expensive; **de mala —** bad-looking, untrustworthy; **tener mala —** not to look good

el **caracol** snail

el **carácter** character; **en —es de imprenta** in printed letters; **mal —** bad temper 15

característica characteristic

¡caramba! darn it!

¡carápita! darn it!

¡caray! confound it!, good heavens!

la **cárcel** jail

carga load, freight, cargo

cargado, -a loaded, charged; **— de** loaded (charged) with

el **cargador** porter

cargar to load, load up; **— de** to load with

cargo job, trade, care, charge

caribe Caribbean

caricatura caricature

cariño affection

carísimo, -a very expensive

la **carne** meat

el **carnet** notebook; **— de identidad** identification card; **— de lector** library card

carnicería meat market

carnicero butcher

caro, -a expensive

carpeta folder; **— de escribir** writing pad

carpintero carpenter

carretera highway 11

carro car

carrocería body (of a car)

carta letter; **— de entrega inmediata** special-delivery letter; **— urgente** special-delivery letter

el **cartel** sign, poster

cartera briefcase

cartero mail carrier

cartita love note, short letter

el **cartón** cardboard

casa house; **a —** (at) home; **— de campo** country home; **— de correo** post office; **— de juego** gambling house; **en —** at home

casado, -a married

casar to marry; **—se con** to marry (someone), get married to (someone) 16

caserío hamlet

casero, -a homemade; (pertaining to the) house or home; **vino —** homemade wine

el **caserón** large house

casi *adv.* nearly, almost 3

casita small house

caso case; **en — de** in case of, in the event of; **en — de que** in the event that; **en uno que otro —** on rare occasions 18

castellano, -a Castilian; *m.* Spanish (language)

castigar to punish

castizo, -a pure, correct; genuinely Spanish 11

la **casualidad: por —** by chance

catálogo catalogue

catarata cataract, waterfall

la **catedral** cathedral

catedrático university professor

categóricamente categorically

católico, -a Catholic

catorce fourteen

el **cauce** stream, channel

causa cause; **a — de** because of

causar to cause

caverna cavern

caza hunt

cebolla onion 2

cédula exam card

ceja eyebrow

la **celebración** celebration

celebrar to celebrate 14

celeste celestial

cena supper, evening meal

cenar to eat supper, dine

centavo cent

centígrado, -a centigrade

centímetro centimeter

centro center, downtown 10

centroamericano, -a Central-American

cera wax

cerámica ceramics

cerca fence, wall

cerca *adv.* close by; **— de** *prep.* near

cercado fence

cerdo pig

ceremonia ceremony

el **ceremonial** (university) protocol

cero zero

cerrado, -a closed; **— por obras** closed for repairs

cerrar (ie) to close, shut down

cerro hill

certeza certainty

la **certificación** certification

certificado, -a certified, registered; *m.* registered letter or package, certificate; **— de defunción** death certificate

certificar to certify, register 15

cerveza beer 11

cesar to cease, end

el **césped** lawn

cesto basket; **— de los papeles** wastepaper basket

ciego, -a blind; *noun* blind person 6

cielo sky, heaven; **llovido del —** like manna from heaven 11

cien shortened form of **ciento**

ciencia science

científico, -a scientific

ciento one hundred

cierto, -a certain, true, sure; **en — modo** in a way, in a sense; **hasta — punto** in a sense, to a point; **por —** for sure 6, 7

cigarrillo cigarette 4

cigarro cigar

cima peak, top

cinco five

cincuenta fifty

el **cine** theater, movie theater; movie(s)

cinta ribbon

el **cinturón** belt, seat belt

el **ciprés** cypress

circo circus

la **circulación** circulation

circular circular; *verb* to circulate

círculo circle

circunstancia circumstance

el **cisne** swan

cirujano surgeon

citar to make an appointment with; to cite

la **ciudad** city

ciudadano, -a citizen 17

la **civilización** civilization

civilizado, -a civilized

civilizar to civilize

el **clamor** clamor, noise

claramente clearly

la **claridad** clarity; **con —** clearly

claro, -a clear, cloudless; bright; *m.* patch (of clear sky); **¡—!** of course! 4

la **clase** class, kind; **las —s bajas** lower classes
   toda — de all kinds of 7, 14
   clásico, -a classic, classical
   cliente (*m.* or *f.*) client, customer
   cobarde (*m.* or *f.*) coward
el **cobre** copper
   cobro collection (of money), change
   coca coca (plant source of cocaine)
   cocer to cook
   cocido, -a boiled
   cocina kitchen 14
   cocinar to cook
   cocodrilo crocodile
el **coctel** cocktail
el **coche** car; **— -cama** sleeping car;
   — -comedor dining car
   codo elbow
   coger to pick, gather; to take hold of, catch, get
   coincidencia coincidence
el **cognac (coñac)** cognac, brandy
   cola line; tail; **hacer —** to make or form a line
   (of people)
la **colección** collection
   coleccionista (*m.* or *f.*) collector
la **colectividad** collectivity; group, community
   colectivo, -a collective
   colegio high school, academy
   colgar (ue) to hang, hang up
la **coliflor** cauliflower
   colita small tail
la **colocación** job
   colocar to put, place 12
   color color; **juego de —es** interplay of colors
   colorido, -a colorful; *m.* coloring
   coloso colossus
   columna column
el **collar** necklace
   coma comma
   comadre godmother; woman friend
el **combate** combat, fight
   combativo, -a combative
la **combinación** combination
el **comedor** dining room; **coche- —** dining car
el **comensal** guest; dining companion
   comentar to comment
   comentario commentary, comment
   comenzar (ie) to begin
   comer to eat
   comercialmente commercially
   comercio commerce
   cómico, -a comical
   comida dinner, meal
   comienzo beginning; **—s** first days 12
   comino cumin (seed); **importarle a uno un —**
   not to matter at all
   comisaría police station
   comisario commissary; chief of police

el **comité** committee
   como *adv.* like, as, how, about; *conj.* as, when,
   as soon as, so that, that; **tan . . . —** as . . . as;
   tanto . . . — as much . . . as 9
   ¿cómo? how? why? what? **¿— es (son)?** what is
   it (are they) like?
   ¡cómo que! What do you mean? 3, 9
   cómoda commode; bureau
la **comodidad** comfort, modern convenience 6
   cómodo, -a comfortable
   compacto, -a compact
el **compadre** godfather; male friend,
   companion 14
   compañero, -a companion; **— de cuarto**
   roommate; **— de trabajo** coworker 15
   compañía company; **— de seguros** insurance
   company 17
la **comparación** comparison
   comparar to compare
la **compensación** compensation
   compensar to compensate
   complementado, -a complemented
   completamente completely
   completar to complete
   completo, -a complete
   complicado, -a complicated
   complicar to complicate
   componer to compose, arrange, fix, put together
la **composición** composition
   compra purchase; **hacer —s** to go
   shopping 13
   comprador, -a buyer, shopper
   comprar to buy
   comprender to comprehend, understand
la **comprensión** comprehension, understanding
   comprobar (ue) to check, prove, verify
   comprometido, -a engaged
   computadora computer
   común common; **fuera de lo —** out of the
   ordinary; **por lo —** commonly 16
la **comunicación** communication; connection
   comunicar to communicate, talk
la **comunidad** community
   comúnmente commonly
   con with; **— tal (de) que** provided that
la **concavidad** concavity
   conceder to concede, admit; to grant
   concentrar to concentrate; **—se en** to
   concentrate on
   concepto concept
   concertar (ie) to arrange; to reconcile
la **conciencia** conscience
   concierto concert
la **conclusión** conclusion
   concreto, -a concrete
   condenar to condemn
la **condición** condition; **a — de que** on the

condition that; **estar en —es de** to be in a position to

condicional conditional

condominio condominium

el **cóndor** condor

conducir to lead, conduct, direct; to drive

conducta conduct

conectar to connect

la **conexión** connection

confeccionar to make

conferencia lecture

conferenciante *(m. or f.)* lecturer

confesar (ie) to confess 10

confianza confidence

confiar to trust

la **confirmación** confirmation

el **confite** candy

confitero confectioner

confitería confectionery

congeladora freezer

confundir to confuse, mix up, confound; **—se** to become confused

confuso, -a confused

la **congelación** freezing

la **conjunción** conjunction

conjunto ensemble; whole

conmemorar to commemorate

conmigo with me, with myself

la **connotación** connotation

conocer to know, be acquainted with

conocido, -a well-known; *noun* acquaintance

conocimiento knowledge, understanding; **— de causa** perfect knowledge 17

compañero (-a): — de cuarto roommate

conquista conquest

el **conquistador** conqueror

conscientemente consciously

la **conscripción** conscription, draft

consecuencia consequence

conseguir (i) to get, obtain, secure

consejo (piece of) advice; **—s** advice, bits of advice

consentir (ie) to allow, permit, consent; **— en** to consent to

conservar to keep, conserve 6

la **consideración** consideration

considerar to consider

consigna checkroom

consigo with him (her, them, you); with himself (herself, themselves, yourself, yourselves); **— mismo** with himself, etc.

consiguiente consequent; **por —** consequently, therefore

consistir to consist; **— en** to consist in (of) 14

consolar (ue) to console 4

consonante consonant, rhyming; *f.* consonant 16

constante constant; faithful

constantemente constantly

constar to be clear; **—le (a uno)** to be certain; **no consta** not in our records

constituir to constitute

la **construcción** building, construction

el **constructor** contractor

construir to build, construct

consuelo consolation, comfort

consultar to consult 4

la **contabilidad** accounting

contador, -a accountant, auditor, CPA 17

contar (ue) to count; to tell; **— con** to have

contemplar to contemplate

contemporáneo, -a contemporary

contener to contain 9

contenido content

contentar to make happy

contento, -a content, happy

la **contestación** answer 7

contestar to answer; **— a vuelta de correo** to answer by return mail

contexto context

contigo with you, with yourself

el **continente** continent

la **continuación** continuation; **a —** following, below 18

continuar to continue

continuo, -a continuous, continual

contra against

la **contradicción** contradiction

contraer to contract

contrario, -a contrary, opposite; **al (por el) —** on the contrary

contrarreserva reconfirmation

contraseña baggage check

contrato contract

la **contribución** contribution

controlar to control

convencer to convince

conveniente proper, fit, suitable

convenio agreement

convenir to be suitable, be proper, be becoming; **— en** to agree to; **—le a uno algo** for something to be suitable to one

la **conversación** conversation

conversar to converse

convertir (ie) to change, convert; **—se en** to change into, become 18

convincente convincing

la **convulsión** convulsion

el **coñac** cognac, brandy

la **cooperación** cooperation

cooperar to cooperate

cooperativo, -a cooperative; *f.* cooperative (society)

copa goblet, wineglass, cup; toast (to a person) 11

copia copy

copiar to copy

copita small glass

copo flake; — **de nieve** snowflake

el **corazón** heart

corbata (neck)tie 5

cordero lamb 14

cordillera mountain range

el **cordón** string

coro chorus

corona wreath

correctamente correctly

correcto, -a correct, right

el **corredor** corridor, hallway

corregir (i) to correct

correo mail, post office; **casa de —s** post office; **contestar a vuelta de —** to answer by return mail; **— aéreo** airmail 8

correr to run

correspondencia correspondence

corresponder to correspond

correspondiente corresponding; *(m. or f.)* correspondent

corresponsal *(m. or f.)* correspondent 18

corrida bullfight; run; **— de toros** bullfight

corriendito right now *(colloquial)*

corriente current; ordinary, common

cortar to cut 2

cortés courteous

cortésmente courteously 16

cortina curtain

cortísimo, -a very short

corto, -a short; **— de vista** near-sighted

cosa thing, matter, business; **una —** something; **¿Qué otra —?** What else?

cosecha crop, harvest

costa coast

costar (ue) to cost

costeño, -a coastal

costo cost

la **costumbre** custom 8

cotidiano, -a daily

la **coz** kick

la **creación** creation

creador, -a creative; *noun* creator

crear to create; to carve 9

crecer to grow

la **credencial** credential

crédulo, -a credulous

creencia belief

creer to believe

creíble believable

cretino, -a stupid *(colloquial); noun* idiot

criada maid, servant

criar to raise, bring up; to grow

el **crimen** crime

criollo, -a Creole; native

el **crisol** crucible, melting pot

el **cristal** crystal; windowpane

Cristo Christ

criticar to criticize

crítico, -a critical; *m.* critic; *f.* criticism, critique 8

cruzar to cross 10

cuaderno notebook

cuadrado, -a square

cuadro picture, painting; square 9

cual as, such as; **el (la) — (los cuales, las cuales)** which, who, whom; **lo —** which

¿cuál? which? what? which one?

la **cualidad** quality

cualquier shortened form of **cualquiera** 15

cualquiera anyone; whichever, whoever; any; *m.* nobody; **igual a —** just as good as any 15

cuando when; **aun —** even though

¿cuándo? when?

cuanto, -a as much as, whatever; **unos —s** a few

¿cuánto, -a? how much?; **¿—s?** how many?; **¿a —?** how much?; **¿a — está?** what's the price?; **¿a —s estamos?** what's the date?; **¿en —?** for how much?; **¿— tiempo?** how long?

cuarenta forty

cuartilla page

cuarto fourth; room; quart; quarter (with time); **compañero, -a, de —** roommate

cuatro four

cubano, -a Cuban

cubierta cover

cubierto, -a covered

cubismo cubism

cubista *(m. or f.)* cubist

cubrir to cover 16

cuchara spoon

cucharada spoonful 2

cucharadita teaspoonful 2

cuchicheo whispering

cuchillo knife

cuello neck; collar

cuenta bill, account; **darse — (de que)** to realize (that); **tomar en —** to take into account 9

cuento story 14

cuerda string 14

cuerno horn; **¡al —!** to blazes!

cuero leather 5

cuerpo   body   7
cuesta   hill; — abajo   downhill   11
la cuestión   question; matter
cuidado   care; ¡—!   be careful!; tener —   to be careful
cuidadosamente   carefully
cuidar   to care for, take care; — de   to take care of   3
culebra   snake
culminante   predominant, most important
culpable   culpable, guilty; *noun* culprit
cultivar   to cultivate, raise, develop
cultivo   cultivation
culto, -a   cultivated, cultured; *m.* cult
cultura   culture; education
la cumbre   summit, top
el cumpleaños   birthday
cumplir   to comply, fulfill
cuñada   sister-in-law
cuñado   brother-in-law
la curiosidad   curiosity; *pl.* curios
curioso, -a   curious; lo —   the curious thing
cursar   to study, take (classes)
cursivo, -a   cursive; en —-a   in italics
curso   course; year
curva   curve   11
curvo, -a   curved   15
cuyo, -a   whose

CH

el chal   shawl
chaleco   vest
el chalet   chalet, villa, house
chancho: — en piedra   varied sauces
chaqueta   jacket
charla   chat, conversation
charlar   to chat
el cheque   check
chicano, -a   a person of Mexican descent born in the United States
el chicle   gum
chico, -a   small, little; *noun* child
chileno, -a   Chilean
chimaycha   short love poem, traditional among certain Indian tribes of Peru
chino, -a   Chinese
Chinchón   town near Madrid
chiquitito, -a   very small, tiny; *noun* little one
chiquito, -a   tiny; *noun* little one
chispa   spark; wit
chispita   small spark; slight show of wit
el chiste   joke; — verde   off-color joke   8
chistoso, -a   witty, funny; *noun* witty, funny person

chocante   unpleasant, shocking
chocar   to crash, collide
el choque   crash, clash, collision
chotear   to wisecrack
choteo   wisecracking
chuleta: — de cerdo   pork chop

D

dama   lady
damajuana   demijohn (vessel for storing water, wine, etc.)
damasco   damask
danzar   to dance
daño   harm, damage; hacer —   to harm, damage
dar   to give; — el golpe   to be a hit; — golpes   to strike, hit; —las gracias   to thank; —le a uno por + *inf.*   to take to; —le a uno vergüenza   to make one feel embarrassed; — lo mismo   to be all the same; — pena   to feel sorry; —se cuenta (de que)   to realize (that); —se el trabajo   to take the trouble; —se vuelta   to turn around; — un golpe   to bang, strike; — vuelta en redondo   to make a U-turn; le ha dado por   he has taken to   9, 16
dato(s)   data, information   17
de   of, from, in; about; than (before a numeral)
debajo *adv.*   below, underneath; — de *prep.*   under, below, underneath   15
deber   must, to have to; to owe; — de + *inf.*   must; *m.* duty
debidamente   duly, properly
debido, -a   due; — a   due to, owing to, on account of
débil   weak   13
la debilidad   weakness
decidir   to decide
decir   to say, tell; a — la verdad   to tell the truth; es —   that is; oír —   to hear it said; querer —   to mean; sin — ni pío   without saying a word   3, 7
la decisión   decision
decisivo, -a   decisive
la declaración   declaration
declinar   to be over, be done
decorar   to decorate
dedicar(se)   to dedicate, devote (oneself)
dedo   finger; — pulgar   thumb   8
defecto   defect
defender (ie)   to defend; —se   to defend oneself
defensa   defense
defensor, -a   defending; *noun* defender
la definición   definition
definido, -a   definite; defined

definir   to define
definitivo, -a   definitive, final
deformar   to deform
la defunción   death, demise; **certificado de —** death certificate
degradar   to degrade
dejar   to leave, abandon; **— + inf.** to let, allow; **— caer** to drop 4
del   (contraction of **de** and **el**)   of the, from the, in the
delante adv.   before, in front; **— de** prep.   in front of
delgado, -a   slender, skinny
delicadeza   delicacy; delicate way or touch
delicado, -a   delicate
delicioso, -a   delicious
delincuencia   delinquency
delirar   to yearn deliriously; to be delirious, talk nonsense
delito   crime
demanda   demand
demás   other, rest of; **los (las) —** the rest, the others
demasiado, -a   too much; **—os, —as** too many; adv. too much, too hard 2
el demócrata   democrat
demonio   devil; **¡ —s!** darn it!
la demostración   demonstration
demostrar (ue)   to demonstrate; to prove; to exhibit
la denotación   denotation
denso, -a   dense
dentista (m. or f.)   dentist
dentro adv.   inside, within; **— de** prep.   inside, within; **— de poco** shortly 9, 12
departamento   department
depender (de)   to depend (on)
el dependiente   clerk, employee
el deporte   sport, recreation
deportivo, -a   sporty, sport 5
depositado, -a   stored, deposited
depositar   to store, deposit
depósito   warehouse, depot
derecha   right (hand); **a la —** at (on) the right 9
el (la) derechista   right winger
derecho   right; law; fee; adv. straight, directly 17
derramar   to spill, pour out
derribar   to demolish, knock down
desagradable   disagreeable, unpleasant
desagradar   to displease, cause displeasure, be unpleasant
desaparecer   to disappear 8
desarreglar   to disarrange
desarrollar   to develop
desatar   to untie

desayunarse   to eat breakfast
desayuno   breakfast
descansar   to rest 2
descanso   rest 13
descender (ie)   to descend
descolorido, -a   discolored, faded
desconcertado, -a   disconcerted
desconectar   to disconnect
desconocer   not to know or recognize
desconocido, -a   unknown, strange, unfamiliar; noun stranger, unknown person
desconsiderado, -a   inconsiderate
descontento, -a   discontent, discontented
descorchar   to take the cork from, uncork
describir   to describe
la descripción   description
descriptivo, -a   descriptive
descubierto, -a   discovered
descubrimiento   discovery 3
descubrir   to discover
descuidar   to neglect
descuido   oversight
desde   since, from, after; **— hace tiempo** for some time; **— luego** of course 8, 16
desear   to wish, want
el desembarque   outing ashore (from a boat)
deseo   wish, desire
desequilibrado, -a   lopsided
desesperado, -a   desperate, hopeless
desesperar   to despair
desgracia   misfortune; **por —** unfortunately 10
desgraciado, -a   unfortunate; noun disagreeable person
deshacer   to undo; **—se** to become undone 9
deshonra   dishonor
desierto   desert
designar   to designate
la desigualdad   inequality
la desilusión   disillusion
desilusionado, -a   disillusioned
el desinterés   disinterestedness
desinteresado, -a   uninterested, disinterested
deslizarse   to slide
desnudar   to undress
desnudo, -a   naked
desobedecer   to disobey
el desodorante   deodorant
el desorden   disorder; uproar
despacho   office
despedirse (i) (de)   to say good-bye (to), take leave (of) 11
despegar   to loosen, detach, take off 13
despejar   to clear up
desperfecto   flaw, slight imperfection
despertar (ie)   to awaken; **—se** to wake up
la despreocupación   relaxation

después *adv.* after, afterwards; **— de** *prep.* after; **— de que** *conj.* after
destacar to emphasize, point out; **—se** to stand out
desteñido, -a discolored
destinado, -a destined
destinatario, -a addressee
destino destiny
destrozar to destroy
destruir to destroy 6
desventaja disadvantage
desvergonzado, -a shameless; *noun* shameless person
el **detalle** detail 6
detener to stop, detain, arrest; **—se** to stop, delay 10
determinar to determine
detrás *adv.* behind; **— de** *prep.* behind, in back of
deuda debt
la **devolución** return
devolver (ue) to return (something) 10
devuelto, -a returned
el **día** day; **al —** from day to day; **buenos —s** good morning; **hoy —** nowadays; **todos los —s** every day 3, 18
diáfano, -a diaphanous, transparent
diálogo dialogue
el **diamante** diamond
el **diantre** devil; **¡qué —!** what the dickens!
diario, -a daily; *m.* paper; diary 13
dibujar to draw, sketch
dibujo drawing, sketch; **— cómico** cartoon
diccionario dictionary
el **diciembre** December
el **dictador** dictator
dictar to dictate; to give (a course)
dicha happiness, blessing
dicho, -a said, told; aforementioned
el **diente** tooth
diez ten
diferencia difference
diferente different
difícil difficult, hard; **ser —** to be unlikely
la **dificultad** difficulty
dificultar to make difficult
digital: impresión — fingerprint 17
dignatario dignitary
la **dignidad** dignity
dignificar to dignify
digno, -a worthy
diligente diligent
dile tell him
diluvio flood
dimitir to resign
dinámico, -a dynamic

el **dineral** large sum of money, fortune 8
dinero money
Dios God; **¡— mío!** good heavens!; **¡— santo!** good heavens!; **¡por —!** good heavens!; **¡válgame —!** heaven help me!; **¡vaya por —!** too bad!
diplomático, -a diplomatic
la **dirección** direction; address; management 15
directo, -a direct
dirigente (*m.* or *f.*) leader, director
dirigirse (a) to head (to); to address oneself (to) 8
discípulo, -a pupil, student
disco record
la **discriminación** discrimination
discurrir to invent, contrive; to ramble
la **discusión** discussion
discutible debatable
discutir to discuss; to argue 14
disgustar to displease
disgusto disgust
disminuir to diminish
el **disparate** nonsense, foolish statement
dispersar to disperse
disponer to order
disponible disposable, available
la **disposición** disposition
dispuesto, -a ready, willing
distancia distance
distinguir to distinguish
distintivo, -a distinctive
distinto, -a distinct, different
distraído, -a distracted, absent-minded 3
la **distribución** distribution
distribuidora distributor
distribuir to distribute
distrito district
disturbio disturbance
el **diván** divan
la **diversión** diversion, amusement
divertido, -a funny, amusing; **estar —** to be amusing; **ser —** to be amusing 1
divertir (ie) to amuse; **—se** to have a good time
la **divinidad** divinity
divino, -a divine
divorciarse to get divorced
doblado, -a bent
doble double
doce twelve
la **documentación** documentation
documentar to document
documento document
el **dólar** dollar
doler (ue) to hurt 8

el **dolor** pain, ache; — **de cabeza** headache; — **de estómago** stomachache 6, 16

doméstico, -a domestic

domicilio domicile, dwelling 17

dominante domineering

dominar to dominate

domingo Sunday

dominical (pertaining to) Sunday

don untranslatable title of respect used before given names of men; *m*, gift

donativo gift, donation

donde where, wherever

¿dónde? where?

doña untranslatable title of respect used before given names of married or widowed women

dorar to gild

dormido, -a asleep 16

dormir (ue) to sleep; **—se** to fall asleep

dormitar to doze

dormitorio dormitory, bedroom

dos two

la **dosis** dose

el **drama** drama

dramático, -a dramatic

duda doubt; **no cabe —** there is no doubt, there is no room for doubt; **sin —** undoubtedly 18

dudar to doubt

dueño, -a owner 2

dulce sweet; *m.* (piece of) candy; *pl.* sweets, candy 2

duramente very hard

durante during

durar to last, endure 13

duro, -a hard

E

e and (before words beginning with **i** or **hi**)

eco echo; **—s de sociedad** social news

ecología ecology

economía economy

económico, -a economical

ecuatoriano, -a Equatorian

echar to throw, throw away, throw out, throw in; **— al correo** to mail; **—se** to lie down; **—se a** + *inf.* to begin to; **— una mano** to lend a hand; **— una ojeada** to cast a glance 11, 13

la **edad** age; **mayor de —** of (legal) age 17

edificio building 3

el **editor** editor

el **editorial** editorial

la **educación** education; breeding

educar to educate, train; to bring up

efectivamente effectively; actually, as a matter of fact

efecto effect

efectuar to effect, carry out; to make

ejecutivo -a executive

ejecutar to perform, carry out, execute

ejemplo example; **por —** for example

ejercicio exercise

ejército army; **— de Salvación** Salvation Army 8

el the; **— cual** which; **— que** which, he who, the one who

él he, it; him

elaborar to elaborate; to work; to make

la **elección** election

electricista (*m.* or *f.*) electrician

eléctrico, -a electrical

electrónica electronics

electrónico, -a electronic

el **elefante** elephant

elegancia elegance

elegante elegant

elegantísimo, -a very elegant

elegir (i) to choose, select

elemento element

el **elevador** (grain) elevator

elevar to elevate

eliminar to eliminate

ella she, it; her

ellas they; them

ello it

ellos they; them

el **embajador** ambassador

embargo: sin — nevertheless, however 7

embellecer to beautify, embellish

el **emblema** emblem

el **embuste** deceit, trick

emergencia emergency

la **emoción** emotion

emocionante moving, touching; thrilling, exciting

empequeñecer to dwarf

empezar (ie) to begin

empleado, -a clerk, employee 4

emplear to employ, use

empleo job; use 17

empobrecer to impoverish

empresa business

empujar to push, shove 11

en in, at, on, about

encalado, -a whitewashed

encantador, -a charming, delightful

encantar to charm, delight; **le encanta** he loves to

encargado, -a in charge of

encargar to entrust; **—se de** to take charge of; to undertake 14
encargo commission
encender (ie) to light, burn, ignite, kindle
enciclopedia encyclopedia
encima *adv.* above, overhead; **de —** off one's shoulders, off one's mind; **— de** on, over, on top of; **por — de** over and above
encoger(se) to shrink; to shrug (one's shoulders)
encomienda charge, commission; commendation, royal grant (in recognition of services to the crown)
encontrar (ue) to find, encounter, meet; **—se** to be; **—se con** to meet; to run into, run across 3
encorvarse to lean over
la **encuadernación** binding, bindery
el **encuentro** meeting, encounter
encuesta survey, opinion poll 7
endomingado, -a in one's Sunday best
enemigo enemy
energía energy
enérgico, -a energetic, lively
enero January
enfadarse to get angry
enfático, -a emphatic
enfermarse to become ill
la **enfermedad** sickness, illness
enfermera nurse
enfermo, -a sick, ill; **estar —** to be sick; **ser —** to be sickly
enfriarse to cool off
engañar to deceive
engrandecer to enhance; to exalt
enojarse to become angry
enorme enormous
enredadera climbing plant
enriquecer to enrich; **—se** to get rich
enrojecer to become red, blush
ensalada salad 14
ensayista *(m. or f.)* essayist
ensayo essay
enseñanza teaching
enseñar to teach; to show; **— a + *inf.*** to teach to 5
entender (ie) to understand
enterarse to find out, learn 9
enternecimiento tenderness
entero, -a entire
enterrar (ie) to bury 16
entonces *adv.* then, and so
entrada entrance
entrar (en) to enter
entre between, among 11
entreabierto, -a half open

entrega delivery; **carta de — inmediata** special-delivery letter
entregar to hand over; to deliver 13
entrelazado, -a interwoven
entrenamiento training 17
entretanto *adv.* meanwhile
entretenerse to entertain oneself, amuse oneself
entretenimiento pastime
entrevista interview 18
entrevistar to interview 7
entristecer(se) to become sad
envejecer to grow old
enviar to send 15
envío shipment
época epoch, age, time
equilibrio balance
el **equipaje** baggage
equipo team; equipment
equivalente equivalent
equivocarse to be mistaken, make a mistake
erguir to raise; to straighten; **—se** to swell with pride
erigir to erect, build
la **erudición** erudition, learning
erudito, -a erudite, learned
errancia wandering
errar to wander
erróneo, -a erroneous
el **escabeche** pickled fish; pickle
escala scale; stop
escalar to scale, climb
escalera staircase
escándalo scandal
escandinavo, -a Scandinavian
escapar to escape; **—se** to escape, run away, flee; **—sele a uno** to lose, let go of something
el **escaparate** showcase, store window
escena scene 3
escenario setting
la **escenificación** staging
la **esclavitud** slavery
esclavo, -a slave
escoger to choose 12
escolar (pertaining to) school; *m.* pupil
esconder to hide, conceal
Escorpión Scorpio
escribir to write
escrito, -a written; *m.* writing
escritor, -a writer
escritorio writing desk
escritura writing
escuchar to listen to 13
escuela school; **— secundaria** high school
escultura sculpture
escupir to spit

ese, esa (esos, esas) that, (those)
ése, ésa (ésos, ésas) that (one), those
esencial essential
esfuerzo effort
esfumado, -a fading into
esmeralda emerald
eso that; a — de around, about; ¡— es! that's it! that's the way!; por — therefore, for that reason
espacio space; — en blanco blank space
espacioso, -a spacious
espada sword
espalda back; —s back, shoulders
español, -a Spanish; *m.* Spanish (language)
espárrago asparagus; ¡vete a freír —s! go soak your head! (go to the devil!, etc.)
especial special
especialista (*m.* or *f.*) specialist
la especialización specialization, major (area of study)
especializarse to specialize
especialmente especially
la especie species; kind, sort
la especificación specification
específicamente specifically
especificar to specify
específico, -a specific
espectáculo spectacle
el espectador spectator
espectro ghost
la especulación speculation
esperanza hope
esperar to wait for, hope for, expect; lo que menos se espera what's least expected 5, 16
el espíritu spirit
espiritual spiritual
espiritualizar to spiritualize
espléndido, -a splendid, magnificent
esposa wife
esposo husband; *pl.* husband and wife
espuela spur
esquiar to ski
esquina corner 15
estable stable
establecer to establish
establecimiento establishment
la estación station; season 4
estacionamiento parking
estacionarse to park; parking
estadística statistics
estado state
estampilla stamp
la estandarización standardization
estandarizar to standardize
el estante bookshelf
estaño tin

estar to be, to feel; — de to be on (a trip, a spree, a vacation, etc.); — de while serving as — en condiciones de to be in a position to; — para to be about to; — por to be in favor of; sala de — living room
estatal (pertaining to the) state
estatua statue
el este east 3
este, esta (estos, estas) this (these)
éste, ésta (éstos, éstas) this (one), (these; the latter;) éstos these guys
estereofónico, -a stereophonic
estético, -a aesthetic
estilizar to stylize, design
estilo style
estima esteem
el estimulante stimulant
estimular to stimulate
estirar to stretch
esto this; — es that is; por — therefore 6
estomacal (pertaining to the) stomach
estómago stomach; dolor de — stomachache
estratagema stratagem
estrecho, -a narrow
estrella star
estremecer to shake; —se to shake, shudder
estructura structure
estruendo uproar
estuco stucco
estudiante (*m.* or *f.*) student
estudiantil (pertaining to) student
estudiar to study
estudio studying; study; gabinete de — den, office
estudioso, -a studious
estupefacto, -a stupefied
estupendo, -a great, excellent, wonderful, stupendous
la estupidez stupidity
el estupor stupor
el éter ether; (*poet.*) heavens, upper regions
la eternidad eternity
europeo, -a European
evidencia evidence
evidente evident
evitar to avoid
evocar to evoke
exactamente exactly
la exactitud exactness
exacto, -a exact, correct
exagerar to exaggerate
exaltar to exalt
el examen exam, test; calentar —es to cram (for exams)
examinador, -a examiner
examinar to examine

excelencia excellence
excelente excellent
la excentricidad eccentricity
la excepción exception
excepcional exceptional
excepto except
excesivo, -a excessive
exceso excess
excitante exciting, stimulating
excitar to excite
la exclamación exclamation
exclamar to exclaim
la excursión excursion
excusa excuse
exhibir to exhibit, show
exigente exacting, demanding
exigir to require, demand; to expect 17
existencia existence
existencial existential
existir to exist
éxito success
exótico, -a exotic
la expansión expansion
la expectación suspense, expectation
la expedición expedition
expensa expense; a —s de at the cost of
el expediente: — universitario transcript 17
experiencia experience
experto expert
explicable explainable
la explicación explanation
explicar to explain 1
explicativo, -a explicative, explanatory
exponer to expose, present
exportar to export
la exposición exposition
expresar to express
la expresión expression
expresionista (m. or f.) expressionist
extasiado, -a delighted
extender (ie) to extend, stretch out
la extensión extension
externo, -a external
extranjero, -a foreign; al (en el) — abroad;
  noun foreigner 10
extrañar to surprise; —le a uno to surprise one
extraño, -a strange; noun stranger 6
extraordinario, -a extraordinary
extravagancia extravagance
extremo, -a extreme

F

fábrica factory, plant 3
fabuloso, -a fabulous

fácil easy
la facilidad facility, ease
facilitar to facilitate
fácilmente easily
facturar to check (baggage)
la facultad faculty; school (of a university) 12
falda skirt; slope
falsamente falsely
la falsificación falsification, fake
falso, -a false
falta lack; hacer — to lack, need; hacerle a
  uno — to be lacking to one 14
faltar to lack, be missing (absent); to need, be in
  need of; —(le) a uno algo to need
faltilla small mistake
fama fame 4
familia family
familiar familiar; (pertaining to the)
  family
famoso, -a famous
fantástico, -a fantastic
el farol light, lamp, streetlight
fascinante fascinating
fascinar to fascinate; —le a uno to be
  fascinating to one
fastidiar to annoy; to bother 8
fatiga fatigue
fatigoso, -a fatiguing; trying, odious
el favor favor; — de + inf. please; haga el — de
  + inf. please; por — please; si me hace
  el — please
favorito, -a favorite
la fe faith; — de bautismo baptismal
  certificate
febrero February
fecha date 12
la federación federation
la felicidad happiness, felicity
felicitar to felicitate, congratulate
feliz happy, joyful 6
femenino, -a feminine
fenómeno phenomenon, extraordinary fellow
feo, -a ugly 3
el ferrocarril railroad, railway
ficha index card
fichero card file
fiesta party; holiday
figura figure, physique
figurar(se) to imagine; ¡figúrese! just
  imagine! 16
fijar to post; —se en to notice
¡fíjate! imagine!, look! 9
fijo, -a fixed
fila row
filosofía philosophy
filósofo philosopher

el **fin** end; **a — de** + *inf.* to, in order to; **a —
de que** so that, in order that; **al —** at last,
finally; **— de semana** weekend; **por —**
finally 7
final final; *m.* end; **al —** finally; near the end
finalmente finally
financiar to finance
financiero, -a financial; *noun* financier
fincado, -a rooted in
finísimo, -a very fine; polite, courteous
finito, -a finite
fino, -a fine; courteous, polite; delicate
firma signature 12
firmante (*m.* or *f.*) signer
firmar to sign
firme firm, steady; **ponerse —** to stand at
attention
firmeza firmness
físico, -a physical; *m.* physicist; *f.* physics
flaco, -a thin, weak; **lado —** weak spot 12
flamenco a type of Spanish music and dance
el **flan** custard
la **flor** flower 16
florecer to flower, blossom
florido, -a flowery, florid
flotante floating
flotar to float
fluir to flow
el **follaje** foliage
folleto pamphlet, brochure
fondo bottom; background; back, rear
fontanero plumber
forastero, -a strange; *noun* stranger
forma form
formar to form
formato format
formidable fantastic, tremendous
fórmula formula
formulario form, blank
fortalecer to fortify
fortaleza fortress
fortuna fortune
la **foto** photo(graph)
fotografía photo, photograph
el **fotomatón** Fotomat, picture booth
fracasado, -a failed
fracasar to fail
fracaso failure
fracturar to fracture
fragmento fragment
francamente frankly
francés, -a French; *m.* French (language)
franco, -a frank
franqueo postage
franqueza frankness
la **frase** sentence

la **fraternidad** fraternity
el **fray** Fra, Brother (title of a monk or friar)
frecuencia frequency; **con —** frequently
frecuente frequent
freír to fry; **¡vete a — espárragos!** go to the
devil!
frenador, -a braking
frenar to put on the brakes.
freno brake
la **frente** forehead; **— a** facing; **de —** foreward;
en — de in front of, opposite 10
fresco, -a fresh, cool; **al —** in the open air;
hacer — to be cool (weather)
frescura freshness
frío, -a cold; **hacer —** to be cold (weather);
tener — to be cold (people, animals); *m.*
cold, coldness
la **frivolidad** frivolity
fronda foliage
frontera border
fronterizo, -a frontier
fruta fruit
frutero fruit dish
fuego fire, heat; **a — lento** on simmer 2
la **fuente** fountain
fuera *adv.* out, outside; **— de** *prep.* outside,
outside of; **— de lo común** unusual, out of the
ordinary; **los de —** outsiders
fuerte strong, well-prepared 2
fuerza force, strength, power; *pl.* strength 9
fuga fugue
fugarse to run away; to elope
fumar to smoke 13
la **función** show, performance
funcionar to function, work 10
funcionario functionary, public official
fundamento foundation, basis
fundar to found; **—se** to be based on
something
fundir to fuse
furiosamente furiously
furioso, -a furious
furtivamente secretively
el **fútbol** soccer, football
futbolista (*m.* or *f.*) soccer (football) player
futuro future

G

gabardina raincoat
gabinete office; **— de estudio** den, office
el **galón** gallon
gallina hen

gana urge, desire; **de malas —s** unwillingly; **tener —s de** + *inf.* to feel like + gerund 1, 12

ganancia gain, profit 18

ganar to earn, win; to grow 6

el **garaje** garage

garantía guarantee

garganta throat

el **garrote** club, cudgel; **política de —** big stick policy

gasolina gasoline

gastado, -a worn out; spent

gastar to spend

gasto expense

gato cat

gemido sigh, groan

Géminis Gemini

genealógico, -a genealogical

la **generación** generation

generalmente generally

generoso, -a generous

genio wit, genius; temperament

la **gente** people; **—s** people of various types 10

genuino, -a genuine

geografía geography

geología geology

gerente (*m.* or *f.*) manager, director

gesto facial expression, grimace; gesture

gigante giant, gigantic; *m.* giant

gigantesco, -a gigantic

el **glaciar** glacier

glotón, -a gluttonous; *noun* glutton

gobernar (ie) to govern, rule; **—se** to govern oneself 18

gobierno government 7

golondrina swallow

el **golpe** blow; **dar el —** to be a hit; **dar —s** to strike; **dar un —** to bang

giratorio, -a rotating, swivel

gitano gypsy

gordo, -a fat 6

gorgorito bubble; **hacer —** to trill

gozar (de) to enjoy (something) 17

gracia grace; good fortune; wit 8

gracias thanks; **dar las —** to thank; **muchas —** thank you very much

gracioso, -a graceful; witty 15

grado grade; degree

la **graduación** graduation

graduando, -a graduate

graduar(se) to graduate

gráfico, -a graphic

grafología graphology (study of handwriting)

grafólogo graphologist

gramática grammar book

gramatical grammatical

gramo gram

gran shortened form of **grande**

grande great; large, big

grandeza bigness; greatness, grandeur

gratis free

grave grave, serious

gregario, -a gregarious

greguerías witty sayings by the Spanish writer Ramón Gómez de la Serna

griego, -a Greek

grifo faucet

grillo cricket

gringo foreigner (applied usually by Mexicans to North Americans)

gris gray 3

gritar to shout 8

grito shout, scream, grunt

grueso, -a thick; heavy; big 15

gruñido grunt, grumble

grupo group

el **guante** glove; **— de boxeo** boxing glove

guapo, -a good-looking, handsome

el **guardabarros** fender

guardafango fender

guardar to keep; to protect 12

guau bowwow (bark of a dog)

guerra war 7

guerrero warrior, fighter

guerrillero guerrilla, guerrilla leader

el **guía** guide; **la —** guide (book) 6

guiarse to guide oneself

guitarra guitar 16

gusano worm

gustar to like; to be pleasing; to taste

gusto pleasure; **encontrarse a —** to be comfortable; **mucho —** pleased to meet you; **muy a —** very pleased (happy) 10

H

habano, -a (pertaining to) Havana; *m.* cigar

haber to have; **— de** + *inf.* to be expected to; must; **— que** + *inf.* to have to, must

había there was, there were

la **habilidad** ability, capacity

la **habitación** room

habitante (*m.* or *f.*) inhabitant 3

habitar to inhabit

hábito habit

el **habla** speech

hablante speaker

hablar to speak, talk; **— mal** to gossip

hacer to make, do; — **autostop** to hitchhike;
— **buen tiempo** to be nice (weather);
— **burlas** to make jokes; — **calor** to be warm
(weather); — **cola** to form a line;
— **compras** to buy; — **daño** to harm, injure;
— + *expression of time* ago; — **falta** to lack,
need; — **frío** to be cold (weather); — +
inf. to get, have something done; — **la(s)**
maleta(s) to pack; — **mal tiempo** to be bad
(weather); — **preguntas** to ask questions;
—**se** to become; — **uso de** to use; — **viento**
to be windy; **no** — **otra cosa que** to do nothing
but 7, 8, 13, 14, 16

hacia toward; — **arriba** up 9
el **hacha** axe
¡hala! get going!
hallar to find; —**se** to be 7
el **hambre** *(f.)* hunger; **tener** — to be hungry
hasta *adv.* even; *prep.* until, to, up to; — **cierto**
punto in a sense, to a point; — **que** *conj.*
until 6
hay there is, there are; — **que** must, to be
necessary; **no** — **de qué** you're welcome;
no — **tal** no such thing 1, 15
hecho, -a done, made; *m.* deed, fact
helado ice cream
heredar to inherit
herido, -a wounded, injured; *f.* wound
herir (ie) to injure, wound
hermana sister
hermanita little sister
hermanito little brother
hermano brother; *pl.* brother(s) and sister(s)
hermoso,-a beautiful 4
hermosura beauty
el **héroe** hero
herradura horseshoe
herramienta tool
hervir (ie) to boil 2
hierro iron
hija daughter
hijita little daughter
hijito little son
hijo son; *pl.* son(s) and daughter(s)
himno hymn
hipocresía hyprocrisy
hipopótamo hippopotamus
hipotecar to mortgage
hispánico, -a Hispanic
hispano, -a Hispanic, Spanish, Spanish-
American
Hispanoamérica Spanish (Hispanic) America
hispanoamericano, -a Spanish-American
historia history; story
históricamente historically
histórico, -a historical

historieta gráfica comic strip
el **hogar** home
hoja leaf; sheet (of paper)
el **hombre** man; **¡—!** man!, man alive!
hombro shoulder 8
hondo, -a deep; **lo más** — the deepest
part 18
hondura depth
honra honor
hora hour, time; **¿a qué —?** at what time?;
¿qué — es? what time is it?
horario schedule
el **horizonte** horizon
horno oven; **pato al** — roast duck; — **de**
microonda microwave oven
horóscopo horoscope
horrendo, -a horrendous
horrorizar to horrify
la **hospitalidad** hospitality
hoy today; — **día** nowadays, at present 3
hoya basin
el **huarache** sandal
hueco hole, opening
huérfano, -a orphan
huerto orchard, garden
huevo egg
la **humanidad** humanity
humano, -a human
la **humildad** humility
humilde humble 5
humo smoke
el **humor** humor, disposition; **de buen (mal)** —
in a good (bad) mood
el **huracán** hurricane

I

ibero, -a Iberian
iberoamericano,-a Ibero-American, Spanish-
American
ida departure; **de** — **y vuelta** round-trip 4
el **ideal** ideal
idealista *(m.* or *f.)* idealist
idéntico, -a identical
la **identidad** identity; **carnet de** — identity card,
ID card
identificar to identify
ideología ideology
el **idioma** language
iglesia church
ignorancia ignorance
igual equal; — **a** equal to, the same as: **al** —
que the same as; — **a cualquier . . .** as good
as any . . .
igualar to equalize; make equal

la **igualdad** equality
ilegible illegible
ilógicamente illogically
ilógico, -a illogical
iluminar to illuminate
la **ilustración** illustration
la **imagen** image; picture 9
la **imaginación** imagination
imaginar(se) to imagine
imaginario, -a imaginary
el **imbécil** imbecile
imitar to imitate
impaciencia impatience
imperceptiblemente imperceptively
imperfecto, -a imperfect
imperialismo imperialism
el **impermeable** raincoat
impersonalmente impersonally
impertinente impertinent
implicar to implicate
implícito, -a implicit
implorar to implore
imponer to impose
importancia importance
importante important
importantísimo, -a very important
importar to matter, be important; **—le (a uno)**
  un comino not to matter at all 7
importuno, -a inopportune
imposible impossible
imprenta printing; printing house; printing
  press
la **impresión** impression; **— digital**
  fingerprint 17
impresionado, -a impressed
impresionante impressive
impresionar to impress
la **improbabilidad** improbability
imprudencia imprudence
imprudente imprudent
impuesto, -a imposed; *m.* tax, fee
impulsar to impel, move
impulsivo, -a impulsive
inacentuado, -a unaccented
inaudito, -a unheard-of, outrageous
inca *(m.* or *f.)* Inca; Incan
incaico, -a Incan, Inca
incapaz incapable 9
incendio fire
incesantemente incessantly
el **incidente** incident
incierto, -a uncertain 18
incitante inciting
incivilizado, -a uncivilized; *m.* boor
inclinado, -a inclined
incluir to include 12

la **incomodidad** discomfort, inconvenience
incómodo, -a uncomfortable 4
incompleto, -a incomplete
incomprensible incomprehensible
inconfesado, -a unconfessed
inconmovible unshakable, unmovable
increíble unbelievable 1
indecencia indecency
indefinido, -a indefinite
independencia independence
independiente independent
la **indicación** indication
indicar to indicate
indicativo indicative
el **índice** index; index finger
indicio indication
indiferencia indifference
indígena *(m.* or *f.)* indigenous, native
la **indigestión** indigestion
indio, -a Indian
indirectamente indirectly
indirecto, -a indirect
indiscutible indisputable, unquestionable
individualista *(m.* or *f.)* individualist
individuo, -a individual
industrial industrial; *m.* industrialist
inerte inert
inesperado, -a unexpected 1
inestable unstable
inevitablemente inevitably
inexistente nonexistent
inexperto, -a inexperienced
infame infamous; *noun* scoundrel
infancia infancy
inferior inferior; lower
infernal infernal, confounded
ínfimo, -a lowest; humblest
inflamarse to catch on fire
infligir to inflict
influencia influence
la **información** information (collection of data);
  —es del extranjero foreign news
informante *(m.* or *f.)* informant
informar to inform
informativo, -a informative
el **informe** report; *pl.* data
ingeniería engineering
ingeniero, -a engineer
ingenio talent, creative ability, skill, wit;
  talented person
la **ingeniosidad** inventiveness, cleverness
ingenioso, -a ingenious
inglés, -glesa English; *m.* English (language)
la **ingratitud** ingratitude
el **ingrediente** ingredient
ingresar to enter

ingreso admission
inicial initial (first); *f.* initial
iniciar to initiate 14
inmediatamente immediately
inmediato, -a immediate
inmenso, -a immense; huge
inmóvil motionless
la **inmovilidad** immovability, immobility
inolvidable unforgettable 13
inoxidable: acero — stainless steel
la **inquietud** restlessness
insecto insect
la **inseguridad** insecurity
insensiblemente insensibly
insertar to insert
inserto, -a inserted
insignificante insignificant
la **insinuación** insinuation, hint
insinuar to insinuate, hint
insistencia insistence
insistir (en) to insist (on)
insobornable incorruptible
la **inspección** inspection
la **instalación** installation
instalar to install
el **instante** instant
la **institución** institution
instituto institute
la **instrucción** instruction, education
instrumento instrument
insultar to insult
la **integración** integration
la **integridad** integrity
íntegro, -a integral, whole, complete; honest
intelectual intellectual
la **intelectualidad** intellectuality, intelligentsia
inteligencia intelligence
inteligente intelligent
la **intención** intention
intencional intentional
intensificar to intensify
intensivo, -a intensive
intenso, -a intense
intentar to try, attempt 4
intento intent, purpose 9
intercambio exchange, interchange
el **interés** interest; **tener —** to be interested
interesado, -a interested; *noun* interested person
interesante interesting
interesar to interest; **—le a uno** to interest one; **—se en** to be interested in
interfono intercom
intermedio, -a intermediate
interno, -a internal
la **interpretación** interpretation
interpretar to interpret

interpretativo, -a interpretive
intérprete *(m.* or *f.)* interpreter
interrogar to interrogate
interrogativo, -a interrogative
interrumpir to interrupt
la **intersección** intersection
intervenir to intervene
la **intoxicación** intoxication
la **introducción** introduction
introducir to introduce
la **intromisión** insertion; meddling
intuitivo, -a intuitive
la **inundación** inundation, flood
inundar to inundate, flood
inútil useless 15
invadir to invade
inválido, -a invalid, crippled; *noun* invalid
inventar to invent
la **investigación** investigation, research
investigador, -a investigator
investigar to investigate
invierno winter
la **invitación** invitation
invitado, -a guest 14
invitar to invite
ir to go; **— a +** *inf.* to be going to; **— de viaje** to go on a trip; **—se** to go away; **el — y venir** the coming and going
irlandés, -esa Irish
ironía irony
irreverente irreverent
irritante irritating
irritar to irritate
irrumpir to erupt, burst in
isla island
italiano, -a Italian; *m.* Italian (language)
izquierdista leftist
izquierdo, -a left; **a la —** to (on) the left 9

J

el **jabón** soap
jadeante panting
el **jaikai** haikú (short, lyrical Japanese poem)
jamás *adv.* never, ever 9
el **jamón** ham 2
japonés, -esa Japanese
el **jardín** garden 12
jarra large pitcher, carafe
jarro pitcher
jaula cage; **— de monos** monkey cage
el **jazmín** jasmine; **— del cabo** gardenia
jefatura chief's office
el **jefe** chief 8
el **jerez** sherry 11

el **jersey**   jersey, sweater
Jesús   Jesus; ¡—! heavens!
jira   picnic 11
jirafa   giraffe
jitanjáfora   imaginative word play
jornada   day's trip, journey; workday
joven   young, youthful; *noun* youngster, young
person
joya   jewel 3
joyería   jewelry store
joyero   jeweler
júbilarse   to retire
judía   green bean
juego   game, interplay; **casa de —**   gambling
house; **en — con**   matching; **—s de
colores**   color harmonies
el **jueves**   Thursday
el **juez**   judge
jugador, -a   player
jugar (ue)   to play; **— a**   to play (a sport)
jugo   juice; **— de limón**   lemon juice 2
juguetería   toy store
juicio   judgment
julio   July
junio   June
juntar   to join
junto, -a   joined; **—s**   together; **—a** *prep.*
near, close to, next to; **— con**   together
with   9, 14
juramento   oath
jurar   to swear, take an oath
justicia   justice
justificable   justifiable
la **justificación**   justification
justificar   to justify
justo, -a   just; *adv.* just, barely
la **juventud**   youth
juzgar   to judge

K

kg   abbreviation for kilogram
kilo   kilo, kilogram
kilogramo   kilogram
kilómetro   kilometer

L

la   the; her, it you, one; **— cual**   which, that
which; **— que**   the one who, that which
laberíntico, -a   labyrinthine
laberinto   labyrinth
labio   lip
la **labor**   work 18

laboratorio   laboratory
labrador, -a   work; farm; *noun* farmer; peasant
labranza   farming; farm; work; **campo de —**
work field; farmland
labrar   to work; to fashion; to bring about
lado   side; **— flaco**   weak point; **por ese —**   on
that score; **por estos —s**   in these parts; **por
todos —s**   everywhere
ladrillo   brick, tile
el **ladrón**   thief
lago   lake
lágrima   tear
la **lamentación**   lamentation
lamentar   to lament, regret
lámpara   lamp
lana   wool
langosta   lobster
lanzar   to launch; to hurl, throw
el **lápiz**   pencil
largo, -a   long; *m.* length; **a lo — de**   through;
de —   in length   10
las   the; them, you; **— cuales**   which, those
which; **— que**   those which, which
lástima   pity, shame
el **latín**   Latin (language)
latino, -a   Latin
latinoamericano, -a   Latin-American
lavabo   washstand; washroom
lavadora   washing machine
el **lavaplatos**   dishwasher
lavar(se)   to wash (oneself)
le   to him, to her, to it, to you; him, you
la **lección**   lesson
la **leche**   milk
lechero   milkman
lechería   dairy
lechuga   lettuce
lechuza   owl
lector, -a   reader; **carnet de —**   library card
lectura   reading
leer   to read
legítimo, -a   legitimate
lejano, -a   distant, remote   6
lejos *adv.*   far; **a lo —**   in the distance; **— de**
prep.   far from   1
lengua   language
el **lenguaje**   language
lentamente   slowly 4
lento, -a   slow
el **león**   lion
leona   lioness
leopardo   leopard
les   to them, to you; them, you
letra   letter; handwriting   15
letrero   sign 15
levantarse   to get up

leve   light; slight
la **ley**   law   6
leyenda   legend, story
la **liberación**   liberation
la **libertad**   liberty
libertar   to liberate, free
libra   pound
libre   free; single; **al aire** —   in the fresh
    air   15
librería   bookstore
librero   book seller
libreta   booklet
librito   small book
libro   book; **servicio de** —**s**   circulation desk
licencia   license
licenciado   holder of a Master of Arts degree
liceo   school, institute
lienzo   canvas
ligeramente   lightly
ligero, -a   light, slight   5
limitar   to limit
el **límite**   limit
el **limón**   lemon; **jugo de** —   lemon juice   2
limonada   lemonade
limosna   alms
el **limpiaparabrisas**   windshield wiper
limpiar   to clean   8
limpio, -a   clean   2
lindo, -a   pretty; precious   14
línea   line   15
lino   linen
lírico, -a   lyrical
lista   list
listo, -a   ready; smart; **estar** —   to be ready;
    ser —   to be clever, smart
literario, -a   literary
literato, -a   literary person, writer   18
literatura   literature
litro   liter
lo   him, it, you; — **de**   the business of, the
    matter of; — **mismo da**   it's all the same;
    — **que**   what, that which
lobo   wolf; — **de mar**   sea lion
el **local**   locale; rooms, premises
localizado, -a   localized; located
loco, -a   crazy, silly; **estar** —   to be crazy;
    ser —   to be silly; **volverse** —   to go
    crazy   16
lógico, -a   logical
lograr   to manage; to succeed in   16
loma   hill
la **longitud**   longitude
loro   parrot
los   the; them; — **cuales**   those who, those; —
    de fuera   outsiders; — **que**   those who, those
lotería   lottery

lucecita   little light
lucero   evening star
lucha   fight, struggle   4
el **luchador**   fighter
luchar   to fight, struggle
luego *adv.*   soon, at once; then; **desde** —   of
    course; **hasta** —   see you later
el **lugar**   place; **en** — **de**   instead of, in place of; —
    de paseo   promenade; — **de reunión**   meeting
    place; **tener** —   to take place   1
lujo   luxury; **de** —   luxury, luxurious
luna   moon; window pane; **hay** —   the moon's
    out; — **de miel**   honeymoon
el **lunes**   Monday
lustroso, -a   shining, lustrous
luto   mourning; **de** —   in mourning
la **luz**   light; **a la** — **del día**   in daylight

LL

llama   flame
llamada   call
llamar   to call; — **la atención**   to catch one's
    eye; —**se**   to be called (named)
llanto   weeping, crying
la **llave**   key; faucet
llegada   arrival
llegado, -a   arrived; **recién** —   newcomer
llegar   to arrive   1
llenar   to fill
lleno, -a   full
llevar   to take, carry; to wear; to be (for a period
    of time); — **de comer**   to feed; —**se**   to take
    away   1
llorar   to cry
llover (ue)   to rain   1
llovido: — **del cielo**   like manna from heaven
lluvia   rain   1

M

maceta   flower pot
maciso, -a   solid
macho   male
madera   wood
la **madre**   mother; **¡santa** —**!**   holy mackerel!
madrina   godmother   14
madrugar   to get up early
maduro, -a   mature, ripe
maestro, -a   teacher   18
magnífico, -a   magnificent
la **magnitud**   magnitude
el **magueyal**   maguey field
el **maíz**   corn

majestuosamente   majestically

el **mal**   evil

mal   shortened form of **malo;** *adv.* badly, poorly, ill; **de malas ganas** unwillingly; **menos** — it could have been worse 12, 16

la **maldad**   mischief; **hacer —es** to horse around

el **malestar**   malaise, indisposition

maleta   suitcase; **hacer la(s) —(s)** to pack

malgastar   to waste, squander

malo, -a   bad, evil, naughty; **estar —** to be sick; **ser —** to be evil, bad

mamá   mommy, mama

mamífero, -a   mammalian; *m.* mammal

mancha   stain

manchar   to stain

mandar   to order; to send

mandato   order, command

mandíbula   jaw

manejar   to drive 10

manera   manner, way; **de ninguna —** in no way

manga   sleeve

mango   handle

la **manifestación**   manifestation, demonstration

manifestar   to manifest, reveal

manifiesto, -a   manifest; *m.* manifesto

maniobra   handling, maneuver

el **maniquí**   manikin

el **manjar**   food, dish; **tarta de — blanco** blanc-mange cake

la **mano**   hand; **a la —** at hand; **echar una —** to lend a hand; **obra de —s** handwork 7, 11

manoseado, -a   handled, mussed, dog-eared

el **mantel**   tablecloth

mantener   to maintain, support (financially); to keep

mantequilla   butter

manto   mantle, cloak

manzana   apple

mañana   morning; tomorrow; **de la —** in the morning; **pasado —** day after tomorrow; **por la —** in the morning

el **mapa**   map

máquina   machine; **— de escribir** typewriter 7

maquinal   machinelike, (pertaining to a) machine

el **mar**   sea

maravilla   wonder, marvel

maravilloso, -a   marvelous, wonderful

marca   mark, stamp, sign, brand 14

marcadamente   markedly

marcar   to mark

marcial   martial

marcha   march; military action

marchar   to go; **—se** to go away 13

el **margen**   margin

marido   husband

marihuana   marijuana

marinero, -a   marine, (pertaining to the) sea; *m.* sailor

marino, -a   marine, (pertaining to the) sea

marisco   shellfish; *pl.* seafood 2

marítimo, -a   maritime

el **martes**   Tuesday

marxismo   Marxism

marzo   March

más *adv.* more, most; **estar de —** not to be needed, superfluous; **— bien** rather; **— de** more than; **no . . . más** not . . . anymore; **¿qué más?** what else?; **sin — ni —** without further ado 15

mascar   to chew

masculino, -a   masculine

matanza   butchery

matar   to kill

matemáticas   mathematics

el **material**   material

materia   course, field (of study)

materno, -a   maternal

matrícula   roll, registration 10

matricularse   to register

matrimonio   matrimony, marriage; married couple 18

maullar   to meow

máximo, -a   maximum

maya *(m.* or *f.)* Maya, Mayan

mayo   May

mayonesa   mayonnaise 14

mayor   greater; larger; older; **el (la) —** greatest; largest; oldest; **la — parte** most; **— de edad** adult, of (legal) age 12, 14

mayoría   majority 11

me   me, to (for) me; (to) myself

mecánico, -a   mechanical; *noun* mechanic

mecanismo   mechanism

mecanizar   to mechanize

mecanografiado, -a   typed

media   stocking

mediado, -a   half-full; **a —s de** about the middle of

la **medianoche**   midnight

medicina   medicine 8

médico, -a   doctor; **— de cabecera** family doctor 8

medida   measurement 5

medio, -a   half; thirty; *m.* middle; *pl.* means; **en — de** in the middle of, amidst; **por — de** by means of

el **mediodía**   noon; **al —** at noon 14

medir (i)   to measure 9

la **meditación**   meditation

meditar   to meditate

mediterráneo, -a Mediterranean
medusa jellyfish
mejilla cheek
mejor better; **el (la) —** best
mejorar to get better, improve 5
melancolía melancholy
melancólico, -a melancholic, melancholy
memoria memory; **de —** by heart 12
mencionar to mention 18
menor less, lesser, smaller; younger; **el (la) —** least; smallest; youngest
menos *adv.* less, fewer; lower; **el (la) —** least, fewest; lowest; **a — que** unless; **al —** at least; **— mal** it could have been worse; **por lo —** at least 15, 16
el **mensaje** message
la **mentalidad** mentality
la **mente** mind
mentira lie; **parecer —** to seem unreal, unbelievable
mentiroso, -a lying; *noun* liar
menudo: a — often 18
mercado market
la **merced** mercy
merecer to deserve
merluza hake (fish related to the common Atlantic cod); **— al horno** baked hake
el **mes** month
mesa table; **poner la —** to set the table 14
meseta plateau
metáfora metaphor
meteorológico, -a meteorological
meter to put, place, insert; **— baza** to butt in; **—se** to butt in, meddle
métrico, -a metric; **el sistema —** metric system 5
metro meter; subway 3
mexicano, -a Mexican
mezcla mixture
mezclar to mix 2
mi my
mí me, myself
miau meow
microonda microwave
miedo fear; **tener —** to be afraid
la **miel** honey; **luna de —** honeymoon
miembro member
mientras *adv.* while, as long as 15
el **miércoles** Wednesday
mil thousand
milagro miracle
militar military
milla mile 1
el **millar** thousand
el **millón** million; **un — de** a million
millonario, -a millionaire

el **mimbre** wicker; **revestimiento de —** wicker covering
la **mina** mine
minero miner
miniatura miniature
minifalda miniskirt
mínimo, -a minimum; *m.* minimum; *f.* tiny bit
minoría minority
minúsculo, -a miniscule, tiny
minuto minute
mío, -a mine, of mine; **el —** mine
mira sight; **altas —s** high ideals
mirada look, glance
mirar to look at
miseria misery, poverty
mismo, -a same, very; own, self; **ahora —** right now; **lo —** the same thing; **lo — da** it's all the same
misterio mystery
misterioso, -a mysterious
la **mitad** half 5
mitología mythology
mochica (*m.* or *f.*) Mochica, Mochican
moda style, fashion; **de —** fashionable, in style 5
modelo model
la **modernidad** modernity
moderno, -a modern
modificar to modify
modismo idiom
modo way, manner; **de todos —s** at any rate; **en cierto —** in a sense, in a way; **en — alguno** in no way at all; **— de ser** personality 7, 15
moldear to mold
mole Mexican dish
molestar to be a nuisance; to bother; **—le a uno** to be bothered by
molesto, -a bothersome
molido, -a worn-out, exhausted; ground
momentito second
momento moment
monasterio monastery
moneda money, coin
mono monkey; **jaula de —s** monkey cage
monolito monolith
monótono, -a monotonous
montaña mountain
montar to ride; **— a caballo** to ride horseback
el **montón** pile, heap 9
monumento monument
morir (ue) to die; **— de hambre** to starve
mosaico mosaic
mosca fly
mostrar (ue) to show 12
motivo motive; **con — de** because of

la **moto**   short for **motocicleta**
motocicleta   motorcycle
mover (ue)   to move; **—se**   to move, stir   13
movimiento   movement
mozo, -a   young, youthful; *m.* lad, boy; waiter;
   f. lass, girl
muchacha   girl; maid
muchacho   boy
mucho, -a   much, a lot of; *pl.* many, a lot of;
   por — que   however much
mudar(se)   to change, move
mudo, -a   mute, silent
el **mueble**   piece of furniture; *pl.* furniture
la **muerte**   death   7
muerto, -a   dead, died; **estar —**   to be dead;
   ser —   to be lifeless, apathetic; *noun* dead
   person
muestra   sample   7
la **mujer**   woman; wife
multa   fine   17
el **multicopista**   mimeograph
la **multitud**   multitude
mundial   (pertaining to the) world; **segunda**
   guerra —   World War II
mundo   world; **todo el —**   everyone   6
la **municipalidad**   municipality
muñeca   wrist
muñequita   small doll
muralla   wall
murmurar   to murmur, whisper
muro   wall
museo   museum
música   music
músico, -a   musician
la **mutilación**   mutilation
muy *adv.*   very

N

n^0 *abbreviation of* **número**
nacer   to be born
nacimiento   birth   17
la **nación**   nation
nacional   national
la **nacionalidad**   nationality
nada   nothingness; nothing, very little; **de —**
   you're welcome; **— más**   nothing else   5
nadar   to swim
nadie   no one
el **nailón**   nylon (also **nailon**)
naranja   orange
la **nariz**   nose
naturaleza   nature; **— muerta**   still life
naturalista *(m.* or *f.)*   naturalist

naturalmente   naturally
la **Navidad**   Christmas; *pl.* Christmas holidays
necesario, -a   necessary; **lo —**   what is
   necessary
la **necesidad**   necessity
necesitar   to need
necrología   obituary
la **negación**   negation, denial
negar (ie)   to deny; **—se a** + *inf.*   to refuse
   to   10
negativamente   negatively
negativo, -a   negative
la **negociación**   negotiation
el **negociante**   businessman
negocio   business; *pl.* business transactions,
   business
negro, -a   black
negrura   darkness
neoyorkino, -a   (pertaining to) New York; *noun*
   person from New York
nervioso, -a   nervous
neumático   tire
nevar (ie)   to snow
nevera   refrigerator
ni   neither, nor; **— . . . —**   neither . . .
   nor; **— . . . siquiera**   not even; **¡—**
   soñarlo!   I wouldn't dream of it!
nido   nest
la **nieve**   snow; **copo de —**   snowflake
el **nilón**   nylon
ningún, shortened form of **ninguno**
ninguno, -a   no, not any; *pron.* none, not any,
   neither; **de — -a manera**   in no way
niña   little girl
el **nivel**   level
niño   little boy; *pl.* children
no   no; **ya —**   no longer; **— obstante**
   nevertheless; **¿—?**   isn't that so?; **todavía —**
   not yet   4
nobilísimo, -a   very noble
nobleza   nobility
nocturno, -a   nocturnal
la **noche**   night; **de —**   at night; **esta —**   tonight;
   por la —   in the evening; **todas las —s**
   every night   11
nochecita   twilight, dusk; memorable night
nombrar   to name, appoint
el **nombre**   name   15
el **non**   odd number; **pares y —es**   odd and even
   numbers
norma   norm
la **normalidad**   normality
normalmente   normally
el **noroeste**   northwest
el **norte**   north; aim   1
norteamericano, -a   North American

noruego, -a Norwegian

nos us, to (for) us; ourselves, to (for) ourselves; each other, to (for) each other

nosotros, -as we; us

nostálgico, -a nostalgic

nota grade; note; —**s de sociedad** social news 12

notable notable, excellent

notario (público) notary public

noticia(s) news; notice, information

notificar to advise

notita short note, love note

la **notoriedad** notoriety

la **novedad** the latest thing, what is newest

novela novel

novelista (*m.* or *f.*) novelist

el **noviembre** November

novio, -a bridegroom, bride; sweetheart

la **nube** cloud

nublado, -a cloudy

nuera daughter-in-law

nuestro, -a our; ours

nuevamente newly

nueve nine

nuevecito, -a brand new

nuevo, -a new; **de** — again 11

nulo, -a nonexistent, void

numerado, -a numbered

numerar to number

número number 10

numeroso, -a numerous

nunca *adv.* never

O

o or; — . . . — either . . . or; — **bien** or; — **sea** that is 7

ó or (used to separate numerals)

obedecer to obey

obediente obedient

objeto object; **tener por** — to have as its purpose 16

oblicuo, -a oblique

la **obligación** obligation, duty

obligado, -a obliged

obligar to obligate, oblige 17

obligatorio, -a obligatory

obra work; **cerrado por** —**s** closed for repairs; **en** —**s** men working; — **de mano** handwork, unskilled labor 7

obrar to work

obsequio gift

observador, -a observer

observar to observe

obsesivo, -a obsessive

obstante: no — nevertheless, however

obtener to get, obtain

la **ocasión** occasion

océano ocean

octavo, -a eighth

el **octubre** October

el **oculista** oculist

ocultar to hide; —**se** to disappear, be hidden

la **ocupación** occupation

ocupado, -a occupied, busy, in use 14

ocupar to occupy, busy, keep busy; —**se de** to be busy with

ocurrencia occurence; eccentricity

ocurrido: lo — what has happened

ocurrir to occur, happen; —**sele a uno algo** to think of something

ochenta eighty

ocho eight

odiar to hate

odio hate, hatred

el **oeste** west

ofender to offend

oferta supply

oficial official

oficialmente officially

oficina office 15

oficio trade

ofrecer to offer 4

ofrenda offering, gift

oído ear; sense of hearing

oír to hear; ¡**oiga!** listen!; — **decir** to hear it said 4, 7, 9

¡ojalá! may God grant, if only, I wish

ojeada glance; **echar una** — to cast a glance

ojito tiny eye

ojo eye; ¡—! look out!, careful!, attention!; **costar un** — **de la cara** to cost very much, be very expensive 7

ola wave

óleo oil; oil painting; **pintar al** — to paint with oils

oler to smell

olmo elm

el **olor** smell, odor

oloroso, -a (sweet) smelling, fragrant

olvidar to forget; —**se** to forget oneself; —**se de** to forget; —**sele a uno algo** to forget something

once eleven

el **ónix** onyx

onomatopeya onomatopoeia

onza ounce

ópalo opal

ópera opera

la **operación** operation

la **opinión** opinion

oponer to oppose; **—se a** to oppose (something)

la **oportunidad** opportunity

oprimido, -a oppressed

opuesto, -a opposed; *m.* opposite 6

la **oración** sentence; prayer

orden *m.* order (as in chronological order or arrangement); ecclesiastical order; military formation; *f.* order, command; fraternal organization; **a sus —es** at your service

ordenar to arrange; to order, command

oreja ear

orejita little ear

orgánico, -a organic

organización organization

organizador, -a organizer

organizar to organize

órgano organ

orgía orgy

orgullo pride 6

orgulloso, -a proud 3

la **orientación** orientation

orientar to orient, orientate

el **origen** origin; source

la **originalidad** originality

el **Orinoco** Orinoco River

orilla shore, edge

oro gold

os you, to (for) you; yourselves, to (for) yourselves; to (for) each other

oscurecer to grow dark

la **oscuridad** obscurity, darkness

oscuro, -a obscure, dark

oso bear

ostra oyster

otoño autumn

otro, -a other, another; another one, other one; **—tanto** the same thing; **— -a vez** again; **el (la) otro (-a)** the previous one; **uno que —** one or the other, a few 16

oveja sheep

ovejita little sheep, lamb

oyente (*m.* or *f.*) listener; *pl.* audience

P

paciencia patience

paciente patient; *noun* patient

Pacífico Pacific Ocean

el **padre** father; *pl.* parents; ancestors

padrino best man; godfather; *pl.* godparents 14

paella typical Valencian dish

¡paf! bang!

pagar to pay (for)

página page; **— deportiva** sports page 12

pago payment

el **país** country

el **paisaje** landscape

pájaro bird 18

palabra word; **tomar la —** to take the floor

pálido, -a pale

palillero toothpick holder

palito a line across the numeral 7 (7̄)

palo stick; **cordero al—** spit-roasted lamb

paloma pigeon, dove

palomita little dove

palpar to feel

palta smaller type of avocado

el **pan** bread

pana corduroy

panadería bakery specializing in breads

panadero baker

panameño, -a Panamanian

pandilla gang; **— callejera** street gang

el **panorama** panorama

el **pantalón** (*generally pl.*) trousers 5

panteísmo pantheism

pañuelo handkerchief 5

el **papá** daddy, papa

el **papel** paper; role; **— de seda** onion-skin paper

papelería stationery store

papelito small sheet of paper

el **paquete** package 8

el **par** pair, couple; even number; **—es y nones** odd and even numbers

para to, for, toward, by; **— que** *conj.* so that

el **parabrisas** windshield

el **paracaídas** parachute

el **parachoques** bumper

parada bus stop

paradoja paradox

paradójico, -a paradoxical

el **paraguas** umbrella

paralítico, -a paralytic

parar(se) to stop, stall 11

parecer to seem; **parece mentira** it seems unbelievable; **—se a** to resemble; *m.* opinion 2

parecido, -a similar; *m.* resemblance

la **pared** wall 7

pareja couple, pair

parentesco family relationship

el **paréntesis** parenthesis

pariente (*m.* or *f.*) relative 14

parlanchín, -china chattering, jabbering; *noun* chatterer, jabberer

el **parque** park 12

párrafo paragraph

el **parral** vine arbor, grape arbor

el **parrón** wild grapevine, grape arbor

la **parte** part; **en todas —s** everywhere; **mayor —** majority, most of 12

participar to participate

participio participle

particular particular; private

particularmente particularly

partido team; (political) party 4

partir to part, leave, depart

pasable passable

pasado, -a past; last; **el año —** last year; **la semana — a** last week; **— mañana** day after tomorrow; *m.* past 4

el **pasaje** passage

pasajero, -a passing, fleeting; *noun* passenger 4

el **pasaporte** passport 10

pasar to pass (by); to spend (time); to happen, occur; **— de** to exceed; **(le) a uno por la cabeza** to occur 16

pasear to stroll, go for a walk

paseo walk, stroll; **salir de —** to go out for a walk

pasillo corridor, hallway; aisle

pasivo, -a passive

paso passing, step; **de —** incidentally

el **pastel** pastry

pastelería pastry shop

pastelero pastry cook

pastilla pill, tablet

pata paw, foot; leg (of a table)

patio patio, courtyard

patria country

el **patrón** pattern

pavo turkey

el **pavor** fear

payaso clown

la **paz** peace 18

pecado sin

pececito little fish

pecho breast, chest

pedacito tiny piece

pedazo piece 2

pedir (i) to ask for; to order

pegar to stick, paste, fasten; to beat (up)

peinarse to comb one's hair

pelar to peel

película film, movie, moving picture 13

peligro danger

peligroso, -a dangerous 7

pelo hair; **tomar el —** to tease 8

peludo, -a hairy

pena pain; **dar —** to grieve

el **pendiente** earring

pensamiento thought 18

pensar (ie) to think; **— en** to think about; **— + inf.** to intend to 2

pensativo, -a pensive

la **pensión** boarding house 3

penumbra semi-darkness

peor worse, worst

pequeñito, -a tiny, very small

pequeño, -a small

percibir to perceive

perder (ie) to lose; **—se** to get lost

pérdida loss 6

perdonar to pardon, forgive

perdurable eternal, lasting

perezoso, -a lazy; *noun* lazy person

perfectamente perfectly

perfecto, -a perfect

el **perfil** profile

periódico newspaper 7

periodismo journalism

periodista (*m. or f.*) journalist

periodístico, -a pertaining to a newspaper or to journalism

perjudicar to harm, damage; to prejudice

permanecer to stay, remain 9

permanencia permanence; stay, sojourn

permiso permission; **— de permanencia** residency permit

permitir to permit, allow

pero but; yet

perorata speech

perro dog

la **persecución** persecution

perseguido, -a pursued, persecuted

persistencia persistence

persona person

el **personaje** personage, character

la **personalidad** personality

la **personificación** personification

pertenecer to belong

el **Perú** Peru

peruano, -a Peruvian

la **perversidad** perversity

perverso, -a perverse

pesadilla nightmare

pesado, -a heavy, big; boring 11

pesar to weigh; **a — de** in spite of 7

pescadería fish market

pescadero, -a fishmonger, fish dealer

pescadito tiny fish

pescado fish 2

pescador, -a fisherman, fisherwoman

pescar to fish

peseta monetary unit of Spain

pesimismo pessimism

pesimista pessimistic; *noun* pessimist

peso monetary unit of Mexico; weight; worry 8

pestaña eyelash

la **petición** petition, demand

el **pez** fish
pianista (*m.* or *f.*) pianist
picante hot, peppery
picar to sting
pícaro, -a roguish, scheming; *noun* rogue, schemer
piccalilli relish
pico spout
pictórico, -a pictorial
el **pie** foot; **a —** on foot; **de —** standing
piedra stone; jewel
pierna leg 8
pieza piece, specimen
el **pilar** pillar
píldora pill
piloto pilot
pimentero pepper mill
pimienta (black) pepper 2
pimiento pepper (vegetable) 2
pino pine; **piña de —** pine cone
pinta pint
pintar to paint
el **pintor** painter 7
pintoresco, -a picturesque 1
pintura paint, painting; **— mural** mural 3
piña cone; **— de pino** pine cone
pío, -a pious, charitable; *m.* peeping, chirping; **sin decir ni —** without saying a word, without a peep
la **pirámide** pyramid
piraña piranha (fish)
pisar to step (on)
piscina swimming pool 13
Piscis Pisces
pisco type of liqueur common in Chile and Peru
piso floor; apartment
pisotear to trample, tread upon
pista runway
pistola pistol
placa metal plate
plácido, -a placid
el **plan** plan; **— de estudios** (school) curriculum
plancha sheet
planchar to iron
el **planeta** planet
plano, -a level, smooth; *m.* map, plan; plane
planta plant; **— baja** ground floor
plataforma platform
plata silver
plateado, -a silver, silvery
platería silversmith's shop
platero silversmith
platillo small dish, saucer
plato dish, plate
playa beach, shore
plaza plaza, square, marketplace

pleno, -a full; **en — -a calle** right in the street
plomo lead
pluma pen; feather
la **población** population 6
pobre poor
pobreza poverty
poco, -a little; *pl.* (a) few; *adv.* little; **a — de +** *inf.* shortly after; **dentro de —** shortly; **— a —** little by little; **un — de** a little
poder (ue) to be able; **puede ser** it may be
poderoso, -a powerful
el **poema** poem
poesía poetry
el **poeta** poet
el **póker (póquer)** poker
el **pólice** thumb
el **policía** policeman
la **policía** police force; police woman
policíaco, -a (pertaining to the) police, detective
el **poliéster** polyester
política politics; **— de garrote** big stick policy
político, -a political; *m.* politician 18
pompa pomp
poner to put, place; **— fin a** to put an end to; **— la mesa** to set the table; **—se** to get, become; to set, to put on; **—se a +** *inf.* to begin **—se a régimen** to diet; **—se firme** to stand at attention; **se las botas** to strike it rich, be in luck 1, 14
la **popularidad** popularity
popularizar to popularize
por for, by, through, over, by way of, in exchange for, for the sake of, on behalf of, out of, due to; **— aquí** this way; **— casualidad** by chance; **— consiguiente** consequently; **— el contrario** on the contrary; **— encima de** over and above; **— eso** therefore; **— esto** therefore, for this reason; **— favor** please; **— fin** finally; **— lo común** usually; **— lo menos** at least; **— lo tanto** therefore; **— mucho que** however much; **¿— qué?** why?; **— suerte** fortunately; **— todos lados** everywhere 6, 15, 17
porcelana porcelain
porque because
el **portamonedas** coin purse
portátil portable; **caja —** lunchbox
portazo bang (of a door slamming shut)
portugués, -guesa Portuguese; *m.* Portuguese (language)
poseedor, -a owner
poseer to possess
la **posesión** possession
posesivo, -a possessive
la **posibilidad** possibility

posible possible
la **posición** position
   positivo, -a positive
la **posteridad** posterity
el **postre** dessert 14
   postura posture; attitude
   pozo well
la **práctica** practice
   practicar to practice
   práctico, -a practical; *f.* practice
   pradera meadow
   preceder to precede
   precio price 2
   precioso, -a precious, darling
   precipitadamente hastily
   precisamente precisely, exactly
   preciso, -a precise; **es —** it is necessary
   precoz precocious
   predicar to preach (to)
la **predicción** prediction
la **predilección** predilection
   perfecto perfect; mayor; chief of police
   prefectura police station
   preferencia preference
   preferir (ie) to prefer
   pregunta question; **hacer —s** to ask
     questions 7
   preguntar to ask
   preliminar preliminary
   preludio prelude
   premio prize; **— Nóbel** Nobel Prize
   prenda jewel; darling
   prensa press
la **preocupación** preoccupation
   preocupado, -a worried, concerned
   preocupar to preoccupy; **—se** to be worried,
     preoccupied 11
la **preparación** preparation
   preparar to prepare, to get ready
   preparativo preparation
la **preposición** preposition
   prescribir to require
   prescrito, -a required
   presencia presence
   presenciar to witness
   presentable presentable
   presentar to present, introduce; to stage
   presente present; **tener —** to keep in mind;
     los —s those present 16
   presentimiento presentiment
el **(la) presidente** president
la **presión** pressure; **timbre de —** seal
   prestar to lend; **— atención** to pay attention
   prestigio prestige
   presuponer to presuppose
la **pretención** pretention

pretérito, -a past, preterite; *m.* past, preterite
   previo, -a previous
   primario, -a primary
   primavera spring (time)
   primer shortened form of **primero**
   primero, -a first, former; *adv.* first; **de —a**
     first-rate; **lo —** the first thing
   primo, -a cousin
   principiante beginning; *noun* beginner
   principiar to begin
   principio beginning; **al —** in the beginning,
     at first 8
   prisa haste, hurry; **tener —** to be in a hurry
la **prisión** prison; jail
   prisionero, -a prisoner
   privado, -a private
la **probabilidad** probability
   probablemente probably
   probar (ue) to try, test; to taste; to prove 3
el **problema** problem
   proceso process
   prodigioso, -a prodigious, marvelous
la **producción** production
   producir to produce
   producto product
la **profesión** profession
   profesor, -a teacher, professor
la **profundidad** profundity, depth 18
   profundo, -a profound, deep
la **profusión** profusion
el **programa** program, show; **— de**
     variedades variety show 1
   progresar to progress
   progreso progress
la **prohibición** prohibition
   prohibir to prohibit
   proletario, -a proletarian
   promesa promise
   prometer to promise
   prometido, -a fiancé, fiancée
el **pronombre** pronoun
   pronto, -a quick, speedy; *adv.* right away, soon;
     de — suddenly; **tan — como** as soon as 2
   pronunciar to pronounce
la **propiedad** property; ownership
   propietario, -a proprietor, owner
   propina tip
   propio, -a proper, suitable; same; (one's) own
   proponer to propose
la **proposición** proposition
   propósito aim, purpose; **a —** by the way 7
   prosa prose
   protagonista *(m.* or *f.)* protagonist
la **protección** protection
   proteger to protect
   protesta protest 16

protestar to protest

provechoso, -a advantageous 18

proverbio proverb

provincia province

provinciano, -a provincial

próximo, -a next; near, close 5

proyecto project

prudente prudent, wise

el **psicoanálisis** psychoanalysis

psicología psychology

psicológico, -a psychological

psiquiatra (m. or f.) psychiatrist

la **publicación,** publication

publicar to publish

la **publicidad** publicity

público, -a public; m. public

pueblo town, village; people

el **puente** bridge

puerta door; **— electrónica del garaje** garage door opener

puerto port 13

puertorriqueño, -a Puerto Rican

pues adv. then, well; conj. for, since, because; **¡—!** well!

puesto, -a put, placed; m. job, position; place, stall, booth

pulga flea

pulgada inch

el **pulgar** thumb; **dedo —** thumb

pulmoncito tiny lung

el **pulmón** lung

pulsera bracelet

pulular to be in abundance, swarm

punta tip

puntiagudo, -a sharp-pointed

punto point, period; **a — de** about to, on the point of; **de —** knitted; **hasta cierto —** in a sense; **— de vista** point of view 5, 15

pupila pupil (of the eye)

el **pupitre** writing desk

puramente purely

purísimo, -a very pure

puro, -a pure

Q

que that, which, who, whom; **el, la (los, las) —** the one(s) who, those who, which; **de lo que** than; **lo —** that which, what; adv.than; conj. that, for, because; **¿cómo —?** what do you mean? 9

¿qué? what? which?; **¿para —?** what for?; **¿ por —?** why?; **¿— más?** what else?; **¿— tal?** how goes it? 15

¡qué! how! what (a)!; **no hay de —** you're

welcome; **¡ — barbaridad!** what nonsense!; **¡ — bien!** how nice!; **¡— diantre!** what the dickens!; **¡— va!** nonsense! 9, 15

quedar to stay, remain; to have left; to be; **—se** to stay, remain; **—se con** to keep; **—se sin** to be without; 13

el **quehacer** task, chore

quejarse to complain

quemar to burn; **—se** to burn, be burning up

querer (ie) to wish, want; **— a** to love; **— decir** to mean; **¿quiere(s) . . . ?** will you . . . ?

querido, -a dear; noun dear one

queso cheese

quien who, whom; he who, she who, the one who; pl. who, whom, those who, the ones who

¿quién? who? whom?; pl. who? whom?; **¿a—(es)?** whom?; **¿de —?** whose?; **¡quién pudiera!** if I could only . . . ! 9

químico, -a chemical; m. or f. chemist; f. chemistry

quince fifteen

quinientos, -as five hundred

quinto, -a fifth

quiosco newspaper stand

el **quiquiriquí** cock-a-doodle-doo

quitar to take; **— a** to take from; **—se** to take off

quizás adv. maybe, perhaps 10

R

rabia anger, rage

racional rational

la **racionalidad** rationality

radicalmente radically

el (la) **radio** radio

radioelectricista (m. or f.) electronics technician

raído, -a threadbare

rama branch

ramita twig

ramo area, field 12

rancho ranch

rápidamente rapidly, quickly

la **rapidez** speed

rápido, -a rapid

raro, -a rare, unusual; **— -as veces** seldom, rarely

el **rascacielos** skyscraper 3

rascarse to scratch

rasgo trait, characteristic

rastro trace, track; **el —** flea market

ratito short while

rato short while, little while 11

el **ratón** mouse; **el — Miguelito** Mickey Mouse
rayo bolt (of lightning)
raza race
la **razón** reason; **tener —** to be right
razonable reasonable 13
razonamiento reasoning
la **reacción** reaction
reaccionar to react
la **realidad** reality; **en —** in fact, really
realista realistic; *noun* realist
realizar to set up; to carry out, accomplish, fulfill, complete; to make real
realmente really
rebaja sale, discount 2
rebajar to reduce, lower
recargar to reload, overload
la **recepción** reception
receptáculo receptacle
recibir to receive
recibo reception; receipt; **acusar — de** to acknowledge receipt of; **sala de —** reception room
recién *adv.* recently, just, newly; **— casado** newlywed; **— llegado** newcomer
reciente recent 12
recientemente recently
recinto covered area
recíproco, -a reciprocal
la **reclamación** claim, demand, reclamation
recobrar to recover
recoger to gather, pick up, harvest
recomendable recommendable, advisable
la **recomendación** recommendation
recomendar (ie) to recommend 4
reconocer to recognize
reconstruído, -a rebuilt
reconstruír to rebuild
recordar (ue) to remember; to remind 17
recorrer to cross, go over, go through
recorrido trip, run, route
recrear amuse, delight
rectángulo rectangle
recto, -a straight 15
el **rector** university president
recubierto, -a covered, re-covered
recubrir to cover, re-cover
recuerdo memory; souvenir, memento
recuperar to recuperate, recover
recurrir (a) to resort (to)
redondo, -a round; *m.* round, circle; **dar vuelta en —** to make a U-turn
reemplazar to substitute, replace
referencia reference
referir (ie) to refer; **—se a** to refer to
refinar to refine
reflejar to reflect

reflejo reflection
la **reflexión** reflection
reforma reform
el **refrán** proverb, saying
refrigeradora refrigerator
refugiarse to take refuge
regalo gift
el **régimen** regime; **ponerse a —** to diet
la **región** region
registrar to search
registro police register; search; **camarín de —** (police) search room
regla rule
reglamentario, -a regular, statutory, prescribed, (pertaining to a) regulation
reglamento regulation 10
regreso return 13
regular fair 12
reina queen
reír (i) to laugh; **—se de** to laugh at 13
la **relación** relation
relacionar to relate; **—se con** to relate to, become related to
relativo, -a relative
el **relieve** relief
la **religión** religion
religioso, -a religious; *noun* religious person, priest
relincho neigh, neighing
el **reloj** watch; clock
relojería watchmaker's shop
relojero watchmaker
remedio cure, remedy; stop; **no hay más —** there is no choice, there is nothing else to do (but)
remitente (*m.* or *f.*) sender, shipper 15
remojar to wash down
remontar to go up; **— el vuelo** to soar up
remorder (ue) to bring remorse
remoto, -a remote
remover (ue) to remove, move away
renacimiento rebirth, renaissance
el **rencor** rancor, animosity, grudge
renovar (ue) to renovate, renew
renunciar to resign
reorganizar to reorganize
la **reparación** repair
reparar to repair
repartir to deliver, distribute; **— la correspondencia** to deliver the mail
repasar to review; to pass by or over again; to revise 12
repaso review 12
repente: de — suddenly 11
la **repetición** repetition
repetir (i) to repeat

el **reportaje** news report
reportero reporter
reposar to rest, repose
la **representación** representation; performance
representante *(m. or f.)* representative; actor, player
representar to represent; to show, perform, act
representativo, -a representative
reprobar (ue) to fail
la **reproducción** reproduction
reproducir reproduce
el **reptil** reptile
república republic
republicano, -a republican
la **reputación** reputation
requisito, -a requisite; *m.* requisite, requirement
reserva reserve, reservation
reservar to reserve
residencia residence, dormitory
residir to reside
resignar to resign; **—se a** + *inf.* to resign oneself to 18
resistencia resistance
resistir to resist
resolver (ue) to solve
resonar (ue) to resound
respectivo, -a respective
respecto respect; **con — a** with respect to, regarding
respetar to respect
respeto respect, consideration
la **respiración** breath, breathing
respirar to breathe
respiro sigh
responder to respond
la **responsabilidad** responsibility
responsable responsible
respuesta answer 6
restante remaining; *m.* rest, remainder
el **restaurante** restaurant
resto remain, ruin
resuello breathing; **me quedé sin —** I was breathless
resultado result 3
resultar to be, turn out to be 3
retablo altar piece
retirada withdrawal
retirarse to draw back, withdraw, retire
retorcer (ue) to twist
retrasar(se) to be late
retraso delay 17
retrato portrait, picture 3
el **retrete** toilet
la **reunión** reunion, meeting, gathering

reunir to join, unite, gather together; **—se** to get together, meet 12, 17
la **revelación** revelation
revelar to reveal 8
reverencia reverence; bow, curtsy
revestimiento covering; **— de mimbre** wicker covering
revisar to revise; to re-examine
revisor, -sora conductor, inspector 4
revista magazine, journal; review
revivir to live again
revuelta turmoil
el **rey** king
ribera bank (of a river)
rico, -a rich; delicious
ridículo, -a ridiculous; *m.* ridicule
el **riel** rail
rígido, -a rigid
rima rhyme
el **rincón** corner 18
el **rinoceronte** rhinoceros
río river 1
riqueza wealth, riches
riquísimo, -a very wealthy, very tasty
rítmicamente rhythmically
rítmico, -a rhythmic, rhythmical
ritmo rhythm
rito rite, ceremony
robar to steal, rob
robo robbery, theft
rodear to surround; **— de** to surround by
rodilla knee 8
rogar (ue) to beg, plead, request
rojo, -a red
romano, -a Roman
romántico, -a romantic
el **rompecabezas** (crossword) puzzle
romper to break
roncar to snore
ropa (s) clothes, clothing
el **ropaje** clothes, clothing
rosa rose
el **rosal** rose bush
roto, -a broken
rozar to graze; to touch, barely brush
el **rubí** ruby
el (la) **rubio, —a** blond, blonde
rúbrica rubric, title, heading
rueca spindle
rueda wheel; **silla de —s** wheelchair
rugido roar; **dar—s** to roar
ruido noise 6
ruidosamente noisily
ruidoso, -a noisy 14
el **ruiseñor** nightingale
rumbo direction; road, route, way

ruso, -a Russian
ruta route
rutina routine

S

sábado Saturday
saber to know
sabio, -a wise; *noun* wise person, scholar
saborear to relish, enjoy, find delicious
sabroso, -a tasty 10
sacar to take out; to get (a grade); to obtain
el sacerdote priest
saco bag
sacrificio sacrifice
el sacristán sacristan, sexton
Sagitario Sagittarius
sagrado, -a sacred
la sal salt 2
sala hall; living room; — de espera waiting
    room; — de estar sitting room, living room;
    — de recibo reception room or hall; — de
    urgencia emergency room
salado, -a salty
salero saltshaker
salida exit, departure; — de urgencia
    emergency exit 13
salir to leave, go out; to rise; — bien (mal) to
    pass (fail); — corriendo to run out; — de to
    leave (a place)
el salón salon, meeting room
salsa sauce, type of Caribbean dance 14
saltar to jump
la salud health
saludar to greet 16
la salvación salvation; Ejército de — Salvation
    Army
el salvavidas life preserver
salvo except for
san shortened form of santo
la sanción penalty
la sangre blood
sangría red-wine punch
sano, -a healthy, well 8
santo, -a saintly, holy; ¡—a madre! holy
    mackerel!; *noun* saint
el sarape serape
sarcástico, -a sarcastic
sardina sardine
sargento sergeant
el satélite satellite
la satisfacción satisfaction
satisfacer to satisfy
satisfactorio, -a satisfactory
satisfecho, -a satisfied

se used for le, les; to him, her, it, them, you;
    (to) himself, herself, itself, themselves,
    yourself, yourselves, oneself, each other
secar to dry
la sección section
seco, -a dry
secretaría secretariat
secretario, -a secretary
secretearse to whisper into each other's ears
secreto secret
secundario, -a secondary
la sed thirst; tener — to be thirsty
seda silk; papel de — onion-skin paper 5
sedimento sediment
la seducción seduction
seductor, -a tempting, seductive; *noun* tempter,
    seducer
segmento segment
seguido, -a continued, successive; en —a at
    once 10
seguir (i) to continue, follow; — de largo to
    keep on going 11
según *adv.* depending on circumstances; *prep.*
    according to; *conj.* as, according; — dicen so
    they say 10
segundo, -a second
la seguridad security, surety; ¡con toda —!
    absolutely!
seguro, -a sure, safe; —s insurance; estar — to
    be sure; ser — to be safe 17
seis six
la selección selection
selva forest, jungle, woods 1
sello stamp
semana week; fin de — weekend; la —
    pasada last week; la — que viene next
    week
semejante like, similar; *m.* fellow human being
el semestre semester
seminario seminar
semisalvaje half-savage
el Sena Seine River
senador, -a senator
sencillamente simply
sencillo, -a simple, single; billete — one-way
    ticket
senda path
la sensación sensation
sensacional sensational
la sensibilidad sensitivity 18
sentar (ie) to sit; —se to sit down, be seated
sentido sense, meaning 3
sentimiento feeling
sentir (ie) to feel, hear; to regret, feel sorry for;
    —se to feel 5
seña mark, sign; *pl.* address

la **señal** sign, signal 17
señalar to mark, show, point out
el **señor** gentleman, sir; *pl.* Mr. and Mrs.
señora lady
señorita young lady
el **señorón** big shot
la **separación** separation
separar(se) to separate
el **septiembre** September
sepultura sepulture, grave
el **ser** being, existence
ser to be; **modo de —** personality, character;
o sea that is; **— de** + *inf.* to be worthwhile
9, 15
serenarse to become calm; to settle
sereno, -a serene, calm; *m.* night watchman
seriamente seriously
la **serie** series
la **seriedad** seriousness
serio, -a serious; **en —** seriously; **tomar en —**
to take seriously 8, 16
serocopia Xerox copy 10
la **serpiente** serpent, snake
servible usable
servicio service; **— de libros** circulation desk
servilleta napkin
servir (i) to serve; **— de** to serve as, be used as;
— para to be good for; **—se de** to use, avail
oneself of; **sírva(n)se** + *inf.* please; **¿En qué**
puedo — le? What can I do for you? 5
sesenta sixty
la **sesión** session
setenta seventy
el **setiembre** *alternate spelling of* **septiembre**
severamente severely
sexo sex
si if, whether; why; mind you
sí yes, indeed; **que —** so 7
siempre *adv.* always; **de —** usual 18
siesta nap
siete seven
siglo century
signatura library call number
significado meaning
significar to signify, mean
significativo, -a significant 9
signo indication, mark
siguiente following, next
sílaba syllable
silbar to whistle
silencio silence
silencioso, -a silent, quiet
silvestre wild
silla chair, seat; **— de ruedas** wheelchair;
— giratoria swivel chair
el **sillón** armchair

simbólico, -a symbolic
simbolizar to symbolize
símbolo symbol
el **símil** simile
simpático, -a nice, pleasant
simplemente simply
sin without; **— duda** undoubtedly;
— embargo nevertheless; **— más ni**
más without further ado; **— que**
conj. without 7
sinceramente sincerely
el **sinfín** endless number
siniestro, -a sinister
sinnúmero a great number of, profusion
sino but; **— que** but, on the contrary
sinónimo synonym
la **sinrazón** poor explanation
sintético, -a synthetic
sintetizar to synthesize
el **síntoma** symptom
sinuoso, -a sinuous, winding
el **sinvergüenza** shameless fellow
sírva(n)se please 13
sirvienta maid, servant
el **sirviente** servant, waiter
el **sistema** system; **— métrico** metric system 5
sitio place
la **situación** situation
situar to situate, locate, place
sobre upon, on, about, around, concerning;
— todo above all; *m.* envelope
sobrecarga overload, surcharge
sobrecama bedspread
sobremesa after-dinner discussion
el **sobrenombre** nickname
sobresaliente outstanding, excellent
sobresaltar to frighten
sobretodo overcoat; *adv.* especially
el **sobreviviente** survivor
sobrevivir to survive
sobrina niece
sobrino nephew
la **sociabilidad** sociability
la **sociedad** society
sociología sociology
sociólogo sociologist
socorrer to aid, help, assist 18
el **sofá** sofa
el **sol** sun (shine); **hacer —** to be sunny 9
solamente only
el **solar** lot
soldado soldier
la **soledad** loneliness
solemne solemn
soler (ue) to be accustomed to, be in the habit
of 11

solicitante (*m.* or *f.*)   applicant   17
solicitar   to solicit; to apply for
la **solicitud**   request; application   17
la **solidaridad**   solidarity
solitario, -a   solitary; *noun* solitary person
solo, -a   only, alone; **a —as**   all alone, by oneself   11
sólo *adv.*   only, solely
soltero, -a   single, unmarried; *noun* single person   17
la **solución**   solution
sollozo   sob
sombra   shade
sombrerero   hatter
sombrerería   hat store
sombrero   hat
el **son**   sound; **al — de**   in harmony with; **en — de**   voicing
sonar (ue)   to sound
sonido   sound
sonoro, -a   sonorous, loud, clear
sonreír (i)   to smile
sonriente   smiling
sonrisa   smile
soñar   to dream; **ini—lo!**   I wouldn't dream of it!; **— con**   to dream about (of)
sopa   soup; **hecho una —**   drenched   2
sopista (*m.* or *f.*)   beggar; student making his or her way on charity
soportar   to stand, bear, put up with; to support
sorber   to sip
sorbo   sip
sordo, -a   deaf; muted, muffled
sorprender   to surprise   4
sorpresa   surprise
sospecha   suspicion   13
sostener   to support, sustain
sostenido, -a   sustained
su   his, her, its, their, your, one's
suave   soft, smooth
suavemente   softly, gently
la **suavidad**   softness, smoothness
subconscientemente   subconsciously
subdesarrollado, -a   underdeveloped
subida   climb, ascent
subir   to climb, mount, go up; to get on (into)   1
subjuntivo   subjunctive
subrayado, -a   underlined
suceso   event, happening   16
sucio, -a   dirty   4
Sudamérica   South America
sudamericano, -a   South-American
sudoroso, -a   sweaty
sueco, -a   Swedish
suegra   mother-in-law
suegro   father-in-law

sueldo   salary; **a medio —**   at half pay   17
suelo   floor, ground
sueño   dream, sleep; **tener —**   to be sleepy
la **suerte**   luck; **por —**   fortunately; **tener —**   to be lucky; **tocarle (a uno) la — de** + *inf.*   to be one's good fortune to; **una — de**   a sort of   17
el **suéter**   sweater
suficiencia   proficiency
suficiente   sufficient; fit, competent
sufrimiento   suffering
sufrir   to suffer
sugerencia   suggestion
sugerir (ie)   to suggest   6
sugestivo, -a   suggestive
sujeto   subject
sumir   to sink
suntuoso, -a   sumptuous
supeditar   to hold down, oppress
superfluo, -a   superfluous
el **superhombre**   superman
superior   superior; upper   15
supermercado   supermarket
superpoblado, -a   overpopulated   7
superrealismo   surrealism
superrealista   surrealistic; *noun* surrealist
suplementario, -a   supplementary
suplicio   torture
suponer   to suppose   6
la **suposición**   supposition
supuesto, -a   supposed, assumed; **por —**   of course
el **sur**   south   1
surtido   stock   5
suspender   to suspend; to fail (in a course)
suspenso   suspended, baffled; *m.* failing mark
sustancia   substance
sustantivo, -a   substantive
sustituir   to substitute
susto   fright
suyo, -a   his, hers, yours, theirs, its, one's

T

tabaco   tobacco
taberna   tavern
tabla   board, plank; chart
tablero   panel
el **taburete**   bench
el **tac**   tick (of clock); **tic- —**   tick-tock
tacita   little cup, demitasse
el **tacón**   heel
tal   such (a); *pron.* so-and-so; *adv.* so, in such a manner; **con — de que**   provided that; **no hay —**   no such thing; **— vez**   perhaps

el **talante**   performance; desire, will; **de muy buen —**   most willingly
talento   talent
el **talismán**   talisman, good-luck charm
talla   size (for wearing apparel)   5
tallado; — en madera   wood carving
tamaño   size
también *adv.*   too, also
el **tambor**   drum
tampoco *adv.*   neither, not either
tan *adv.*   so; **— . . . como**   as . . . as; **— pronto como**   as soon as
el **tanque**   tank
tanto, -a (-os, -as)   so much, as much; so many, as many; *adv.* so much, so hard, so often, so long; **entre —**   meanwhile; **otro —**   the same thing; **por lo —**   therefore; **— como**   as much as   1, 16
tapas   appetizers
el **tapiz**   tapestry
tardanza   lateness
tardar   to be long, be late
tarde *adv.*   late; *f.* afternoon; **más —**   later; **por la —**   in the afternoon, P.M.
tarea   assignment   4
tarjeta   card; **— postal**   post card   10
tarta   cake
tasa   rate; **— postal**   postage, postal rate
Tauro   Taurus
taza   cup   2
te   you; to (for) you; to (for) yourself
el **té**   tea
teatro   theater
técnica   technique
técnico, -a   technical; *noun* service person, technician
techo   roof
teja   roof tile
tejano, -a   Texan
tejido   weaving
tela   material, cloth
la **tele**   short for **televisión**
telefonear   to telephone
telefónico, -a   telephonic
teléfono   telephone
el (la) **telefonista**   telephone operator
el **telegrama**   telegram
la **televisión**   television
el **televisor**   television set
el **tema**   theme, topic   18
temático, -a   thematic
temblar (ie)   to tremble; **— de**   to tremble with
temer   to fear
temible   fearful, dreadful
el **temor**   fear
temperatura   temperature

la **tempestad**   storm   1
templo   temple
temprano *adv.*   early
tender (ie)   to extend, reach out, stretch out; to tend
el **tenedor**   fork
tener   to have; **no — nada de malo**   to be all right; **aquí tiene Ud.**   here is; **— . . . años**   to be . . . years old; **— calor**   to be hot; **— cuidado**   to be careful; **— éxito**   to be successful; **— frío**   to be cold; **— ganas de +** *inf.*   to feel like; **— hambre**   to be hungry; **— la amabilidad**   to be so kind; **— mala cara**   not to look good; **— miedo**   to be afraid; **— por objeto**   to have as its purpose; **— presente**   to keep in mind; **— prisa**   to be in a hurry; **— que**   to have to; **— que ver con**   to have to do with; **— razón**   to be right; **— sed**   to be thirsty; **— sueño**   to be sleepy; **— suerte**   to be lucky   1, 2, 16
tengo   I have, I am; **aquí —**   here is
el **tenis**   tennis
tentativa   attempt
teología   theology
teoría   theory
el **tequila**   tequila
tercer   shortened form of **tercero**
tercero, -a   third
tercio   third
la **terminación**   termination, ending
terminante   categorical
terminantemente   categorically
terminar   to terminate, end
término   term
termómetro   thermometer
ternera   veal
terreno   terrain
terrestre   terrestrial
terriblemente   terribly
territorio   territory
terrorista *(m.* or *f.)*   terrorist
tesoro   treasure   12
testamento   testament
testigo   witness
texto   text
ti   you, yourself
tía   aunt
el **tiburón**   shark; **¡—!**   *Jaws!*
tic   tick; **—tac**   tick-tock
tiempo   time; **a —**   on time; **con —**   in time; **¿cuánto —?**   how long?; **del —**   in season; **un trecho de —**   a while; **muy a —**   at the right time; **—s**   days   1, 5
tienda   store   2
tierno, -a   tender
tierra   land, earth, ground; country

el **timbre** bell; — **de presión** seal

tímido, -a timid

tina tub

el **tintín** clink, jingle

tintineo jingling

tinto, -a red; **vino —** red wine 14

tío uncle; *pl.* aunt(s) and uncle(s)

típico, -a typical 8

tipo type

tirano tyrant

tira cómica comic strip

tirar to throw 18

titilar to twinkle

titular to be called; to receive a title, *m.* headline

título title, degree 17

tobillo ankle

tocar to touch; to play (a musical instrument); — **le a uno la suerte de** + *inf.* to be one's good luck to 11

todavía *adv.* still, yet; — **no** not yet 4

todo, -a all, whole, every, entire, everything; *pl.* all, everyone; **de —s modos** at any rate; **en — as partes** everywhere; **para —s** for everybody; **por —s lados** everywhere; **sobre —** above all; — **el día** all day; — **el mundo** everyone; **—s los días** every day 3

tolerar to tolerate

tomar to take, get; to have (a meal, drink); — **el pelo** to tease, pull one's leg; — **en cuenta** to take into account; — **en serio** to take seriously; — **la palabra** to take the floor; **—se** to have (a drink, etc.) 8

el **tomate** tomato

tomo volume

el **tonel** big cask, barrel

tono tone

tontería nonsense, foolishness

tonto, -a foolish, stupid; *noun* idiot

topacio topaz

tópico, -a topical, local; *m.* cliché

tornillo screw

torno turn; **en — de** *prep.* around

toro bull; **corrida de —s** bullfight

torpe slow, dull, awkward

la **torre** tower

torrencial torrential

torta cake

la **totalidad** totality, entirety

totalmente totally

trabajador, -a worker 7

trabajar to work

trabajo work, job, written assignment; — **en pluma** featherwork; **darse el — de** to take the trouble to

la **tradición** tradition

tradicionalmente traditionally

la **traducción** translation

traducir to translate

traer to bring

tráfico traffic

tragar to swallow

tragedia tragedy

trágico, -a tragic

el **traje** suit; — **de baño** bathing suit 5

trancar to stop, block

tranquilo, -a tranquil, quiet

la **transacción** transaction

transformar to transform

tránsito transit; traffic

transparente transparent

transportar to transport

el **transporte** transportation

el **tranvía** streetcar, trolley

tras after, behind 12

trasladarse to move

tratar to treat, deal with; — **de** + *inf.* to try to; **—se** to be about, involve, deal with

trato treatment; behavior; agreement; **de buen —** amiable

través; a — de through

travesía cruise

travieso, -a mischievous

trazar to plan, design; to outline, trace

trece thirteen

trecho stretch, while; **un — de tiempo** a while

treinta thirty

tremendo, -a tremendous

el **tren** train; — **de lujo** first-class train 4

tres three

triángulo triangle

tributario tributary

trigueño, -a olive-skinned

trinchera trench

triste sad

tristeza sadness

triunfal triumphant

triunfo triumph

trompeta trumpet

trozar to break up, break into pieces

trozo piece

trucha trout

trueno thunder

tu your; *pl.* your

tú you

tullido, -a crippled; *noun* cripple

tumba tomb, grave

tumulto tumult

tupido, -a thick, dense

turbar to disturb

turista *(m.* or *f.)* tourist 1

turístico, -a tourist

turno   turn
turquesa   turquoise
tuyo, -a   yours

U

u   or (before words beginning with **o** or **ho**)
Ud(s).   abbreviation of **usted(es)**
UNAM   abbreviation of Universidad Nacional
  Autónoma Mexicana
último, -a   last, final   3
un, una, uno   a, an; one; **uno que otro**   one or
  another, occasional
único, -a   only (unique); **lo —**   the only
  thing   10
la **unidad**   unity
unido, -a   united
el **uniforme**   uniform
uniformemente   uniformly
unir   to join, unite
la **universidad**   university
universitario, -a   (pertaining to the) university
unos, -as   some, several, a bunch of;
  — cuantos   several
urbano, -a   urban
urgencia   urgency; **sala de —**   emergency
  room; **salida de —**   emergency exit
urgente   urgent; **carta —**   special-delivery letter
usar   to use; to wear
uso   use; **hacer — de**   to use   11
usted(es)   you
utensilio   utensil
útil   useful
uva   grape

V

vaca   cow
la **vacación**   (*generally pl.*) vacation; **ir de —es**   to
  go on a vacation   12
vacante   vacant
vacilante   hesitant
vacío, -a   empty
vagamente   vaguely
vago, -a   wandering, loose, idle; *m.* vagabond,
  tramp
el **vagón**   coach (of a train)
valenciano, -a   Valencian
valer   to be worth; **¡válgame Dios!**   heaven help
  me!
valiente   brave

valioso, -a   valuable
el **valor**   value
valquiria   divine being in Scandinavian
  mythology
el **valle**   valley
vandalismo   vandalism
vano, -a   vain
el **vapor**   steamer, steamship   13
la **variación**   variation
variar   to vary
la **variedad**   variety; **programa de —es**   variety
  show
varios, -as   various, several   4
vasija   container, receptacle
vasito   small glass
vaso   glass; *pl.* pottery, vessels   6
vasto, -a   vast
¡vaya!   oh boy!; **¡— una . . . !**   what a . . . !
  11
Vd(s).   abbreviation of **usted(es)**
vecinita   little neighbor
vecino, -a   neighboring; *noun* neighbor
vehículo   vehicle
veinte   twenty
el **vejamen**   ceremony in the old University of
  Salamanca
velar   to watch over
velo   veil
la **velocidad**   velocity, speed
velorio   wake   16
vencer   beat, conquer
el **vendedor**   seller
vender   to sell
venezolano, -a   Venezuelan
venir   to come; **el ir y —**   the coming(s) and
  going(s); **(el año) que viene**   next (year)
venganza   vengeance
vengar   to avenge
venta   sale
ventaja   advantage   6
ventana   window
ventanilla   small window
el **ventilador**   fan
ventilar   to ventilate
ver   to see; **a —**   let's see; **es de —se**   you
  should see; **tener que — con**   to have to do
  with
verano   summer; **ropa de —**   summer clothes
veras: de —   really
la **verdad**   truth; **a decir —**   to tell the truth;
  de —   real, really; **¿—?**   (is that) right?;
  es —   it is true   3
verdadero, -a   true, real   18
verde   green; **estar —**   to be unripe; **un
  chiste —**   an off-color joke
verdura   vegetable; greenness

vergüenza shame; **darle a uno —** to make one ashamed; **tener —** to be ashamed, embarrassed

verso verse

vestido dress; **— de baile** party dress; *adj.* dressed

vestirse (i) to dress (oneself); to wear

la **vez** time; **a la —** at the same time; **alguna —** ever; **a veces** at times, sometimes; **otra —** again; **raras veces** seldom; **una —** once 1, 11

vía way, road 6

viajar to travel 1

el **viaje** trip, travel; **agencia de —s** travel agency; **ir de —** to go on a trip 1

viajero, -a traveler 13

vibrar to vibrate

vicio vice, defect

víctima (*m.* or *f.*) victim

vida life 3

vidrio glass 11

viejísimo, -a very old

viejo, -a old, elderly; *noun* old person

viento wind; **hacer —** to be windy 1

el **viernes** Friday

vigilancia vigilance

vinícola wine-producing, (pertaining to) wine

vino wine; **— casero** homemade wine; **— tinto** red wine 14

violencia violence

violentamente violently

violento, -a violent

el **violín** violin

violinista (*m.* or *f.*) violinist

violoncelista (*m.* or *f.*) violoncellist, cellist

violoncelo violoncello, cello

Virgen Virgo

el **virrey** viceroy

la **virtud** virtue

visado visa

visita visitor; visit

visitante (*m.* or *f.*) visitor 9

visitar to visit

vista sight, view; **corto de —** near-sighted; **punto de —** point of view

visto, -a seen; evident, obvious; **— bueno** authorized, o.k.

la **vitalidad** vitality

vitrina showcase, display case

vivir to live; **¡Viva . . . !** Long live . . . !

vivo, -a lively, alive, live, living

vocabulario vocabulary

la **vocal** vowel 16

el **volante** steering wheel

volar (ue) to fly 17

el **volcán** volcano

el **volumen** volume; **a todo —** as loud as possible

voluminoso, -a voluminous

la **voluntad** will

volver (ue) to return; **— a + *inf.*** to do something again; **—se** to turn around; to become; **—se en contra** to turn against one; **—se loco** to go crazy 16

vosotros, -as you

votar to vote

la **voz** voice 16

vuelo flight 13

vuelta return; **contestar a — de correo** to answer by return mail; **dar — en redondo** to make a U-turn; **dar —s** to turn around; **darse —** to turn around; **de ida y —** round trip 4

vuelto, -a returned

vuestro, -a your, yours

vulgar common

Y

y and

ya *adv.* already; now; finally; **— no** no longer

yanqui Yankee

yarda yard

yerba grass; herb; Paraguayan tea

yerno son-in-law

yo I

Z

zafiro sapphire

zapatería shoe store

zapatero, -a shoemaker, cobbler

zapatija brake shoe

zapato shoe

zona zone

zoología zoology

zorrillo skunk.

zorro fox

Glossary   English/Spanish

A

a, an   un, una
about   de, sobre, acerca de; (time) a eso de   6
absent   ausente; **to be —**   faltar (a)
absolutely!   ¡con toda seguridad!
accept   aceptar
accustomed: to become — to   acostumbrarse a   12
address *n.*   la dirección; *v.* dirigirse a   8, 15
admittance: no —   no se puede entrar, prohibida la entrada
ado: without further —   sin más ni más
advisable   conveniente, aconsejable
advise   avisar, aconsejar   6
afraid: to be —   tener miedo
after   después de (que)
afternoon   la tarde
again: to do something —   volver (ue) a + *inf.*
agree to   convenir en
all   todo, -a; *pl.* todos, -as; **all of**   todo, -a
almost   casi   3
alone   solo, -a
already   ya
also   también
although   aunque
always   siempre
Amazon   el Amazonas
amusing   divertido, -a   1
and   y, e
animal   el animal
announcement   anuncio   13
another   otro, -a; **one —**   nos, os, se
answer *n.*   respuesta, contestación; *v.* responder, contestar   6, 7
any   algún, alguno, -a, cualquier, -a; **not —**   ninguno, -a; ningún   15
anybody   alguien; **not —**   nadie
anyone   alguien; **not —**   nadie
anything   algo; **not —**   nada
apply for   solicitar
approve   aprobar (ue)
armchair   el sillón
arrangement   arreglo   13
arrive   llegar (a); **on arriving**   al llegar   1
artist   el (la) artista

as   como, tan; **—** + *adj.* or *adv.* + **—**   tan . . . como; **— much** + *sing. noun* + **—**   tanto (-a) . . . como; **— many** + *pl. noun* + **—**   tantos (-as) . . . como
ask   preguntar; **— for**   pedir (i)
aspect: the important —   lo importante
attempt   tratar de
attend   asistir a   17

B

bad   mal, malo, -a
bag   maleta; **—s**   el equipaje
basis: on the — of   a base de   12
bathe   bañarse
be   estar, ser; andar, ir + *inf.*; encontrarse (ue), hallarse, quedarse; **to be afraid**   tener miedo; **to be cold**   tener frío; **to be happy**   alegrarse de; **to be thirsty**   tener sed; **to be — years old**   tener — años; **it is the first of January**   estamos a 1° de enero
beautiful   hermoso, -a   4
because   porque, **of**   a causa de
become   hacerse, llegar a ser, ponerse; **to — bored**   aburrirse; **to — ill**   enfermarse; **to — tired**   cansarse   1
bed   cama   11
before   antes (de), antes (de) que
begin   comenzar (ie), empezar (ie)
behind   detrás de   15
believe   creer
best   el (la) mejor
better   mejor
between   entre   11
book   libro
boot   bota
bored   aburrido, -a; **to get —**   aburrirse
boring   aburrido, -a
both   ambos, -as
bother *v.*   molestar
bottle   botella   14
boy   chico, muchacho, niño
bread   el pan
break   romper

This glossary is a partial list of English words designed to help with the exercises.

breakfast desayuno; **to eat or have —** desayunarse
bring traer
brother-in-law cuñado
business: this — esto
busy ocupado, -a 14
but pero, sino, sino que
butter mantequilla
buy comprar
by de, por

C

call *v.* llamar
can (to be able) poder (ue)
car auto, el automóvil, el coche; **dining —** el coche-comedor
carry llevar; **to — out** realizar 1
case caso; **in any —** de todos modos
ceremony ceremonia
certain (a certain) cierto, -a 6
chance la casualidad
change *v.* cambiar 6
chapter capítulo
charge: to be in — of estar encargado, -a de (encargarse de) 15
characteristic característico, -a; **— of** propio, -a de
cheap barato, -a
cheese queso
chest pecho
chew mascar; **no gum chewing** aquí no se masca goma, prohibido mascar goma
chicken pollo
child niño, -a
church iglesia
cigarette el cigarrillo 4
children niños, -as
city la ciudad
class la clase
clear claro, -a 4
client el (la) cliente
close cerrar (ie)
closed cerrado, -a; **— for repairs** cerrado por obras
clown payaso
coat abrigo
coffee el café
cold frío; **to be —** tener frío (person), hacer
college la universidad
comb (one's hair) peinarse
come venir; **to — in** entrar, pasar
comfortable cómodo, -a
complicated complicado, -a

consent consentir (ie) en
consist of consistir en 14
consult dirigirse a
continue continuar
continuous continuo, -a
cost costar (ue)
country el país
cousin el primo, la prima
cover cubrir 16
covered cubierto, -a
crazy loco
cruise travesía
cross *v.* cruzar 10
curious: the — thing lo curioso

D

dare *v.* atreverse (a)
darn it! ¡caramba!
data la información, los informes
date fecha; **what is the —?** ¿a cuántos estamos?
deal with tratar de
dealings: to have social — with tratar a
debt deuda
decision la decisión
depend on depender de
detail el detalle 6
die morir (ue)
different diferente
difficult difícil
difficulty la dificultad
director el director, la directora
discount rebaja 2
discuss discutir 14
dollar el dólar
done hecho
door puerta
doubt *n.* duda; *v.* dudar
downtown centro; **to go —** ir al centro 10
drama el drama
drink beber; **no drinking here** prohibido beber aquí; aquí no se bebe
drinking el beber
drive *v.* manejar 10
drop dejar caer 4
during durante

E

each (other) nos, os, se
eager: to be eager to tener ganas de + *inf.*
early temprano

easy fácil; **— to** fácil (fáciles) de

eat comer; **to — breakfast** desayunarse; **no eating** no se come, prohibido comer

egg huevo

either tampoco

eldest el (la) mayor

elegant elegante

elevator el ascensor

eleven once

employee empleado, -a 4

end *n.* el fin; *v.* terminar 7

enter entrar (en, a)

entire: the — todo, -a

evening la tarde

event suceso 16

every cada; todo, -a

everything todo

examination el examen

exceedingly *add* -ísimo, -a *to the adjective;* **exceedingly expensive** carísimo, -a

exciting emocionante, excitante

expect esperar; **he is expected to come** ha de venir 5

expensive caro, -a

experience experiencia, aventura

explain explicar 1

explanation la explicación

F

face cara

family familia

famous famoso, -a

fast *adj.* rápido, -a; *adv.* rápidamente

father padre

favorite favorito, -a

fear *v.* temer

feel sentir (ie) + *noun*; sentirse (ie) + *adj. or adv.*

few pocos, -as

film película 13

finally por fin

find encontrar (ue), hallar; **to — out** saber *(in pret.)* 3, 7

fine multa 17

finish terminar

first primer, primero, -a

fish pescado 2

floor suelo

foot el pie

for para, por

foreign extranjero, -a

foreigner extranjero, -a 10

forget olvidar(se le a uno)

fork el tenedor

four cuatro; **at — o'clock** a las cuatro

French francés, -a

friend amigo, -a

from de, desde 8

function *v.* funcionar 10

future futuro

G

gentleman el caballero 5

get: to — bored aburrirse; **to — married** casarse; **to — rich** enriquecerse; **to — sick** enfermarse; **to — tired** cansarse; **to — up** levantarse

gift regalo

girl muchacha, chica

give dar

glad: to be — alegrarse de

go ir; **to — out** salir; **to — to bed** acostarse (ue)

good buen, bueno, -a; **I am not — for** no sirvo para

goodbye adiós; **to say — to** despedirse (i) de 11

gray gris 3

great gran, grande

greet saludar 16

guest el (la) invitado, -a 14

gum goma, chicle

H

hair pelo; **to comb one's —** peinarse

hand la mano; **to — over** entregar 7, 13

happy feliz 6

hat sombrero

have haber, tener; **to — breakfast** desayunarse; **to — just** acabar de + *inf.;* **to — to** tener que + *inf.* 5

he él

head cabeza

heart: by — de memoria 12

heavens: good —! ¡Dios mío! ¡Dios santo!

heavy pesado, -a 11

help *n.* ayuda; *v.* ayudar 11

Henry Enrique

her *poss. pron.* su, sus; *obj. pron.* le, la; **with —** con ella, consigo

here aquí; **— is** he aquí; **— it is** aquí tiene ud. 2

hers (el) suyo, (la) suya, (los) suyos, (las) suyas

herself: with — consigo
him le, lo; **with —** con él, consigo
himself: with — consigo
his su, sus; (el) suyo, (la) suya, (los) suyos, (las) suyas
hour hora
house casa; **huge —** el caserón
how! ¡qué!
how? ¿cómo? ¿qué?; **— much?** ¿cuánto, -a?; **— many?** ¿cuántos, -as?
huge grande, enorme
hundred cien, ciento
hurt doler (ue)   8

I

I yo
if si; **— only** ¡ojalá!
ill enfermo, -a; **to become —** enfermarse
illustration la ilustración
important: to be — importar
in de, en, dentro de
incapable incapaz; *pl.* incapaces   9
indeed sí   7
inform informar
information la información, los informes
innocent inocente
instead of en vez de, en lugar de
intelligent inteligente
intense fuerte, intenso, -a
interesting interesante
into en
invitation la invitación
invite invitar
it *obj. pron.* lo, la
Italian italiano, -a

J

jacket chaqueta   5
January enero
job empleo, trabajo, puesto   17
John Juan
joke el chiste   8
journalism periodismo
jungle selva   1
just: to have — acabar de + *inf.*   5

K

keep: — in mind tener presente; **— quiet!** ¡silencio!   16
key la llave

kitchen cocina   14
knife cuchillo
know conocer, saber; **let me —** avíseme

L

labor la mano de obra
lack faltarle (a uno), hacerle falta (a uno)
language el idioma, la lengua, el lenguaje
large gran, grande
later más tarde; **sooner or —** tarde o temprano, ya
laugh reír(se); **— at** reírse de   13
learn aprender, saber
leave dejar, salir; **on leaving** al salir
lecture conferencia
lend prestar
less menos
let dejar; **— George do it** que lo haga Jorge
letter carta; **love —** carta de amor
liberty la libertad
life vida   3
like *v.* gustarle (a uno); *adv. and prep.* como
likely *(sign of future of probability):* **they most — have covered** habrán cubierto
listen to escuchar, oír; **listen!** ¡oye!   13
little: a little un poco
live vivir; **people — well** se vive bien
long largo, -a   10
longer: no — ya no
look at mirar
look for buscar   15
lose perder (ie)
lot: a lot mucho
love el amor; **— letter** carta de amor
lower *v.* inclinar, bajar
luggage el equipaje
lunch almuerzo   14
luxury lujo; **— train** tren de lujo

M

machine máquina   7
mailbox el buzón
maintain mantener; **— silence** guardar silencio
make hacer; **— a reality of** realizar; **— him study** hacerle estudiar
man hombre
manage poder (ue), *pret.* **he managed** él pudo
many muchos, -as; **as — as** tantos, -as . . . como; **how —?** ¿cuántos, -as?
marry casarse (con)   16
matter *v.* importar   7

me me, mí; **with —** conmigo
meal comida
meaning sentido, significado
meat la carne
medicine medicina 8
meet conocer
meeting la reunión
mention mencionar 18
mile milla 1
mine (el) mío, (la) mía, (los) míos, (las) mías
missing: to be — faltar
Monday el lunes
money dinero; **a pile of —** un dineral; **a small
 amount of —** un dinerito 8
month el mes
more más
morning la mañana; **yesterday —** ayer por la
 mañana
most: at — a lo más
mother-in-law suegra
much mucho, -a; **as — as** tanto, -a . . . como;
 how —? ¿cuánto, -a?; **so —** tanto, -a; **too —**
 demasiado; **very —** mucho, muchísimo 1
must deber, tener que
my mi, mis
myself me

N

name el nombre; **what is your —?** ¿cómo se
 llama Ud.? 15
nation la nación
near cerca, cerca de
necessary necesario, -a
need *n.* la necesidad; *v.* necesitar
never nunca
new nuevo, -a 11
nice amable; simpático, -a
night la noche; **last —** anoche
no no; ningún, ninguno, -a; **— longer** ya no
nobody nadie
novel novela
noise ruido 6
none ninguno, -a
noon el mediodía; **at —** al mediodía 14
now ahora

O

ocean océano
of de
offer *v.* ofrecer 4
office oficina; **post —** correo 8, 15
old viejo, antiguo 4

older mayor; más viejo, -a
on de, en, sobre; **— a trip** de viaje;
 — Thursdays los jueves; **— with it!** ¡anda!
one uno, -a; **— another** nos, os, se; **no —**
 nadie
only solamente, sólo; único, -a *(one of a
 kind)* 10, 11
open abierto
or o, u
opened abierto
order *n.* el, la orden; *v.* ordenar, mandar
other otro, -a; **each —** nos, os, se
ought deber; **they — to do it** debieran
 hacerlo
our nuestro, -a, nuestros, -as
ours (el) nuestro, (la) nuestra, (los) nuestros,
 (las) nuestras
own propio, -a; **of your —** propio, -a

P

Pacific el Pacífico
package el paquete 8
page página 12
pain el dolor 6
paper el papel
parents los padres
part la parte; **the good —** lo mejor
pass *(a course)* aprobar (ue) 12
pay (for) pagar
people la gente 10
person persona
Peter Pedro
physician el doctor, médico
picture cuadro 9
pile (of money) el dineral 8
play *v.* jugar (a game)
please por favor
policeman el policía
polite cortés
politely con cortesía; **very —** con mucha
 cortesía
portrait retrato 3
possible posible
position la colocación, la posición, el puesto; **to
 be in a — to** estar en condiciones de
post office correo 8, Casa de Correos
practical práctico, -a
prefer preferir, (ie)
prepare preparar; **to — oneself** prepararse;
 what has been prepared lo preparado
present *v.* presentar
price precio
probably *(sign of future of probability):* **she has —
 brought it** lo habrá traído

problem el problema
professor el (la) profesor(a)
program el programa 1
promise *v.* prometer
protesting el protestar
public *n.* público; *adj.* público, -a
purpose propósito; **to have as its —** tener por objeto 16
put echar, meter, poner; **to — an end to** poner fin a; *past part.* puesto

Q

quarter cuarto
question *n.* pregunta; *v.* **to ask —s** hacer preguntas 7
quiet silencio; **to keep —** callarse, **—** ¡silencio! 8

R

rain *v.* llover (ue) 1
raincoat el impermeable 1
read leer
ready listo, -a; **to be —** estar listo, -a
reality: to make a — of realizar
realize darse cuenta de 9
reasonable conveniente
receive recibir
references los informes, las referencias
refuse no querer (ie), *pret. neg,* **they refused** no quisieron
register matricularse
religious religioso, -a
repair *n.* la reparación
repeat repetir (i)
report el informe
rest *v.* descansar 2
return volver (ue)
returned vuelto
rich rico, -a
river río 1
room la habitación

S

said dicho
saint san, santo, -a
salary sueldo 17
salt la sal 2

same mismo, -a; **the — thing** lo mismo
sandwich el sandwich
say decir; **to — goodbye to** despedirse de
school escuela, la universidad
search busca; **in — of** en busca de 10
seat asiento 10
see ver
seem parecer(le a uno) 2
seen visto
sell vender
send enviar, mandar 15
sense sentido 3
serve servir (i)
service: I am at your — a sus órdenes
several varios, -as 4
shame lástima
shave afeitarse
she ella
shoe zapato
should deber
sick enfermo, -a; **to get —** enfermarse
sign anuncio; *v.* firmar 8
signature firma 12
significant significativo, -a 9
simple simple, sencillo 7
sing cantar; **no singing** no se canta, prohibido cantar
sir señor
sister hermana
sit down sentarse (ie)
sixteen diez y seis
size talla 5
sky cielo
sleep dormir (ue)
small pequeño, -a
smoke fumar; **no smoking here** aquí no se fuma, se prohibe fumar, prohibido fumar 13
so así, tan; **— much** tanto, -a; **— many** tantos, -as 1, 15
soccer el fútbol
society la sociedad
solve resolver (ue)
some algunos, -as
someone alguien
song la canción
sooner más pronto; **— or later** tarde o temprano, ya
sorry: to be — sentir 5
soup sopa 2
Spain España
Spanish español, -a; *(language)* el español
speak hablar
spend (money) gastar
spite: in — of a pesar de 7
square plaza
stand *(someone or something) v.* soportar

standing de pie
stay quedarse, permanecer 9
store tienda 2
street la calle 3
string cuerda 15
strong fuerte 2
student alumno, -a; el, la estudiante
study *v.* estudiar
studying el estudiar, el estudio
success éxito
such (a) tal
suddenly de repente 11
sugar el azúcar 7
suit el traje; **swimming** — el traje de baño 5
suitable conveniente
summer verano
superfluous: to be — estar de más
supermarket supermercado
supper cena
support *v.* mantener, soportar
surprise *v.* sorprender 4
suspense la expectación
swim nadar

T

table mesa
take tomar; **to** — **from** quitar a; **to** —
 off quitarse; **to** — **trips** hacer viajes
talent talento, la habilidad
talk hablar; **no talking** no se habla, prohibido
 hablar
tall alto, -a
taste *n.* gusto; *v.* probar (ue) 3
teach enseñar
teacher profesor, -a
television (set) el televisor
tell decir
ten diez
terrible terrible
than que; del que, de la que, de los que, de las
 que, de lo que; de *(before a number)*
that *adj.* ese, esa, aquel, aquella, *pron.* ése, ésa;
 aquél, aquélla; eso, aquello; *rel. pron.* que
the el, la, los, las
their su, sus
theirs (el) suyo, (la) suya, (los) suyos, (las) suyas
them las, les, los; **with** — con ellos, -as;
 consigo
themselves: with — consigo
there ahí, allí; — **is (are)** hay
these *adj.* estos, estas; *pron.* éstos, éstas
they ellos, ellas
thick grueso, -a 15

thin delgado, -a
thing cosa; **the same** — lo mismo
think pensar (ie)
thinking el pensar
third tercer, tercero, -a
thirsty: to be thirsty tener sed
thirty treinta
this *adj.* este, esta; *pron.* éste, ésta; esto
those *adj.* esos, esas; aquellos, aquellas; *pron.*
 ésos, ésas; aquéllos, aquéllas; — **who** los
 que, las que
three tres
through por, a través de
throw arrojar, echar
Thursday el jueves
ticket el billete, boleto 4
tie corbata 5
time época, hora, tiempo, la vez; **many** —**s**
 muchas veces; **(at) what** —? ¿a qué hora?;
 what — **is it?** ¿qué hora es?
tired cansado, -a; **to get** — cansarse
to a, en, para
today hoy
tomato el tomate
tomorrow mañana
too tambien; — **much** demasiado, -a 2
tooth el diente
top: on — **of** encima de
topic el tema 18
toward: to walk — dirigirse a
town pueblo
train el tren; **luxury** — tren de lujo 4
travel viajar 1
traveler viajero, -a 13
traveling el viajar
treat *v.* tratar
trip el viaje; **on a** — de viaje; **to take a** —
 hacer un viaje 1
true verdadero, -a; **it is** — es verdad 18
try (to) tratar (de); querer *(pret., affirmative)* **I**
 tried to leave quise salir
turn out to be ser, resultar 3
two dos

U

umbrella el paraguas
unbelievable increíble 1
uncle tío
under debajo de 15
underneath debajo de
understand comprender, entender (ie)
unfortunately por desgracia 10
university la universidad
until hasta *(prep.)*; hasta que *(conj.)* 6

us nos

use *n.* uso; *v.* emplear, usar; **to be used as** servir (i) de; **to be used to** acostumbrarse a + *inf.*, soler (ue) + *inf.* 11

useless inútil 15

V

vacation *n.* vacaciones; *v.* estar de vacaciones 12

very muy

visit visita; *v.* visitar

visitor visita, visitante 9

vocabulary vocabulario

W

wait (for) esperar 5

wake up despertarse (ie)

walk *n.* paseo; *v.* caminar; **to —** **— toward** dirigirse a 1

want querer (ie)

wash (oneself) lavar(se)

water el agua *(fem.); pl.* las aguas

we nosotros, nosotras

wear llevar, usar 1

week semana

well bien

what lo que; **— a +** *noun* ¡qué + *noun!;* **— has been done** lo hecho

what? ¿cómo? ¿qué? ¿cuál(es)?; **— for?** ¿para qué?; **— is it all about?** ¿de qué se trata?

when cuando

when? ¿cuándo?

where donde

where to? ¿dónde? (¿adónde?)

which que; el cual, la cual, los cuales, las cuales; el (la, los, las) que; lo cual; lo que

which? ¿cuál(es)?

who que; el cual, la cual, los cuales, las cuales; (el, la, los, las) que, quien(es)

who? ¿quién(es)?

whole todo, -a

whom a quien(es); **about —** de quien(es); **with —** con quien(es)

whom? ¿a quién(es)?; **for —?** ¿para quién(es)?; **with —?** ¿con quién(es)?

whose? ¿de quién(es)?

why *interj.* si

why ¿por qué?

wife esposa

will: — you accompany me? ¿quiere Ud. acompañarme?

willing: are you —? ¿quiere Ud.?

window ventana

wine vino 14

winter invierno

with con; **— him(self), her(self)** consigo; **— me** conmigo; **— you** contigo; **— yourself (yourselves)** consigo

without sin

woman la mujer

word palabra

work *n.* obra, trabajo; *v.* trabajar 7

world mundo 6

worse peor

worst el (la) peor

would *(sign of the imperfect);* **he — go** iba; **— you open the door?** ¿quiere Ud. abrir la puerta?

write escribir

writer escritor, -a

written escrito

Y

year año; **last —** el año pasado; **next —** el año que viene

yes sí

yesterday ayer; **— morning** ayer por la mañana

yet aún, todavía

you *subj. pron.* tú; Ud., Uds.; vosotros, vosotras; *obj. pron.* te; le, la, lo; os; les, las, los

young joven

your tu, tus; su, sus; vuestro (-a), vuestros (-as)

yours (el) suyo, (la) suya, (los) suyos, (las) suyas; (el) tuyo, (la) tuya, (los) tuyos, (las) tuyas; (el) vuestro, (la) vuestra, (los) vuestros, (las) vuestras

Z

zoology zoología

Indexes

Index

Word Discrimination Index

MAR CARIBE

OCÉANO ATLÁNTICO

Barranquilla
Cartagena
Lago de Maracaibo
Caracas

VENEZUELA
Río Orinoco

GUAYANA
SURINAM
GUAYANA FRANCESA

Manizales
Bogotá
COLOMBIA
Cali

Otavalo
Quito
ECUADOR

ECUADOR

Iquitos

Río Amazonas

Cajamarca

PERÚ

BRASIL

Machu Picchu
Písac
Lima
Cuzco
Ayacucho
Lago Titicaca

BOLIVIA
La Paz
Sucre
Potosí

Brasilia

PARAGUAY
Río Paraná

Salta
Asunción
Iguazú

Río de Janeiro

OCÉANO PACÍFICO

Río Uruguay

URUGUAY

Santiago
Buenos Aires
Montevideo
Punta del Este
Río de la Plata

OCÉANO ATLÁNTICO

CHILE
ARGENTINA

Temuco

América del Sur

| 0 | 200 | 400 | 600 | 800 Millas |

| 0 | 200 | 400 | 600 | 800 Kilómetros |

Estrecho de Magallanes

TIERRA DEL FUEGO